누가 죽는가?
WHO DIES?

누가
죽는가

스티븐 레빈·온드리아 레빈 지음 | 이현철 옮김

WHO DIES
?

한얼

이 책을 영혼의 동반자인 아내 온드리아에게 바칩니다.
온드리아는 이 원고를 나와 함께 한 장 한 장 검토하였고
그녀의 사랑은 나를 일깨워 끊임없이 혼탁한 정신을
떨치고 고요한 마음속에 내려앉게 해주었습니다.

좀 더 가벼운 발걸음으로 지금 이 순간을 살아가시길 바랍니다.

인생을 바라보는 새로운 시선

불과 얼마 전에 나는 나 자신의 출생 이후 처음으로 생명의 탄생에 참여했다. 아기 엄마와 함께 호흡하고, 아기 머리가 나오는 것을 지켜보고, 출산의 전 과정을 경험하면서 나는 내 존재 안의 근원적 요소를 접했다. 나는 웃음을 터뜨리고 소리를 지르면서, 두려움, 절절한 고통, 크나큰 기쁨을 체험했다. 나는 실존의 통로에 서서, 과거 어느 때보다 심오하게 인간으로서의 내 존재와 주위 자연과의 일체성을 느끼며 봄과 겨울, 창조와 쇠퇴를 반복하는 자연의 순환을 절실히 느꼈다. 그 순간은 경외감으로 가득한 은혜, 생동하는 영혼의 느낌으로 충만했다. 내가 참여한 이 의식은 인류 가족에 대한 나의 깊은 공감을 새롭게 한 사건이었다.

그런데 죽음도 탄생과 거의 다를 바가 없었다. 지난 10년 동안 영국의 세실리 손더스의 호스피스 운동과, 불치병 환자들의 심리를 연구한 미국의 엘리자베스 퀴블러 로스의 선구적 노력으로 인해, 죽음의 과정을 겪는 사람들에게 한결 편안한 심리적 환경이 제공되었다. 또 중환자 치료와 생명 유지 기술의 적절한 적용에 대한 연구, 우리 인간에 대한 더욱 깊은 탐구가 절실히 필요하다는 의학계의 인식이 점차 커지면서 이런 움직임은 더욱 추진력을 얻었다. 죽음을 앞둔 환자를 가족, 친구, 아이들, 애완동물처럼 친숙한 것들로부터 격리된 삭막한 환경에 버려두는 행위는 명백한 실수이다. 그것은 우리 시대의 황폐한 기계와 과학 기술에 의존한 채 "우리는 할 일을 다 했어"라고 자위하며 죽음에 대한 우리의 두려움과 죄의식을 떨쳐버리려는 지극히 야만적인 태도다.

이 새로운 호스피스 운동의 초점은 임종 과정을 겪는 환자에게 온화하고, 편안하며, 열린 환경을 제공하는 데 있다. 이 운동은 환자의 주변 일 정리해주기, 슬픔에 빠진 가족들 돌보기, 환자의 일상생활 보살피기 같은 도움을 제공한다. 아마도 이 운동이 이뤄낸 가장 중요한 성과는 죽음이 정말 남의 일이 아니라는 인식을 모든 당사자에게 심어준 것이다. 과거에는 죽음을 앞둔 환자 앞에서 주변 사람들이 하나같이 죽음을 거부하는 태도를 취했던 것을 떠올려보라. 이 얼마나 신선한 변화인가.

그런데 이 새로운 호스피스 운동에는 아쉬운 점이 있다. 이 운동이 임종과 우리의 관계에 있어서 아직도 그저 초보적이고 미숙한 첫걸음일 뿐이라는 것이다. 이 운동은 여전히 죽음을 '불행한 일'로 여기고, 죽음의 처리를 '불쾌한 상황을 최대한 잘 참아내는 노력'으로 생각한다. 이 운동은 아직도 거부에서 벗어나지 못하고 있는 것이다. 그런데 그 거부는 죽음에 대한 거부라기보다는 오히려 우리 자신의 직관에 대한 거부다.

객관성을 기본으로 여기는 과학에서는 우리가 자신의 육체이며, 다윈 진화론의 산물이고, 무수한 분자들의 우연한 결합이라고, 우리의 성장과 쇠퇴는 유전자 DNA 암호에 의해 결정된다고 주장한다. 이에 따르면 죽음은 종말이 된다. 그러나 인간이라는 종種의 집단 무의식 속에는 이 '객관적' 정의가 우리 존재의 전체를 포괄하지는 못한다는 점을 직관적으로 느끼는 무언가가 있다. 우리는 자기 직관보다는 지성이 우리 삶을 인도해야 한다고, 그래서 우리는 자신이 알고 이해할 수 있는 것만 인정해야 한다고 믿어왔다. 그런데 직관적 지혜는 그런 조건에 맞지 않는다. 직관적 지혜는 그런 이성적이고 객관적인 정신 너머에서 일어나는 것 같다. 그래서 우리는 비록 세계의 모든 위대한 종교와 수많은 고매한 현인들이 바로 그 심오한 지혜에 뿌리박고 있는데도 대개는 그 직관이 들려주는 말을 거부해왔다.

최근에 이르러 직관적 이해 방식이 어느 정도 정당성을 얻는 듯하다. 실제로 20세기의 천재 물리학자 앨버트 아인슈타인 박사는 자신의 상대성 이론에 대한 영감의 근원을 언급하면서 이렇게 말했다. "나는 이 우주의 근본 법칙에 이성적 사고를 통해 도달하지는 않았다." 그에 앞서 아인슈타인 박사는 윌리엄 제임스 같은 철학자들이 지적한 또 다른 이해 방식을 인정했다. 윌리엄 제임스는 우리가 인식하기 전까지는 숨겨져있는 우주의 실체를 알아내는 직관적 방식을 주장한 바 있다.

일단 우리 문화가 직관을 존중하기 시작하면, 평소에 직관력을 소멸시켰던 의구심이 사라지고 우리 세계관의 상당 부분이 변하게 된다. 그리고 이런 변화 중 가장 큰 변화는 죽음에 대한 우리의 태도다. 우리 안에는 '존재'나 '의식' 혹은 '순수 정신'이나 '나'라고 일컫는 일면이 있다. 그것은 시간과 공간의 매트릭스 속에 나타나는 일체의 피상적 현상(우리 몸, 온갖 감정, 감각 그리고 사고하는 정신) 그 너머에 있다.

우리는 죽음에 이르러 자기 몸을 떠나는 순간에도 우리 존재의 이 심오한 부분이 온전히 남아있음을 직감한다. 이런 자기 정체성의 근본적 변화와 더불어 자기 존재에 대한 이해가 생길 때, 우리의 죽음은 공포스러운 적, 패배, 우주의 한심한 실수가 아니라 우리가 통과하는 또 하나의 변화, 모든 모험을 초월하는 모험, 하나의 관문, 엄청난 성장의 순간 그리고 일종의 졸업식으로 변모하게 된다.

아마도 이것은 '지구가 평평하고 그 가장자리는 낭떠러지일 것이다'라는 세계관이 '지구가 둥글다'는 개념으로 대체된 후 초기 탐험가들이 받은 느낌과 비슷할 것이다. 이 지구구형설이 일으켰을 엄청난 용기를 생각해보라. 이 이론을 품고서야 탐험가들은 두려움 없이 미지의 세계로 들어설 수 있었다.

대다수 사람들은 그저 자아의 심오한 본성에 대한 번개 같은 '분명한 깨달음'의 순간이나 직관적 '섬광'만을 경험한 뒤, 곧바로 다시 자신의 습관적 사고방식에 압도당하는 과정을 겪게 된다. 우리가 자신의 풍요로운 직관적 지혜를 활용하려면 이 심오한 이해 방식을 키워내야 한다. 헌데 그러려면 세심히 듣는 법을 익혀야 한다. 가령, 퀘이커 교도들이 주장하는 "내면의 고요하고 작은 목소리"를 듣고, 우리를 탄생시킨 이 우주의 패턴, 법칙, 조화를 경청하는 것이다. 고요한 명상의 정신과 자애로운 열린 마음으로 섬세한 균형을 이룬 채 귀 기울이는 것이다. 이 경청의 노력은 산 자건 죽은 자건, 치료자건 환자건, 우리 모두가 행해야 한다. 서로를 향한 우리의 봉사는 자기 자신에 대한 이런 노력을 바탕으로 해야 한다. 이제 막 죽음을 향해 열린 문이 암흑의 문이 아니라 광명의 문이 되려면, 반드시 직관적 마음-정신에 대한 우리의 인식을 심화하는 이런 노력을 거쳐야만 한다.

몇 년 전 나는 스티븐 레빈에게 이렇게 요청했다. '하누만 임종봉사 재단(Hanuman Foundation Dying Project)'의 책임자가 되어달라고 말이 다. 이 사업의 목적은 봉사 활동의 초점을 치료자, 봉사자, 가족, 죽음 을 앞둔 환자 등 관련된 모든 사람에게 맞춘 임종 과정의 새로운 환경 을 창안하는 것이었다. 이러한 협력은 임종 과정을 풍요롭고 자애로 운 성장의 과정으로 변모시키는 엄청난 효과를 발휘한다는 것이 밝혀 졌다.

그리고 이제 이 사업을 통한 스티븐의 노력으로부터 이 책이 탄생 했다. 이 책은 고요한 정신에서 건져 올린 우리들의 공동된 직관적 지 혜에서 태어났다. 그렇기에 새로운 운동이 만들어낸 무수한 책자들의 분명한 시발점이다. 신선한 통찰, 솔직함, 온화함을 바탕으로 임종 과 정의 대부분을 다루며 명료하고 편견 없이 우리가 '참존재'를 똑바로 바라보도록 인도한다. 그리고 이 책은 '죽음'이라 부르는 애절한 멜로 드라마에서 그 무시무시한 위력을 제거함으로써 두려움을 평온하고, 단순하고, 온정어린 이해로 바꿔놓는다.

스티븐 레빈은 시인이고, 오랫동안 불교 명상을 실천한 수행자다. 그의 아내 온드리아와 더불어 임종을 앞둔 사람들에게 헌신적으로 봉 사한 명상 지도법사이기도 하다. 이 책에서 그는 때때로 그 모든 분야 의 전문지식을 매우 탁월한 수준까지 포괄하고 있다. 나는 이러한 노 력에 경의를 표하면서 여러분을 이 풍성한 식탁에 초대한다.

사랑을 담아서
람 다스

감사의 글

나의 친구들과 스승들의 가르침을 떠올리며

나의 절친한 친구 람 다스가 베푼 수년간의 가르침과 도움에 뭐라고 감사를 표해야 할지 모르겠습니다. 그의 가장 최근 도움으로 태어난 이 책은 대부분 람 다스의 한결같은 격려와 애정의 결과물입니다.

사실, 이 책은 수많은 훌륭한 스승들의 목소리와 마음을 담고 있습니다. 이 책에서 출처를 밝히지 않고 사용된 인용문들 중 상당수가 인도의 구루인 스리 니사르가닷따(번역하면 '자연인'이라는 뜻)의 가르침에서 온 것입니다. 내가 그분을 만나보진 못했지만, 그분의 말씀은 두 권짜리 어록《내가 바로 그것이다 *I Am That*》를 통하여 이 책의 내용에 심대한 영향을 미쳤습니다.

또 '마하라지'로 알려진 님 까롤리 바바와 라마나 마하르시의 말씀과 가르침도 이 책의 곳곳에 스며있고, 수년간에 걸친 불교 수행과 불가佛家의 가르침 역시 담겨있습니다. 조지프 골드슈타인과 잭 콘필드와의 긴밀한 협력도 이 책의 집필에 큰 도움을 주었습니다.

저술 초기에 참여한 엘리자베스 퀴블러 로스의 지속적인 온정과 우정 역시 커다란 도움이 되었습니다.

이 책은 내가 임종을 함께한 사람들의 평정과 순응의 산물이면서, 또한 나를 친절하고 대단히 명철하게 통찰의 길로 이끌어준 영적 친구들의 가르침이기도 합니다.

또 이 책은 수년간의 영성 수련과 다양한 워크숍 및 수련회를 통해 기록되고 전해진 임종 환자들의 생생한 이야기들을 엮은 책입니다. 그리고 재키 월터스, 진 톰프슨, 앨 스트릭랜드의 진심어린 노고도 첫 장부터 펼쳐질 내용에 깊숙이 스며있음을 말씀드립니다.

차례

———

이 책을 읽을 때는
당신의 마음을 열고
세심히 귀 기울이라.
이 책이 당신 속 위대한 본성의
거울이 되게 하라.

깨달음이란
정신의 마지막 유혹이다.
정신 너머에 있는
진실을 향해 가라.
거기로 가는 다리는
사랑이다.

스티븐 레빈·온드리아 레빈

———

1장

인생이라는 파노라마

오늘 하루, 거의 20만 명이 죽었다. 어떤 이는 사고로 죽고, 어떤 이는 살해당했다. 일부는 너무 먹다가 죽었고, 다른 이들은 굶주려 죽었다. 아직 엄마 뱃속에 있다가 죽은 이도 있고, 늙어서 죽은 사람도 있다. 목말라 죽거나 물에 빠져 익사한 사람도 있다. 저마다 제 나름의 죽음을 맞이한다. 그런데 어떤 이들은 자기 마음을 열고 평화로운 상태에서 죽음을 맞은 반면, 어떤 사람들은 마저 살지 못한 여생을 떠올리며 안달하고 자신이 받아들일 수 없는 죽음 앞에서 몸부림치며 혼돈 속에서 죽어간다.

이것은 마치 루이스 토머스[*]가 《세포의 생활The Lives of a Cell》에서 말한 바와 비슷하다. "신문의 사망기사 난은 우리가 날마다 죽어 없어지고 있음을 알리고, 그 페이지 한쪽에 있는 더 근사한 탄생 소식들은 우리가 다른 사람으로 대체되고 있음을 말해준다. 그런데도 우리는 거대한 규모로 이뤄지는 이 교체 과정을 도무지 실감하지 못한다. 지

---

[*] Lewis Thomas(1913~1993), 미국 의사 겸 작가로, 생물학 관련 명상록으로 유명하다. - 옮긴이

구상에는 30억 인구가 있고, 그 30억은 틀림없이 예정된 일정대로, 이 생애 내에 죽게 된다. 매년 5000만 이상이나 되는 엄청난 수의 죽음이 소리 소문 없이 발생한다…"(2007년 현재 세계 인구는 66억을 넘었고, 연간 사망자 수는 약 1억 명에 달한다).

"지금부터 반세기 이내에, 우리가 교체되는 규모는 위 통계의 두 배 이상에 달할 것이다. 그렇게 엄청난 수가 죽어가는 상황에서 어떻게 우리가 계속해서 이 삶의 비밀을 외면할 수 있을까. 우리는 죽음이 재난, 혐오스런 것, 피해야 할 것, 심지어 이상한 것이라는 관념을 버려야 한다. 우리는 자연의 질서 속에서 인생의 순환, 그 과정과 우리의 연관성에 대해 더 많은 것을 배워야 한다. 새로 태어나는 모든 것이 죽은 것을 대신하는 것 같다. 한 세포가 다른 세포를 대신하는 식으로 말이다."

우리는 죽음을 거부하도록 길들여진 사회에서 살고 있다. 죽음의 순간에 이른 수많은 사람들이 그토록 당혹해하고 죄책감을 느끼는 이유가 어쩌면 이 때문일지 모른다. 우리는 섹스처럼 죽음 이야기도 닫힌 문 뒤에서 소곤거리며 한다. 우리는 제대로 사는 법도 모르고, 죽음에 대해서도 죄의식을 느낀다. 한 생애의 모든 진로는 결국 자신의 죽음을 향하게 되어 있는데도 말이다.

이른바 '물질만능 사회'에서 사는 사람들, 즉 기술이 물건의 획득을 쉽게 하고 생존을 위한 노력을 경감시키는 사회에 살면서 자기 가치를 돈으로 평가하는 사람들은 대개 자신을 자기 몸과 동일시하는 경향이 강하다. 우리 사회는 화장품, 속옷, 가발, 미용성형, 머리 염색 등에 해마다 수십억 달러를 쏟아 부으면서, 신체의 퇴화가 우리에게 가르쳐주는 교훈은 밀쳐내고 있다. 사실, 굶주림이 가장 심각한 고통 중

하나인 이 세계에서, 사람들은 단순히 살을 빼기 위해 1년에 수억 달러 이상을 퍼붓고 있다.

나이가 들면서 나타나는 신체 약화, 신진대사의 변화, 중년의 올챙이배, 체력 저하, 희끗해지는 옆머리, 근육 감퇴, 탈모 등을 지켜보면서 어떻게 우리가 퇴화되는 몸의 필연적 운명을 거부할 수 있을까? 사랑하는 이들의 스러져감을 경험하고, 일찍이 우리가 알던 모든 것이 끊임없이 변화하는 것을 보고, 우리가 역사의 모래알임을 알게 되면서 어떻게 우리가 죽음을 외면할 수 있을까?

가령 죽음을 준비하기 위해, 그리고 삶에 대한 집착을 털어내기 위해 독감에 걸렸을 때의 통증과 괴로움을 곱씹어보는 사람이 얼마나 될까? 매 순간 만족을 얻고자 안달하면서 우리는 자신을 행복하거나 불운하다고 여기지만, 삶의 덧없음에 관한 가르침은 거의 깨닫지 못한다.

우리는 질병을 자신과 인생의 관계를 파고들거나 죽음에 대한 우리의 공포를 탐구할 기회로 삼는 경우가 거의 없다. 질병은 그저 불운으로 여길 뿐. 우리는 건강과 펩시콜라의 활력을 동일시하는 모델에 집착한다. 우리는 그저 '병들지 않으면 좋은 것'이라고 생각한다. 하지만 이런 고정관념 속에서 어떻게 우리가 참기 힘든 대상에 마음을 여는 법을 배울 수 있을까? 어떻게 인생을 충만하게 하는 열린 마음과 용기를 가지고 미지의 세계 속으로 들어갈 수 있을까?

장례식장의 시체에 우리는 얼굴 화장을 시킨다. 심지어 이렇듯 관 속에 누워서도 우리는 자신의 덧없음을 부인하고 있지 않은가.

우리는 집에서 가장 편한 의자에 앉아 신문에 난 사망 기사를 읽는다. 클리블랜드에서 일어난 호텔 화재로 다섯 명이 타 죽고, 고속도로

교통사고로 버스 승객 열 명이 횡사했다고 한다. 이탈리아에서 난 지진으로 3,000명이 압사하고, 노벨상 수상자들이 자기 실험실에서 죽음을 맞이했다는 기사도 보인다. 그리고 전기의자에서 처형된 살인자들 기사도 본다. 우리는 '생존자 소식'에 안도하면서, "모두가 죽지만 나는 아니야"라는 신념을 강화한다. 거기 앉아 남들의 죽음을 보면서, 우리는 자신의 생존과 불멸성을 재확인한다. 남들의 불행은 신문 일면의 대부분을 차지하면서 우리의 행운에 대한 착각을 일으킨다. 우리는 좀처럼 다른 사람의 사망 소식을 만물의 일시성一時性이라든가 모든 것의 필연적 변화를 인식하는 계기로 삼지 못한다.

그런데 이 일시성에 대한 인식은 그 안에 삶 자체의 열쇠를 담고 있다. 죽음 앞에 마주서면 우리는 육신의 소멸과 더불어 사라질 거라 믿는 생명에 필사적으로 매달린다. 하지만 우리는 어떤 무한성도 경험한다. 이 존재감, 어떤 시작도 없고, 특별한 끝도 없이 영원히 계속되는 듯한 우리 존재의 진실은 무엇일까? 우리가 죽는다고 느끼는 것은 오직 태어났다고 믿기 때문이다. 우리는 우리 안의 광대함, 그 무한성의 느낌을 신뢰하지 못하고 있다.

우리의 괴로움은 '(상황이) 어떠했을지 모른다', '어떠했어야 한다', '어떠했을 것이다'라는 생각에 집착함으로써 생겨난다. 슬픔은 우리 일상생활의 일부다. 하지만 우리는 누군가가 "우리가 남겨둔 모든 것에 대한 처절한 통곡과 한탄"이라 부르는 우리 마음속의 고통을 좀처럼 깨닫지 못한다.

암환자인 어떤 친구가 말기 암이라는 진단을 받았을 때를 회상하면서 이렇게 말했다. "말기 암이라는 말이 내게는 마침내 죽음이 현실이라는 말로 들렸어요. 그것은 내가 6개월 안에 죽게 된다는, 또는 심지어 사망선고를 내린 그 의사 앞에서 죽을지도 모른다는 뜻이 아니었습니다. 단순히 내가 정말로 죽는다는 사실을 인정하게 되었다는 의미였어요." 물질적 이익만을 추구하는 사회, 자신을 몸과 동일시하는 사회, 건강을 지극히 소중히 여기며 죽음을 너무나 두려워하는 사회에서는 죽음이 자연스런 것이며, 심지어 내적·외적으로 생명의 연속성에 필수적이라는 점을 이해하기는 쉽지 않다.

고대 이집트의 무덤에서 나온 《죽은 이의 편지*Book of the Dead*》에는, 죽은 자의 영혼이 지하세계로 내려가는 긴 이야기가 나온다. 그곳에서 죽은 이의 영혼은 가벼운 깃털로 마음의 무게를 다는 심판관을 만난다. 그 깃털은 진실의 깃털이다. 그래서 사람들은 누구의 마음이 진실 앞에 떳떳할 만큼 충분히 가벼운지 고민한다.

인류 중 75퍼센트가 집이 아니라 요양소나 병원에서 마지막 숨을 거둔다. 그러니까 죽음을 적으로 여기는 환경에서 죽어가는 것이다. 나는 수많은 사람들이 신체적·정신적 고립 상태에서 자신의 암울한 상상과 공포에 갇혀 마음을 꼭꼭 걸어 잠근 것을 목격했다. 아울러 그들이 그 귀중한 순간을 함께해야 할 사랑하는 이들로부터 마음과 정신이 격리된 채 죽음에 다가가는 것을 보았다. 자기 내면의 본성을 확신하지 못하고 삶 자체로부터 분리된 그런 사람들은 고통스런 불안과 당혹감에 싸인 채 또 다른 존재의 영역으로 들어가는 것이다.

나는 수많은 사람들이 순식간에 사그라질 육신을 필사적으로 부여잡고 어떤 엄청난 기적을 바라면서 인생에서 결코 얻을 수 없는 목표를 간절히 열망한 채 괴로움에 버둥거리는 모습을 보았다. 반면 죽음에서 주위 모든 것에 대한 영감을 얻는 사람들도 만났다. 그런 이들은 지극히 큰 사랑과 자비 속에서 죽음을 맞기 때문에 남겨진 모든 사람이 그 뒤 몇 주일간 형언할 수 없는 기쁨에 휩싸인다.

죽음이 위협이 아니라고, 죽음이 컴컴한 유리창 바로 바깥에서 서성대는 살벌한 저승사자가 아니라고 확신하며 사는 사람은 거의 없다. 대다수 사람들은 삶과 싸웠듯이 죽음과도 싸우고, 살기 위한 디딤돌을 찾으려 발버둥치고, 존재의 수면에 해당하는 이 끊임없는 변화의 강물 위에서 어떤 버팀줄을 잡으려고 몸부림친다. 충만함 속에서 죽어가는 사람도 드물다. 대다수는 편견과 혼돈의 인생을 살아가고, 자신이 자기 육신을 소유했다고 착각한다. 육신이 결국은 떠나야 할 임시 거처일 뿐이라는 사실을 깨닫는 사람은 드물다. 하지만 자신을 '육신에 머물다 떠나는 나그네'로 보는 사람은 한결 가볍게 떠나갈 수 있다.

우리 문화에서는 인생을 마치 직선으로 여긴다. 그 직선이 길면 길수록 더 많이 살았다고 생각하고, 자신이 더 완전해졌다고 여기며, 종착점에서 덜 무서우리라고 믿는다. 젊은이의 죽음은 비극으로 여겨지고, 신에 대한 많은 이들의 믿음도 뒤흔든다. 그러나 북아메리카 원주민들은 인생을 '동그란 고리'라고 본다. 그 고리는 통과의식을 통하여 대략 사춘기에 완성된다고 믿는다. 그 시기부터 사람은 바깥으로 계속 뻗어나가는 일종의 통일체로 간주된다. 일단 그 고리가 만들어지고 나면 사람이 어느 때에 죽든 통일체로서 죽게 된다. 북아메리카 원주민 현자 크레이지 호스*는 이렇게 말했다. "오늘은 죽기에 딱 좋은 날이다. 내 삶의 모든 것들이 여기 있으니까." 이렇듯 북아메리카 원주민의 지혜에서 보는 통일성의 기준은 사람이 살아온 기간이 아니라

---

* Crazy Horse(1842~1877), 북아메리카 수족 인디언 추장. 백인의 대평원 북부 침략에 대항해 싸운 가장 뛰어난 전략가이자 전사였다. - 옮긴이

매 순간을 얼마나 완전하고 충실하게 살았느냐다.

　죽음에 대한 준비를 소홀히 하는 현대인과는 달리, 흔히 북아메리카 원주민 문화에서는 죽음의 시기에 자연스레 형성되는 결정체를 사용하여 죽음에 대해 명상한다. 그 결정체 속에는 무지개 같은 선들이 생겨나는데, 사람들은 그 균열을 들여다보고 자신의 의식을 그 무지개 속으로 투영한다. 그러면서 정신을 저 너머로 집중하지 못하게 하는 모든 장애물을 떨쳐낸다. 죽음을 맞을 때 사람은 편안하고 지혜로운 상태가 되어 현재의 일시적 형체로부터 녹아나온 뒤, 그 무지개 결정체 속으로 인도된다는 것이다.

　죽음을 포용하는 통일감 속에서 사는 사람들은 덜 괴로운 것 같다. 그런 삶은 죽음에 대한 음산한 선입관이 아니라 사랑스런 현재에 머물며 매 순간의 소중함에 집중하는 삶이다. 나는 살아가면서 죽음을 준비하는 사람들을 별로 보지 못했다. 다음에 올 것이 죽음이든 질병이든, 슬픔이든 기쁨이든 간에 그에 대한 완벽한 준비로서 자신의 마음과 정신을 탐구하는 사람은 매우 드물다.

　죽음을 준비하는 사람은 어떤 이들일까? 어떤 사람들이 비非존재에 관한 자신의 헛된 상상 때문에 두려움에 떨지 않을 정도로 충만한 삶을 살까? 우리를 두렵게 하는 것이 그저 죽음에 대한 관념일 뿐이기 때문에 이러한 헛된 상상이 일어난다. 우리는 미지의 세계 앞에서 뒷걸음치고 있는 것이다.

　우리가 〈로스앤젤레스타임스〉의 1면을 장식하는 학대받는 아동과 얼마나 자주 비슷해지는지 아는가? 엄마는 아이를 불로 지지고 뼈를 부러뜨린 죄로 경찰에 체포되어 유치장 한구석에 있고, 아이는 동정 어린 보모의 품에 안긴 채 조심스레 옮겨지면서 보모의 어깨 너머로 양 팔을 뻗은 채 "엄마, 엄마" 하고 외쳐대는 상황 말이다. 또 자기 자신과 다른 모든 이들을 향한 마음의 공간을 넓히고 온정과 인내를 품고서 미지의 세계를 열고 들어가야 할 사람들이 아수라장 같은 현실 세계를 다시 붙잡으려고 얼마나 안달하는지 아는가?

어떤 사회에서는 사람이 죽었을 때 부족이나 가족 전체가 모여 끊임없이 변화하는 삶의 본질을 기념하고 확인한다. 그런 의식 동안에는 흔히 죽음에 관한 매우 영적인 환경이 조성되어 많은 이들이 자신의 '참본성'을 심오하게 경험한다. 이런 사회에서는 죽음이 삶에 대한 망상을 떨쳐내고, 삶을 있는 그대로 바라보며, 주위 모든 것을 향해 사랑으로 마음을 열게 하는 지속적인 기회를 준다.

유대인 문화에서는 동인도제도의 사회에서처럼 대개 시신을 24시간 이내에 처리한다. 유대인 전통 사회에서는 상주의 가족들이 일주일간 조문객을 받으며 애곡과 기도로 조의를 표하지만, 한편으로는 망자(亡者)의 여행길을 존중하여 새로 가는 곳이 어디든 거기서 잘 지내기를 기원한다. 인도에서는 가족들이 시체를 들것에 싣고 화장터로 운반한다. 화장터로 출발할 때 그들은 "신의 이름은 진리다(Ram Nam Satya Hey)"를 읊조리면서 고인의 머리를 그가 막 떠난 집 쪽으로 두고 운구한다. 가는 중간에 들것은 방향을 바꾸어 머리가 방금 떠나온 이승이 아니라 앞으로 갈 곳을 향하게 한다. 화장터에 도착하면, 가족 모두 빙 둘러선 가운데 시신을 커다란 장작더미 위에 놓고 꽃을 바치고 향을 피운 뒤 불을 붙인다. 만일 고인이 그 가족의 아버지라면, 뼈가 해체되고 시신이 분리되기 시작할 때, 맏아들이 기다란 막대기로 불타는 뼈들을 휘휘 젓고, 필요하면 시신의 두개골을 세게 내리쳐 구멍을 내서 고인의 영혼이 다음 세계로 기쁘게 날아갈 수 있도록 돕는다.

멕시코에서는 11월이 되면 '죽은 자의 날(La Día de la Muerte)'을 기념한다. 아이들은 종이로 만든 해골을 사서 안에 폭죽을 집어넣고 터뜨린다. 또 부모들이 작은 마을마다 하나씩 있는 근교의 공동묘지로 나가 변화무쌍한 삶의 본질을 음미할 때 아이들은 해골 사탕을 빨아먹기도 한다.

나는 죽음으로 오히려 충만한 활력을 얻고, 고인은 사망했어도 변함없는 무언가가 있다는 확신을 더욱 굳힌 사람들을 보았다. 또 나는 두려움 속에서 벌벌 떨며 살다가 새로운 영적 열림으로 죽음의 순간을 맞이하여 전에는 거의 몰랐던 충족감을 얻은 사람들도 보았다. 그런가 하면 임종 앞에서 고통과 두려움에 너무나 압도된 나머지 자기가 가장 사랑한 이들에게 작별인사조차 못하던 사람들과 함께 있기도 했다. 그들은 너무 많은 일을 엉망으로 남겨두는 통에 주위 사람들이 그토록 바라던 마지막 작별의 기회마저 잃고 말았다. 그리고 나는 의사가 불치병 진단을 내렸을 때, "오, 하느님, 저는 안 돼요!" 하고 절규하던 사람들이, 몇 달 간의 심오한 자기성찰을 거친 후 죽음을 맞을 때에는 차분히 눈을 감고 이렇게 속삭이는 모습도 보았다. "예수님, 감사합니다."

2장

당신이 바로 진실이다

자신의 죽음을 떠올려보라. 더 이상 아무도 입을 열지 않는 고요한 방에서, 우리는 사랑하는 친구들에 둘러싸여, 미진한 일은 모두 마무리된 홀가분한 상황이 떠오르지 않는가? 인생의 덧없음을 깨달아서 얻은 심오한 지혜와 사랑으로 눈을 반짝이며 베개 속에 깊숙이 묻힌 채, "아~!" 같은 커다란 마지막 숨을 몰아쉬면서, 살며시 이곳을 떠나 빛의 세계로 들어가리라 기대한다.

하지만 당신이 "아!" 소리를 내뿜으며 막 육신을 벗어나려는 그 순간, 배우자가 다가와 당신의 가장 절친한 친구와 맺은 부정한 관계를 고백한다면 어떨까? 또는 당신의 아들이 씩씩거리며 방문을 박차고 들어와 이렇게 말한다면? "아버지는 항상 독재자였어요! 왜 그렇게 자기 멋대로만 행동했나요?" 당신의 마음이 육중한 돌문처럼 쾅 하고 닫혀버릴까? 당신의 정신은 혼란과 자기의혹의 소용돌이에 휘말릴까? 자신을 방어하기 위하여 뭔가 대꾸를 해야 할까? 아니면 그 말에 고통스럽게 동의하며 움츠러들까?

우리가 이런 편협한 자세로 살아왔다면 어떻게 충만함 속에서 죽을 수 있을까? 우리가 이토록 정신 자체를 애지중지하며 살아왔다면, 어떻게 세상 만물의 신비에 마음을 활짝 열고 죽음을 맞을 수 있을까? 우리는 어디로 도망치는 것일까? 우리가 그토록 두려워하는 대상에서 자주 뒷걸음쳐왔다면 지금 이 순간이 완전하다는 확신은 어디에서 얻을까?

우리가 자신의 느낌이 얼마나 불완전하고, 자신이 얼마나 삶을 두려워하는지 느낄 때 '의식 있는 죽음'을 생각하기란 쉽지 않다. 그것은 마치 우리가 결코 제대로 태어나지도 않은 것과 마찬가지고, 그만큼 우리 자신의 상당 부분이 수면 아래에 억눌리고 압축되어있는 것과 같다. 그만큼 우리 자신의 많은 부분을 밀어낸 것이고, 그만큼 우리 삶을 고통스럽게 위축시킨 원인을 찾아내지 못한 것이다. 그리고 그만큼 자신이 누구인지 캐묻기에는 너무나 고통스럽기 때문에 '폭우를 핑계삼아 경기를 취소한' 것과 같다.

우리는 충만함 속에서의 죽음을 말하지만, 한낮의 햇볕을 충분히 받지 못한 자신의 어두운 일면도 느낀다. 우리는 자신의 얼마나 많은 부분이 수면 아래에 잠겨있는지, 아직 태어나지도 않은 듯한지, 또 우리가 삶을 얼마나 밀쳐냈는지 본다. 그것은 우리가 결코 존재의 근원을 건드리지 못했기 때문이다. 우리 두 발이 결코 현재라는 땅을 제대로 디디지 못했기 때문이다. 언제나 절름거리거나 발끝으로 선 채, 다음 순간을 초조하게 기다려온 셈이다.

우리가 자신의 죽음에 대한 공포를 들여다보면 그 속에서 다음에 올 순간, 자신이 통제할 수 없는 순간에 대한 두려움을 발견한다. 그 안에는 덧없음에 대한 공포, 앞으로 다가올 변화무쌍한 삶에 대한 두려움이 있다.

온전하게 태어난, 그러니까 충만한 존재가 되려면 삶을 밀어내는 짓을 멈춰야 한다. 우리가 삶을 밀쳐내는 만큼, 죽음을 밀쳐내게 되기 때문이다. 우리는 죽음과 삶을 한꺼번에 거부하게 되는 것이다.

우리 안에는 직접 마주보고 싶지 않은 어두운 구석이 너무 많다. 너무나 많은 두려움, 죄책감, 분노, 혼란 그리고 자기연민이 도사리고 있고, 너무나 많은 의혹과 나약한 변명들이 우글댄다. 우리 정신의 기이한 움직임, 즉 하나의 가치체계와 다른 가치체계가 충돌하는 양상을 생각해보자. 그러면 우리가 그토록 불완전하게 느낄 만도 하다. 어느 순간 정신은 이렇게 부추긴다. "큰 조각을 차지해." 그런데 다음 순간 또 이렇게 속삭인다. "나 같으면 그렇게 하지 않을 걸." 우리 모두가 미쳐있고, 너무나 조각조각 나눠져서, 자기 자신이 두려워 또 다른 자신을 보호하려 안달하는 것도 무리는 아니다. 우리는 어느 누구와도 자기 정신을 공유하려 하지 않는다. 심지어 자기 자신과도 말이다. 우리는 자신으로 여기는 존재를 너무나 두려워하고, 걷잡을 수 없는 머릿속 상념들 때문에 사랑받지 못할까봐 벌벌 떤다.

그러나 정신의 온갖 상태들은 우리가 부르지 않아도 끊임없이 나타난다. 우리는 어떤 생각이 다시는 떠오르지 않기를 바라지만, 그것들은 도무지 막무가내다. 우리는 엄청난 불안과 자기혐오에 빠져 허우적대면서 자신의 두려움을 억누르기 위한 수단을 찾으려 안달한다.

원치 않는 정신 상태를 밀쳐내려는 이런 끈질긴 안간힘은 우리를 끊임없이 불안에 몰아넣는다. 그러면 우리는 그것을 보면서 이렇게 중얼댄다. "저건 내가 아니야. 저 두려움은 진짜 나일 리가 없어. 분노는 내가 아니야. 저 자기증오, 저 죄책감은 절대 나 자신이 아니야." 그러나 그것이 자신이다. 그래서 우리는 자신이 정말 누구인지 고민한다. 어떻게 우리는 자신이 거부한 것, 실제로 존재하는데도 절대로 있어서는 안 된다고 믿는 그것에 마음을 열까?

우리는 자신이 다른 사람이길 원하지만 그것이 우리의 지옥, 우리의 삶에 대한 저항이다.

삶의 종착점에 다다랐을 때, 우리는 과거의 삶을 돌아보며 자신의 인생이 그토록 불완전한데 어떻게 충만한 상태로 죽을 수 있을까 고민한다. 우리가 자신의 온갖 허상들 너머를 바라볼 때, 정말로 죽는 존재가 누구냐고 캐묻는다.

그것은 마치 자신의 원래 존재에서 분열된 이미지와 같다. 이 세상에서 얻는 우리의 경험은 깨진 거울을 들여다볼 때의 그것과 비슷하다. 육중한 돌덩이가 떨어져 산산이 쪼개진 채, 하나의 통일된 실체가 부서져 수백 개의 피상적인 조각, 상상으로만 존재하는 무수한 이미지들로 갈라진 거울 말이다. 이 조각난 거울을 바라볼 때, 우리는 그것의 특정 부분들이 몹시 거슬리거나 남에게 내보이기 싫은 것임을 깨닫고 심한 불쾌감을 느낀다. "나는 내 욕망을 아무도 몰랐으면 좋겠어. 그런 욕망을 갖는 건 아주 나쁜 일이야. 그래서는 안 되는데. 난 정말 세상에서 제일 미친놈이야." 그래서 우리는 한 조각을 끄집어낸다. "오, 저건 정말 창피스러워. 내 삶이 얼마나 힘겨웠는지 남들이 알아줬으면 좋으련만! 그런데 아무도 몰라줘." 그러고는 그 조각을 치워버린다. 우리는 자신의 탐욕과 이기심, 성적 환상, 정신의 혼돈과 경쟁을 본다. 그리고는 그 조각들을 골라내기 시작한다. 왜냐하면 그것들은 도저히 '내가 생각하는 내 모습'이 아니기 때문이다.

하지만 나는 그 거울이 매우 쓸모 있다고 생각한다. 사실 더 정확히 말하자면, 그것을 '내 정신'이 아니라 '진짜 정신'이라 부르고 싶다.

왜냐하면 당신이 그것을 '내 정신'이라 부른다면 너무 많은 조각들을 버리게 되기 때문이다. 그 쪼개진 거울은 실제 모습의 아주 작은 부분만을 반사한다. 쪼개진 거울은 당신이 투영하고 싶은 이미지만 진짜 모습이라고 보여주면서, 나머지는 다 없애고 당신의 온전한 모습을 가려버린다. 우리는 어떤 것을 감춰야 한다고 생각한다. 그러나 이런 자기보호는 우리의 감옥이다. 한번 상상해보라. 당신이 앞으로 24시간 동안 머릿속 생각을 증폭시키는 모자를 써야 한다면 어떨까? 그래서 사방 100미터 안에 있는 모든 사람이 당신의 머릿속에 떠오르는 온갖 생각을 듣게 된다면? 또 정신이 '당신의' 생각과 환상, 꿈과 두려움을 주위 사람 누구나 들을 수 있게 생중계한다면? 그렇다면 밖으로 나다니기가 얼마나 당황스럽고 무서울까? 그럴 경우 얼마나 오랫동안 정신 속 두려움을 남들이 알지 못하게 꼭꼭 숨겨놓을 수 있을까? 비록 이런 실험에 참여할 사람은 거의 없겠지만, 마침내 숨길 것이 하나도 없을 때 우리가 얼마나 자유로울지 상상해보라. 그리고 다른 모든 이들의 정신 속에도 내 것과 똑같은 혼돈과 환상, 불안과 의혹이 가득하다는 사실을 알게 된다면 얼마나 놀라울지 생각해보라. 비판의 정신이 움켜쥔 손을 놓고, 우리가 개별적 존재라는 착각을 꿰뚫어보면서, 모든 인간들의 머릿속 광란, 정신의 장난질을 얼마쯤 웃으면서 바라보려면 어느 정도의 시간이 필요할까?

충만해지고 싶다면 아무것도 거부해서는 안 된다.

우리는 뭔가 잃을 것이 있다고 믿는다. 뭔가 지켜야 할 것이 있다는 느낌이 강해지면 우리는 인생에서 격리되고, 조각난 거울이 되어, 그것을 통해 자신의 본모습을 비춰보려 하게 된다. 그러나 우리가 진실을 내버릴 때 삶은 혼돈에 빠진다. 그러면 우리는 정신 속에 무엇이 떠오르든 간에 통일된 존재의 여유를 가지고 살아가거나 죽음을 맞는 것이 어떻게 가능한지를 궁금해한다. 왜냐하면 우리가 자신 안의 어떤 모습을 만나고 싶지 않을 경우, 그것들이 떠오를 때마다 마음이 닫혀버리는 것을 보기 때문이다.

우리는 고민한다. 나의 경험이 유쾌하지 않을 때, 내 앞에 나의 이기심, 두려움, 죄책감, 의혹이 있을 때, 어떻게 마음을 계속 열어놓을 수 있을까? 정신이 온통 혼란할 때에도 나는 열려있을 수 있을까? 아니면 어딘가 다른 곳으로 탈출해야 할까? 우리는 자신에게 너무나 가혹하다. 우리는 마음에 장벽을 쌓은 채 적들이 우글대는 세상 속에서 고립됐다고 느낀다. 우리는 비판의 정신을 떨치고 자신을 위한 마음의 공간을 좀처럼 마련하지 못한다. 마음속의 처절한 고통으로 울부짖는 이 존재에 대해 우리는 어떻게 그다지도 매정할 수 있을까? 만일 우리가 차분한 마음으로 자신의 고통을 꼼꼼히 바라본다면, 자신에 대한 근심과 연민을 억누를 수 없을 것이다. 존재의 진실에서 물러서는 것, 다른 누군가가 돼야 하는 것, 바로 그것이 삶을 지옥으로 만든다. 말하자면 그것은 저항이다. 그렇게 되면 우리 인생의 대부분이 지옥으로 변한다.

분노가 일어나면 우리는 혼란에 빠진다. "내가 영적인 사람이라면 화를 내면 안 돼. 결국 나는 별로 성숙한 사람이 아닌 것 같아. 이 분노를 내보여서는 안 돼." 그러나 분노는 그 순간의 진실이다. 만일 우리가 분노를 밀쳐내고 화가 나지 않은 듯 꾸며낸다면, 자유를 얻을 또 하나의 기회, 진정한 모습이 무엇인지 성찰할 소중한 기회를 잃게 된다. 왜냐하면 우리는 분노를 수없이 경험하면서도 분노가 정말 무엇인지 모르기 때문이다. 그것은 우리가 두려움이 무엇인지, 의혹이 무엇인지 모르는 것과 마찬가지다. 분노가 일어날 때마다 우리는 그 정신 상태를 차분한 탐구의 기회로 삼지 못한 채, 자기 이미지에 대한 도전이나 위협으로 보았기 때문이다. 우리가 길을 걸을 때 자신을 위협하는 무언가가 튀어나오면 곧바로 그것과 마주서는 경우는 거의 없다. 대개는 오른쪽이나 왼쪽으로 비키든지, 다음 순간을 피해 달아나려 한다. 우리는 거짓 실체, 조각난 존재의 방패 속으로 도망쳐서 그 속에서 어떻게 해서든 안도감을 얻고 싶어 한다. 우리는 끊임없이 진실로부터 달아나려 한다. 우리는 자기탐구의 열린 공간을 무서워하고, 이 순간의 진실 앞에 허물어지는 것, 참존재 앞에서 열리는 것을 두려워한다. 우리는 세상을 부여잡고, 현실을 통제하고, 그것을 자신의 어떤 이미지로 바꿔놓으려 한다.

우리 괴로움의 대부분을 일으키는 원인이 바로 그런 안간힘이다. 과거의 쾌락을 다시 맛보려는 시도, 미래에는 결코 욕망의 좌절로 괴로워하지 않겠다는 발버둥인 것이다. 하지만 세상일은 도저히 우리 마음대로 되지 않는다. 인생사는 이번에는 이랬다가, 다음에는 저랬다가 한다. 그리고 가끔 마음속에 분노나 두려움, 탐욕이 일어나고, 욕망과 어리석음이 있는 것이 사실이다. 모두 다 상관없다. 왜냐하면 그것들 역시 더 깊은 성찰의 기회, 그러한 정신 상태가 자기 자신이라고 믿는 착각에서 벗어날 기회가 되기 때문이다.

그러나 만일 그런 정신 상태가 몹시 거북할 경우 당신은 현재로부터 뒷걸음치고, 삶에 마음을 열기보다는 인생을 거짓으로 감싸게 된다. 당신이 만나는 사람들 모두가 진실을 부정하는 것이다. 자신과 상대방 모두 땅을 굳건히 디디고 선 척하면서, 상대가 늪에 빠져있음을 인정하지 않는 것이다. 이것은 일종의 사회적 게임이다. 서로가 자기 존재의 진실을 숨기고 있다고 인정하는 것은 예의에 어긋나는 행위다. 화내거나 무서워하는 것도 마찬가지다. 또 남들이 자신의 속마음을 알게 되거나 자신의 본모습을 본다면 사랑받지 못할까봐 두려워하는 것 역시 마찬가지다.

'화火'는 우리가 자기 경험을 자신에게 어떻게 숨기는지 알려주는 좋은 본보기다. 많은 이들에게 화는 한편으로 아주 불쾌한 현상이면서, 다른 한편으로는 매우 충동적인 행동의 근원이다. 그러나 화가 자기탐구를 자극할 경우 그것은 삶의 걸림돌이 아니라 디딤돌이 된다. 그럴 경우 우리는 도피습성, 즉 삶에 대한 저항을 깨닫게 되면서 컴컴한 동굴에서 나오기 시작한다. 광명 속으로 들어오는 것이다.

우리 정신은 자신을 부처나 예수의 이미지, 책에서 읽은 성인이나 고매한 인물들과 비교한다. 그러고는 자신이 엉망진창임을 발견한다. 정신은 자신의 현재 모습을 혐오하면서도 다 놓아버린 채 자신을 속박에서 풀어줄 광대한 자유 속으로 들어가지 못한다. 학대 받는 아동이 자기를 괴롭힌 끔찍한 엄마에게서 벗어나면서도 엄마에게 필사적으로 매달리듯, 정신은 앞으로 올 것이 더 두려운 나머지 지금 떠나가는 것을 붙잡으려 처절하게 울부짖는다. 정신에게는 심지어 지옥마저도 미지의 세계보다는 더 괜찮고 나은 곳이다.

우리는 정신의 내용물, 즉 화와 의심, 두려움과 혐오 때문에 자신을 혹독하게 꾸짖는다. 정신을 사납게 만들고, 우리가 다른 모든 사람들로부터 격리됐다고 느끼게 하는 것이 바로 이 비판 작용이다. 비판의 정신은 우리의 행동과 움직임을 줄기차게 질책하면서 좀처럼 우리 곁을 떠나지 않는다. 그것은 우리가 우리 경험과 어우러져 삶과 하나가 되도록 놔두는 법이 없다.

나는 아주 총명한 사람들을 여러 명 만나보았지만, 내면에 화가 전혀 없는 사람은 본 적이 없다. 화가 없다는 것은 욕망이 없다는 것, 세상이 어떠해야 하는지에 대한 아무런 모델도 없다는 것을 뜻한다. 욕망이 없으면 좌절도 없다. 좌절이 없으면 화도 없다(그런데 이것에 대해서도 우리가 집착하면, 이 또한 좌절과 혼돈을 일으키는 일종의 모델이 된다). 만일 정신이 주위의 그 어떤 것도 움켜잡지 않는다면 아무런 화도 생겨나지 않는다. 우리의 화는 세상에 대해 우리가 바라는 욕망이 현실 앞에서 무너질 때 발생하는 일종의 자연발화 현상이다.

우리가 가진 '모델', 즉 자신이 누구이고 세상이 어떠해야 한다는 관념이 '새장'을 만들어낸다. 그럴 경우 생각 하나하나가 진실을 가로막는 창살이 된다. 상황이 어떠해야 한다는 관념이 생길 때마다 만물을 있는 그대로 경험할 우리의 능력은 약화된다. 그러면 세상에 대한 자신의 관념을 넘어서 세상과 직접 접촉할 수 없게 된다. 자신의 모델과 관념을 넘어갈 때, 우리는 불안을 느끼고 방어적 태도를 취한다. 우리가 자기 이미지에 거슬리는 현실과 마주칠 때, 우리의 안전은 흔들리고 불안감이 일어난다. 우리는 자신을 자기의 관념이라든가 과거의 모델로 착각하기 때문에 진짜 자신이 누구인지 모른다. 세상은 끊임없이 우리에게 진실을 들이민다. 하지만 우리는 자꾸만 뒷걸음친다. 우리의 경험은 온통 고통이다.

우리가 기대하는 세상의 이미지가 현실과 어긋날 때 우리는 당혹감에 빠지기 시작한다. 그러면 우리는 도망칠 곳을 찾는다. 나는 죽어가는 상황에서도 숨으려고 발버둥치는 사람들을 숱하게 봤다. 사실 나는 많은 사람들이 골방에 숨어들어가 죽는다고 생각한다. 그런 이들은 아직도 삶과 죽음이 자기 밖에 있는 듯이 행동한다. 그들은 또 화와 두려움과 남들을 상대할 때 겪는 어려움의 원인도 밖에 있다고 믿는다. 그리고 그 힘겨운 상황이 자기 생각과 느낌이 활동하는 옹색한 공간 때문임은 모르고, 마치 자기들이 희생자인 것처럼 행동한다. 흔히 우리는 현실을 버리고 자기 새장 속의 안전을 택한다. 그 새장이 아무리 비좁을지라도, 인생의 뒷걸음질이 아무리 고통스러웠을지라도 말이다.

죽음에 대한 우리의 두려움은 삶에 대한 두려움과 정비례한다. 죽음을 생각할 때, 우리는 '나'라는 어떤 것을 잃는다고 생각한다. 우리는 비록 계속 변하는 어떤 것이라는 관념 외에는 '나'에 대해 거의 아무것도 모르지만, 그래도 어떻게든 '나'를 보호하려 한다. 죽음 앞에서, 우리는 자신의 '나', '나-다움'을 잃을까봐 두려워한다. 그래서 이 '나'라는 관념이 강해질수록 삶과 이별하는 느낌, 즉 죽음에 대한 공포가 더 극심해진다. 이 '나'라는 관념을 보호하려 할수록 그 개념 너머의 어떤 것을 경험하기는 더 어려워진다. 우리가 '나'라는 것을 보호하는 데 몰두하면, 더 많은 것을 잃게 되고, 죽는 것과 정말로 존재하는 것에 대한 진정한 이해의 문도 좁아진다. 우리가 삶을 감추거나 조작하거나 뒤로 미룰수록 죽음에 대한 공포는 거대해진다.

이 귀중한 '나'를 보호할 때, 우리는 삶을 밀쳐내고, 삶의 무의미함에 절망한다.

아무것도 숨길 것이 없을 때까지는 자유를 얻을 수 없다. 만일 우리가 아직도 정신의 내용물들을 적으로 본다면 두려움이 일어나면서 '뭔가 단단히 잘못됐다!'고 느끼게 된다. 정신은 단순히 예전 조건에서 생긴 결과, 그러니까 전혀 특별하지 않은 것임을 깨닫지 못하는 것이다. 그런데 우리가 그토록 두려워하는 이 온갖 정신 상태들이 사실은 역으로 우리의 비료, 그러니까 성장을 위한 밑거름이 된다. 이 재료들이 퇴비 같은 성장을 위한 풍부한 자양분이 되게 하려면 우리 마음속에 자신을 위한 공간을 만들어야 한다. 우리는 진실을 조금도 밀쳐내지 않으면서 의식의 명료한 빛으로 현재를 있는 그대로 맞이하는 자애심을 길러야 한다.

사실 우리는 종종 많은 조각이 사라진 퍼즐과 비슷하다. 우리는 자신이 조립해 만든 아주 뒤틀리고 혼란스런 이미지를 바라보면서 당혹한다. 이 자신의 퍼즐 앞에서 우리는 그 낱낱의 조각들, 갈라지고 오그라진 피상적 정신에만 주목하고는 이렇게 묻는다. "'나'라는 이 사람은 대체 누구야?" 자신의 쪼개진 모습을 바라보며 그것에 일체감을 느낄 경우 자신을 무서워하게 된다. 그러나 더 깊숙이 뚫고 들어가 찬찬히 뜯어보며 자신의 갑갑한 보호막을 걷어버릴 때, 쪼개진 조각들은 더 이상 전체 그림을 어지럽히지 못한다. 이것은 마치 폭풍에 일렁이는 바다의 수면 아래로 들어가는 것과 같다. 수면 위의 비바람이 아무리 격렬해도 저 아래의 심연은 지극히 고요하다.

그러면 우리는 격동하는 수면을 뚫고 내려가기 시작하면서 죄책감과 두려움과 분노, 그리고 저 아래 쌓여있던 '전혀 두려울 것 없는 정신의 온갖 잡동사니들'을 발견한다. 우리는 자신이 억눌렀던 이런 것들이 본래의 자신이라고 생각한다. 그러나 그 감정들을 인정하고, 알아차리고, 우리가 처해 있는 이 인간적 처지를 상당한 연민으로 맞이하기 시작하면서 겉으로만 견고해 보이는 그 덩어리 속으로 깊숙이 들어간다. 그런데 우리가 자신의 일부를 밀쳐내는 동안에는 절대 깊숙이 들어갈 수 없다. "자기인식은 혹독한 것이다." 내면으로 들어가면서 당혹감에 싸인 어느 구도자가 한 말이다. 또 티베트의 어느 스님은 억눌린 감정의 껍질들을 뚫고 들어가는 것을 두고 이렇게 말했다. "그 것은 줄줄이 이어지는 모욕의 연속이다." 대다수 사람들은 자기가 억 눌렀던 모든 것들과 대면하기를 무서워한다. 여전히 그것들을 자신의 진짜 모습으로 생각하기 때문이다. 우리는 자신이 만든 자기 이미지 를 보호하기 위해 의식의 수면 아래 눌러놓았던 모든 금단의 정신 상 태들을 두려워한다.

하지만 우리는 아무것도 억누르지 않아야 한다. 억압하는 동안 우 리는 용납할 수 없다고 느끼는 것을 의식 아래로 짓누르기 때문이다. 바로 이 억압으로 자신을 노예로 만든다. 그것은 또 다시 삶을 밀어내 는 행위다. 의식의 광명으로 가져오기 전에는 어떤 것도 암흑의 감옥 에서 풀려날 수 없다. 억압은 아픈 기억들을 의식 밖으로 밀쳐내 도저 히 접근할 수 없게 만든다. 우리를 움직이는 행동습성은 여전히 남아 있지만, 억압된 감정은 의식의 수면 아래로 잠기기 때문에 우리는 더 이상 그것들에 접근할 수 없다. 그래서 각각의 감정은 하나씩 차례로 확인되어야 하고, 비판이나 두려움 없이 명료한 의식 안으로 데려와 야 한다. 명료한 의식에서는 그것들이 본래의 덧없는 정체를 드러내 면서 묘하게 무자비한 정신 상태를 보였다가 사라질 것이다. 그러면 우리는 어떤 난감한 상황에 붙잡힌 것 같고, 인생은 선물이 아니라 형 벌이라고 느끼게 된다.

우리가 화를 '나'와 동일시하거나, 의혹이나 죄책감이 본래의 자신 이라고 믿을 때마다 우리는 그 정신 상태를 억압하면서 더 이상 깊이 들어가지 못한다. 당신이 무언가를 '나'라고 부르면, 그 순간 거기서 멈추게 된다. 거기까지가 뚫고 들어가기의 한계점이다. 그곳은 당신이 엘리베이터에서 내려야 할 지점이기도 하다. 그러나 만일 당신이 화에 활짝 열린 채, 화가 거기 있도록 그냥 놔두면 당신은 더욱 깊숙이 들어갈 수 있다. 당신은 온갖 상황이 일어나고 흩어질 공간을 경험하기 시작한다. 화가 흘러들어갈 공간이 나타나기 시작한다. 그 순간은 화의 순간이 아니라 명료한 의식의 순간이다. 그러고 나면 드디어 자신과 화의 동일시가 멈추게 된다. 이제 당신은 화를 지켜보면서도 그것에 휩쓸려들지 않는다.

우리는 그 갖가지 정신 상태들을 '나'로 생각하지 않기 시작하면서 온갖 사건들이 일어날 공간, 그러니까 광대한 통일성을 향해 열리기 시작한다. 아무 판단도 없는 지극히 자애로운 공간, 우리 마음으로 다가가는 공간, 정신의 어떤 대상도 집착하거나 비난하지 않는 공간. 이 공간이 원래 마음의 본질이다. 이것은 자신을 '프레드'나 '수잔' 또는 '나'라고 부르지 않는다. 그냥 거기 있을 뿐이다. 이것은 '있음(is-ness)' 그 자체의 공간이다. 이것이 우리가 "나는 아무개다"라고 말할 때 지칭하는 것의 뿌리다. 우리가 잘못하여 '나'라고 부르는 것은 이것의 의식일 뿐이다.

우리는 바깥을 바라보는 데에만 너무 익숙해진 나머지, 내가 보고 있는 존재가 대체 누구인지 묻는 법을 잊어버렸다.

우리는 자기 본연의 광대함을 너무 소홀히했기에 머릿속에서 일어나는 것은 무엇이든 자신이라고 믿게 되었다. 정신 속에서 혼란이 일어날 때, 우리는 불완전한 상황의 퍼즐 속으로 움츠러든다. 그리고는 본래의 광대한 공간을 잃어버린다. 우리가 죽음을 생각할 때 자기 존재를 상실한다고 생각한다. 우리는 자신이라고 믿는 이것 또는 저것이 더 이상 될 수 없다고 믿는다. 그러나 만일 찬찬히 살펴보면, 우리가 "나는 이것이다" 혹은 "나는 저것이다"라고 말할 때마다 자신을 왠지 사기꾼이라 느낀다. 세상의 이것 또는 저것에 존재의 의미로 "나는 ○○이다"라는 말을 붙일 때마다 오류, 불충분함, 어쩐지 진실과는 동떨어진 느낌을 지울 수 없다. 우리가 "나는 행복해", "나는 슬퍼", "나는 영리해", "나는 공정해"라고 말할 때마다 "나는 ○○해"에 붙는 말들이 계속 바뀌는 걸 본다. 어느 순간에는 행복하다가 다음에는 의기양양하고, 또 다음 순간에는 우쭐댐을 비판하고, 그 다음에는 당황스러워 한다. 그러다가 다시 순수한 존재를 뜻하는 "나는 ○○이다"를 기억하고 되돌아와서는 또 다시 그 말에 너무나 자주 붙여대는 이것저것들에 빠져 허우적댄다. "나는 이것이다" 또는 "나는 저것이다"는 어쩐지 거짓말처럼 느껴진다. 왜냐하면 이 변화무쌍한 우주에서 꽤 오랫동안 나 자신이라 부를 만한 것은 도무지 없기 때문이다. 진실로 '나'라고 부를 것은 아무것도 없다. 대부분의 경우 우리는 그저 자신이 무엇인 체함으로써 다른 누군가가 된 기분에 빠질 뿐이다. 그러나 우리는 자신이 "나는 ○○이다"라고 말할 때, 그냥 어떤 공간이나 존재가 있을 뿐임을 알게 된다. 이 '나'는 개별적인 어떤 것, 자신 바깥의 무엇 혹은 심지어 몸이나 정신조차 가리키지 않는다. '나'는 그저 존재의, 본질의 느낌일 뿐이다. 당신이 "나는 ○○이다"라 하고 내가 "나는 ○○이다"라고 말할 때, 우리는 똑같은 존재를 지칭하고 있다. 존재 그 자체를 가리키는 것이다. 모든 사람의 '나'는 똑같은 '나'이다. 단지 나누어져있을 뿐이다. 우리가 '나'에 이것저것을 갖다 붙일 때 종교전쟁 같은 황당한 일이 벌어지게 된다. 당신이 "나는 이것이다"라고 말할 때 존재의 보편성은 사라진다. 당신이 "나는 이 기쁨, 이 두려움, 혹은 저 마음, 저 신체다"라고 말할 때, 진실은 바위에 부딪친 거울처럼 산산이 박살난다. 통일된 '하나'가 수많은 조각으로 쪼개져버리는 것이다.

우리는 끊임없이 어떤 것 혹은 누군가가 되려고 노력한다. "나는 이 것이야"라는 말은 내가 저것이 아니라는 생각을 담고 있다. 혹시 마음 속에 시기심이나 두려움 혹은 죄책감이 있을 경우 당신은 어떻게 그 감정들을 자기 이미지에 섞어넣는가? 아니면 그 거짓 자아를 그냥 놓 아버리고, 그 순간의 감정들이 무엇이든 간에 그것에 충분히 오래 열 려 있을 수 있는가? 당신은 그리스인 조르바*가 '완전한 파국'이라 부 른 상태에 마음을 열고 그 너머로 들어갈 수 있는가? 왜냐하면 만일 세상에 피해야 할 어떤 것이 있다면, 그것은 오직 파국일 테니 말이 다. 당신은 질투나 시기심이 솟아날 때 마음을 닫아버리는 대신 정신 의 옹졸함을 파고들기 시작하면서 그 육중한 감정이 자신을 얼마나 고립시키는지, 그런 정신 상태가 얼마나 쉽사리 '나'라는 관념을 움켜 쥐는지 지켜볼 수 있는가? 우리가 얼마나 그 감정들에 얽매이는지 아 는가? 우리가 얼마나 그것들을 표출하거나 억눌러야 한다고 믿으면 서, 우리가 광대한 존재 자체임을 망각하고 있는지 아는가?

우리가 온갖 감정들에 휘둘리는 정신의 충동적 반응을 보면서 그런 고통에 순간순간 붙잡혀 발버둥치는 그 가련한 존재에 어떻게 연민을 느끼지 않을 수 있을까? 우리는 너무나 미미한 자비심으로 자신을 대 한다. 결코 남들한테는 드러내지 않는 냉혹한 태도로 자신을 학대한 다. 우리는 '나 자신에게는 그렇게 해도 상관없다'고 생각한다. 우리가 본래의 자신에 대한 감각을 잃었기 때문이다. 우리는 우리 역시 본래 의 진실이라는 사실을 잊어버렸다.

그런 망각은 엄청난 고통을 일으킨다. 우리가 자기 슬픔을 말할 때

---

* 그리스 작가 니코스 카잔차키스의 소설 《그리스인 조르바 *Zorba the Greeks*》의 주인공이다. ― 옮긴이

우리 이야기의 대부분은 그 망각, 즉 원래 본성과의 단절에 관한 것이다. 우리는 자신을 너무나 심하게 억눌렀고, 자신의 너무 많은 부분을 용납하지 않을 뿐만 아니라 두렵기 때문에 그 모습들이 일어날 때 죽도록 짓누르면서 그 뒤에 얽힌 덩어리를 자신의 '감춰진 정체'라고 여기곤 한다. 이런 정신 상태는 자신의 '모델'과 너무나 다르기 때문에 우리 새장의 더욱 단단한 쇠창살로 변한다. 억압을 가할수록 매 순간 그 새장은 오그라든다. 우리는 내면 깊숙한 곳의 '폐기물 처리장'에 온갖 잡동사니를 쌓아놓고 의식이 건드리지 못하게 막으면서 무지를 키워가고 있는 것이다.

우리는 자신의 '참본성(true nature)'이 놓여있는 곳을 두려워한다. 분노나 두려움이나 시기심이 드러내는 생생한 진실을 도저히 마주볼 수 없기 때문이다. 그 진실이란 내가 당신에게 말하는 내용, 크리슈나무르티*가 말하는 지혜, 부처가 들려주는 말씀, 예수가 가르친 진리가 아니다. 당신 자신을 발견하라. 당신이 바로 진실이기 때문이다. 당신 말고 그 누구도 당신을 거기로 데려갈 수 없다. 부처는 지도를 남겼다. 예수도 지도를 남겼다. 인도의 크리슈나 신도 남겼고, 랜드 맥널리**도 남겼다. 하지만 그 여행길을 떠나는 사람은 당신이다. 이 상황은 가르침을 얻고자 어느 스님을 찾아간 내 친구의 경우와 비슷하다. 그녀는 고립감과 두려움이라는 피상적 망상에서 벗어나기 위한 가르침을 원했다. 그녀가 말했다. "저는 길을 찾으러 왔습니다." 선사는 한동안 침묵을 지켰다. 그러더니 자애로우면서도 사나운 손짓으로 그녀를 가리

---

* Krishnamurti(1895~1986), 20세기 인도의 위대한 현인이다. 인간이 일체의 종교나 전통 없이 내적 탐구만으로 진리에 도달할 수 있다고 가르쳤다. ─ 옮긴이

** Rand McNally, 미국 최대의 지도 제작 출판사다. ─ 옮긴이

키며 말했다. "당신이 그 길이오!"

자신이 그 길임을, 삶의 모든 것은 단지 정신의 그림자일 뿐임을 깨닫기 시작할 때 각각의 경험은 당신을 자신의 감옥에서 꺼내줄 소중한 기회가 된다. 이 시점에서 당신은 삶이 곧 통일성을 향한 기회, 진실을 향해 열린 문임을 깨닫기 시작한다. 그리고 당신에게 이런 의문이 일어날 것이다. "나를 이 광대한 근원적 존재에서 분리시킨 것이 무엇이지? 도대체, 나는 누구야?"

태국에 아잔 차(1918~1992)라는 고매한 명상 스승이 있다. 그분은 어린 시절에 스님이 되었다. 그의 머릿속에는 온통 여기 앉아있는 것이 누구인지, 존재란 무엇인지에 관한 생각으로 가득했다. 아잔 차 스님은 그것이 '꼭 이 만큼', 만물이 펼쳐지는 존재의 바로 이 순간을 이해하기 위함이라고 했다. 몇 년 간 수행에 정진하던 아잔 차 스님은 태국 북부에 모든 분노를 소멸시킨 명상 대가가 있다는 소문을 들었다. 아무런 화火도 품지 않은 단계는 수행의 탁월한 경지다. 이 말의 의미를 생각해보라. 이것은 무엇에도 얽매이지 않는 마음을 뜻한다. 또 인간이 원래의 본성과 조화되어 자신이 진정 무엇인지에 대한 상념조차 없고 심지어 화조차 남지 않은 경지를 말한다. 이런 사람은 진실과 동떨어진 어떤 것에도 얽매이지 않는다.

이 위대한 스승의 소문을 들은 아잔 차 스님은 그때까지 수행하던 절을 떠나 그분을 찾아가서 제자로 삼아달라고 청했다. 아잔 차 스님은 1년 반 정도 그 스승과 함께 머물렀다. 스승은 조금도 화를 품지 않은 것 같았다. 정말 놀라운 일이었다. 그러던 어느 날, 아잔 차 스님은 L-자 형태로 굽어진 부엌에서 스승과 함께 식사를 준비하고 있었다. 스님과 스승은 모퉁이에 가려 서로를 보기 어려웠다. 그런데 개 한 마리가 부엌으로 들어와 조리대 위로 뛰어올라서 먹음직스런 음식을 덥석 무는 것이 스승의 눈에 띄었다. 그러자 스승은 좌우를 두리번거린 뒤 그 개를 냅다 걷어차는 것이 아닌가. 그 상황을 목격한 순간 아잔차 스님은 깨우침을 얻었다! 엄청나게 무자비한 사람이 어떤 이유에서건 마음속에 있는 분노를 하나도 없는 척 꾸미고 있을 때 얼마나 고통스러웠을지 상상해보라. 그런데 우리 모두가 자신에게 이와 똑같은 형벌을 가하고 있다. 자신을 다른 모습으로 가장하고 반쯤만 태어나고 반쯤만 깬 채, 육중한 삶의 무게에 짓눌린 채로 말이다.

우리가 통일성을 얻으려면, 충실한 삶을 살고 충만한 죽음을 맞으려면, 아무것도 거부해선 안 된다. 북아메리카 원주민에게는 '부정不淨 씻기'라는 전통이 있다고 한다. 하지 같은 경건한 날, 무당이나 부족의 현자가 부족민들과 마주 앉아 이런 행동을 주문한다. "그대의 마음에 품고 있는 생각을 끄집어내라. 아무도 몰랐으면 하는 감정을 말이다. 어떤 상념이나 환상, 괴상하고 끔찍한 생각도 상관없다. 그대가 억누르고 감춰야 한다고 느끼는 것은 무엇이라도 불러내라." 대개 당사자는 너무나 겁에 질려 그런 생각을 거의 떠올리지 못한다. 사악한 생각이 새어나와 남이 그것을 알게 될까봐 두렵기 때문이다. 누군가 자신의 흉측한 내면을 엿볼까봐 겁내는 것이다. 그러나 무당은 계속 그에게 자신이 폭로되는 것을, 나약해지는 것을, 통일성에 다가가는 것을 얼마나 두려워하는지 마주보도록 밀어붙인다. 그러고는 얼마 뒤 이렇게 말한다. "자, 그 생각을 나한테 주거라." 그러면 그 상념이나 이미지가 밖으로 나와 둘 사이에서 공유된다. 이제 그 생각을 둘러싼 암흑이 걷히고 연민과 신뢰의 빛이 그 순간을 가득 채운다. 이로써 다시 한번 그들은 어째서 내면의 실상을 마주해야 하는지, 정신이 그토록 방황하며 헤맸어도 마음의 공간이 얼마나 넓은지 실감하게 된다. 어느 선사가 말했듯이, "정신은 심연深淵을 창조한다. 그리고 마음은 그것을 건너간다."

이제 유용한 수련법을 소개한다. 차분히 앉아 다음 명상법을 따라 하면서 닫힌 정신과 마음을 관찰해보기 바란다.

마음속에 생각을 떠올리게 하는 수련법

- 이것은 친구에게 조용히 읽어주거나 혼자서 나지막이 읊조리는 유도 명상이다.

용납되지 않는 생각을 머릿속에 떠올려라. 아무도 몰랐으면 하는 당신의 생각을….

그것을 그냥 거기 있게 놔두라.

하지만 연민을 가지고 바라보라.

마음이 어떻게 그 생각 주위로 움츠러드는지, 의식적이든 무의식적이든 어떻게 쫓아내려 하는지 느껴보라. 마음이 그 자신을 얼마나 두려워하는지 보라. 그 두려움의 본성을 통찰하라. 거울에 비친 우리 삶의 모습을 바라보라.

이제 그 상념을 가져다가, 거부와 긴장으로 에워싸지 말고 정신 속에 자유로이 떠다니게 하라. 그냥 그렇게 놔두라.

그 생각이 정신 속에서 일종의 감각으로 느껴지게 하라.

그것의 갑갑한 응어리, 예리한 칼날을 느껴보라.

이제 그 생각이 마음속으로 가라앉게 놔두라. 그 감각이 당신의 목구멍을 타고 내려가 몸속으로 들어가게 하라. 그것이 가슴 한복판에 있는 마음의 공간에 내려앉게 하라. 그 상념이 거기서 스스로 생각하게 놔두라. 아무 비판도 없이 만물을 맞이하는 그 광대한 마음의 공간 속에서….

그 생각이 자위행위든, 동성애든, 폭력이든, 두려움이든, 부정직이든 그대로 두라. 당신이 두려워하는 어떤 상념이라도, 정신에서 도저히 용납되지 않더라도, 광활하게 열린 마음속으로 가만히 가라앉게 놔두라. 거기에서 그것이 따스하고 차분하게 환영받게 하라.

지극히 광대한 본래의 마음은 아무것도 거부하지 않는다. 마음은 모든 생각을 자애롭게 맞아들인다. 마치 정신 속의 또 다른 움직임처럼, 또 하나의 감정처럼….

지금 이 포근한 자애 속에 떠다니는 생각을 경험하라. 두려움이 얼마나 정신 속의 감옥과 비슷한지 바라보라. 당신의 원래 본성 속에 있는 사랑과 온화함 속으로 들어가라.

두려워할 것이 무엇인가?

자기보호의 감옥을 만들 필요가 어디 있나?

• • •

  우리는 자기 생각을 자신으로 여긴다. 정신의 생각을 '나'라고 부른다. 생각을 놓아버릴 때 우리는 자기 자신, 그러니까 우리가 자신이라고 믿는 것을 넘어선다. 끊임없이 설쳐대는 정신 뒤편에 존재의 고요함이 있다. 이름도 없고, 명성도 없고, 보호할 것조차 하나 없는 고요함 말이다. 그것이 본래의 마음이다.

  마음 한가운데의 감각에 주의를 기울이면 정신의 수축에 의한 깜빡임, 우리가 '나'라고 여기기도 하는 순간적인 정신의 움찔함을 느끼게 된다. 각각의 정신 수축, 낱낱의 감정과 생각은 마음을 획 하고 지나가는 그림자처럼 느껴진다. 매번 정신이 자신에게 주의를 기울일 때마다, 정신은 우리에게 원래 본성과의 조화를 방해하는 장애물들을 가볍게 놓아버리라고 일깨운다. 그러면 전에는 항상 적군으로 보였던 위협적인 정신 상태들이 이제는 아군이 된다. 마음은 오르락내리락하면서 매번 우리에게 가볍게 놓아버리고 더 깊은 존재의 심연 속으로 들어가라고 한다. 정신이 온갖 상념으로 가득 차서 너무나 갑갑해지면 우리에게 마음속에서 반짝이는 자유를 불러내라고 일깨운다. 그러면 우리는 그 속으로 들어간다. 그때 감정이 무거울수록, 이기심과 혼란이 심할수록 그 정신 상태들은 더 많은 가르침을 전해준다. 그것들은 우리 자신이 그 '고통스런 덩어리(우리가 그것들을 두려워하고 저항하기 때문에 '고통'이고, 그 상태가 자연스런 흐름을 막기 때문에 '덩어리'이다)'가 아님을 일깨운다. 그러면서 우리가 오히려 그 너머에서 빛나는 찬란한 빛임을 알려준다. 아무리 얇은 은박지라도 우리의 눈앞에 대면 거대한 태양의 온기와 광명을 막아버릴 수 있다.

이슬람 신비주의 종파인 수피Sufi의 전통에는 이런 금언이 있다. "그대에게 던져진 고통의 무게가 아무리 거대하고, 그 괴로움이 아무리 혹독하더라도 이겨내라. 마음속에 만물의 고통을 담은 '세상의 어머니'를 생각하라. 우리는 모두 그 어머니의 일부다. 그래서 각자 우주의 고통을 하나씩 건네받음으로써 그 무게의 일부를 떠받치고 있는 것이다. 그대는 자기연민이 아니라 기쁨으로 그것을 맞이하도록 부름을 받았다. 비결은 이것이다. 그대의 마음을 수레로 삼아 우주의 고통을 기쁨으로 바꾸라."

우리는 우리 삶의 너무 많은 부분을 밀쳐냈고, 그것을 자기 안의 깊숙한 곳에 꼭꼭 가둬두었다. 그렇기 때문에 우리가 그것을 풀어놓기 시작할 때 얼마나 많은 자신의 기대, 관념, 편견들이 우리 경험을 방해했는지 보게 된다. 정신의 자기보호가 중단됨에 따라 우리는 자신이 억눌렀던 모든 것들이 다시 한번 의식 속으로 흘러드는 광경을 본다. 온갖 해묵은 응어리들이 또 다시 의식의 수면 위로 떠오른다. 그러나 크나큰 변화가 있었다. 우리는 더 이상 그 끊임없는 변화의 강물 속에서 '귀중한 사람이나 물건'을 창조하려 하지 않는다. 대신 진실을 찾아내려 한다. 이 탐험에서는 어떠한 정신 상태도 다른 것보다 우선하지 않는다. 오직 명료한 관찰이 중요할 뿐이다. 이때의 핵심은 '무엇을 보느냐'가 아니라 '얼마나 명철하게 바라보느냐'이다. 그러면 이 작업은 무엇이 진실인지, 나는 진정 누구인지, 내가 '나'라고 부르는 것은 무엇인지, 무엇이 죽는 것인지를 캐는 탐구의 과정이 된다. 이 생각이 나일까? 이 정신이 나일까? 이 몸이 나일까?

정신의 상태들을 명료함과 연민으로 바라볼수록, 온갖 덧없는 순간들을 '나'라고 부르고 싶은 충동이 줄어든다. "나는 이것이야" 또는 "나는 저것이야" 같은 맹목적인 착각이 점점 사라진다. 우리가 본래의 의식을 오롯이 경험할수록 정신이 만든 감정에 휩쓸리거나 그 즐거움에 죽도록 매달리지 않는다. 존재하는 것이 대체 '누구'인지, 아니 더 정확히 말해 '무엇'인지 밝힐 하등의 필요도 없이 그저 존재의 광대한 고요를 체험할 뿐이다. 비록 정신은 수십 가지의 정의와 한계를 찾아내려 안달할지 몰라도, 경험의 경계는 끝이 없다. 그래서 그 옹색한 정신은 광대한 바다 위를 둥둥 떠다닌다.

그러다 어느 날 울화가 치밀고 별안간 분노를 느끼는 순간이 온다. 그러면 우리는 그것에 마음을 열고 이렇게 묻는다. "화난다는 것은 무엇이지? 이것이 내 몸에서 어떻게 느껴지지? 내 정신은 무엇을 하고 있지?" 그리고 편안히 자리 잡고 앉아 눈을 지그시 감고 마음을 가로막은 장애물을 향해 움직여가기 시작한다. 우리는 그것에서 뒷걸음치거나, 그것이 자동적으로 우리를 차단하여 현재의 충실한 경험을 방해하게 두지 않는다. 화나 두려움, 죄책감이나 의혹 등을 지켜보면서 우리는 수없이 '나'라고 여겼던 그것을 생소한 눈으로 보기 시작한다. 우리는 정신이 제 스스로 움직이는 것을 본다. 화와 두려움 그리고 온갖 정신 상태들이 제 나름의 성격, 자기만의 동력을 지녔음을 본다. 그래서 우리의 '나'는 남을 해치려 하지 않는데도 '화'라 일컫는 정신 상태는 그 특성상 공격적이고 흔히 상대를 모욕하거나 욕보이고 싶어 한다는 것을 알게 된다. 우리는 허무맹랑한 정신의 꼬드김과 속삭임, 너무나 자주 우리를 짓누르고 버려두는 그 '새도 복싱shadowboxing(상대방이 앞에 있다고 상상하며 혼자 싸우는 권투의 연습 기술)'을 지켜본다. 그리고 마침내 우리의 괴로움을 놓아버리기 시작한다.

그러면 우리는 마음의 지혜를 가로막는 그릇된 정신 상태들에서 벗어나기 시작한다. 다시금 존재들 사이에서 사랑과 신뢰가 솟아난다. 그러면 전에 우리를 정신 속에 가두었던 모든 것들(남들의 위협적인 접근을 경고하는 감시견 같던 우리의 의혹과 분노와 두려움)이 사랑 잃은 고통을 일깨우는 경보기가 되면서 삶에서 도망치기보다는 삶을 맞이하는 수단이 된다. 우리는 제멋대로인 정신에 대한 두려움이, 그리고 정신을 우리 자신으로 보는 착각이 얼마나 우리 인생을 천박하게 만들었는지 본다. 그러면 의식 안으로 들어오는 모든 것들을 가만히 놓아버리기 시작한다. 우리는 정신을 비판하지 않고 그냥 놔두면서 정신에서 일어나는 떠오름과 해체의 연속적 과정을 지켜보기 시작한다. 각각의 생각, 감정, 경험의 순간이 너무나 허망하다는 사실을 깨우치면서 우리는 붙잡고 매달릴 것, 영원한 만족을 주는 것이 하나도 없음을 보게 된다. 우리에겐 두 발을 굳건히 디디고 있을 땅이 도무지 없다. 그러면서도 "이것이 바로 나야"라고 말한다. 그것은 끊임없이 변화하는 강물이고, 그 속에서 매 순간 우리가 자신이라 믿었던 존재가 태어나고 죽어간다. 우리가 자신을 투영하면서 '존재'라고 믿었던 모든 것들이 너무나 덧없고 본질상 어떠한 실체도 없이 공허할 뿐이다. 거기에는 그저 흐르는 과정만 있을 뿐이다. 우리가 자신이라 믿었던 사람은 그저 흘러가는 강물의 한낱 거품일 뿐이다. 그리고 이 과정을 밝혀

준 명료한 의식은 찬란한 광명으로 보인다. 우리는 정신과 '나'의 동일시를 중단하고 의식의 순수한 빛, 그 이름 모를 근원적 존재가 되기 시작한다.

육신은 사멸하고 정신은 끊임없이 변화한다. 그러나 어찌됐건 그 모든 것의 뒤편에는 누군가가 '불멸성'이라 부른, 항상 변하지 않는, 그저 원래대로 있는 하나의 실재實在가 있다.

'새롭고 충만한 탄생'이란 이 불멸성을 만나는 것이다. 한순간일지언정 태어남과 죽음 그 너머의 광대함을 체험하는 것. 모든 무기를 내려놓고 그저 명료한 의식과 사랑만을 지닌 채 모순과 신비로 가득 찬 세상 속으로 들어서는 것이다.

3장
"그저 이만큼, 바로 이 순간뿐"

친구여, 기억하라. 그대가 지금 이곳을 지나지만,
나도 한때는 그대와 같았음을….
지금 내가 여기 누운 것처럼, 그대도 머지않아 이렇게 되리.
미리 준비하고 나를 따르라.

미국 매사추세츠 주 애시비 마을에 있는 어느 묘비에

    한동안 명상수행을 해온 어느 친구가 있다. 그는 최근에 자기 나라에 온 어느 선사를 찾아가, 같이 수행해도 될지 물었다. 그 물음에 그로시*는 이렇게 말했다. "그대는 죽을 각오가 되어 있나?" 내 친구는 당황하여 머리를 저으며 대답했다. "나는 여기 죽으러 온 게 아닙니다. 선禪을 배우러 왔지요." 그러자 로시가 말했다. "죽을 마음이 없다는 건 모두 버리고 삶에 뛰어들려는 준비가 안 된 거라는 뜻일세. 아무것도 겁내지 않고 곧장 뛰어들 준비가 됐을 때 다시 오게."

    만일 우리가 앞으로 일어날 모든 일에 열려있지 않다면, 만일 모든 가능성이나 다가올 온갖 상황을 충실히 맞이하지 않는다면, 우리의 지각 능력은 용납되지 않는 것을 빼버리는 일종의 '터널 시야'**로 쪼그라든다. 자신의 상상 속 자아를 강화해주지 않는 것을 죄다 밀어내

---

* 濾紙, '존경하는 스승'이라는 뜻으로 일본의 선사를 일컫는 호칭이다. - 옮긴이

** tunnel vision, '터널 속에서 보이는 좁은 시야'라는 뜻으로 협소한 안목을 일컫는 심리학 용어다. - 옮긴이

버리는 것이다. 견고하고 영원한 것을 붙잡으려는 헛된 상상에 빠지는 것이다. 그러면 우리는 거의 모든 것들을 빼버린 채 얼마쯤 몽롱한 상태에서 대부분의 상황을 맞이한다.

북아메리카 원주민들은 죽음을 준비하는 오묘한 기법을 개발했다. '죽음의 애곡哀曲'을 이용하여 죽음을 향해 열린 자세를 키워낸 것이다. 북아메리카 원주민들은 청년기로 접어들 때 통과의식을 치른다. 그 의식은 혼자 황야로 들어가 여러 날 동안 단식과 기도를 하면서 미지의 세계에 마음을 열고 다가올 자기 인생에 대한 어떤 계시를 받는 것이다. 흔히 그들은 통일감이 충만한 환상을 경험하게 된다. 그것으로부터 자연스레 치유의 곡조나 죽음의 애곡이 흘러나온다. 그 노래들은 위협이나 시련이 닥친 시기에 '위대한 정령'의 도움을 받기 위한 수단이 된다. 또 다른 애곡들은 할아버지의 만가輓歌나 꿈에서 생기기도 하고, 가끔은 자신이 방금 죽인 동물을 애도하다가 흘러나오기도 한다. 이런 애곡들은 크나큰 역경 속에서도 마음을 열고 정신을 맑게 유지하는 순간 집중 기법이기도 하다. 북아메리카 원주민들은 말에서 떨어지려 하거나 살벌한 동물과 마주쳤을 때, 또 맹독성 음식을 먹고 앓아눕거나 열이 펄펄 끓어오를 때, 곧바로 그 죽음의 애곡을 떠올렸다. 그 곡조는 자신의 일부가 되어 급박한 시기에 언제라도 흘러나왔다. 죽음의 애곡은 낯선 대상인 죽음과의 친근감을 불러왔다.

갖가지 위급 상황에서 자신의 애곡을 아마 수백 번은 부른 뒤에, 당신이 어느 날 커다란 바위 그늘 아래서 꼼짝 못하고 있다고 생각해보라. 뱀의 독 때문에 당신의 몸은 화끈거리고 점점 손발이 마비된다. 그러나 당신을 도와줄 사람은 아무도 없다. 하지만 당신은 혼자가 아니다. 훌륭한 영적 통로, 당신이 따라갈 길, 순간순간 죽음으로 인도해주는 수단이 있으니까. 이런 기법을 자기 생의 일부로 삼았기에, 수많은 북아메리카 원주민들은 대단히 명료한 상태에서 죽음을 맞을 수 있었다. 그들은 자신의 통찰력에 집중하여 삶과 죽음을 통합하는 기법을 사용함으로써 현실 세계를 뛰어넘었다.

하시드*의 전통에서는 이 순간 무슨 일이 일어나더라도 그것을 위해 준비된 인간이 되기 위한 가르침이 전해진다. 하시드에서는 사람이 자기 인생의 어떤 시점에서 일어날 특별한 사건을 대비하기 위해 태어난다고 믿는다. 그러나 그때가 언제인지는 모른다. 그래서 사람은 시험이 닥칠 때 준비돼있도록 항상 깨어있어야 한다. 그것은 일종의 '모름(not-knowing)'에 대한 열림, 존재를 향한 열림을 뜻한다. 어떤 순간에든 비켜가기 위해 할 일은 아무것도 없다. 미지의 세계를 향한 열림을 키워서 무슨 일이 닥치더라도 충실히 깨어있어야만 할 뿐이다.

이러한 모름의 상태에서 우리는 언제나 깨어있다. 자신이 모른다는 것을 인정할 때 우리는 정신을 바짝 차리기 때문이다. 우리는 마치 다음에 무엇이 튀어나올지 모르는 사냥꾼과 같아진다. 사냥꾼은 어떤 일도 일어나게 하지 않는다. 그저 한창 움직이다가 우뚝 멈춰있을 뿐이다. 사냥꾼은 무엇이든 통과시키는 열린 공간이다. 그는 더 이상 고정된 '명사'가 아니다. 움직이는 '동사'가 되었다. 그는 멈춰 있는 동작인 것이다.

우리 삶을 향한 이런 식의 깨어있기는 죽음을 위한 완벽한 준비다. 이것은 아무것도 거부하지 않고 무슨 일에든 활짝 열려있는 상태를 뜻한다. 만일 죽음만 빼고 다른 건 다 괜찮다면, 결국 죽음과 상실을

---

* Hasid, 히브리어의 '경건한 자'라는 뜻으로, 정통 유대교에서 갈라진 유대교 신비주의 종파다.

제외하고 나머지는 괜찮다는 말도 나오기 때문이다. 그러면 또 죽음과 상실, 맛없는 쇠고기 샌드위치만 빼고 나머지는 괜찮다는 말이 나온다. 또 그 다음은 죽음, 상실, 맛없는 쇠고기 샌드위치 그리고 재수 없는 배관공 녀석만 빼면 다 괜찮다고 하게 된다. 받아들일 것의 한계를 정하면 우리 인생 중 대부분을 제멋대로 주무른 자기보호의 새장이 자꾸만 오그라든다. 결국 '안전'은 우리 새장에 아무도 들여놓지 않는 것을 뜻하게 된다. 그러면 우리는 고립된다. 아무도 우리의 창살을 두드리지 않을 것이기 때문이다.

힌두교 전통에는 삶/죽음을 향한 이 같은 깨어있기를 보여주는 또 다른 사례가 있다. 힌두교에서는 입으로 신의 이름을 부르며 죽음을 맞이하면 온전하게 근원으로 돌아간다고 믿기에 다들 그렇게 한다. 어느 한순간, 사람은 세상에 펼쳐진 정신의 온갖 허상들을 내려놓고, 그냥 원래의 세상과 함께 있을 수 있다는 것이다. 인도의 독립을 이끈 위대한 지도자 마하트마 간디가 암살당하던 날, 그는 아침 일찍 산책을 나와 공원에 갔다. 그때 한 남자가 따라와 간디의 심장에 총을 쏘았다. 간디는 쓰러지면서 "람Ram"이라고 중얼거렸다. '람'은 힌두교의 여러 신들 중 하나다. 수백만의 힌두교도들이 신을 모시고 살아가면서 그 신의 이름이 자신의 마음과 정신에 가득 찬 상태로 죽기를 소망한다. 그것은 마치 내가 임종을 함께한 사람들이 죽으면서 "자애로운 성모님!" 하고 속삭이던 모습과 같다. 그들의 죽음은 빛으로 들어가는 포근한 여행이었다. 그렇게 자신의 근원적 본질과 연결된 채 죽음 앞에서도 평온할 수 있는 사람이 얼마나 될까? 이것이 죽음의 시점까지 기다리지 말고 당장 갖춰야 할 자세다. 이것이 바로 지금 당신이 키워내야 할 태도다. 죽음의 준비를 시작하기에 적당한 시기란 따로 없다.

이쯤해서 여러분은 '신'이라는 단어가 모든 이들에게 똑같이 사용되지는 않음을 알았을 것이다. 나는 '신'을 대체로 만물의 전체, 근원적인 본성을 표시하는 뜻으로 사용한다. '자연'이나 '도道', '다르마Dharma(法)'나 그냥 '진리'도 마찬가지로 사용되겠지만, 여전히 막연한 근원을 표현하기에는 뭔가 부족하다. 또 많은 이들에게는 '예수'가 역사적 인물이 아니라 완벽한 본질을 표현하는 이름이고, '부처' 역시 단순한 고대 인도의 왕자가 아니라 투명한 정신의 본성으로 여긴다.

때때로 나는 사람들에게서 이런 말을 듣는다. "오, 걱정 마세요. 때가 되면 적당히 명상할 겁니다." 행운을 빈다! 아마 그때가 됐을 때 당신이 지금 지닌 기력은 남아있지 않을 테니까. 정신을 집중하기도 어려울지 모른다. 두려움이 마음의 문을 걸어 잠글 수도 있다. 두 개의 고성능 스피커가 양쪽 귓가에서 짜증나는 굉음을 울려대는 가운데 명상한다고 상상해보라. 이것이 좀 지나친 비유일지는 몰라도, 그 순간에 극단적 고통과 죽음의 공포가 어떠한 것인지를 대충 짐작할 수 있을 것이다.

만일 당신이 극도의 고통 속에서 죽어야 한다면 마음을 온화하고 열린 상태로 유지하기 위해 어떤 준비를 해야 할까? 그 순간이 펼쳐놓는 어떤 상황에서도 초연하려면 어떻게 해야 할까? 두려움과 미래에 대한 근심 때문에 소중한 기회를 잃지 않도록 정신을 온전히 유지하기 위해서 당신은 무슨 대비를 했는가? 마음을 열고 생생한 진실, 다음에 다가올 미지의 순간의 본질을 경험하라.

당신의 은행계좌와 사회적 명성은 죽음을 준비하는 데 아무 도움도 되지 않는다. 당신의 명품 의류나 총명한 두뇌도 마찬가지다. 죽음을 준비하면서 당신은 무엇을 하는가?

죽음을 준비하기 위한 행동은 삶을 풍요롭게 한다. 신을 부른 간디의 중얼거림, 북아메리카 원주민의 죽음의 애곡, 하시드의 '미지의 세계를 향한 열림' 등은 모두 삶을 더 풍요롭고 행복한 경험으로 만드는 요소들이다.

불교 명상서 저술로 유명한 작가인 글렌 멀린스는 어느 티베트 스님의 이야기를 들려준다. 당신에게 죽음이 다가오고 있음을 깨달은 그 스님은 달라이 라마*에게 가르침을 구했다. 그러자 달라이 라마가 이런 편지를 보내왔다.

> 인생의 무게를 짊어지고 죽음의 문을 통과할 시기가 되었을 때 가족도 친구도 하인도 재산도 아무것도 가져갈 수 없지요. 집착執着의 마음은 짐승의 마음이오. 집착을 버리시오.
> 허상虛像의 꼭대기에서 얻는 쾌락이 아무리 짜릿하더라도 사람은 또 다시 고통의 나락으로 떨어지고, 숨을 곳도 전혀 없는 상태에서 무지無智의 수레바퀴 위에서 헛돌게 되지요. 탐욕을 버리시오.
> 우리 주변의 수많은 사람들, 우리를 다정하게 키워주신 부모님, 이분들은 오직 행복을 구하는 분들이라오. 사나운 마음을 몰아내시오.
> 궁극의 본성에서는 오감五感을 통해 나타나는 일체의 것들이 허망하다오. 그런데도 그릇된 허상 속에서 우리는 끊임없이 진실을 찾아 헤맨다오. 자기 감옥을 내던지시오.
> 죽음의 순간이 왔을 때 뒤틀림, 두려움, 미신에서 정신을 건져내야 합니다. 헛된 욕망과 두려움을 피하시오. (중략) 육신의 미묘한 원기가 조

---

* Dalai Lama, 티베트 불교 최대 종파인 게룩파의 교주를 일컫는 칭호다. 15세기에 1대 달라이 라마가 탄생한 뒤 현재 14대째 이어지고 있다. - 옮긴이

금씩 소멸된 뒤에 미묘한 죽음의 영기가 일어난다오. 그것을 찬란한 빛에 휩싸인 근원적 본질로 바꾸시오. 그리고 거기에 의연히 머무르시오.

'거기서 의연히 머무르기'가 얼마나 어려운지 알아보려면, 그 전에 건강한 정신과 에너지를 가지고도 깨어있기가 얼마나 어려운지 알아보라. 비판이나 두려움을 일으키는 우리의 숨은 습성이 얼마나 순식간에 정신을 혼돈의 격류 속으로 몰아넣음으로써 자제력을 잃게 하는지 지켜보라.

만일 췌장이 욱신거린다면 당신의 정신이 어떻겠는가? 또 골육종에 걸려 도저히 편한 자세로 있을 수 없다면? 그것은 마치 불이 이글거리는 철판 위에 누워있는 셈이리라.

엄청난 불안이 밀려오고 주위의 사랑하는 이들이 당황해 쩔쩔매는 상황에서 사랑과 수용의 감정이나 죽음의 애곡을 유지하기가 얼마나 어려울지 생각해보라.

나는 죽음을 앞둔 수많은 사람들의 곁에 있으면서 '정신과 육신이 혼미한 상태에서 평온을 유지하려면 얼마나 대단한 명철함과 열린 마음이 필요한지' 알게 되었다. 초대하지도 않았는데 들이닥치는 그 두려움을 상대하기가 얼마나 어려운가. 흔히 두려움이 다가올 때는 열린 마음을 유지하기 위하여 이렇게 말할 수 있다. "그래, 이게 진짜 두려움이군." 그러나 광대한 마음에는 두려움이 없다. 개별적인 '나'는 확실한 경험적 실체가 아니므로 거기에는 두려움이 들러붙을 덩어리가 아예 없기 때문이다.

확실히 효과적인 방법은 불쾌한 상황에 마음을 열고 저항과 두려움을 인정하는 것이다. 부드럽게 열린 상태로 그 주위에 머물면서 그것들이 자유로이 떠다니게 두면서 다 놓아버리는 것이다. 만일 자기가 지닌 저항과 장애물의 목록을 만든다면, 그것은 거의 자기 성격을 나타내는 스케치가 될 것이다. 만일 당신이 그 성격과 자신을 동일하게 생각한다면 죽음의 공포, 즉 가공의 인물이 겪는 거짓 상실에서 오는 공포가 어마어마하게 커질 것이다.

만일 당신이 자기가 가진 것, 자신처럼 믿는 것, 자신이 좋아하는 것을 낱낱이 기록해 목록으로 만든다면, 그 목록은 당신과 삶의 진실 사이에 까마득한 골짜기를 만들 것이다. 그것들은 당신이 붙잡고 매달릴 망상들이기 때문이다. 당신은 그것들만 바라보면서 그 너머를 쳐다보지 못할 것이다. 자신을 일으킨 전체 흐름은 보지 못하고, 일어난 사건들을 최상의 실체라고 보면서 죽도록 움켜쥘 것이다. 이것이 바로 어리석음의 극치다. 우리를 자신의 멜로드라마에 잡아매는 것이 이런 습성이고, 괴로움 놓아버리기를 그토록 어렵게 만드는 것이 이런 아둔함인 것이다.

부처는 말씀하셨다. "운運은 찰싹대는 말꼬리처럼 변한다." 바로 내일이 앞으로 30년 동안 전신마비로 살아갈 첫 번째 날이 될 수도 있다. 당신은 내면의 삶을 향해 충분히 열리기 위하여 어떤 준비를 해왔는가? 무슨 상황이든 당신의 마음을 살찌우는 계기로 삼을 수 있는가? 그러기 위해서는 삶을 향해 꾸준히 마음을 열어야 한다. 당신이 삶을 향해 활짝 열릴수록 죽음이라는 적은 미약해진다. 당신이 죽음을 삶과 마주할 수단으로 삼기 시작할 때 세상 만물은 본래 그대로의 것, 바로 이 순간 생생히 살아있는 특별한 기회가 된다.

그러면 이런 물음이 떠오른다. "죽는 것은 누구지?" 이에 대한 당신의 첫 대답은 "죽는 것은 '나'야"이다. 그러고 나서 이런 물음이 뒤따른다. "죽는 것이 '나'라면, '나'는 무엇이지?" 당신은 이 '나'가 정신의 어떠한 이미지, 그러니까 오감五感의 어떠한 소리나 맛과도 완전히 일치하지 않는다는 사실을 알게 되면서 당혹감에 빠진다. 그래서 묻는다. "나는 이 미세한 느낌들의 일시적 흐름일 뿐인가? 하지만 내게는 이름도 있고, 얼굴도 있고, 사회적 지위도 있잖아." 그러자 이번에는 "내게는 이름이 있어"가 그저 또 다른 순간적 생각, 거대한 정신의 강물 위를 떠가는 한낱 거품일 뿐임을 본다. 그러다 잠시 후 정신은 다른 생각을 떠올린다. '나'가 단순한 관념일 뿐임을 보는 것이다. 우리가 아무 생각도 하지 않을 때 '나'라는 것은 대체 어디에 있을까?

사실 우리가 사고思考 작용을 지켜보면서 흥미롭다고 여기는 점은 '모든 생각이 과거와 연결돼있다'는 것이다. 감각을 통한 인식 작용인 '지각知覺'의 바탕은 기억이다. 기억은 현실을 표현하기 위해 암호화된 상징과 개념으로 가득 찬 잡동사니 상자다. 모든 기억이 사라졌다고 가정해보라. 그러면 당신이 길을 따라 걸을 때 단순히 '걷기'만 남는다. 또 당신이 바라볼 때는 단순한 '보기'만 있게 된다. 당신은 느낌 그대로 느낀다. 모든 것을 곧바로 생생하게 경험한다. 당신은 걷고, 보고, 경험하는 '누군가'가 던진 그림자를 통해 나중에 아는 것이 아니라, 사물 그 자체를 직감한다.

만일 당신이 어느 방에 들어갔는데 갑자기 기억이 사라졌다면 어떻게 될까? 전에는 익숙했던 사물들 하나하나에서 '새로운 사랑스러움'을 느낄 것이다. 보석처럼 반짝이는 현실을 신선한 눈으로 보게 될 것이다. 과거의 익숙함은 사라지고 아무것도 모른 채 모든 것이 새로운 생명으로 빛날 것이다. 매 순간 당신은 기적을 보게 될 것이다.

사물을 그 자체로 보지 못하게 막는 것은 사물에 대한 우리의 '익숙함'이다. 우리는 본래의 사물에 어떤 개념을 투영해왔다. 그러나 의식의 초점이 현재에 모아지면 우리는 만나는 사물들의 본질을 체험한다. 우리는 나무 앞에서 단순히 '나무'만 보는 것이 아니라, 개념이나 과거의 선입견에 오염되지 않은 살아 꿈틀대는 실체를 경험한다. 우리는 각 사물의 실체를 어떤 왜곡된 이미지 없이 곧바로 만난다. 그리고 사실상 우리가 삶을 제대로 경험하지 못했다는 사실을 보기 시작한다. 그러니까 우리가 삶의 실체를 멀찍이 밀어내는 막연한 이미지를 통해 죽음을 보았는지를 알게 되는 것이다.

몇 년 전에 나는 미국 애리조나 주 남부에 있는 동물보호구역을 관리하고 있었다. 그곳은 약 125종의 새들이 모여드는 굉장한 철새 도래지였다. 북극권 새들의 남방한계선과 남아메리카 새들의 북방한계선이 만나는 곳이기도 했다. 그곳은 정말 멋진 오아시스로서 찬란한 색상, 감미로운 노래, 장쾌한 비상飛上이 어우러진 일종의 만다라*였다. 내가 그 보호구역에 처음 갔을 때는 새에 관해서 아는 것이 거의 없었다. 하지만 방울뱀 같은 짐승들이 숨은 위험 장소와 다양한 동물들의 서식 환경을 알고 있었기에 전문 조류학자들의 안내자 역할을 맡았다. 조류학자들은 나와 함께 걸으면서 이런 탄성을 질러댔다. "와, 저기 주홍색 딱새 좀 봐.""아, 캐나다 개구리매도 있네." 그러면 나는 그들의 눈으로 동물들을 바라보기 시작했다. 숲을 지나면서 살아있는 진홍색 생명체가 아니라 '주홍색 딱새'를 보곤 했다. 또 그것의 실상 대신 '개구리매'를 보곤 했다. 그러다 나는 각 사물에 이름을 붙여 묘하게 바꿔놓는 정신의 이런 습성이 새로운 사물을 만날 때마다 그 존

---

* 曼茶羅, 힌두교와 탄트라 불교에서 명상할 때 사용하는, '우주'를 상징하는 그림이다. - 옮긴이

재의 명료함을 없애버린다는 사실을 깨달았다. 정신이 사물의 반짝이는 본질을 얼마나 흐려버리는지를 말이다.

이것이 사물의 실체를 관념이나 이미지로 바꿔놓는 '조건화된 정신'의 습성이다. 이것이 우리가 삶을 정면으로 만날 수 없게 하는 걸림돌인 것이다. 우리는 항상 실체를 내버리고, 그것이 던지는 그림자만 움켜쥔다.

그러니 죽음에 관해 어떤 말을 하고 무엇을 생각하든 우리는 죽음을 제대로 알지 못한다. 육체를 벗어나면 하늘에서 나를 기다리는 근사한 아이스크림을 먹게 될 거라는 생각은 그저 일종의 관념일 뿐이다. 그 관념이 진실인지 아닌지는 그 시점에서 중요치 않다. 그것이 무엇이든 여전히 일종의 관념일 뿐이기 때문이다. 만일 우리가 이 순간의 생생한 진실을 버리고 잡다한 관념들에 매달린다면 컴컴한 그늘과 혼돈 속에서 헤매게 될 것이다. "육체는 죽지만 의식은 계속된다"와 같은 근사한 관념조차도 정신 위를 떠도는 또 하나의 거품일 뿐이다. 그런데 만일 우리의 경험이 사물 자체보다는 사물에 관한 갖가지 관념에서 비롯된다고 생각해보자. 그러면 어떻게 우리가 자기 상상과는 완전히 다른 본질을 향해 열려있을 수 있을까? 우리가 철썩 같이 믿는 '사실'과 삶이 충돌한다면 무슨 일이 벌어질까? 무언가가 그것에 대한 우리의 관념과 충돌할 때 정신과 마음을 열어놓기는 대단히 어렵다. 그리고 이 어려움 때문에 우리는 삶의 기적을 제대로 보지 못한다. '불가능'한 것을 이해하려는 노력은 그것이 논리적으로 불가능하다는 이유로 쉽사리 비현실적인 것으로 치부되면서 버려진다.

우리는 어떻게 불가능한 것을 향해 열려있을 수 있을까? 당신이 죽은 뒤에 예수가 옆에 서서 "나는 무신론자다"라고 말씀하신다면 어떻게 할까? 이처럼 상황이 자기 상상과 딴판일 경우에는 어떻게 할까? 문제는 그릇된 기대다. 만일 당신이 삶이나 죽음에 관한 즉석조리법과 같은 것을 기대하며 이 책을 읽고 있다면, 모든 내용이 허튼 잠꼬대 같이 들릴 것이다. 우리가 취해야 할 유일한 일은 자신에 대한 수행이라고 말하고 있으니까 말이다.

만일 당신이 동네 최고의 중국음식점이라 믿고 들어간 식당이 알고 보니 독일음식점이었다고 해보자. 그러면 당신은 아마 음식 맛도 보기 전에 음식에 대해 투덜댈 것이다. 기대는 '터널 시야'를 만들기 때문이다. 터널 시야에 갇히면 자기 새장의 창살 사이로 시선이 닿는 곳만 보일 뿐이다. 우리는 어떻게 "오! 사워브라튼!"*이라고 외치며 그 음식에 달려들 수 있을까?

어찌 보면 참으로 이상하다. 예상치 못한 사건이나 고통스런 상황을 맞이할 기회가 그토록 많은데도, 우리가 죽음의 준비를 그렇게 소홀히 하고 있으니 말이다. 몸이 아플 때마다, 독감이나 신장결석이나 근육통 등에 시달릴 때마다, 우리는 머지않아 상당한 고통과 질병이 나타날 것을 안다. 그리고 그것이 줄어들기는커녕 점점 커져 결국에는 우리를 몸 밖으로 몰아낼 것임을 깨달을 기회를 맞는다. 그런 상황 하나하나가 죽음의 애곡을 떠올리거나 신을 향한 간디의 외침을 연습할 절호의 기회가 될 수 있다. 우리는 자신이 일종의 강물임을 수없이 반복해서 보게 된다. 견고한 실체라는 허상을 놓아버리고 끊임없는 강물에 조화되어 만물이 펼쳐지는 광대한 우주를 실감할 기회는 끊임없이 다가온다.

---

* sauerbraten, 식초에 절인 쇠고기를 볶은 독일 요리다. - 옮긴이

왜 통증이 극에 달해 정신이 가물가물할 때까지 기다리려 하나? 왜 몸살, 감기, 오한, 가벼운 부상 등을 겪을 때마다 그 순간들을 나중의 강렬한 순간을 맞이할 계기로 삼지 못하나?

통증이나 질병이 생길 때마다 나는 그것을 붙들거나 밀쳐내지 않고, 가로막지도 심화시키지도 않으면서 기꺼이 맞이할 선택권이 있음을 본다. 내가 스승이 되어 그것을 맞이할 때 그것은 더 이상 나를 '괴로워하는 자', '상황의 희생자'로 보는 착각을 일으키지 않는다. 그것은 그냥 그것일 뿐이다. 그리고 내가 그것을 맞이하려 할 때 그 노력이 다음에 다가올 모든 일에 대한 완벽한 준비, 심오한 놓아버리기가 됨을 알게 된다. 그러면서 인생은 무조건 어떠해야 한다는 기대에 내가 얼마나 매달려있었는지가 확연히 드러난다. 병에 걸리거나 잘못해서 망치로 엄지손가락을 내리친 순간이 바로 불가능한 대상, 죽음, 다음에 올 미지의 세계를 위한 준비의 순간인 것이다.

아잔 차 스님은 엄지손가락과 집게손가락을 약간 벌리며 이렇게 말했다. "그대가 이해해야 할 것은 그저 이만큼, 바로 이 순간뿐이오." 만일 당신이 이 순간을 열린 마음으로 맞이할 수 있다면 다음 순간에도 깨어있을 것이다. 설령 다음 순간이 자신의 임종 시점일지라도 당신은 역시 마음을 열 것이다. 죽음을 위한 준비는 단 한 가지뿐이다. 바로 현재를 향해 열려있는 것. 그대가 지금 여기에 있다면 그때 거기에도 있을 것이다.

카를로스 카스타네다는 동양의 도교적 정신을 지녔던 북아메리카 원주민 주술사였던 돈 후안에 관한 책을 10여 권이나 쓴 페루의 인류학자다. 돈 후안의 제자이기도 했던 카스타네다는, 자기 책에서 스승이 '이 순간의 깨어있음'을 수없이 강조했다고 적었다. 그러나 카스타네다의 논리적 정신은 삶이 어떠해야 하는지에 관한 수만 가지 관념들을 쏟아냈다. 돈 후안은 미지의 세계에 대한 두려움을 포함한 온갖 수단들을 동원하여 카스타네다를 삶이 펼쳐지는 바로 이 순간에 집중시키려고 했다. 돈 후안은 카스타네다를 정신 그 너머로 떠밀었다. "지혜로운 사람은 '마음의 길'을 택하고 그 길을 따라 간다. (중략) 그는 자기 삶이 너무나 빨리 한꺼번에 끝날 것을 안다. (중략) 그는 특별히 더 중요한 것은 아무것도 없음을 안다. 다시 말해 지혜로운 사람은 명성도, 체면도, 가족도, 나라도, 그 무엇도 갖지 않는다. 오직 살아갈 삶이 있을 뿐…."

명성도 체면도 없이 삶의 진실에 바짝 다가선 사람은 누굴까? 쓸데없는 죽음을 창조해낼 필요도 없을 만큼 이 순간을 지극히 신뢰하는 사람은 누굴까? 본래의 자신이 죽음 그 자체의 본질임을 아는 사람들, 그들은 자기가 삶을 체험하는 바로 그 찬란한 의식임을 깨닫는다. 어떤 상황이 닥쳐오든 그 순간을 차분히 맞이할 정도로 원래 본성의 광채를 충분히 확신하는 사람은 누굴까?

곧 사형당할 죄수가 있었다. 그 사형수는 자신에게 특별사면이 내려질 수도 있다는 소식을 들었다. 몇 주 동안 사형수는 피 말리는 심정으로 자신을 죽일 수도, 멀쩡히 살릴 수도 있는 결과를 기다렸다. 그런 뒤 면회 온 아내에게 이렇게 말했다. "있잖아, 내가 죽든 살든 한 가지는 분명해졌어. 내가 할 일은 완전히 똑같다는 거야."

그 할 일은 현재를 인정하는 것, 이 순간을 충실히 사는 것, 순간순간 자기 삶에 전념하며 자애로운 마음으로 느끼고 보고 듣는 것을 관찰하는 것이다. 분석적 정신으로 사물이 일정한 자기 이미지, 우주에 대한 특정 모델과 왜, 어디서, 어떻게 연관되는지 따지는 것이 아니라,

예리한 자기탐구의 불빛을 비추며 매 순간 펼쳐지는 세계를 신선한 경이로움으로 맞이하는 것이다.

대다수 사람들은 기쁨 때문이 아니라 고통 때문에 삶에 대한 마음을 열기 시작한다. 흔히 고통은 거짓 자아가 지닌 영토, 자기 이미지의 '안전지대'의 한계를 드러낸다. 그 한계를 넘어서면 통제할 수 없는 상황 속에서 존재에 대한 불안감이 일어나게 된다. 이것이 우리의 경계선, 삶에 대한 저항, 마음이 자기보호의 빗장을 지르는 장소다. 우리의 경계선은 우리 새장의 담장이 쌓여있는 한계점이다. '경계선놀이'는 미지의 세계로 기꺼이 들어가는 자세를 뜻한다. 이것은 진정한 성장이 이뤄지는 장소로 다가감을 의미한다. 당신이 경계선 근처에 있다면, 당신은 진실 옆에 와있는 셈이다. 경계선놀이를 시작할 때 우리는 더 이상 안전지대에서 얼쩡거리지 않는다. 경계선을 넘어설 때 두려움은 진실의 횃불이 된다. 그럼으로써 우리는 진정한 것이 무엇인지, 거짓 안도감에 집착하는 것이 진정 누구인지 파헤치면서 자신의 저항을 뚫고 나간다. 우리는 고통이 미지의 세계와 헛된 상상으로부터 뒷걸음치는 과정에서 일어남을 본다. 바로 이 경계선놀이를 통하여 우리는 죽음의 공포를 넘어서고, '누군가' 죽는다는 관념을 뛰어넘어 존재의 통일성·불멸성 안으로 들어선다.

만일 당신이 매일 아침 차분히 앉아 정신을 고요히 가다듬는다면 그 경계선을 보기 시작할 것이다. 정신에서 일어나는 모든 생각들을 향해 투덜대고 불평하기 시작하는 지점을 발견할 것이다. 만일 당신이 배우자나 아이들, 회사 상사, 부모님과의 관계를 찬찬히 들여다보면 아마 자신의 경계선이 보이기 시작할 것이다. 죽음의 진실을 가리는 것, 죽음을 너무나 그럴듯한 사실처럼 만들어 다음 세계로 가는 또 하나의 다리임을 잊게 하는 것이 바로 이 경계선에 대한 집착이다.

사람마다 경계선이 얼마나 다른지를 확연히 보여준 사례가 있다. 언젠가 캘리포니아 주 남부에 사는 우리 동료들이 '조슈아트리 국립공원*'에 있는 산봉우리를 등반했었다. 처음에 20여 명이 암벽을 오르기 시작했다. 조금 시간이 지나자 몇 명이 고도 30미터 지점에서 멈춰서고, 나머지는 계속 올라갔다. 그런데 또 몇 명이 75미터 지점에서 정지하고, 나머지는 등반을 계속했다. 120미터 지점에 있는 바위 턱에 이르자 대부분이 거기에 주저앉았다. 대다수가 자신의 두려움이 더 이상의 전진을 막은 지점에서 멈췄다. 몇 명은 겁에 질려 바닥을 기면서 마치 자신의 경계선을 들이받듯이 머리를 땅에 처박고 있었다. 그런데 산봉우리의 정상에서는 거기 오른 사람들이 춤추고 고함치며 요들송을 불러댔기에 온 산에 메아리가 울려 퍼졌다. 당시에 흥미로웠던 점은 처음 30미터까지밖에 오르지 못한 사람들이 그 험한 산꼭대기까지 올라간 사람들보다 자신의 경계선놀이를 더 많이 했을 거라는 점이었다. 이 경우 아찔한 낭떠러지를 겁내지 않고 꼭대기까지 오른 사람들은 자신의 특정한 경계선을 건드리지 못했다. 그 등반을 통해 우리는 깎아지른 절벽면의 단층처럼 각자의 경계선을 너무나 명확히 볼 수 있었다.

우주의 만물이 다 그러하듯이 우리의 경계선들은 다양하고 끊임없이 변한다. 우리는 자신의 새장이 각양각색의 크기와 온갖 공간으로 이루어져있음을 본다. 우리는 연민을 지닌 채 그 경계선으로 다가간다. 그리고 천천히 조심스레 그 경계선을 넘어간다. 걸음을 뗄 때마다

---

* Joshua Tree National Park, 미국 캘리포니아 주 모하비 사막에 있는 자연명승지다. 갖가지 화강암과 석영자갈층으로 이루어져 경관이 빼어나다. - 옮긴이

사랑을 담아 경계선을 밀치는 것이 아니라 자기 상상 속 한계를 가만히 뚫고나가 그 너머로 들어간다. 한 걸음 한 걸음, 무無집착의 자유 속으로 말이다.

얼마 전 내게 전화 한 통이 걸려왔다. 몇 년간 알던 여자에게서 온 전화였는데, 그녀는 성매매여성이자 마약중독자였다. 그 여자는 약 12년 동안 그런 생활을 해오다가 2년 전에 가장 친한 친구가 마약 과용으로 자기 팔에 안겨 숨지는 비극을 겪었다. 그녀는 도저히 더 이상은 도망칠 수 없었다고 했다. 고통이 너무나 거대해서 달아나지 않기로 결심한 그녀는, 곧바로 자기 응어리의 경계선으로 다가가 자기 눈앞에 나타나는 모든 것과 경계선놀이를 시작했다. 그 여인은 샌프란시스코의 도심지를 벗어나 교외에 아파트를 얻었다. 그곳의 큰 사무실에서 일자리도 구한 그녀는 누군가의 표현처럼 어느 하나도 그냥 넘기지 않고 '뼛속까지 속속들이 자신을 해체하기' 시작했다. 그런데 수년간의 도망을 보충하려는 이런 식의 맹렬한 싸움도 결국 어떤 자아비판의 성격을 띠게 된다. 그녀는 그 자아비판 역시 상대해야 하고, 경계선으로 보아야 하며, 떨쳐버려야 함을 깨달았다.

그 여인의 결의는 지극히 확고했다. 그것은 자기 인생의 고통이 너무도 극심했기 때문이었다. 그녀는 고통을 잠재워 일시적 만족을 얻는 데 그치지 않고, 그 지점을 넘어가 고통이 무엇이고 괴로운 자가 누구인지에 대한 뿌리에 다다랐다. 그녀는 말하길, 자신이 돌아올 수 없는 곳, 오직 내면으로만 향한 지점에 도달했다고 했다.

이렇듯 예상치 못한 일이나 원치 않은 사건이 우리를 자기 고통의 경계선으로 데려간다. 우리는 무엇이 고통과 헛된 행동을 일으키는지 파헤치기 시작한다. 우리는 평소에 회피해온 두려움, 의혹, 분노에 다가간 뒤 가만히 그 안으로 들어간다. 우리는 분노나 죄의식이나 두려움이 무엇인지도 모르는 자신을 자주 발견한다. 왜냐하면 무슨 일이 일어났는지도 거의 의식하지 못한 채 우리가 항상 그 감정들을 밀어내거나 충동적으로 쏟아냈기 때문이다. 우리는 정신의 이런 특성을 제대로 모른다. 왜냐하면 우리가 자신의 경계선으로 다가갈 때 줄곧 불완전하게 살아온 몽롱하고 맹목적인 삶으로 움츠러들었기 때문이다. 우리는 정신의 그런 특성들을 자기가 거짓 자아의 환상에 어울리지 않기 때문이라고 판단한다. 그러고 나서 '어떤 개별적 실체가 있다'는 식의 그럴듯한 환상을 보호하기 위해 삶의 경계선 앞에서 뒷걸음친다. 자신의 집착이나 고통의 신호를 자기 새장을 뛰어넘을 경고음으로 삼기는커녕, 이렇게 죽음을 밀어낼 때와 똑같이 삶을 밀어내왔다.

태국에서 출가해 스님이 된 친구가 있다. 그 친구가 어느 위대한 명상 대가의 제자가 되려고 찾아갔다. 그 스승은 친구를 보자 이렇게 말했다. "나는 그대가 괴로움을 두려워하지 않길 바라네." 만일 우리가 진실을 찾기 바란다면 자신의 저항감이 끊임없이 자신을 들쑤시도록 놔둬선 안 된다. 우리는 자신의 이해력을 자욱한 안개로 뒤덮는 고통과 저항에 대항할 생각을 하기는커녕 계속 숨어들고, 겉꾸미고, 거짓 실체를 지어낸다. 그렇게 계속 자신의 해방을 회피한다. 오랜 세월 동안 삶을 밀어내는 바람에 켜켜이 쌓인 앙금들을 과감히 마주보지 못하기 때문이다. 이런 모든 것들이 마음을 뒤덮은 껍데기이고, 자신에 대한 냉혹함이며, 자신의 헛된 모습을 놓아버리지 못하는 우리의 두려움인 것이다.

이것이 우리가 처한 상황이다. 이 상황을 비판하지 말라. 그냥 바라만 보라. 우리 모두 원치 않는 정신 상태들을 가득 껴안고 여기 서 있다. 그래서 우리는 뒷걸음친다. 그런 반응은 다음에 올 것을 향한 우리의 열림을 방해한다. 두려움이 솟기에 우리는 움츠러든다. 의혹이 일고 문을 잠근다. 분노가 치솟고 자물쇠를 채운다. 죽음이 다가오고 우리는 마음의 철문을 내린다.

어떤 이들에게는 이렇게 산만한 정신과 밀폐된 마음을 바라보는 일이 상당히 거북스러울 것이다. 그러나 사실 우리가 말하고 있는 것은 기쁨의 길에 관한 것이다. 우리를 옭아매는 응어리들을 알아채면 경계선들을 녹여 없앨 수 있다. 그러면 광대한 공간이 펼쳐지고 거기에 항상 있었던 것, 그러니까 우리의 원래 본성이 찬란한 빛을 뿜어낸다. 그것은 순수한 존재의 기쁨, 우리 모두가 지닌 근원적 본성의 고요함이다.

사실 정신은 항상 몽상을 꾸며낸다. 그래서 우리는 그 꿈의 경계선으로 다가가고, 모두 놓아버릴 자애심도 키우기 시작한다. 우리는 펼쳐지는 삶을 있는 그대로 경험하는 능력, 억지 부리지도 비판하지도 않고 가볍게 놀이하는 능력을 다시 배운다. 이것은 전쟁이 아니다. 이것은 결국 자신에 대한 온화함이다. 그리고 이 온화함은 항상 변화의 강물 속에 뛰어들 광대한 여유를 일으킨다. 상실과 이득의 관념을 넘어서고, 삶과 죽음도 뛰어넘어 '그저 이 만큼', 참존재의 광활함 속으로 열고 들어가도록 해준다.

우리는 의식 그 자체로 열고 들어가기 시작한다. 우리는 아무것도 겁내지 않고, 그 무엇으로부터도 도망치지 않으며, 삶과 하나가 되기 시작한다. 죽음의 준비를 마쳤을 때 우리는 오직 망각만이 그것을 흐리게 할 뿐 아무것도 우리를 '참본성'에서 분리시킬 수 없음을 깨닫는다.

인생은 불치병인가?

인생은 불치병인가?
아기가 울부짖으며 태어날 때
우리는 활짝 웃고,
죽는 사람이 미소 지을 때
우리는 울음을 터뜨리지.
떠나감에 저항하며,
삶을 영원으로 인도하는
그 지나감에 언제나 저항하며.
블레이크*는 죽음의 순간에
알렐루야라 노래했네.
우리 할머니는
시를 통 모르셨기에
해맑게 웃으셨지,
난생 처음 보는 환한 웃음을.
어쩌면 우리의 살갗은
죽음의 만찬을 즐기는 동안
조금씩 헐거워지는 익숙한 의복일 뿐.
혹시 그것을 내던지거나
가난한 영혼들에게 내줄 수는 없을까?
훌훌 벗는 것이
얼마나 큰 축복인지
도무지 모르는 이들에게.

에리카 종

---

* William Blake(1757~1827), 영국의 시인이고 화가이며 신비주의자다. 가장 위대한 낭만주의 시인으로 꼽힌다. - 옮긴이

** Erica Jong(1942~), 미국의 소설가이자 시인이다. 여성의 성적 욕망을 다룬《비행의 공포*Fear of Flying*》(1973)로 유명하다. - 옮긴이

4장
이 세상에서 가볍게 걷는 법

우리는 간절한 갈증, 생명의 접촉과 즐거운 감각을 향한 욕망을 갖고 태어난다. 이는 쾌락에 다가가고 고통에서 멀어지려는 본능이다.

정신은 자신이 만족스럽다고 여기는 경험, 즉 충만함을 얻으려고 안달한다. 우리는 이것을 '갈증' 혹은 '욕망'이라 부른다.

이런 만족을 향한 갈증은 사막에서 목말라 비틀거리는 사람, 해갈을 열망하는 조난자를 연상시킨다. 우리는 바로 다음 모래언덕 위에서 가물거리는 신기루 오아시스를 수없이 반복해서 본다. 그 환상적인 샘물을 발견한 우리는 다른 것들은 죄다 팽개치고 마침내 타는 목마름이 풀릴 거라 믿으며 그것을 향해 내달린다. 그러니까 신기루로 뛰어드는 것이다. 하지만 결국 발견하는 것은 끝없는 갈증뿐이다. 각각의 욕망은 바로 다음 언덕에서 손짓하는 또 다른 신기루와 다름없다.

신기루는 오직 우리의 목마름을 부추길 뿐이고, 욕망을 더욱 부채질할 뿐이다. 우리는 욕망을 충족시키는 것이 욕망을 사라지게 하기는커녕 오히려 그 욕망을 더욱 예리하게 만든다는 사실을 안다. 결국 사막을 헤매는 조난자처럼 우리는 그 신기루가 착각일 뿐임을, 오직 갈증을 해소하는 꿈일 뿐임을 본다. 우리가 이 꿈에서 깨어났을 때에도, 한없이 변해가는 정신 속에서 지속적 만족을 찾을 수 없다면 신기루는 아직도 계속되고 있는 것이다. 비록 만족을 향해 내달리는 횟수는 줄지 몰라도 말이다.

마침내 우리가 그 황홀한 광경들의 공허함을 깨달았다면, 비록 욕망이 여전히 정신을 어지럽힐지라도, 더 이상 욕망을 유일한 실체로 보고서 매달리지는 않는다. 우리는 자신의 갈증이 어떻게 신기루를 일으키는지 알아내고는 쓰러지지 않고, 갈 길을 잃지도 않고, 원하는 방향으로 꾸준히 나아간다.

욕망이 차오를 때 정신의 크기는 줄어든다. 욕망은 정신이 하나의 목표만 바라보며 움츠러들게 만든다. 생각하고 상상하던 대상들을 손에 넣으면 일시적으로 만족스럽지만 동시에 갈증도 더욱 커진다. 헛된 생각과 상상을 놓아버리는 것을 '자유'라 부른다. 자유는 진정한 만족을 얻을 수 있는 내면의 샘물로 들어가는 것이다. 자유는 아무것도 채우려 하지 않는다. 그러니 갈증도 없다.

욕망은 끊임없이 바쁘다. 장래의 목표에 상관없이 인생과의 불완전한 거래를 만든다. 그러나 갈증이 갈증으로 보인다면 그것을 놓아버리는 순간 욕망의 바쁜 일은 끝나게 된다. 신기루는 깨진다. 그것은 더 이상 '나의' 욕망으로 여겨지지 않는다. 그것은 '처리해야 할 확실한 어떤 것'일 뿐이다. 욕망의 비정함을 알게 될 때 우리는 만족을 얻으려는 충동에 쉽게 빠지지 않는다.

욕망 혹은 갈망에 관하여 매우 흥미로운 점은 갖지 못한 상태에서 갖는 상태로 이동할 때에만 '만족'이라는 느낌이 일어난다는 것이다. 만족은 쌓였던 갈망의 압력이 방출되는 순간에 얻어진다.

사실 욕망이나 어떤 대상이 우리의 관심을 잡아끌 때 그것이 너무나 유혹적이고 황홀해서 우리의 의식, 그러니까 광대한 '본래의 정신*'은 잔뜩 움츠러든다. 그러면 우리의 모든 경험이 그 욕망, 그러니까 그 대상에 대한 갈증에만 쏠리게 된다.

　　그러나 우리가 '나'라고 말할 때 지칭하는 것은 의식의 무한한 공간이다. 의식이 무엇을 건드릴 때마다 거기에서 우리의 경험이 생겨나는 것이다. 가령 우리가 독서에 깊이 빠졌다고 해보자. 그럴 때 친구가 방에 들어와 커피를 건네줘도 알아채지 못한다. 우리는 "책을 읽고 있어서 아무 소리도 못 들었어"라고 말한다. 소리를 듣는 모든 요소들(소리와 청각 능력)이 갖춰졌는데도 소리 듣기는 일어나지 않았다. 의식이 그 소리를 건드리지 않았기 때문이다. 의식이 있는 곳에서만 우리는 "경험한다." 의식이 청각을 건드릴 때 우리는 듣게 된다. 의식이 시각을 건드릴 때 우리는 보게 된다. 의식이 미각을 건드릴 때 우리는 맛을 느낀다. 의식이 오감五感의 대상과 접촉할 때에만 우리는 그 감각을 경험했다고 말한다. 우리가 "나는 여기 있어" 하고 말할 때 그것은 의식이 함께 있다는 뜻이다.

　　그런데 정신에 욕망이 가득할 때 이 거대한 의식이 욕망의 상념이나 감정 주위로 모여들면서 본래의 광대함은 사라져버린다. 머릿속에 사과를 먹고 싶다는 욕구라든가 두려움이 있든 없든 상관없이 정신은 안으로 폭발한다. 그리고 그 대상 주위에서 용접하듯 밀봉되면서 본래 정신의 감각은 실종된다. 이 과정을 '동일시'라고 부른다. 광대한

---

*　이 책에서 '정신'은 mind, '마음'은 heart를 옮긴 말이다. 작가는 우리 내면의 움직임 중에 피상적이고 헛된 것은 '정신'으로, 심오하고 본질적인 것은 '마음'으로 보고 있다. 다만 '본래의 정신'은 우리의 '참본성', 즉 '원래의 마음'과 동일한 의미로 쓰고 있다. - 옮긴이

의식의 '나'가 정신 속 어떤 대상의 형태로 오그라들면서 그 생각이나 감정을 '나'라고 오해하는 것이다. 그리고 정신이 '나'라고 착각하는 것이 정신의 내용물들(온갖 생각과 감정들)과 동일시된 바로 이런 상태인 것이다. 이것이 정체성에 대한 오해를 일으킨다. 우리 자신에 대한 경험의 대부분은 바보스런 정신이 꾸며낸 거짓 실체들인 것이다. 끝없이 변화하는 도도한 강물, 그 거대한 본래의 정신이 욕망의 대상 단하나에, 그 갈증에, 그 신기루에 빠져 실종되고 마는 것이다.

의식의 대상과 의식 자체를 구별할 수 없을 때 우리는 온갖 정신의 내용물들을 자기 자신, 그러니까 '나'라고 착각한다.

욕망은 정신을 가리는 구름이다. 그것은 우리의 참본성을 흐린다.

정신은 계속해서 그 내용물 주위로 쪼그라든다. 순간순간 우리는 정신에 떠도는 생각들을 진짜 자신으로 착각하면서 좀처럼 그 생각이 머무는 공간을 보지 못하고, 자신의 참본성도 깨닫지 못한다. 오히려 한 신기루에서 다른 신기루로, 한 정신—순간에서 다음 정신—순간으로 고꾸라지면서 "나는 이 욕망이야", "나는 이 정신이야", "나는 이 갈증이야" 같은 착각에 빠져 허우적댄다.

본래의 광대함을 잃어버린 정신이 겪는 경험을 '괴로움'이라 부른다. 그것은 강렬한 욕망이나 힘겨운 감정에서 생겨나는 육중한 고립감이다. 그 경험을 '나'라고 여기며 착각에 빠질 때 그것은 우리의 확고한 실체가 돼버린다. 우리 삶에 고통을 일으키는 것, 우리에게 수시로 당혹감과 혼란의 감정을 일으키는 것이 바로 이런 착각이다.

우리는 자신이 누구인지, 어디로 가고 있는지 모른다. 왜냐하면 우리의 온 세계를 정신이 차지하고 있기 때문이다. 우리는 끊임없이 생각, 상상, 공포, 욕망 속에 빠져들면서 각 대상을 아무 갈망도 목표도 없이 명료하고 평화롭게 맞이하는 심오한 의식을 좀처럼 경험하지 못한다.

우리가 정신의 명령을 받들려고 애쓸 때 욕망의 대상까지도 자꾸만 변화하는 것을 보게 된다. 만족은 순간적일 뿐이다. 욕망의 대상은 어떤 때는 몇 년에 걸쳐, 어느 때는 한순간에 쇠퇴하고, 늙어가고, 소멸하고, 사라진다. 그러면 우리는 허탈한 공허감 속에 남겨진다. 욕망에 끌려다니는 삶, 정신의 갈증으로 쪼그라든 인생은 좀처럼 존재의 광대함을 지니지 못한다. 그런 삶에서는 아무것도 원치 않고, 무엇도 바라지 않는, 그저 본래의 광대한 공간에서 오묘하게 우러나오는 그 순수한 의식이 나타날 수 없다.

의식은 마치 물과 같다. 그래서 의식은 물처럼 그것이 담기는 그릇의 형태를 띤다. 만일 사람이 의식을 온갖 일시적 형상들에 불과하다고 착각한다면, 인생은 한 욕망에서 다음 욕망으로, 정신의 한 대상에서 다음 대상으로 옮겨가는 천근만근의 발걸음이 될 것이다. 그러면 인생은 급박한 위기와 두려움에 대한 대책으로 가득 차게 된다. 그 온갖 형태의 의식들을 가볍게 맞이하는 대신에 말이다. 이는 물이 어떤 그릇에 담기든 똑같은 물임을 깨닫지 못하기 때문이다.

욕망을 인정하고 바라보게 되면 정신이 열리면서 여유 공간도 얼마쯤 생겨난다. 그러면 우리 행동을 제멋대로 부추겼던 욕망이 그 추진력을 잃는다. 오히려 욕망은 의식의 경고등이나 거울이 되어 우리가 어떻게 매달리는지, 얼마나 쉽사리 정신의 내용물에 빠져 자신의 참본성을 망각하는지, 얼마나 경박한지를 알려준다. 하지만 정신이 욕망의 주위로 움츠러들면 마음은 대개 접근 불능 상태에 빠진다.

그래서 우리는 정신의 내용물들이 다가오게 하는 것이 아니라, 그것을 향해 다가가기 시작한다. 우리는 관찰자를 관찰한다. 마음으로부터 접근하기 시작하면서 정신을 스쳐 지나는 것은 무엇이든 지켜본다. 가령 '사과의 겉모습'이 아닌 '사과'라는 생각을 관찰하면서 마치 사과가 실체인 듯한 생각에 빠져들지 않은 채 그냥 지켜만 본다. 우리는 생각이 그저 하나의 생각, 단순히 흘러가는 또 하나의 거품일 뿐임을 보기 시작한다. 자동차 충돌에 관한 끔찍한 상상만으로 피투성이가 될 수는 없듯이, '사과'라는 생각만 가지고는 한입 베어물 수 없음을 보게 된다. 사과라는 생각만 가지고는 이 말이 그리 중요치 않은 듯하다. 그러나 정신이 두려움이나 욕망 주위로 움츠러들었을 때를 생각해보라. 열려있으려는 노력은 명료한 바라보기의 순간, 우리 인생의 동반자인 자유를 경험할 기회를 준다.

정신이 우리를 향해 다가오게 하는 것이 아니라 우리가 정신을 향해 다가가면, 욕망이 오게 하는 것이 아니라 욕망을 향해 가게 된다. 두려움을 향해 다가가면 두렵지 않지만, 두려움이 다가올 때는 보이는 모든 것이 무시무시해진다. 혼란을 향해 다가가면 차분한 질서가 있지만, 혼란이 다가오면 무질서뿐이다. 정신이 우리에게 다가올 때는 매 순간이 무지의 순간이 된다. 각각의 정신 상태, 감정 하나하나가 색안경이 되어 세상을 보는 우리의 눈을 가리는 것이다. 화가 치솟을 때 우리는 폭력과 불의로 가득한 세상을 본다. 공포에 휩싸였을 때 우리 눈에는 자신의 두려움, 무시무시한 세상만이 보인다. 혼란에 빠지면 온 세상이 죄다 뒤죽박죽이 된 것 같다. 하지만 우리가 마음으로부터 다가갈 때는 저절로 움직이는 평온한 의식의 세계를 본다. 반면 정신이 우리에게 다가올 때는 세상을 보는 우리의 눈이 온갖 편견과 갈증에 휩싸인다.

우리 인생의 얼마나 많은 부분이 일종의 사망 상태로, 기계적으로, 충동적으로 낭비되고 있을까?

정신이 뭔가를 원할 때, 정신이 목표를 포착했을 때, 우리는 거의 자석 같은 끌림을 느낀다. 정신은 다음 순간에 욕구 충족의 순간을 향해 나아간다. 흔히 그 모습은 마치 우리가 한 행동에서 다른 행동으로 끌려가는 것과 비슷하다. 우리 인생에 너무나 여유가 없고, 다른 선택도 거의 못하기 때문이다. 우리가 온전한 상태로 삶의 본질에 참여할 공간이 거의 없는 것이다. 우리가 마음으로부터 정신에 다가갈 때 그 거대한 변화의 강물은 마치 마을에서 마을로 지나가는 유랑극단의 쇼처럼 보인다. 그러나 정신이 우리에게 다가올 때 변화는 우리의 감옥이 된다.

흔히 우리가 정신의 갈증을 바라보기 시작할 때 그 막강한 위력, 우리를 맹목적으로 행동하게 하는 능력에 놀라움을 금치 못한다. 대개 우리는 도끼를 들고서 그것에 다가가지만, 정작 도끼를 휘두르는 쪽은 그쪽이다. 정신 속 욕망의 산사태를 지켜보면서 우리는 자신이 얼마나 '조건화*'되어있는지를 목격한다. 우리는 생각 하나하나에 얼마나 충동적으로 반응하는가. 온갖 가능성으로 가득한 강물 속에서 우리는 그 행동이 마치 유일한 선택인 양 행동하지 않는가. 우리는 정신이 더 많은 것을 원할수록 더 큰 고통에 휩싸인다는 사실을 목격한다. 우리는 갈망의 본질이 불완전한 느낌, 갖지 못한 목마름임을 목격한다. 갈망은 또 다른 순간의 만족을 위한 초조한 기다림이다.

우리가 흔히 '행복'이라 부르는 것은 과거의 쾌락을 재창조하는 능

---

* conditioning, 자극과 반응으로 특정한 행동이 학습되는 현상이다. '조건형성'이라고도 한다. - 옮긴이

력이다. 행복 추구는 예전의 욕망들을 다시 채우려는 시도인 것이다. 욕망의 본질은 불충분하고 불완전한 느낌이다. 우리는 이런 갈증이 "만일 ○○만 있다면" 같은 정신을 만들어내는 것을 본다. 갈망의 정신이 속삭이는 것이다. "만일 스포츠카를 살 수만 있다면 행복할 텐데." "만일 그 직장을/그 데이트를/원하는 만큼 돈을 손에 쥘 수만 있다면 정말 끝내줄 텐데." 그러나 정신이 아직 내가 얻지 못한 대상을 움켜쥐려고 안달할수록 실제로 일어나는 상황에는 어리벙벙해진다. 정신은 미래의 쾌락 속을 헤매 다니거나 지나간 만족을 더듬고 있다. 온 세상이 바로 그 욕망으로 압축되면서 바로 그 스포츠카나 상금, 미인에 집중된다. 온 세상이 그 기대감 속에 쏠려 들어가고, 인생은 다시 한 번 방향을 잃으면서 정신 속에서 가물대는 신기루를 쫓아 내달리게 된다. 우리는 좀처럼 현실을 직접 만지지 못하고, 그것이 정신 속에 던지는 납작한 그림자만 붙잡고 산다.

욕망은 매우 고통스러운 것이다. 뭔가를 소유하지 못한 데 따른 아쉬움, 더 나은 무언가를 원하는 바람이기 때문이다. 지금 당장 바로 그 욕구의 대상을 갖고 있지 못하기에 불만족스럽다. 욕망이 크면 클수록 불만은 더욱 커진다.

또 욕망은 아주 미묘한 것일 수도 있다. 욕망은 스포츠카를 사거나 복권 1등에 당첨되었을 때의 확실한 자기만족만이 아니다. 자기 아이들이 잘되기 바라는 희망도 미묘한 욕망일 수 있다. 건강한 신체를 원하는 바람도 욕망일 수 있고, 심지어 명철한 지혜를 원하는 것도 욕망일 수 있다. 욕망의 대상이 무엇이냐는 중요치 않다. 욕망은 욕구하는 대상 주위로 의식을 움츠러들게 하고, 우리의 광대한 마음을 앗아가며, 삶의 평온을 빼앗는다. 중요한 것은 욕망의 대상이 아니다. 정신을 닫아버리면서 고통을 일으키는 것은 욕망 그 자체다. 섹스를 향한 욕망이든, 행복을 향한 욕망이든 똑같이 정신을 위축시킨다. 욕망의 대상이 황금이냐 평화냐는 중요치 않다. 묘하게도 우리가 추구하는 행복은 본래의 정신이 어떤 일시적 그림자의 형상 주위로 압축될 때 사라져버린다. 우리는 행복을 움켜잡는 순간 행복을 잃는다.

갈증의 본질은 '어쩐지 다른 것'을 찾아 현재의 순간을 밀쳐내는 것이다. '기막힌 망고 열매'나 '끝내주는 스포츠카'를 바라는 갈망의 밑바닥에는 불만족의 감정이 깔려 있다. 그러다 만족의 순간이 찾아온다. 그것은 당신이 애타게 찾던 망고를 흘낏 보았을 때 비非소유에서 소유로 이동하는 순간이다. 당신은 환호성을 지른다. "와, 이 노란 빛깔. 우와, 기막힌 망고네!" 그러면서 그 망고는 당신의 손에 들어가고, 일순간의 평화가 온다. 아주 짧은 순간 동안 정신에는 아무 욕망도 없고, 몸은 한없이 가뿐하다. 그 순간의 평화는 손에 쥔 물건 때문이 아니라 잠깐 동안 욕망이 우리 원래 본성의 고요함과 기쁨을 방해하지 않기 때문에 찾아온다. 우리가 '만족'이라 부르는 것은 저 밑에 깔려있는 광대한 공간을 만났을 때의 순간적 경험이다. 별안간 자욱한 구름이 갈라지고 태양이 광채를 뿜는다. 괴로움투성이인 욕망은 온데간데 없다. 일순간 정신은 지극한 통일성을 경험한다. 이 무념無念의 순간에 정신은 청정한 연못이 되어 미친 듯한 광풍에도 잔물결 하나 일지 않는다. 우리는 저 아래 놓여있는 고요한 샘물을 들여다볼 수 있다. 우리는 일순간 우리의 참본성에 다가갈 때 일어나는 지극한 환희를 경험한다.

하지만 방금 손에 넣은 대상을 확보하기 위해 다른 욕망들이 일어나면서 순식간에 그 만족은 사라진다. 그 망고를 감추기 위하여, 씨앗을 심기 위하여, 최대한 많은 망고를 얻기 위하여. 자유는 한층 더 강렬한 열망의 한결 더 심한 자기보호와 이기심 속에 빠져버린다.

우리는 새 스포츠카를 얻고 나서 잠시 동안 갈망에서 벗어난다. 우리는 상쾌함, 행복, 즐거움, 심지어 일순간의 해방감을 선사한 그 물건에 사랑의 감정까지 느낀다. 그러다 다음 순간, 거리 저편에서 덜컹거리며 다가오는 스팀롤러 차(땅을 고르는 도로공사용 차량)의 소음이 들린다. 우리는 차로 달려가고, 뱃속이 꼿꼿해진다. "아, 내 새 차는 안 돼. 차를 차고 앞에 세워놨어야 하는데. 보험을 전부 다 들어야겠어. 아, 애당초 차를 사지 말았어야 했는데." 욕망이 일어나고, 두려움이 생기고, 불만족이 나타난다. 그 욕망의 대상을 변화의 강물로부터 보호하려 안달하는 과정에서 우리의 통일감은 실종된다.

욕망은 정신에 숨어있는 행동습성의 산물이다. 예전의 경험에서 남겨진 발자국, 정신이 재현하고자 하는 쾌락의 기억, 불만족스러운 기억으로부터의 뒷걸음질이다. 기억은 두려움뿐 아니라 욕망도 창조하고, 상황이 지금과는 달랐으면 하는 열망까지 일으킨다. 정신에서 일어나는 모든 상념, 감정, 지각은 이 무의식적 선입견과 행동습성의 필터로 걸러진다. 정신은 끝없는 롤러코스터에 올라탄 채 자신의 온갖 내용물들을 붙잡았다 밀쳐내기를 반복하고 있다. 불안하게 흔들거리는 정신은 욕망이 없는 일시적 만족 속에서만 맛보았던 평화를 갈구한다. 그 순간 우리는 자신이 맹인용 점자책을 보는 것처럼 광활한 평화의 감정을 더듬어 찾고 있음을 목격한다. 어쩌면 만족을 향한 욕망은 누군가가 '신을 향한 향수'라 부른 진실을 향한 선천적 동경일지도 모른다. 통일된 '하나'에 다가가고픈 열망. 그러나 우리 욕망들의 문제는 그것들이 너무 옹색하다는 점이다. 그것들은 나와 내 것에 관한 욕망들이다. 그것들은 우주를 감싸안지 못한다. 그것들은 우리가 원하는 것을 얻으려는 욕망이지, 우리 존재를 향한 욕망이 아니다.

순간순간 우리는 만족을 찾아다닌다. 날마다 우리는 끊임없는 집착과 비난에 빠져있는 정신이 경험하지 못하는 어떤 완전함을 열망한다. 우리는 "기막힌 것을 찾을 수만 있다면" 같은 생각을 가지고 한평생을 살아간다. 이런 무의식적 습성들은 수십억 번의 경험을 거치는, 정신에 들러붙은 미묘한 집착의 덩어리들이다. 그것들은 기대를 일으키는 선입관들이고, 우리가 현실을 비틀어서라도 꿰맞추려는 모델들이다. 그러나 이런 습성들이 정신에서 일어날 때 정신이 본연의 광대함을 기억하고, 그것에 대한 신뢰감을 키워낸다면 어떨까? 그러면 의식은 헛된 착각에 빠져드는 대신 오히려 더욱 열리고 광대해진다. 의식은 각각의 대상이 스쳐지나갈 때 그것을 바라보면서도 절대 자기 자신을 잊지 않는다. 의식은 정신의 서커스가 펼쳐지는 거대한 공간을 알아차린다. 사자와 호랑이, 어릿광대들과 고공 밧줄묘기 등이 현란하게 등장한다. 하지만 단지 그들은 모두 정신의 장난질로 보일 뿐이다. 현재 속에 투영된 과거 경험의 흔적들일 뿐이다. 아무런 동일시도 일어나지 않기 때문에, 그 서커스가 '나의 것'이라는 생각이 들지 않기 때문에 그냥 여느 가장행렬처럼 덤덤히 지켜볼 뿐이다. 그 화려하고 근사한 볼거리, 선명한 색상과 움직임들을 감상하기는 해도 그저 일종의 무대공연일 뿐이고 본질적으로 가짜, 일부 잊힌 흔적들에 대한 일시적 기념 정도로만 여겨질 뿐이다. 그러면 이 무의식적 습성들은 비록 정신의 그림자놀이를 통해 계속해서 형상을 지어내고 있더라도 더 이상 착각을 일으키지 않는다. 그래서 그 습성들이 마치 가두행렬이 퍼레이드 구간의 끝에 이르러 저절로 흩어지듯이 스스로 불타 없어지는 광경을 우리는 지켜본다. 그러고 나서 우리는 온전하고, 차분하고, 평화로운 정신과 함께 머문다. 하지만 정신의 내용물을 담담히 바라보게 된 뒤에도 욕망은 한참 동안 이전의 탐욕과 두려움, 욕정, 혐오 같은 추진력에 자극받아 여전히 일어났다 소멸하기를 반복할 것이다.

그러면 이런 의문이 생긴다. "왜 계속해서 모든 욕망을 가지고 놀이를 하는 거죠? 다 치워버리고 곧장 저 안쪽, 만족의 근원으로 들어가면 안 되나요?"

정신과의 동일시를 떨쳐버리기 시작하면서 우리는 정신이 본질적 광대함의 자연스런 만족을 찾아내는 다른 방법이 있음을 발견한다. 때때로 깊은 자기성찰이나 명상 혹은 평온의 순간에 우리는 자신의 집착을 열고 들어가 정신의 안개가 말끔히 걷혀 아무것도 정신 고유의 기쁨을 방해하지 못하는 상태에 도달한다. 그 거대한 기쁨이 에너지의 물결이 되어 온몸을 씻어 내린다. 그 느낌은 우리가 겪은 어떤 만족감, 심지어 최절정의 성적 쾌감과도 비교되지 않을 정도로 황홀하다. 정신의 고유한 에너지가 발산되는 것이다. 탐욕은 한동안 사그라지고, 우리는 가장 심오한 우리 본성의 거대함과 강렬함을 경험한다. 우리는 선禪에서 '일심一心'이라 부르는, 사방으로 광채를 내뿜는 환희의 경지를 체험한다.

하지만 우리의 목표는 멋진 새 물건을 얻는 것이 아니다. 심지어 '훌륭한 사람'이 되는 것도 아니다. 그저 겉으로만 견고하게 보이는 정신의 내용물을 놓아버리는 것이다. 욕망은 우리의 지속적 관심에 의해 너무나 거대해져 우리 자신으로 오해되는 착각마저 일으킨다. 그래서 우리가 욕망에서 깨어났을 때에는 그 갈증의 뿌리가 얼마나 깊은지, 욕망의 인도를 받지 못할 경우 정신이 인생에 대처할 방법을 몰라서 쩔쩔매는지 목격하게 된다. 욕망은 '행동하는 것만이 가치있어 보이는' 이 정신 나간 세상에서 우리에게 할 일을 던져준다. 우리 존재의 방해물을 놓아버린다는 말은 욕망을 갖고 가벼운 놀이를 하면서 그 놀이를 심각한 노동으로 만들지 않는다는 뜻이다.

욕망을 차분히 관찰할 때, 우리는 정신이 만일 뭔가를 더 얻을 수만 있다면 어떻게든 만족할 거라고 상상하는 모습을 본다. 우리는 '근사한 인생'을 꾸며내는 "만일 ○○만 있다면"의 신기루를 본다. 그런데 우리가 정말로 행복한 사람들을 만나보면 그들은 자신이 소유한 것 때문이 아니라 그들 자신 때문에 행복한 거라는 사실을 알게 된다. 그들은 마냥 즐거워한다. 자기 안에서 거대한 만족의 근원을 건드렸기 때문이다.

어느 남자가 저승에 다녀왔다. 그 남자는 자신의 육신을 떠나 휘황찬란한 세계로 들어갔다. 형형색색의 꽃들과 진주빛 하늘 한가운데에 서서, 그는 주위를 둘러보고 이렇게 중얼거렸다. "와, 생각했던 것보다 훨씬 나은데. 내가 천국에 왔군. 정말 근사해! 하지만 살 곳이 있어야 하잖아." 그런데 그런 생각을 하자, 몇 발자국 앞에 멋진 궁전이 나타났다. 남자가 정문으로 다가가자 문이 활짝 열리면서 자기가 항상 꿈꿔왔던 실내장식이 펼쳐졌다. 한없이 안락한 소파에 앉은 그는 더없이 아름다운 자기 집을 둘러보며 이런 생각을 했다. "뭐 좀 먹었으면 좋겠는데." 그러자 이번에는 거실 벽 하나가 열리면서 자기가 가장 좋아하는 음식들이 차려진 근사한 식탁이 나타났다. 거기 앉아서 펼쳐진 산해진미를 넋 놓고 바라보던 그는 또 이렇게 말했다. "지금 당장 음악을 좀 들었으면 정말 좋겠어." 그 말이 떨어지기가 무섭게 그가 가장 좋아하는 바흐의 토카타*가 사방에서 흘러나왔다. "이거 정말 끝내주는데!" 남자는 탄성을 질렀다. "내가 항상 원하던 꼭 그대로야." 며칠 동안 그 호사스런 공간을 돌아다니며 그는 마냥 즐겁고 행복했다. 그러다 남자는 또 이렇게 생각했다. "이곳은 정말 끝내줘. 하지만 누가 같이 있었으면 좋겠어." 그러자 문에서 노크 소리가 들리고 문이 활짝 열렸다. 거기에는 그가 꿈꾸던 성적·지적·감성적·영적으로 완벽한 여인이 서있었다. 남자가 말했다. "어서 들어와요!" 그래서 그 둘은 거기 살며 세월 가는 줄 모르고 서로의 욕망을 불태웠다. 그의 욕망은 끊임없이 그가 꿈꾸던 순간을 실현시켜주었다. 그러다 6개월이 흐른 어느 날, 그에게 묘한 생각이 들었다. 원하는 것은 전부 가졌지만 진정한 충족감은 거의 느껴지지 않았던 것이다. 남자는 자신의 정신에 여전히 두려움이 남아있음을 알았다. 그는 만일 이 모든 것이 사라진다면 미쳐버릴 것만 같았다. 자신이 그 모든 사치에 얼마나 집착하는지 깨달은 그는 이렇게 생각했다. "나는 항상 원하는 것을 갖기만 하면 행복할 거라고 믿었어. 하지만 행복을 얻기 위해 이토록 많은 것에 의존하면서 어떻게 내가 행복할 수 있겠어? 외부 조건에 이 정도로 의지하면서 어떻게 마음의 평화를 얻을 수 있겠냐고?"

남자의 생각은 계속됐다. "이 모든 쾌락은 내 정신을 조금도 가뿐하거나, 지혜롭거나, 평화롭게 해주지 않아. 원하는 것을 못 갖는 데서 오는 스트레스는 덜하지만, 마음의 평화는 조금도 생기질 않잖아."

또 다시 아이스크림소다를 마시고, 사랑을 나누면서 한 달 가량이 흘렀다. 남자는 이런 생활이 정말 자신에게 좋은 건지 더욱 깊이 고

---

* Toccata, 건반악기용으로 작곡된 기교적이고 즉흥적인 전주곡이다. - 옮긴이

민했다. 그 쾌락의 어느 것도 자신을 욕망에서 벗어나게 해주지 못했던 것이다. 남자는 원하는 것을 가질 때만 만족스러워하는 자기 내면의 깊숙한 지점을 조금도 상대하지 못했다. 그는 그 갈망, 때때로 인생을 죽도록 괴롭게 만든 문제의 뿌리를 건드리지 못했던 것이다. 오히려 자신의 욕망을 한껏 부풀려 놓아 그 뿌리를 더욱 키워준 것만 같았다. 그래서 남자는 우주에 다른 장소가 없는지 고민하기 시작했다. 자신에게 끝없이 괴로움을 안겨주는 숨겨진 두려움과 단절감을 진지하게 상대할 만한 장소가 없는지 고민한 것이다.

얼마 뒤 남자는 그곳 책임자에게 말했다. "저 혹시, 배은망덕한 소리 같고, 터무니없는 말 같을 텐데요. 저를 지옥으로 보내주시면 안 될까요?" 그러자 책임자는 천천히 그를 바라보며 이렇게 말했다. "그럼 넌 여기가 어딘 줄 알았느냐? 여기가 바로 지옥이야!"

이런 가사의 노래가 있다. "나는 정신적 만족을 얻은 수천 명을 만났어도 풍요로운 사람은 하나도 보지 못했네." 행복은 사고팔 수 없다. 행복은 우리 원래의 본성이다. 행복은 괴로움을 일으키는 요인을 끊임없이 놓아버릴 때 찾아온다. 행복은 삶 속으로 깊숙이 파고드는 사람, 존재 자체를 탐구하는 사람에게 다가오는 것 같다. 나이가 들면서 우리는 봄날에 살얼음이 낀 호수 위를 건너는 사람, 가만가만 걷는 법을 배우는 사람과 비슷해진다. 얼음이 녹기 시작하면 걸음걸이는 더욱 조심스러워진다. 그래서 우리는 더 균형 있는 자세로 체중을 분산하며 걷는다. 만일 자칫 잘못하여 얼음이 얇은 곳을 세게 밟으면 그대로 풍덩 빠지고 말 테니까.

이 세상에서 가볍게 걷는 법을 찾으려면 인생이 고통일 필요도 탐욕일 필요도 없음을 깨달아야 한다. 어느 북아메리카 원주민의 말처럼, "신성한 몸짓으로" 걷기 위하여, 삶에 대한 외경심을 키우기 위하여, 우리는 삶의 기술을 만들기 시작한다. 그 기술은 자기만족을 구하지 않고, 그냥 그대로 있으면서 무한하고 끝없이, 모든 것을 담으면서도 아무 부족함이 없는 삶의 자세다. 우리를 위대한 욕망의 크나큰 만족으로 이끄는 길은 사소한 욕망의 하찮은 만족을 쫓는 우리의 갈증이 얼마나 큰 고통인지 깨닫는 것이다. 그러면 우리는 정신의 끊임없는 방황과 갈증에서 벗어나 거대한 자유를 만난다.

나는 임종 시점에 이르러 삶을 뒤돌아보며 이렇게 말하는 사람들을 보았다. "모든 게 허무해. 무엇 때문에 그랬지? 모든 만족이 사라졌어. 나를 조금이라도 완전하고 충만하게 해주는 것이 하나도 없어. 내가 해온 어떤 일도 지금 이 순간의 나에겐 아무 소용이 없어. 지금 죽음 앞에 서 보니 내 인생이 대체 무슨 의미가 있었는지 모르겠어."

가끔 명상수련회에서 수련생들이 빙 둘러 앉다 보면, 전혀 다른 인생 역정을 걸어온 두 사람이 나란히 앉는 경우가 있다. 그중 한 사람이 말한다. "내 인생은 참으로 고단했어요. 나는 남편을 잃었고, 아들도 10대였을 때 사고로 죽었어요. 내가 사랑한 많은 사람들이 세상을 떠났어요. 하지만 이런 과정을 겪으면서 나는 바깥세상에서는 영원한 만족을 얻을 수 없다는 걸 알았어요. 그래서 내 안으로 들어가, 내가 정말 누구이고 무엇인지 찾고 있어요. 희망이 하나하나 깨질 때마다 나는 욕망이 얼마나 고통스러운지 보면서 움켜쥔 손을 놓아버렸어요. 나는 욕망이 무엇인지 어렴풋이 알게 되었답니다. 그래서 그 모든 일들이, 한때는 한없이 괴롭기만 하던 일들이 지금 나에겐 크나큰 가르침인 것 같아요. 나는 주어진 것에 감사하며 더욱 평화롭게 살게 되었어요. 비록 내 아이는 잃었지만, 나는 내 안에서 중요한 무언가를 발견했어요."

나는 이 여인을 불쌍히 여기지 않는다. 나는 수많은 사람들이 비극이라 보는 사건에서 엄청난 은혜를 본다. 나는 극심한 괴로움을 탐구하는 과정에서 '심오한 세계와의 일체감'을 얻는 경우를 무수히 봤다. 하지만 나는 이 여인의 마음이 그 정도로 열리지는 못했다고 본다.

그 여인 옆에 앉아있던 다소 뻣뻣한 자세의 대학 교수는 이렇게 말한다. "이런 명상이 내겐 아무 필요도 없습니다. 나는 잃은 게 아무것도 없거든요. 내가 여기 온 건 그저 다음 학기에 죽음에 관한 강좌를 맡을지 결정하기 위해서예요. 난 나 자신을 찾기 위한 도움 따위는 필요 없습니다. 나는 이 세상에서 원하는 것을 거의 다 가졌어요. 내 아내도 멋진 집을 가졌고, 아이들도 내 말에 순종하지요."

나는 이런 사람을 볼 때마다 깊은 연민을 느낀다. 진짜 비극은 사랑하는 이들을 잃는 것이 아니기 때문이다. 진정한 비극은 우리를 모든 존재들과 연결해주는 사랑을 잃는 것이다. 가장 커다란 것을 상실한다면 충만한 본질, 우리의 참본성, 삶에 담긴 평화의 근원에 결코 다다르지 못한다. 가장 소중한 사람을 상실한 이들을 볼 때 내 마음은 극심한 고통으로 찢어진다. 그 '가장 소중한 사람'은 바로 자기 자신이다. 그들은 자신의 인간성, 자신과 주위 사람들에 대한 연민과 온정까지 잃은 사람들이다. 이보다 더 처절한 비통함은 없다. 인생을 불사르는 것은 소리 없이 이글거리는 불길이다. 우리를 풍요롭게 하는 비옥한 토양의 영양분을 파괴하고, 기름진 흙을 황폐하게 하고, 꽃과 나무들이 메말라 죽게 하는 것은 혼돈의 불길이다. 그것은 한때 울창한 숲이었던 땅을 사막으로 바꿔버린다. 헛된 열망이 우리를 목말라 죽게 하는 것이다.

행복을 추구한다는 것은 우리의 원래 본성을 찾는 일이다. 그것은 편협한 자아 관념, 즉 정신의 일시적 거품들을 자신이라고 믿는 착각을 뛰어넘어 충만함을 추구하는 일이다. 사소한 욕망의 만족을 쫓아가는 삶은 고통스러운 삶이다. 우리는 욕망의 세계에서는 만족을 찾을 수 없다고까지 단언할 수 있다. 만족은 오직 우리의 참본성 안에서만 발견되는 것이다.

그런데 정신과 자신을 동일시하는 그릇된 욕망과는 다른, 그러니까 자유를 추구하는 또 다른 열망이 있다. 더 나은 용어가 없으니까, 이 자유를 향한 추구도 '욕망'이라 부르기로 하자. 그러나 이것은 예전의 잡스러운 욕망이 아니라 자유를 향한 '위대한 욕망'이다. 온갖 욕망들을 놓아버리게 하는 욕망인 것이다. 이 욕망은 만족을 구하러 다른 곳을 헤매지 않는 깨어있는 의식이다. 이 욕망은 비판도, 간섭도 하지 않은 채 정신을 관찰한다. 이 차분하게 열린 공간에서 잡다한 욕망들은 조금도 우리 자신으로 오해되지 않은 채, 제 스스로 떠올랐다 사라져 간다.

'무無집착'은 욕망을 제거하는 것이 아니다. 정신의 어떤 움직임, 어떤 생각이나 감정도 일어나도록 놔두면서 그것 주위로 움츠러들지 않고 존재의 순수한 관찰자를 가만히 맞이하는 광대함을 뜻한다. 무집착은 삶을 적극적으로 수용하는 자세인 것이다.

진실 추구가 최우선일 때, 우리의 온 삶이 자기탐구를 향해 열리면서 우리는 곧장 '인내'의 힘을 깨닫는다. 인내는 욕망이 갖다주는 충족감을 고대하며 안달하는 '조급함'과는 확연히 다른 특성이다. 우리는 인내가 참존재를 향한 깨어있기이고, 일어나는 모든 현상을 향한 꾸준한 '주의 집중'임을 목격한다. 그러나 목표 추구가 욕망의 본질이기에 자기 해방을 향한 가장 위대한 이 욕망조차도 함정에 빠질 수 있다. 그 함정을 어느 티베트인 스승은 '영적 물질숭배주의'라 했다. 이것은 명철한 지혜 또는 '심오한 체험'에 집착하는 수행 태도를 말한다. 그러니까 모두 놓아버리고 우리의 참본성으로 들어가는 과정을 방해하는 것이다. 자유를 얻으려면 우리는 결국 자유를 구하는 그 위대한 욕망마저도 놓아버려야 한다. 우리 원래의 본성이 정신의 헛된 발버둥에서 벗어나 저절로 드러날 수 있도록 말이다.

인도의 위대한 스승이자 '깨달음을 얻은 이'인 라마나 마하르시(1879~1950, 19장 참조)는 이 '위대한 욕망'을 사용하여 사소한 욕망들을 불사르라고 말했다. 그는 진실을 향한 욕망, 통일성에 도달하려는 욕구를 설명하면서 마치 인도의 화장터에서 상주가 커다란 막대기로 시신을 태우는 불길을 휘젓는 것처럼 그 욕망을 활용하라고 가르쳤다. 어떤 이는 자유를 향한 위대한 욕망으로 거대한 불길을 일으킨 다음, 자신을 옹색한 정신 속으로 잡아끄는 하찮은 욕망들을 그 불길로 죄다 태워버린다. 또 어떤 이는 의식의 화염 속에 욕망의 해골을 던져 넣고 기다란 막대기로 휘휘 저으면서 뼈들이 해체되는 광경을 지켜본다. 잿불을 휘저으면 욕망의 덩어리를 묶고 있던 피부, 근육, 인대 등 모든 조직들이 이글이글 타들어간다. 그리고 우리가 움켜쥔 육신, 우리의 거짓 형체를 이루던 뼈와 살과 기관들이 활활 타오르는 정화의 불길 속에서 해체된다. 그러면 마침내 불꽃을 휘저으며 사용한 막대, 즉 자유를 향한 욕망까지도 그 불길 속으로 내던지는 것이다. 진실을 받아들이는 행위를 방해하는 것이 하나도 남지 않도록 말이다.

앨버트 아인슈타인 박사는 우주의 가장자리가 계속 팽창한다는 이론을 내놓았다. 철저한 무無, 완전한 공空인 이 우주는 계속 팽창하여 아인슈타인 박사가 상상한 '절대 무(less than nothing)'로 변해가고 있다. 아인슈타인 박사의 가설에 따르면 만일 우주선이 우주의 팽창보다 빠른 속도로 우주의 가장자리로 다가가면 해체돼버린다고 했다. '무無'조차도 경계가 있고, 어떤 형체가 있기 때문이라는 것이다. 정신의 내용물, 즉 욕망을 놓아버리면 '절대 무'로의 진입을 방해하는 것이 아무것도 남지 않는다. '절대 무'의 실제 경험이 어떠할지는 제대로 상상할 수 없다. 그것은 그 상상의 순간조차도 정신 속의 '또 하나의 어떤 것'이기 때문이다. 무한성에 대한 우리의 경험은 정신을 초월한다. 우리의 광대함에 매달리는 생각조차도 그 경험을 방해한다. 우리는 자유가 한낱 생각만은 아님을 깨닫는다. 진정한 만족은 대상을 가지거나 움켜쥐어서 얻는 것이 아님도 깨닫는다. '절대 무'로 팽창해 들어가려면 아무것도, 심지어 공空의 관념마저도 가져서는 안 됨을 깨닫는다. 현실의 어떠한 형체, 정신의 어떠한 위축도 우리 삶을 일시적으로 담고 있는 이 공간을 제대로 경험하지 못하게 방해한다. 정신이 욕망에서 벗어나고 헛된 상념에 얽매이지 않을 때 의식은 투명해진다. 광대한 본래의 정신 속으로 들어가면 우리가 그 광대함 자체가 된다. 그 무엇과도 분리되지 않는다. 천지만물과 하나가 되는 것이다.

5장

비좁은 새장 속 날갯짓

우리는 자신이 믿는 자기 모습을 통하여 세상을 본다. 우주를 보는 우리의 모델은 자기 자신에 관한 모델에서 비롯된다. 우리가 세상을 볼 때 우리 눈에 비치는 모든 것은 우리 마음이다. 우리가 나무, 얼굴, 건물, 그림 등을 바라볼 때 그 모든 것은 우리가 믿는 자기 모습을 비추는 거울이 된다. 우리는 좀처럼 사물을 직접 체험하지 못한다. 우리는 사물을 대하면서 자신의 편견, 두려움, 희망, 의혹, 선입관을 경험한다. 우리는 '사물이 어떠하다'는 자신의 관념을 경험한다. 모든 것이 자신을 닮은 이미지와 모습 속에서 창조된다. 독립적인 존재는 거의 허용되지 않는다.

크리슈나무르티는 끊임없이 지적한다. "보이는 것은 바로 당신 자신이다." 대상을 지각하는 것이 우리가 가진 모델들의 기능이다. 우리의 모델들은 우리가 현실을 녹여 붓는 형틀이다. 생생한 각각의 순간들이 우리 자신의 관념에 맞추어 압축되는 것이다.

우리의 모델은 경험의 강물을 냉동건조시켜 '말랑한' 현실로 바꿔놓는다. 그 모델은 진실에 대한 우리의 관념일 뿐이지 진실 자체가 아니다. 진실은 존재 자체다. 진실은 지난 순간에 대한 조금의 흔적도 없고 다음 순간에 대한 아무 기대도 없는 바로 이 순간이다. 우리의 모델은 우리의 감옥이다. 모델은 우리가 받아들이는 변화의 강물을 제한하는 한계이고, 믿는 것을 받아들이고 이상하게 보이는 것을 걸러내는 여과장치다. 우리는 현실을 받아들이는(receive) 것이 아니고, 지각(perceive)한다. 즉, 미리-받아들이는(pre-receive) 것이다. 모델은 프리캐스트 콘크리트*인 셈이다. 대개 우리가 보는 것들은 과거의 기억과 미래의 기대일 뿐이다.

우리의 모델들은 여느 철학이나 이념과 마찬가지로, 신비로운 대상에 대해 일종의 터널 시야를 형성하면서 그럴 듯한 기대를 일으킨다. 우리는 좀처럼 실제로 벌어지는 상황의 본질을 건드리지 못한다. 우리는 오직 우리의 관념, 실제 현상에 관한 꿈만을 경험한다. 우리의 모델들은 괴로움을 일으킨다. 그것들에 매달릴 때 우리는 진실을 놓친다. 우리는 욕망과 두려움의 세상을 창조하는 것이다.

죽음을 맞이하는 사람들을 보살피면서 나는 자신의 모델과 현실 상황에 대한 저항 때문에 얼마나 많은 괴로움이 생겨나는지 보았다. 자기가 믿는 자기 모습과 세상은 "어떠해야 한다"는 모델에 집착할 경우 일종의 정신적 족쇄가 채워진다.

이런 상상을 해보라. 당신의 병이 깊어져 기력이 소진되면서 더 이상 옛날처럼 세상에서 활동할 수 없는 시점에 도달했다고 하자. 당신은 이제 자신이 가꿔온 자기 이미지대로 행동할 수 없다. 더 이상 자신을 감싸는 갑옷처럼 굳어진 거짓 자아를 재확인하는 식으로는 살아

---

* precast concrete, 일정한 형태로 미리 성형해 사용하는 콘크리트다. ─ 옮긴이

갈 수 없다. 또 당신의 원기가 너무 쇠잔하여 '더 이상 확고한 개별적 실체라는 신기루를 유지하며 살 수 없다'고 상상해보라. 집에 돈을 벌어다주고 훌륭한 가장의 이미지를 만들어주던 직장을 더 이상 다닐 수 없다면 어떻게 될까? 당신이 '귀중한 사회의 일원'이라는 자기 이미지를 이제는 유지할 수 없다면? 교사나 배관공이나 시인이나 부모로서의 자기 정체성을 지속할 수 없다면? 당신이 더 이상 가족과 공동체를 '책임진' 사람이라고 할 수 없다면 어떻게 될까?

또 당신의 몸이 쇠약해지고 기력이 감퇴해서 점점 더 자신에 대한 그런 신기루를 지탱하기 어려워졌다고 상상해보라. 그러니까 당신이 고통스럽게 저항하면서 이렇게 말한다고 하자. "아니야. 난 근사한 연인이었어." 또는 "나는 운동선수야. 나가서 뛰어야 해." "나는 아플 수 없어. 오늘 아이들을 돌봐주기로 했잖아. 애들을 데리고 공원에 가고 싶은데, 미치겠네." "난 나가야 돼. 나는 봉사자야. 난 남들에게 필요한 사람이야. 가야 해. 거기 있어야 한다구."

자, 당신은 침대에 누워 있고, 창문 바로 밖 마당에는 당신의 멋진 차가 서있다. 당신은 한때 자부심의 상징이었던 그 차를 이제 다시는 운전할 수 없음을 안다. 당신의 구두는 신발장에 놓여있지만, 그것들 역시 다시는 신을 수 없을 것이다. 당신 아이들이 옆방에서 놀고 있지만 당신은 너무 쇠약해 놀아주러 갈 수가 없다. 아내가 부엌에서 아이들과 당신을 위해 식사를 준비하고 있지만, 당신은 혼자서 먹을 수도 없어 누군가가 떠먹여줘야 한다. 당신의 소화기관은 과거에 그토록 좋아했던 음식들을 더 이상 견뎌내지 못한다. 당신은 항상 그랬듯이 벌떡 일어나 일을 거들고 싶지만 이제는 불가능하다. 사실 당신은 1년 전부터 아내가 다른 사람과 사랑에 빠진 듯한 낌새를 느꼈고, 얼마 뒤 다른 누군가가 당신의 아이들을 기르게 될 것임을 안다. 옷장을 열어 보니 거기에 당신이 그토록 즐겨 입던 근사한 옷들이 걸려있다. 하지만 결코 다시는 입지 못할 것이고, 언젠가는 당신이 만나본 적도 없는 사람의 차지가 될 것이다. 당신은 자신에게 묻는다. "저 옷들을 산 멋쟁이는 누구였지?" 이제 그 사람은 더 이상 당신이 아니기 때문이다. 체중이 10, 15, 20, 25킬로그램, 그리고 계속 더 빠지면서 몸이 움츠러들자, 당신은 저 옷들을 사서 몸을 멋지게 장식했던 그 모든 욕구가 너무나 황당하게 느껴진다. 저 근사한 옷들을 산 사람은 누구였을까?

당신의 저항이, 그 상황을 벗어나고픈 욕망이 마치 육중한 프레스처럼 당신을 얼마나 짓누를지 느껴지는가? "오, 이건 끔찍해, 정말 몸서리쳐져. 체중을 늘려야 해. 나가서 활동할 수 있어야 해. 훌륭한 부모가 돼야 해. 나는 뛰어난 직업인이야. 난 열심히 일해서 성공한 인물이 되어야 해. 모든 일을 훤히 아는 사람 말이야."

그러나 그 모델은 이제 당신이 아니다. 우리가 모델 속의 헛된 형상을 실현할 수 없을 때 그 모델이 얼마나 큰 고통이 되는지 아는가? 우리는 자신에게 묻는다. "나는 누구지? 여기 이 침대에 누운 건 뭐야? 누가 죽는 거야? 사는 자는 누구고?"

우리는 자신이 누구인지 모른다. 더 이상 자신의 특성을 드러낼 수 없기 때문이다. 우리가 이 세상에서 쌓은 자기 이미지가 사정없이 흔들린다. 그리고 그 엄청난 혼란은 정신을 불태우고 마음을 움츠려뜨려 잿더미로 만든다.

우리는 자신의 행동, 자기 존재에 관한 모델에 너무 깊숙이 빠져있기 때문에 죽음을 앞에 두면 엄청난 불안감에 휩싸인다. 우리는 더 이상 자신이 누구인지 모른다. 언제나 자신의 참존재를 내버리고 세상에서의 자기 위치, 어떤 권위적 지위에 매달려왔기 때문이다. 우리는 가치기준이 수시로 변하는 세상에서 어떤 일을 하는 누구라는 가면을 쓴 채 살아왔다.

죽음 앞에 누워 자기가 평생 갈고 닦은 근사한 역할들을 과시할 수 없게 된 사람들의 눈에는 헛된 모델들에 집착하는 자기학대의 괴로움이 역력했다. 자신이 처한 상황 속에서 혼란과 죄책감에 떠는 그들은 진실이 무엇이고 자신이 진정 누구인지 고민하며 전전긍긍한다.

그들의 저항은 지옥이다. 그 저항은 너무 고통스럽고, 현재를 밀쳐내는 그 발버둥은 너무나 처절하고도 살벌하다. 그래서 무력감이 밀려온다. 저항할수록 그들은 더욱 위축된다. 남은 삶에서 죽음을 맞이해야 할 내면의 공간은 줄어든다. 고통이 커질수록 그들의 불안감은 더욱더 극심해진다.

한번 생각해보라. 당신은 움직일 힘조차 없기에 누운 채 엄청난 불안감에 싸여 떨고 있다. 누군가가 다가와 "절벽을 기어올라 살갗을 벗고 뛰어내리듯 그렇게 떠나게"라고 말한다면 기분이 어떻겠는가? 그 말은 단테*가 묘사한 지옥의 불구덩이를 떠올리게 한다. 모델들에 매달리면 자신의 지옥이 나타난다. 그것은 지금 이 순간의 진실을 맞이하지 못하고 이 신비로운 삶의 파노라마에 직접 참여할 기회를 뿌리친 채 정신의 화석화된 편견과 헛된 공상들에 갇힌 지옥이다. 죽음 앞에서 엄청난 괴로움을 일으키는 것은 삶에 대한 이런 저항이다.

또 상상해보라. 병환이 깊어져 당신이 제대로 화장실도 갈 수 없다

---

* Alighieri Dante(1265~1321), 이탈리아의 위대한 시인이다. 심오한 기독교적 세계관을 묘사한 《신곡(神曲)》을 지은 르네상스의 선구자다. - 옮긴이

면 어떻게 될까? 누군가 당신에게 관장*을 해준 다음 뒤를 닦아줘야
만 하고, 게다가 가끔 대변이 너무 꽉 들어차있을 때에는 누군가 당신
의 항문에서 대변을 파내줘야 한다면 그런 상황에서의 당신은 누구일
까? 그 근사한 얼굴, 멋진 자태, 우아한 매너를 자랑하던 사교적 인물
은 어디 가고, 지금 여기 모로 누운 채, 누군가의 도움으로 비참하게
대변을 빼내는 이 인간은 누구일까? 음식을 씹어 삼킬 힘조차 없는
이 환자는 누구일까? 한 모금 삼키려고 저토록 안간힘을 쓰는 사람은
누구일까? 그 멋진 사교적·성적·지적·신체적 매력을 풍기던 인물은
어디로 갔나? 당신은 자꾸자꾸 쇠약해지는 자신의 몸을 지켜본다. 아
이들을 돌볼 수가 없다. 사랑을 할 수도 없다. 생활비를 벌 수도, 혼자
서 침대까지 갈 수조차 없다. 지금 당신은 누구인가?

　당혹감과 괴로움은 지난날이 어떠했고, 상황이 늘 어떠해야 한다는
자기 생각에 집착함으로써 일어난다. 그런 사람들에게 죽음은 지옥이
다. 그들에게 죽음은 너무나 사실적이고 확실하게 느껴지는 모든 것
과의 작별이다. 그러나 죽음은 지옥일 필요가 없다. 죽음은 영적 깨달
음을 얻을 절호의 기회가 될 수 있다. 나는 그처럼 기력이 소진되면서
도 새로운 깨달음을 얻은 사람들을 무수히 만나보았다. 그들은 육체
적 쇠퇴, 자기가 믿는 자기 모습의 상실을 체험하면서도, 겁에 질려 극
심한 괴로움에 빠지는 것이 아니라 오히려 자기 위축감의 뿌리를 놓
아버리기 시작했다. 헛된 자기 이미지가 녹아 없어지면서, 그들은 자
신을 경험할 공간을 조금씩 넓히기 시작했다.

　이런 일이 일어나면 자신을 탐구하며 인생을 완전히 새롭게 맞이할

---

* 灌腸, 대변을 보게 하려고 약물을 항문에 주입하는 것이다. ─옮긴이

계기도 가지게 된다. 비록 우리가 자신이 믿는 자기 모습을 유지할 수 없어 도 자신이 진정 누구인지에 대한 의식은 남아있기 때문이다. 이럴 경우 비록 원기가 쇠약해지더라도, 비록 다시는 활동하지도 침대를 떠나지도 못할지라도, 비록 예전의 자기 모습으로 돌아갈 수 없더라도, 심지어 자기 육신이 무너져가는 모습을 지켜보고 있더라도, 어떻게든 자기 영혼과 그 순간에 충실한 자세는 점점 더 강해져간다.

결국, 자신을 세상에 드러내며 과시했던 겉모습들은 자기 새장의 창살이었음을 깨닫게 된다. 사람들은 자신이 참존재의 광대함에 열려 있지 못한 채 상황이 어떠하고, 어떠할 것이고, 어떠해야 한다는 따위의 관념들과 모델들로 가득한 비좁은 새장 속에서 한평생 살아왔음을 깨닫게 된다. 그들은 더 이상 자기가 만든 헛된 모델들에 붙잡힌 포로가 아니다. 그들은 세상 만물이 매 순간 속에 들어있음을 깨닫게 된다. 그들의 상황에 부족한 것이란 없고, 그들의 해방을 방해하는 것도 전혀 없다. 그들은 미래의 공상들과 과거의 꿈들을 자신의 의식과 동일시한 착각이 얼마나 자신의 온 인생을 감옥 속에 몰아넣었는지 본다. 얼마나 자신들이 매 순간 저절로 드러나는 자기 존재를 외면해왔는지 깨닫는다.

나는 한동안 로스앤젤레스에서 온 한 친구와 함께 지낸 적이 있다. 그는 ALS로 죽어가는 사람이었다. ALS는 '루게릭병'으로도 알려진 퇴행성 신경질환으로, 신체가 점차 약화돼 결국 전신마비에 이르는 무서운 병이다. 약 2년 전만 해도, 당시 36세였던 그 친구 아론은 아내와 두 아이들과 함께 살며, 가수 겸 무용수 겸 탁월한 기타리스트로 활동하고 있었다. 그러나 지금 그는 휠체어에 파묻힌 채, 자기 체중조차 지탱할 수 없는 몸이 되었다. 그의 폐 기능은 너무나 약해져서, 의사소통이 가능한 몇 마디 단어를 만들어내려면 억지로 공기를 빨아들여 후두 뒤로 밀어 넣어야만 했다. 몸의 어떤 기능도 저절로 이루어지는 것이 없었다. 그에게는 당연한 일이 하나도 없었던 것이다. 그 친구의 살은 말 그대로 뼈에 말라붙어있었다. 그의 다리, 팔, 몸통은 더 이상 그의 의지대로 움직이지 않았다.

어느 날 아론이 아주 어렵사리 이런 말을 꺼냈다. "알다시피, 2년 전에 나는 건강하고 튼튼했네. 내 몸은 아주 근사했지. 사실 운동선수였어. 하루에 8킬로미터씩 달리곤 했으니까. 노래하고 춤추며 돈을 벌었지. 하지만 나는 지금 기타를 잡을 수도 없어. 말하기도 힘드니, 노래는 생각도 못하지. 심지어 혼자 설 수도 없네. 침대에 갈 때에도 도움을 받아야 해. 그런데 말일세, 난 내 생애에 지금보다 더 생기 있던 적이 없었어. 묘하게도 이 몸만이 나의 전부가 아니라는 걸 알기 때문이야. 내가 과거에 세상에서 누군가가 되기 위해 했던 모든 일을 더 이상할 수 없는 지금, 그 모든 행동들이 얼마나 쓸데없는 짓이었는지 느끼네. 사실 나는 그 모든 행동들이 나를 모든 사람과 사물에서 격리시켜, 인생을 상당히 몽롱하게 만들고, 만물의 생명력을 빼앗아갔다는 걸 알았네."

아론은 이어서 계속 말했다. "내 눈에는 사람들의 행동이 참으로 이상해 보여. 대부분의 시간을 외모를 꾸미고, 몸을 단련하고, 쓸고 닦고, 심지어 자신의 개별성, 경쟁심, 고통스런 일에까지 자부심을 느끼면서 보내거든. 아무도 가볍게 놀 듯이 사는 것 같지 않아. 나 역시 그랬지. 모두가 너무 심각하게 살고 있어. 그러나 지금 나는 그런 심각한 생활에 더 이상 참여할 수 없네. 나는 이 몸이 아니야. 이 몸은 말라붙어 해골이 돼가고 있어. 그렇지만 내 마음이 이렇게 열리고, 그 많은 존재들을 향해 이토록 큰 사랑을 느끼기는 처음이야. 나는 단순히 다른 존재들을 향한 사랑을 느끼는 것이 아니네. 그냥 사랑에 빠져있지. 이 공간에 들어오는 모든 것을 사랑해. 개개의 인간이나 개별적 존재들뿐 아니라 그 모두를…. 나는 모든 존재와 사랑에 빠진 것 같아. 우리는 사랑 속에서 함께 존재해. 나는 전에는 결코 보지 못했던 내 안의 장소, 전혀 몰랐던 지점을 건드리고 있어."

그러면서 아론은 자신의 모든 노래, 춤, 자기가 받은 박수갈채, 온갖 찬사, 금전적 성공 등 어느 것도 자신이 지금 경험하고 있는 심오한 만족을 가져다주지 못했다고 했다.

아론은 자신이 일주일에 몇 차례씩 나가는 대규모 치료 모임에 대해 이야기했다. 그 모임에는 많은 환자들과 치료사들이 오는데, 그 질병이 어떤 것이고 어떻게 진행되는지 등 여러 정보와 자료를 교환한다고 했다. "참 이상해. 처음엔 내가 그들에게 이것저것 물어봤어. 그런데 내가 나 자신을 바라보기 시작하자, 내게 필요한 모든 것이 바로 지금 여기에 있다는 걸 알았지. 과거엔 내가 치료사들을 불러 질문을 했지만, 이젠 치료사들이 나한테 물어봐. 가끔은 한밤중에 나를 찾아와 내 옆에 앉아서 조언을 구하기까지 하거든. 나는 이것이 어떤 병인지 그리 많이 알지는 못해. 내가 하는 일은 그저 이 병과 같이 어울리는 것뿐이야. 그냥 여기 앉아 지금 이대로의 이 병과 함께 있는 거지."

어느 날 그 치료 모임에 참석해 빙 둘러앉은 우리는 아론이 시작한 그 오묘한 여행에 관해 이야기를 나눴다. 참가자 중 일부는 아론에게 크나큰 사랑을 느꼈고, 아론의 행복을 비는 덕담을 건네면서, 자기들이 아론을 얼마나 사랑하는지 이야기했다. 그러자 아론은 특유의 깔깔거리는 웃음을 터뜨리며 이렇게 말했다. "보다시피 내가 사랑받을 만하죠." 이토록 자신에게 활짝 열려 자신이 사랑받을 만하다고 솔직하게 답할 수 있는 사람이 과연 얼마나 될까?

자기 병이 얼마나 심각한지를 처음 깨닫고서 정말 죽을 수도 있다는 사실을 알게 되었을 때, 아론은 받아들일 수 없는 현실 앞에서 적개심과 위축감에 빠져 헤어나지 못했다. 그러나 그가 수많은 내면의 성찰을 통하여 예전의 자기 모델들을 놓아버리자, 전에는 상상도 못한 거대한 자유가 솟아나기 시작했다. 이제 아론은 자유로이 그냥 머무를 수 있다고 말한다.

그러나 지금도 아론이 자신의 과거 모델들 대신 새로운 모델을 움켜쥘 위험에서 완전히 벗어난 것은 아니다. 모든 집착에서 해방될 때까지 정신은 여전히 애매모호한 자기 이미지 주위로 움츠러들 위험성을 안고 있다. 정신의 그런 움직임은 절대로 멈추지 않는다. 어떤 모델과의 아주 사소한 동일시만 일어나도 존재의 경험을 위축시킬 수 있다. 여전히 아론은 새로운 자기 이미지에 달라붙으려는 정신을 감시해야 한다. 아론은 자신이 '아름답게 죽는 사람'이 되고 있는 게 아님을 알아야 한다. 그리고 자신이 과거에 했던 집착들이 더 근사한 어떤 모델과 얽혀들면, 단순히 한 옥타브만 높아지는 것이 아니라, 더욱 엄청난 괴로움이 밀려옴을 알아야 한다.

많은 이들이 말하기를, 죽음을 맞이한 시기만큼 생기가 넘친 적이 없다고 한다. 아마도 이것은 참된 진실을 찾는 자기탐구가 마침내 그들의 삶에 의미를 부여했기 때문일 것이다. 그렇게 삶이 의미를 지닐 때 은은한 울림이 생긴다. 자기탐구의 물음은 "내가 누구지?"가 된다. 이제 삶의 에너지는 현실을 옛날 모델들 속에 가두는 데 사용되지 않는다. 근사한 인생을 쫓는 선입관이 더 이상 삶의 신비를 차단하거나,

걸러내거나, 흐려놓지 않는다. 사실 이런 사람들은 자기 삶에 대해 단순히 고민만 하는 것이 아니라, 그 속으로 뛰어든다. 그들은 인생을 자신이 원하는 대로 만들려고 안달하지 않기 때문에 생기가 넘친다. 저 아래 놓인 신비를 발견하기 위해 헛된 모델들을 놓아버리면서 그들의 삶은 진실을 탐구하는 일이 된다. "죽어가는 이 사람은 누구지?" 그들의 인생에 떠오르는 의미는 자기들이 줄곧 믿었던 자신이 누구이고, 자기들이 절대로 드러나지 못하게 억눌렀던 내면의 그것이 무엇인지에 관한 놀라운 발견에서 구해진다.

이런 사람들과 함께 있을 때, 나는 그들의 노력과 나의 노력이 완전히 똑같음을 깨닫는다. 자기방어의 버팀줄 놓아버리기, 자신을 고립시키는 온갖 집착과 괴로움 떨쳐내기, 지금 열려있기, 현재의 순간 속으로 녹아들기, 그리고 헛된 모델을 떨쳐낸 정신과 열린 마음으로 주어진 상황을 충실히 맞이하기 같은 것들을 보는 것이다.

지난 몇 년 동안 나는 수많은 사람들과 함께 지냈다. 주로 자신의 처지를 한탄하기보다는 오히려 깨어남의 계기로 삼기 시작한 사람들이었다. 이들은 심지어 극심한 고통과 자신이 믿는 자기 존재의 상실조차도 상대할 수 있음을 깨달았다. 이들은 자기 질병에 따른 괴로움과 헛된 모델들을 향한 집착을 꿰뚫어보았다. 점점 더 많이 놓아버릴수록 삶의 공간은 더욱 넓어진다. 그러면 아무것도 집어 들지 않는다. 그냥 모두 다 놓아버린다. 이렇게 사람들이 만사를 놓아버리면, '그들'이나 '내'가 아니라 그냥 존재하는 영원한 공간을 경험하게 된다. 이것은 어떤 이들이 '암초'라 부르는 것, 즉 끊임없이 흐르는 존재의 강물을 붙잡거나 통제하려는 정신의 못된 습성을 떨쳐버리는 과정이다.

사람들은 흔히 심리적 요인들, 즉 정신의 내용물들을 관찰하면서 자기탐구를 시작한다. 그리고 어느 정도는 이것이 효과적인 것 같다. 정신 상태들을 찬찬히 들여다보면, 명철한 지혜의 걸림돌을 반드시 뽑아내지는 못하더라도, 더욱 확실히 알아차릴 수는 있다. 그러나 각각의 심리적 마디를 제대로 상대하지는 않고, 하나의 개성으로 보고 대충 문제를 얼버무리려 하면 그 마디들과 동일시된 자신을 위축시키게 된다. 그러다 심리적 실체, 하나의 개체, 개별적 존재라는 헛된 망상을 놓아버리기 시작하면서 그들은 자기 자신이 그 모든 정신 상태가 일어나는 거대한 공간임을 깨닫기 시작한다. 그리고 자기 존재 속으로 더욱 깊숙이 파고들면서 최우선 목표가 바뀌기 시작한다. 그들은 정신이 다가오게 하는 것이 아니라 정신을 향해 다가가기 시작한다. 이를 통해 존재, 삶 자체로 뛰어드는 완전히 새로운 차원이 열리게 된다.

그들은 정신의 경계선에 다가간다. 그들은 자신이 생각이나 기분에서 생겨난 그 어떤 대상물도 아님을 깨닫는다. 그들은 그 모든 정신의 잡동사니를 비추는 광채에 다가간다. 그리고는 그들 자신이 어떤 기대나 그럴듯한 모델 너머에 있는 의식 자체임을 깨닫는다. 그들은 더 이상 의식의 빛과 그 빛에 반사된 대상물을 혼동하지 않는다. 정신 속에 자리 잡은 고요한 '나' 안에서 본래의 의식이 떠오른다. 그들은 더 이상 자신을 의식의 대상으로 착각하지 않는다. 오히려 자신이 의식 자체의 광대한 공간임을 깨닫는다.

그들은 불멸의 본질을 건드린 것이다.

어느 여인이 말하길, 자기는 흔히 자신의 조건화된 습성, 어수선한 정신, 심리적 상황, 헛된 모델들을 바탕으로 세상에 다가가 자신의 성격, 심리, 이름, 평판, 명예 등을 '나'로 착각하며 살았다고 했다. 그러나 이런 착각은 굉장한 괴로움을 일으켰기에 그녀는 더 이상 그런 관념들에 매달릴 수 없었다고 말했다. 그 여인은 사물 자체가 아니라 사물에 관한 생각을 움켜쥐는 간접 인생을 더는 살 수 없었다. 그래서 여인은 그것들을 놓아버렸고, 이를 통해 엄청난 광대함과 평온을 느꼈다. 그러면서 삶을 넘고 죽음을 넘어 본래의 존재를 직접 체험하게 되었다.

매번 자신을 일깨워 과거의 집착을 뚫고 나가게 할 때마다 우리는 정신을 향해 다가가면서 존재의 광활한 공간을 느끼기 시작한다. 우리는 자신이 '나의 경험' 혹은 '나'라고 부르는 것(나의 시각, 나의 청각, 나의 미각, 나의 후각, 나의 생각)이 사실은 순간순간 변화하며 지극히 광대한 공간을 떠다니는 하찮은 거품들일 뿐임을 깨닫기 시작한다. 그리고 그들 중 어느 것도 자신이 아님을 본다. 이 경험은 마치 텅 빈 집에서 상영되는 무성 영화와 같다. 모든 장면들이 저절로 지나간다. 생각은 스스로 생각한다. 어떤 식으로든 바꾸려 하면 억지가 생겨나고, 억지는 마음을 닫아걸고 고통을 일으킨다.

내가 진실 추구를 최우선으로 생각하는 사람들과 함께 모여 자신의 깨어남을 가로막는 모든 장애물을 놓아버리려 노력할 때, 그들이 이렇게 말하는 것을 들어본 적이 없다. "하느님, 저는 다시 기력을 찾아야 합니다. 세상에서 중요한 인물이 되게 해주소서." 오히려 그들은 이렇게 말했다. "나는 그 무엇도 될 필요 없이 진정한 나이기만을 원합니다." 이것은 놀라운 통찰이다. 우리 모두가 그렇듯이 그들 역시 인생 대부분을 존재하지도 않는 '반드시'와 '꼭'의 우주관과 모델들 속에서 살아왔기 때문이다. 나는 그들이 본질에 도달했음을 본다. 그들이 근원적 존재의 일부가 되었음을 보는 것이다.

이런 통찰을 지니고 사는 사람들은 내가 아는 가장 열린 마음과 맑은 정신의 소유자들이다. 그들은 말한다. "진리를 탐구하기 위하여, 진정한 자유를 찾기 위하여 어떤 특별한 것이 될 필요는 없어요. 나는 누군가가 되려고 애쓰지 않습니다. 나는 그 무엇도 될 필요가 없어요. 내가 원래 그것이 아니기 때문이지요." 이런 사람들은 죽음에 다가가면서 삶을 발견한다.

내가 들은 수많은 사람들의 이야기를 종합한다면 다음과 같다. "이상한 소리 같지만, 나는 평생 이보다 더 행복했던 적이 없습니다. 난생 처음으로 저항도 자기의혹도 거의 갖고 있지 않거든요. 사실 나는 내가 누군지 모르지만 상관없답니다. 내가 나 자신이라고 믿은 어떤 것도 그리 오래가지는 못할 테니까요. 아무튼 나는 언제나 어떤 다른 존재이고, 난 그게 무언지 모릅니다. 그러나 이것은 확실히 내가 처음으로 해보는 가장 충실한 탐험이에요. 내가 별로 아는 게 없는 상태에서 그 안으로 들어갈 것이기 때문이지요. 난 그곳의 정체를 모르는 채로 그곳에 뛰어들 겁니다. 나의 지식이 항상 내 깨우침을 가로막고, 나를 옭아매고, 나를 혼란시켰거든요. 지금 나는 진실의 문앞에 와있어요. 버릴 것이 아무것도 없기 때문이에요. 나는 먼저 모든 것을 버려야 했지만, 그것을 통해 소유해야 할 것이 거의 없음을 알았답니다. 하여튼 내게는 상상한 것 이상이에요."

이런 사람들은 조건화된 습성을 움켜쥐는 낡은 고집과 옹색한 모델들을 놓아버리고 생생한 현재 속으로 담대히 들어간 사람들이다.

이들은 순수한 의식의 근원적인 불멸성에 도달한 사람들이다. 순수한 의식은 오지도 않고 가지도 않는다. 그냥 그대로 있을 뿐이다.

이런 사람들은 발버둥치지 않고, 통일감 속에서 죽음을 맞이하여,

연기처럼 육신을 빠져나간다. 이들은 평온히 죽어 자신의 참본성 속으로 들어간다. 이들의 죽음은 빗물과 같다. 가만히 떨어져 다시 대양大洋으로 돌아가는 빗방울….

진실은 그대 안에 있고, 또 내 안에 있네.
그대도 알듯이 새싹은 씨앗 속에 숨어있지.
우리 모두 안간힘을 쓰건만, 누구도 멀리 가지 못하네.
그대여, 오만함을 내려놓고, 내면을 돌아보게.

푸른 하늘은 멀리멀리 끝없이 펼쳐지고,
날마다 솟는 좌절감은 말끔히 사라지네.
나 스스로 할퀸 상처는 살며시 아물고,
수만 개의 태양들이 찬란한 빛을 뿜어내네,
내가 그 세상 안에 태산 같이 앉을 때.

아무도 흔들지 않는데도 종소리가 울리고,
상상도 못한 기쁨이 '사랑' 안에서 솟아나네.
하늘에는 구름 한 점 없건만, 장대비가 쏟아져,
사방에 빛의 강물이 넘쳐흐르네.
우주는 단 하나의 사랑으로도 구석구석 채워지는데,
이 사지 달린 몸뚱이로 그 기쁨을 감당하기가 얼마나 버거운지!

거기에 이성으로 다가간 이들은 낙담하네.
오만한 이성은 우리를 그 사랑에서 떼어놓지.
'이성'이란 말만으로도 그대는 이미 까마득히 멀리 있다네.

카비르는 얼마나 행복한가, 이 모든 환희에 휩싸여,
자기 조각배 안에서 노래하고 있으니.
그의 시들은 하나둘 영혼이 되어 날아가고,
그의 노래는 죽음도 상실도 저 멀리 날려보내네.
그의 노래는 들어옴도 나감도 없이 저 위로 솟아오르네.

카비르[*]

---

[*] Kabir(1440~1518), 인도의 신비주의 시인이다. 힌두교과 이슬람 사상을 통합하여 시크교를 비
롯한 여러 종교의 시초가 되었다. - 옮긴이

6장
천국과 지옥의 롤러코스터

많은 사람들이 끊임없이 천국과 지옥을 오가며 살아간다. 자기가 원하는 것을 얻었을 때, 그들은 천국에 있다. 그것을 잃거나 아예 갖지 못할 때, 그들은 지옥으로 떨어진다. 지옥은 참존재에 대한 완강한 저항이고, 천국은 우리의 자애로운 열림이다. 지옥은 저항이고, 천국은 수용이다.

천국은 열린 심장이다. 반면 지옥은 꽉 조여진 내장이다. 대개 우리는 심장과 위胃 사이의 어딘가를 떠돈다. 위는 모든 것을 자기 자신으로 바꾼다. 위에게는 온 세상이 음식으로 보인다. 그러니까 위는 모든 것이 자신을 위해 존재한다고 보는 내장의 자아(自我)인 것이다. 심장은 정반대의 것들이 합쳐진 뒤, 모두가 녹아 하나가 되는 곳이다. 심장은 마치 순금을 회수하기 위해 금팔찌를 던져 넣는 용광로와 같다.

어느 근사한 사무라이에 관한 일화가 있다. 한 사무라이가 위대한 선사인 하쿠인*을 찾아가 정중히 예를 갖추고 이렇게 물었다. "스님,

---

* 白隱(1686~1769), 일본에 선종 불교를 일으키는 데 이바지한 승려이자 문필가다. - 옮긴이

저는 천국과 지옥의 차이를 알고 싶습니다." 선사는 사무라이를 쳐다 보더니 위아래로 찬찬히 뜯어보면서 이렇게 말했다. "가르쳐는 주겠 지만, 그대가 이해할 만한 머리가 있는지 모르겠군." 사무라이는 화들 짝 놀라 주춤거렸다. "스님은 내가 누군지 알고 이러시오?" 사무라이 의 호통소리에 선사는 이렇게 대꾸했다. "잘 모르네. 하지만 아무리 봐 도 그대는 이해할 성 싶지가 않아." "뭐라고요?" 사무라이는 화가 머리 끝까지 치밀었다. "어떻게 내게 그렇게 말하는 것이오?" 다시 선사가 받아쳤다. "웃기지 말게. 그대는 자신을 누구라고 보는가? 거기 그대 허리에 매달려있는 것, 그걸 자넨 검이라고 부르나? 내 보기엔 꼭 부 엌칼 같은데." 그러자 사무라이는 격분하여 검을 뽑아들었다. 그리고 는 검을 쳐들어 선사를 베려 하였다. 그 순간, 선사가 말했다. "음, 그 것이 지옥일세." 그 말에 사무라이의 눈이 광채로 빛났다. 사무라이는 절을 올리고 칼을 칼집에 넣었다. 선사가 말했다. "그리고 그것이 천국 이지."

정신에서 화가 치솟을 때, 또는 두려움이 엄습할 때, 그 순간은 삶 을 지옥으로 만들 수도 있고 천국으로 들어갈 기회일 수도 있다. 그 순간은 정신의 또 다른 저항, 밀쳐내기, 혼돈의 순간이 될 수도 있고, 가볍게 놓아버리고 광활한 영역, 마음의 평원, 근원적인 수용의 공간 으로 들어갈 계기가 될 수도 있다.

언젠가 돈 후안이 카를로스 카스타네다에게 말하길, 자신은 인생을 전사戰士처럼 살았다고 했다. 자기는 저 너머의 세계로 열고 들어가기 를 한사코 거부하는 정신을 그대로 놔두지 않고 자기 삶을 깨달음의 기회로 삼았다고 말했다. 돈 후안은 다음과 같이 말했다. "평범한 사람 에게는 자기에게 일어나는 모든 일이 저주 아니면 축복이다. 하지만 전사에게는 매 순간이 도전일 뿐이다."

천국과 지옥의 차이는 정신이 스스로를 행복하다고 보느냐 불행하다고 보느냐의 차이다. 우리는 대상을 지각할 때마다 자신의 욕망을 기준으로 저울질한다. 어떤 잘 나가는 보험중개인의 이야기가 있다. 그는 '멋진 동네'에 있는 큰 집에서 가족과 살고 있었다. 두 아이 모두 우등생이었기에 그는 자신이 아주 행복하다고 생각했다. 그런데 별안간 다니던 보험회사가 파산하면서 그는 직장을 잃었고 집을 팔아야만 했다. 그는 자신이 매우 불행하다고 여겼다.

그러나 집을 포기하게 된 그는 이렇게 생각했다. "이참에 내가 항상 꿈꿔왔던 대로 살아야겠어." 그래서 그는 집을 판 돈으로 시골에 작은 농장을 샀고, 그곳에서 커다란 마음의 평온을 얻었다. 다시 한 번 그는 자신이 행복하다고 느꼈다.

그러다 얼마 뒤, 아들이 밭을 갈다 트랙터에서 떨어져 심한 부상을 입었다. 또 다시 그는 불행해졌다. 그러나 의사들의 신속한 조치와 가까운 곳에 있던 병원의 도움으로 아들은 생명을 구했다. 다시 한 번 그는 자신의 행복에 감사했다.

그런데 나중에 보니, 아들의 다리 부상이 너무 심각해서 다리를 절단해야만 했다. 다시 그는 자기 인생이 너무나 불행하다고 여겼다.

하지만 이번에는 아들의 회복이 순조롭고 보험회사에서 입원 비용을 처리해주자, 그 남자는 다시 스스로를 대단한 행운아로 생각했다.

수술 후 아들은 목발을 짚고 다시 학교를 다녔다. 하지만 농구선수였던 아들은 다시 농구팀에 들어갈 수 없었고, 아무런 운동도 할 수 없었다. 그 사실이 남자를 더없는 불행 속으로 몰아넣었다. 그러다 한 다리로 세상과 부딪치며 고생하던 아들이 충격에서 벗어나면서, 자기가 수술 받은 병원을 찾아가 비슷한 처지의 어린 친구들과 많은 시간을 보내기 시작했다. 그리고 마침내 평생 할 일을 찾았다고 아버지에게 말했다. 그 남자는 다시 한 번 모든 일이 너무나 행복하다고 느꼈다. 항상 그렇듯이 이 이야기는 끝없이 이어진다.

인생은 원래 천국도 지옥도 아니다. 정신의 상태에 달렸을 뿐이다. 다가온 사건들에 열리느냐 닫히느냐의 문제다.

쥐어지는 것은 무엇이든 움켜쥘 수 있도록 부드럽게 열려있고, 유연한 것이 손의 본질이듯이 본래의 정신 역시 아무것에도 얽매이지 않는 광활한 의식이다. 그러나 우리는 어떤 헛된 안전판을 유지하기 위해 탐욕이 필요하다고 믿고 있고, 수백만 아니 수십억 번씩 일어나는 탐욕의 순간들에 길들여진 정신은 원래의 광활함을 대부분 잃어버렸다. 그것은 마치 한동안 묵직한 짐 꾸러미를 들고 가는 여행객과 같다. 아마 출발 시간에 쫓겨 비행기나 버스를 잡으려고 뛰어가는 그 여행자는 마침내 자기 좌석을 찾아서 앉을 때까지 자신의 귀중한 소지품들이 담긴 여행가방을 죽도록 붙들고 있을 것이다. 그런데 잡은 손을 펴기 시작했을 때, 그 낡은 가방의 손잡이에 손이 달라붙어 떨어지질 않는다. 움켜쥔 손아귀가 너무 단단해, 손을 다시 펴기가 어렵고 심지어 고통스럽다. 손잡이를 너무나 틀어쥐고 있다 보니, 자연스런 상태가 오히려 불편하고 거북하다. 우리는 고통을 지극히 두려워하고, 해묵은 갈등을 들춰내기보다는 차라리 움츠러든 채 있는 편을 원하기 때문이다.

우리는 고립된 자아의 비좁은 공간을 좋아하고, 자기 새장 너머에 있을 자유보다 자신의 낡은 장애물을 원한다. 우리는 가볍게 놓아버리고 광대한 미지의 세계로 들어가기보다는, 익숙한 지옥에 머물기를 바란다.

사후 세계에 관한 또 다른 이야기가 있다. 한 남자가 죽어서 육신을 벗어난 뒤, 희미한 빛이 감도는 세계로 들어갔다. 남자는 생각했다. "예상보다는 나은 것 같군." 그때 어떤 휘황찬란한 존재가 나타나 남자를 인도했다. 남자는 긴 아치형 통로를 지나, 어느 장엄한 연회장으로 이끌려갔다. 그곳에는 온갖 산해진미가 차려진 커다란 식탁이 있었다. 남자는 다른 많은 이들과 함께 식탁 앞에 앉았다. 그런데 남자가 포크를 집어 들자 누군가 뒤에서 다가와 팔꿈치에 얇은 판자를 대고 묶는 것이 아닌가? 남자는 팔꿈치를 구부릴 수 없게 되었다. 음식을 집어 들었지만 팔이 굽혀지지 않아 입으로 넣을 수 없었다. 주위를 둘러보니 식탁 앞에 앉은 사람들 모두 팔이 꼿꼿이 묶여있었다. 모두가 음식을 입에 넣으려고 안간힘을 쓰며 끙끙댔지만, 손이 닿지 않아 울부짖고 발악했다. 그래서 남자는 자신을 거기로 데려온 존재에게 다가가 이렇게 말했다. "이곳은 지옥이 틀림없군요. 근데 천국은 어디 있습니까?" 그러자 그 빛나는 존재는 다시 남자를 이끌고 통로를 지나고 홀을 가로질러 다른 커다란 연회장으로 데려갔다. 거기에도 온갖 진귀한 음식들이 차려진 커다란 식탁이 있었다. "와, 이곳이 훨씬 낫군." 남자는 그리 생각하며 식탁 앞에 앉아 막 음식을 먹으려 했다. 그 순간 누군가 나타나더니 또 다시 팔을 묶어버리는 게 아닌가! 남자는 아까처럼 팔꿈치가 굽혀지질 않아 음식을 먹을 수 없었다. 좀 전의 지옥과 똑같은 상황에 한탄하며 절망한 채 주위를 둘러본 순간, 남자는 전혀 예상 밖의 광경에 깜짝 놀랐다. 사람들이 뻣뻣한 팔을 억지로 구부려 음식을 자기 입에 넣으려고 하는 대신, 저마다 팔을 죽 뻗어 다른 사람에게 먹여주고 있었던 것이다. 그러니까 모두가 바로 옆에 앉은 사람에게 음식을 먹이고 있었던 것이다. 두 곳의 조건은 똑같았지만 대응은 이렇듯 판이하게 달랐다.

'나'와 자기만족을 기준으로 생각할 때, 우리는 뻣뻣한 팔의 지옥 속에 살면서 모든 존재와 함께 나누는 과정을 거부한다. 하지만 자신이 거대한 전체의 일부임을 깨달을 때, 우리는 상대방을 먹여 살리고 동시에 자신도 살게 된다.

우리가 삶에서 맞이하는 수많은 만족의 순간들에 집착할 때, 일시적 천국은 살벌한 지옥으로 변한다. 우리는 일순간의 낙원을 놓칠까 봐 두려워 컴컴한 구석에 웅크린 채 피할 수 없는 상황을 거부한다. 천국을 움켜쥐면 지옥의 삶이 펼쳐진다. 우리는 계속 예전의 행동양상을 고집하면서, 옛날과는 다른 기막힌 성과를 얻을 거라는 착각에 빠져 산다.

이 상황과 비슷한 유명한 일화가 있다. 현대의 수피교 스승이자 바보 성자로 유명한 물라 나스루딘의 이야기다. 하루는 나스루딘이 시장에 나갔다가 매운 칠레고추를 한 바구니나 사들고 돌아왔다. 그리고 방에 들어앉아 고추들을 하나씩 먹기 시작했다. 그때 한 제자가 들어와 그 광경을 보고서 스승에게 왜 그렇게 매운 고추들을 먹느냐고 물었다. 나스루딘의 눈은 눈물범벅이고, 입술은 퉁퉁 부어 갈라지고, 혀는 벌겋게 부어있었기 때문이다. 나스루딘의 대답은 이러했다. "저기, 시장에서 이것들을 봤는데 너무 예뻐서 지나칠 수가 있어야지." 그러자 제자가 다시 물었다. "그래도 왜 그렇게 하시는 겁니까? 어째서 그 매운 고추를 계속 드시냐고요?" 이 물음에 나스루딘은 이렇게 답했다. "아, 그건 달콤한 놈이 있을 것 같아 먹으면서 찾는 거지."

지속적인 만족을 쫓는 우리의 오랜 습성은 우리를 혼란에 빠뜨린다. 그 길은 구불구불 휘어진 길이고, 우리가 목표물을 놓칠 때마다 고통을 안긴다. 우리는 마치 희미한 그림자 손으로 세상을 붙잡으려는 유령과 같다. 굶주린 귀신처럼, 정신 속의 조건화된 습성들은 만족을 얻으려 아우성치면서, 자신이 갖지 못한 것 혹은 머물 수 없는 상태를 갈망한다. 정신은 고통스런 열망 때문에 흉측하게 일그러진다. 욕망은 삼킬 능력조차 없으면서 그럴듯한 먹이가 나타날 때마다 덥석 물어버린다. 그리고 나서 또 다른 케이크를 찾으려 안달한다. 욕망이 이글거리고 만족이 사라졌을 때 우리는 지옥에 있음을 느낀다. 우리가 과거의 두려움과 일시적 만족에 혈안이 된 굶주린 유령을 가볍게 상대하지 못하고 현재 상황에 저항할 때 거대한 지옥이 펼쳐진다. 우리가 불쾌한 것을 피하려고 구석으로 뒷걸음쳐 들어가 채워지지 않는 갈망의 불길을 껴안고 더욱 움츠러들 때 지옥의 영주권을 얻게 된다. 그러면 그곳에서 우리는 돌아오지 못할 곳, 그러니까 '막다른 지점'에 이르러 자신의 갈망, 놓아버리지 못하는 집착의 노예가 된다. 우리 마음은 두려움과 의혹으로 움츠러든다. 그러다 괴로움이 너무나 극심할 때, 우리가 도저히 더는 저항할 수 없을 때, 우리는 드디어 자신의 참상을 마주보기 시작한다. 마음이 목 놓아 울면서 자신의 괴로움을 토해낼 때 지옥은 우리 눈앞에서 허물어지기 시작한다. 가톨릭 수도사면서 동양의 선禪에 심취했던 작가 토머스 머튼은 "진정한 기도와 참된 사랑은 기도가 불가능하고 마음이 돌처럼 굳은 순간에 우러나온다"라고 말했다. 지옥을 놓아버릴 때에야 비로소 우리는 천국을 초월하여 정신 저 너머 빛의 세계로 들어갈 수 있다.

구약성서에 이런 말씀이 있다. "제가 저승에 잠자리를 펴도 거기에 당신이 함께 계십니다(시편 139장 8절)."

"저는 이제 어떻게 합니까?"라는 절망적 외침 속에 답이 있을지 모른다. 왜냐하면 아마도 이 물음은 쉽사리 해결되지 않을 테니까. 결국 우리는 모른다. 우리는 너무 오랫동안 너무나 많은 것을 머릿속에 채워 넣었기 때문에 자연스레 진실이 떠오를 공간이 다 차버렸다. 우리의 참본성을 위한 공간이 거의 없다. 천국과 지옥이 녹아내릴 장소는 이 '모름'의 정신 속이다. 참본성이 모습을 드러내는 곳은 이 광활하고 절대적인 진실 탐구의 공간이다.

중국 선종禪宗의 3대 조사인 승찬(?~606) 대사가 지은 《신심명信心銘》은 100여 구의 시구에 수천 개의 공안公案이 함축된 선시집禪詩集이다. 중국에서는 마음과 정신을 하나로 보고, 그것을 일컬어 '심心'이라 한다. 마음이 열리고 정신이 맑아질 때 그 둘은 하나의 실체, 하나의 본질이기 때문이다. 이 같은 마음과 정신의 통합을 바탕으로 승찬 대사는 《신심명》을 이렇게 시작하고 있다.

> 지극한 도道는 어려운 길이 아니니
> 다만 분별심分別心을 갖지만 말라.
> 사랑도 증오도 모두 사라질 때
> 만물은 맑고 선명해지리.
> 하지만 미미한 분별조차 일기 시작하면
> 극락과 속세는 영원히 갈라지리.
> 그대, 진리를 만나고 싶은가?
> 그러면 그 무엇에도 사견邪見을 갖지 말라.
> 좋은 것과 싫은 것을 갈라놓는 일,
> 그것이 정신의 중병이다.

만물의 심오한 이치를 깨치지 못할 때

정신의 지극한 평화는 한낱 공염불일 뿐이리.

혼돈은 참존재를 밀어낼 때 생겨난다. 혼돈은 우리의 편견과 모델들에 어긋나는 현실을 거부하고 정신을 채울 억지 해답들을 찾으면서 나타나는 결과다. 혼돈은 본래의 우리 자신이 되지 못한 상태이고, 존재에 관한 극도의 고민이다. 하지만 우리는 이 혼돈의 정신을 탐험하면서 해방을 이룰 수 있다. 조용한 관찰자가 혼돈 속에 빠진 대상은 자신이 아님을 알아차리면서. '깨달음'에 매달리지 않고, 자기 확인의 수단들로 자신을 가득 채우려 하지도 않고, 진실이 저절로 떠오르게 하는 길은 그 공간 속에 있다. 광대하고 영원한 존재 속에서 진실을 경험할 곳은 바로 이 '모름'의 정신이다. 혼돈은 강물을 거슬러 오르는 상태이고, 어떤 해답이든 찾으려는 탐욕이다. '모름'은 단순한 공간, 그 안에 모든 것을, 심지어 혼돈마저도 담아내는 공간이다. '모름'에는 티끌만한 억지도 없다. 정신은 절대로 힘으로 어찌할 수 없다. 아주 미미한 힘일지라도 마음의 빗장을 걸어버린다.

어쩌면 이 가르침의 본질은 이것일지 모른다. "당신은 지옥에서도 마음을 열어둘 수 있는가?" 우리가 화, 저항, 두려움으로 움츠러드는 순간에도 여전히 자신을 향해 열려있을 수 있을까? 우리가 무서워 벌벌 떨 때에도 마음을 닫지 않고 공포가 서성댈 공간을 유지할 수 있을까? 아니면 모든 것을 너무나 억누르고 짓밟아서 과거의 수많은 행동 양상을 그대로 재현하면서, 자신을 옭아매고 감시하여, 인생을 무의미한 진흙탕, 한바탕의 끔찍한 장난으로 만들어버릴까?

티베트의 어느 고매한 라마*에 관한 일화가 있다. 그 라마는 임종이 가까워지자 지옥에서 다시 태어나게 해달라는 간절한 기원을 드렸다. 그분 생각에 진리가 가장 유용하게 쓰일 곳은 지옥일 것 같았기 때문이다. 라마는 지옥이야말로 다르마(法)가 가장 필요한 곳이라고 확신한 것이다. 그런데 며칠 후 자신이 극락에 가있는 꿈을 꾼 것이 아닌가. 라마는 평생 쌓은 엄청난 공덕功德 덕분에 그리로 가게 될 터였다. 그러자 라마는 벌떡 깨어나며 비명을 질렀다고 한다. "안 돼?!"

중세 독일의 신비주의 사상가 마이스터 에크하르트**는 이렇게 외치다가 하마터면 말뚝에 매달려 화형당할 뻔했다. "나는 예수님 없는 천국보다는 예수님과 함께 있는 지옥을 택하겠다."

우리 정신은 온갖 잡념으로 가득하다. 우리는 질문이 떠오를 때마다 끊임없이 쫓아가 해답을 구한다. 우리는 좀처럼 정신이 '모르게' 놔두지 않는다. 우리는 질문에 대한 대답을 찾고, 그를 통해 "나는 누구지?"라고 그만 물어보려 한다. 정신이 끄집어내는 해답들 중 대다수는 더 이상 깊이 들어가지 않으려는 핑계일 뿐이다. 혼돈을 일으키는 것이 바로 정신의 대답들이다. '모름'에는 아무런 혼돈이 없다. 그저 진실이 있을 뿐이다.

항상 그렇듯이 전해 내려오는 옛날 이야기가 있다. 어느 날 한 고명한 선사에게 박식한 어느 과학자 겸 철학자가 찾아가 이렇게 말하며 가르침을 구했다. "저는 우주의 물리 법칙과 만물의 이치를 꽤 많이 알고 있습니다. 하지만 선사께서 도와주시면 더 많이 알게 될 겁니

---

* Lama, 티베트 불교의 정신적 스승이다. - 옮긴이

** Meister Eckhart(1260~1327), 도미니크파의 신학자이다. '영혼의 불꽃'과 신과의 합일(合一)을 강조하며 근원적 신성(神性)을 주장했다. - 옮긴이

다. 가르침을 주시겠습니까?" 선사는 그를 안내해 자리를 권하고 차를 내왔다. 과학자가 찻잔을 내밀자 선사가 차를 따르기 시작했다. 그런데 찻잔이 가득 찼는데도 계속 따라 차가 철철 넘쳐흐르는 것이었다. 선사를 바라보며 과학자가 말했다. "그만 하시죠. 잔이 다 찼지 않습니까." 그러자 선사는 빙그레 웃으며 말했다. "그렇습니다. 이 잔처럼 선생의 머리도 꽉 차있습니다. 잔을 비운 뒤에 다시 오면 가르침을 드리지요. 아마 그때쯤이면 진실을 담을 공간이 생길 겁니다."

우리의 잔들은 너무 채워졌고, 머리에 든 것이 너무 많아서 우리는 아무것도 깨닫지 못한다. 우리는 모두 그렇게 가득 차 있다! 사실은 너무 지나치게 들어차있다. 우리는 이 때문에 마음에 고통이 생김을 안다. 우리에게 들어찬 것은 그릇된 지식이다. 존재 본연의 자유 대신에 사들인 너무 값비싼 물건이다.

우리가 삶을 발견할 방법은 낡은 모델들을 놓아버리고 '모름'을 향해 들어가는 것이다. 이 말은 자신의 길에서 비켜남을 뜻한다. 그것은 마치 질병의 치유자가 치유를 위해 뭔가를 하는 것이 아니라 우주의 오묘한 본성이 자신을 통해 드러나도록 유도하는 것과 같다. 치유자는 아무것도 하지 않는다. 사실 치유자는 치유를 하는 동안 자기중심적 행위를 멈추고 우주의 통일된 에너지의 통로가 될 뿐이다. 그렇게 우리는 '모름'의 열린 공간 안에서 솟아나는 치유력을 지켜본다. 예전의 지식과 기대는 스르르 녹아 없어진다. 우리는 단순한 존재의 기쁨을 체험하고, 주위 만물과 사랑에 빠지기 시작한다.

우리가 더 이상 자신의 헛된 지식에 매달리지 않고, 그저 매 순간의 진실을 있는 그대로 맞이할 때, 삶은 천국과 지옥을 넘어 만족을 얻으려는 정신의 끊임없는 낚시질을 초월하게 된다.

정신 속에서 분노가 치솟아 화나는 자에게 누가 화를 내느냐고 묻지만, 모른다는 말이 돌아온다. 그저 화가 난다고 답한다. 두려움에 휩싸인 자에게 누가 떠느냐고 묻지만 모른다는 답이 돌아온다. 그저 괜찮다고 말할 뿐이다. 정신을 질투심이 들쑤신다. 이것도 몰라, 하지만 상관없어. 왜냐하면 당신이 괜찮지 않다고 생각할 경우에만 마음이 닫히기 때문이다. 그 역시 상관없지만, 그래도 너무 고통스럽다. '모름'에 '반드시'란 없다. 그저 끝없는 모름이 있을 뿐이다.

내가 엘리자베스 퀴블러 로스*와 함께 일할 때, 그녀는 언젠가 책을 한 권 쓰겠다고 말하곤 했다. 미리 정해 놓은 책 제목은 이랬다.《나는 괜찮지 않고, 당신도 괜찮지 않아. 하지만 그것이 괜찮은 거야*I'm Not O.K. and You're Not O.K. and That's O.K.*》

발견할 공간은 지극히 많다. 하지만 해묵은 혼돈, 안전과 위안을 쫓는 낡은 신기루에 매달릴 공간은 거의 없다. 마음의 자연스런 열림에 집중하면서 우리는 밀쳐낼 것도, 그냥 있을 곳도, 어디 갈 곳도 도무지 없음을 보기 시작한다. 우리 자신이 한없이 애매모호해진다. 우리는 너무 오랫동안 정신없이 '근사한 사람'의 얼굴로 살았기에 자신이 누구인지, 우리가 진정 무엇인지 알지 못한다. 자신의 헛된 지식을 놓아버리면서, 우리는 존재 자체를 열고 들어간다. 우리는 불멸의 공간을 경험한다. 우리의 죽음에 대한 공포와 삶을 향한 열망이 존재 속에서 합쳐지고, 그 순간 천국과 지옥이 녹아 없어진다. 삶의 풍성함, 삶의 본질이 선명히 드러난다. 그저 새로운 생명과 삶을 향한 열림이 있을 뿐 지킬 것도 없고, 감출 것도 없다.

---

* Elizabeth Kubler Ross(1926~2004), 스위스 태생의 정신병리학자이자,《인생수업》의 저자다. 불치병 환자들의 심리를 연구한 '죽음의 5단계'로 유명하다. - 옮긴이

돈 후안은 의자 깊숙이 몸을 묻은 채 카스타네다에게 미소 지으며 말했다. "보통 사람과 전사의 기본적 차이를 아는가? 전사는 모든 일을 도전이라 보고서 맞이하지만, 보통 사람은 매사를 축복 아니면 저주로 본다네."

전사는 결과를 생각하지 않고 매 순간에 있는 그대로 다가간다. 결과는 조금도 상관하지 않는다. 전사의 '모름'은 기쁨이자 용기다. 전사의 삶은 그것으로 충만하다.

7장

거래는 그만하고 그저 사랑하라

당신이 중상을 입어 병원 응급실에 누워있다고 상상해보라. 말도 못하고 움직일 수도 없다. 사랑하는 가족들의 근심어린 얼굴들이 어른거리고, 의식은 방금 맞은 모르핀 때문에 자꾸 몽롱해진다. 당신은 손을 뻗어 사람들에게 뭔가 말하고 싶다. 아직 남은 일을 정리하고, 작별인사를 하고, 수년간 못한 이야기를 털어놔야 하는데….

자, 어찌하겠는가? 가슴에 감춘 말을 생각해내고, 날마다 사랑하는 이들에게 그 말을 전하라. 망설이지 마라. 내일은 한낱 꿈일 뿐이다.

'남은 일 정리하기'는 반드시 한평생 쌓인 불완전한 신뢰와 단절된 대화를 말끔히 해소하는 것을 뜻하지는 않는다. 많은 이들이 '남은 일 정리하기'를 마음의 빚 청산하기, 주고받을 것 매듭짓기, 온갖 사건들에 관해 철저히 대화하여 과거의 앙금 씻어내기라고 생각한다. 그런데 내 경험에 비추어보면, 대개의 경우 그럴 만한 시간이나 신뢰나 자기 확신이 충분치 않다. 또 단순히 그런 과거의 응어리와 원망, 두려움, 의심 등을 상대할 기력이 없을 때도 많다.

'남은 일 정리하기'는 내가 상대에게 마음을 여는 것이다. 내 마음을 원망이나 두려움으로 가로막는 것이 무엇이든, 내가 아직도 상대에게 원하는 것이 무엇이든 간에, 모두 놓아버리고 그저 사랑을 보내는 것이다. 나는 서로의 깊숙한 공감을 방해하는 것을 놓아버린다. 사랑 속에서 있는 그대로의 상대방에 마음을 여는 것, 상대가 어떠하기를 바라지도 않고 나 자신이 어떠하기를 원하지도 않는 것, 서로의 빚을 청산할 필요도 없이 하나로 합쳐지는 것이다. 더 이상 용서받길 바라거나 남들이 얼마나 나빴는지 확인하려 하지도 않는다. 남은 일을 마무리하려면 망설임을 버려야 한다. 서서히 애착 대신에 사랑이 밀려온다. 우리가 별개의 '남들' 속에 있는 별개의 '나'라는 이미지를 넘어 가벼운 열림 속에서 그냥 서로 함께 있기 시작할 때, 우리의 '남은 일'은 정리되어 간다.

만일 우리가 자식들을 '훌륭한 어른'이 되도록 가르쳤지만 그들이 우리처럼 혼란에 빠져있고, 우리는 그 모습에 화가 치민다고 생각해보라. 우리와 자식들과의 사이가 얼마나 단절되어있는 것인가? 만약 지금부터 1년쯤 후 당신이 관 속을 들여다보았더니 거기에 가장 소중한 사람이 누워있다면 과연 그 심정이 어떨까? 만일 당신과 당신의 소중한 사람 사이의 관계가 사랑으로 이어져 있지 않다면 그 꺼림칙한 관계의 깨진 모서리, '정리해야 할 남은 일'에 찝찝한 감정을 느낄 것이다. 또 당신은 죄책감과 혼란스런 감정에 휩싸여 떠나갈지도 모른다. 그러나 만일 당신이 남은 일을 마무리짓고 주위 모든 관계에서 일어나는 온갖 감정들을 사랑으로 맞이했다면 어떤 충만한 느낌, 그러니까 통일감을 가지고 떠나갈 것이다.

우리 관계들의 대부분은 다소 얄팍하다. 그것은 우리가 자신의 너무 많은 부분을 숨기기 때문이다. 하지만 만일 당신이 얼굴의 정면만

드러내려 한다면 어떻게 상대와 소통할 수 있을까? 당신이 온전한 체 꾸미기만 한다면 어떻게 정말로 온전해질 수 있을까?

당신의 주위 관계들을 하나하나 바라보라. 작별인사 전에 처리해야 할 일이 얼마나 많은가? 당신 마음과 남들 마음의 접촉이 얼마나 불완전하고 미흡한가? 당신은 어떤 '이유'를 내세워 가장 가까운 동반자의 마음을 얼마나 많이 밀쳐냈는가?

우리는 '사랑'이라는 말을 상당히 자주 쓴다. 그렇지만 우리는 화나 두려움이나 질투나 심지어 기쁨까지도 제대로 모르듯이, 사랑이 뭔지도 거의 모른다. 사랑이라는 정신 상태가 어떤 것인지 거의 탐구해보지 않았기 때문이다. 우리가 그토록 쉽사리 사랑이라 부르는 감정들은 대체 무엇일까? 많은 이들이 사랑이라 부르는 것은 아름답기는커녕 욕구와 갈망, 일시적 희열과 당혹감이 뒤섞인 감정의 실타래일 뿐이다. 때때로 일체감과 강렬한 친밀감이 정신 속에서 생겨나지만, 그 감정들은 너무나 허약하다. 약간의 곁눈질이나 뻐딱한 몸짓만 있어도 산산이 깨져버리고 수십 개의 으스스한 편집증만 나뒹군다. 일반적으로 사랑이란 어떤 정서, 일시적으로 우리를 상대방에게 열어주는 어떤 깊은 감정을 의미한다. 그러나 그런 정서적 사랑에는 항상 자기보호의 함정이 도사리고 있다. 그 관계에는 여전히 '남은 일'이 숨어있다. 질투, 소유욕, 죄책감, 의도적 혹은 무의식적인 술수, 소외감, 그리고 과거 '사랑들'의 불길한 그림자가 자욱한 안개가 되어 일체감의 빛을 흐려놓는다. 그러나 내가 사랑이라 말하는 것은 그런 감정이 아니다. 일종의 존재 상태다. 진정한 사랑에는 대상이 없다. 많은 이들이 상대에 대한 무조건적인 사랑을 자랑한다. 그러나 사실 사람들은 상대방을 무조건 사랑하지 않는다. 무조건적인 사랑은 존재의 경험이다. 거기에는 '나'도 '너'도 없으며, 건드리는 것에서마다 사랑을 느끼는 체험이다. 당신은 누군가를 무조건적으로 사랑할 수 없다. 오직 당신이 무조건적인 사랑이 '될' 수 있을 뿐이다. 사랑은 이중적인 감정이 아니다. 사랑은 모든 존재와 하나 된 느낌이다. 사랑의 체험은 우리가 자신의 단절감을 버리고 광활한 우주 속으로 들어갈 때 일어난다. 그것은 통일의 감정이다. 당신이 상대를 사랑하는 것이 아니라, 당신이 사랑받는 상대가 '되는' 것이다. 거기에는 칸막이가 없으므로 아무런 두려움도 없다. '둘이 하나로' 되는 것을 너머 아예 '둘의 모습을 가진 하나'가 되는 것이다. 그런 사랑에는 미진하게 '남은 일'이란 하나도 없다.

그러나 당신은 얼마나 자주 자신의 단절감을 지속하고, 강화하고, 마치 독버섯처럼 키워내서 결국 자신과 남들 사이의 골짜기를 까마득한 계곡으로 만들었는가? 또 얼마나 자주 사랑이 아닌 사교상 그럴듯한 겉모습, 일종의 방어막을 치고 살아왔는가?

그러나 '남은 일 정리하기'는 과거의 부채를 결산하는 것이 아니라 빚을 탕감해주는 것이다. 그러니까 사업 같은 관계를 끝낸다는 뜻이다. 더 이상 남들과 이득이나 손실의 관계를 지속하지 않는 것이다. 고립과 고통을 부풀리는 회계장부를 내던지는 것이다.

대다수 사람들이 주변과의 관계를 마치 사업 거래처럼 이어간다. "당신이 내게 5만 원을 주면, 나도 5만 원을 주겠어. 만일 당신이 내게 3만 원을 주면, 난 2만 원만 줄래. 하지만 혹시 2만 원만 준다면, 난 다 걷어치우고 집에 갈 거야."

나는 최근에 31세의 어느 근사한 여성을 알게 되었다. 뇌종양 환자였던 그녀는 이렇게 말했다. "한순간도 흘려버리지 말고 사람들에게 당신의 진심어린 사랑을 전하세요. 어떤 면에서는 지금의 내가 과거보다 더 자유롭게 내 사랑을 표현할 수 있답니다. 나는 평생 주위 사람들에게 내가 얼마나 그들을 사랑하는지 말하고 싶었지만 그럴 용기가 없었어요. 나는 나약하고 무서웠어요. 그들이 코웃음칠까봐 두려웠지요. 항상 시기가 좋지 않은 것 같았어요. 하지만 이제는 더 머뭇거릴 시간이 없다는 걸 알아요." 이제 거래는 그만하라. 그저 사랑만 하라.

분노도 사랑도 함께 나누려고 한다면 그냥 흘려보낼 시간이 없다. 그렇게 나누어야 저 너머로 들어가 통일된 공간에 함께 도달할 수 있다. 한순간도 놓쳐버리지 말고 당신을 자꾸만 고립시키는 장애물을 떨쳐버리기 시작하라. 사실 당신이 자신을 얼마만큼 밀쳐냈는지에 따라 남들을 밀쳐낸 정도를 가늠할 수 있다. 당신은 얼마나 자주 머릿속의 생각과 감정을 숨기는가? 얼마나 자주 자신을 거부하는가?

쉽지 않은 일이다. 우리는 자신에게 지극히 온화해야 하고 '우리 결점들이 가하는 집요한 공세'도 떨쳐내야 한다. 우리는 너무 움츠러들고 자기보호에 몰두한다. 우리는 우리 앞에 그럴듯한 세계를 펼쳐놓는 헛된 자기 관념을 지키려고 안달한다. 우리는 좀처럼 진실에 다가가지 못한다. 그것은 우리가 장벽을 둘러치고, 개별적 자아를 갈고 닦으며, 자신에게 고통을 일으킨다고 믿는 것은 무엇이나 비난하고 바꾸려 하기 때문이다. 우리가 남들과 내면의 일체성을 경험해본 적이 몇 번이나 될까?

그러나 그 온화한 마음에 다가가기 시작했을 때, 우리는 도무지 잃을 것도 없고 보호할 사람도 없음을 본다. 헛된 자기보호가 바로 정리해야 할 '남은 일'이다. 그것이 인생에서, 죽음에서, 사랑에서 물러서는 우리의 뒷걸음질이다.

죽어가던 그 여성이 말했듯이 흘려보낼 시간이 없다. 그리고 위대한 티베트의 성자 밀라레빠*의 말처럼 "천천히 서두르라."

당신이 자신의 정신을 바라보면서도 마음을 열어놓을 수 있을 때, '남은 일'은 정리된다. 하지만 분노나 두려움, 의혹이나 혼돈이 말끔히 사라지는 것은 아니다. 그저 당기지도 밀치지도 않을 뿐이다. 상실도 없고 얻음도 없다. 매 순간을 두려움 대신 연민으로 맞이하는 부드러운 의식을 지닌 채, 그냥 장애물을 넘어서는 것이다. 우리 뒤에서 녹아 사라지는 삶에 대해 슬퍼하고 불안해하는 대신 평정과 고요함을 지니고서 말이다.

우리는 '상냥한 행동들'이 얼마나 개인적 관계들을 손상시키는지 봤다. 그것이 얼마나 진정한 교감의 종말이 되는지도 봤다. 대다수 사람들은 자신과 남들에 관한 보호관념 속에 행동하는데, 그것이 참된 진실을 묻어버린다. 대다수 사람들에게는 진실이 최우선 목표가 아니다. 우리는 자신을 보호하려다 우리가 느끼는 감정의 진실을 흐려버리고, 좀처럼 다른 존재를 깊숙이 건드리지 못한다. 우리의 상냥한 행동 중 상당 부분은 혼돈, 즉 자신을 내보이지 못하는 어려움에서 생긴다. 남들이 우리를 이해하진 못하겠지만, 그래도 그들로부터 간절히 사랑을 원하는 모순된 감정…. 우리 중 대다수는 여전히 '남은 일' 때문에 바쁘다.

남은 일이 거의 없는 듯한 사람이란 바로 지금 이 순간을 사는 사람이다. 위대한 묵조선默照禪 선사인 스즈키 로시(1904~1971)는 이렇게 말했다. "사람은 활활 타오르는 불길 같이 살아야 한다. 뒤에 남은 흔

---

* Milarepa(1040~1123), 티베트 밀교의 성자로서, 혹독한 수행으로 최고의 깨달음을 얻었던 구도자다. - 옮긴이

적이 하나도 없도록…, 모든 것이 다 타서 하얀 재만 남도록….” 행동 하나하나가 지극히 충실하고 완전하여 매 순간 속으로 녹아드는 삶을 말이다. 그저 그대로 있을 뿐 남겨진 것은 아무것도 없는 것이다.

우리의 참담한 상황을 보여주는 좋은 사례는 부모와 자식을 갈라놓는 깊은 골짜기다. 우리는 상대방이 마음을 열면 자기도 열겠다고 우긴다. 상대방이 자신을 내보인다면 우리도 우리를 내보이겠다고 말한다. 그러나 상대방은 그렇게 못하거나 하지 않는다. 그래서 우리의 혼돈과 고통은 모든 이의 괴로움이 된다. 상대방에 맞추거나 조화되지 못하는 우리의 무능력은 우리를 수억 광년이나 갈라놓는다.

가령, 많은 이들은 자기 부모를 비난하면서 그분들이 “전혀 이해심이 없다”고 투덜댄다. 그들은 부모가 변하기를 원한다. 우리는 부모님이 달라져야 하고, 우주를 보는 우리의 모델을 그분들이 맞춰줘야 한다고 주장한다. 하지만 이것은 부모님이 우리가 어릴 때 착한 아이가 되라고 호통치던 모습과 하나도 다르지 않다. 탁자는 반대로 돌아갔지만, 그것은 여전히 옛날에 우리를 갈라놓았던 바로 그 탁자다.

10대였을 때의 나는 약간 문제아였다. 검은 가죽 잠바를 걸치고, 개조한 자동차를 몰고 다니며, 곧잘 거리에서 싸움질도 했다. 그런 행동은 중산층 유대인이셨던 내 부모님에게는 말도 안 되는 짓이었다. 내가 한창 청년기로 접어들어 경찰서를 수십 차례 들락날락거리자, 우리 어머니는 크게 실망하여 머리를 절레절레 흔들곤 하셨다. 어머니는 언젠가 내가 ‘정신 차리기’를 기원하며 이렇게 말씀하시곤 했다. “내가 살아서 그런 날을 봐야 할 텐데!” 어머니와 나 사이에는 까마득한 골짜기가 가로놓인 듯했다.

그러나 시간이 지나고 갖가지 인생사를 경험하면서 내 마음이 조금씩 열리게 되었다. 내가 매년 캘리포니아 주에서 집에 돌아올 때면 저녁 식탁에 앉아 아버지와 심한 말다툼을 벌이는 대신 좀 더 넉넉한 태도를 보이게 되었다. 무턱대고 부모님의 사고방식을 거부하거나 내 입장을 옹호하려 하지 않게 된 것이다. 매번 집에 올 때면 나는 그분들을 있는 그대로 존중하는 마음의 공간을 넓혀갔다. 부모님에게 인정받으려고 하기보다는 그분들과 사랑으로 마주하게 되었다. 나는 점점 사물을 보는 시각에 얽매이지 않게 되었다. 몇 년이 흐른 뒤 나는 그냥 그분들과 함께 있기 위해서, 그분들을 사랑하기 위해서 집을 찾았다. 그러면서 부모님에게서 인정받기를 원하는 나의 바람이 우리 사이에 얼마나 큰 불길을 일으키고, 내 마음을 닫아놓았는지 알게 되었다. 내가 인정받지 못했을 때마다 더욱 뒷걸음질쳐왔기 때문임을 깨달을 것이다. 하지만 이제 나는 더 이상 '남은 일'을 만들지 않는다. 그냥 곁에 앉아 내가 할 수 있는 데까지 마음을 나눈다. 집착과 혼돈의 순간에 내 마음을 너무나 쉽게 닫아버리는 극심한 조건화를 담담히 바라보면서 말이다.

나는 자신을 탐구하면서 나와 부모님을 갈라놓은 모든 장벽을 보기 시작했다. 나는 내 가장 깊숙한 두려움과 혼돈이 일으키는 거대한 파도 위에 떠있으려고 노력했다. 그 뒤 몇 년에 걸쳐 우리가 서로에게 더욱 마음을 열게 된 어느 날, 어머니가 나를 보며 이렇게 말씀하셨다. "얘야, 내가 살아서 이런 날을 보는구나!" 그런데 놀랍게도 그것이 아직 남은 일의 마무리는 아니었다. 마음이 흔들리고 움츠러들 때마다 나는 아직도 내가 붙잡혀있는 그 지점들을 바라보기 때문이었다. 그곳에서 사랑은 정신의 욕망과 해묵은 장애물들에 의해 차단당할 수도 있다. 남은 일 끝내기는 무조건 사랑을 향해 열고 들어가는 것이다.

어느 노인이 있었다. 그 노인은 평생 죽도록 고생하며 자기 가족을 부양할 농장을 일구었다. 수년 동안 땅을 갈고 비바람과 싸우며 가족을 먹여 살린 노인은 이제 일을 놓고, 현관 의자에 앉아 우주를 관조하자고 생각했다. 노인의 아들은 강건하고 유능했으며, 자기 가족도 거느리고 있었다. 그러니 농장 일을 넘겨받을 수 있어 보였다. 그래서 노인은 농장을 아들에게 넘겨준 뒤, 현관의 안락의자에 앉아 한평생 뼈 빠지게 고생한 뒤에 찾아온 편안한 여생을 즐기게 되었다. 처음에 아들은 자신이 마침내 농장 주인이 되었다는 생각에 좋아 어쩔 줄 몰랐다. 그러나 몇 달이 지나면서, 혼자 들판에 나가 일하던 아들은 아버지의 빈둥대는 모습에 화가 치밀었다. 나는 종일 일에 파묻혀 허덕이는데, 아버지는 현관 의자에 앉아 손자들이나 어르고 있다니! 마음속에 원망이 끓어오른 아들은 아버지를 그저 먹여 살릴 또 하나의 식구쯤으로 보기 시작했다. 아들은 생각했다. "내게는 지금 돌봐야 할 아내와 아이들이 있어. 저 노인네는 이해를 못해. 저기 앉아만 있잖아. 전에 어땠는지는 중요치 않아. 이 일은 너무 힘들어서, 저 노인네까지 먹여 살리고 싶지 않아." 그런 생각 속에 괭이질을 하고 작물을 심던 아들은 점점 더 분노가 쌓여갔다. 결국 추수 무렵이 되자 자기 곡식을 '현관의 저 쓸모없는 노인네'에게 나눠주지 않겠다고 결심하기에 이르렀다. 모든 음식을 자기 처자식들과 독차지하고 싶어진 아들은 이렇게 생각했다. "저 노인네는 끝났어. 더 이상 같이 있을 필요가 없어." 그래서 아들은 묵직한 티크나무로 커다란 상자를 만들었다. 상자가 완성되자 아들은 그걸 외바퀴 손수레에 싣고 현관으로 가져갔다. 그리고는 아버지에게 우렁차게 소리쳤다. "아버지, 이 상자 속으로 들어가세요. 지금 당장이요!" 늙은 아버지는 머리를 끄덕이더니, 한마디 말도 없이 현관에서 내려와 상자 속으로 들어갔다. 아들은 아버지 위로 육중한 뚜껑을 닫고 커다란 놋쇠 고리를 철커덕 채웠다. 그리고는 상자를 낭떠러지로 밀고 갔다. 아들은 상자를 저 아래 깊은 골짜기로 밀어버리려 했다. 그 순간, 안에서 노크 소리가 났다. "왜 그래요?" 아들이 사납게 소리쳤다. 그러자 상자 안에서 아버지의 연약한 목소리가 새나왔다. "애야, 다 이해한다. 나를 없애고 싶다면, 그건 상관없다. 네가 보기에 나는 그저 쓸모없는 노인이니까. 하지만 나를 절벽 아래로 던질 생각이라면, 나를 상자에서 꺼내주지 않겠니? 내 몸만 던지려무나. 내가 너라면 이 상자를 아껴둘 거다. 그러면 언젠가 네 아이들이 이 상자를 쓸 수 있지 않겠니?"

이따금 사람들은 이미 죽은 이들과 함께 남은 일을 정리할 수 있었으면 하고 바란다. 그들은 사랑, 그리고 그들 사이의 유대감을 전할 수 있었으면 하지만 이미 너무 늦었다고 생각한다. 흔히 죽은 이와의 이런 불완전한 느낌은 사람을 무기력과 죄책감에 빠지게 한다. 그래서 이런 질문이 나온다. "이미 세상에 없는 사람과 어떻게 미진한 일을 마무리할 수 있나요?" 물론 이 대답은 언제나 한결같다. 상대에게 사랑을 전하기 위해 그 사람을 꼭 만날 필요는 없다는 것이다. 남은 일을 정리하기 위해 상대방은 당신이 왔음을 인식할 필요도 없고, 그 또한 당신이 마음을 전하는 과정을 몰라도 상관없다. 상대에게 사랑을 보내는 것은 우리의 몫이다. 이 일의 결과는 중요치 않다. 이 일은 행위 그 자체로 의미를 지닌다.

명상 워크숍 참가자들에서 이런 이야기를 들었다. 그들은 맑은 날 저녁이면 밖으로 나가 땅에 앉거나 눕는다고 한다. 그리고 하늘을 쳐다보며 별 하나를 고른 뒤, 그 별을 오래전에 세상을 뜬 소중한 사람으로 생각하고 대화를 나눈다는 것이다. 마음으로부터 이야기하고 이성적 정신 너머의 고요에서 오는 소리를 들으면서, 그들은 아직도 서로를 괴롭히는 듯이 느껴지는 감정을 전달한다. 많은 이들이 말하길, 비록 사랑하는 사람이 세상을 뜬 지 20년이 넘었어도 그들과의 새로운 열림과 교감이 이루어졌다고 한다. 오랫동안 그들을 갈라놓았다고 믿었던 깊숙한 골짜기가 사랑 속에서 사라진 것이다. 흔히 고작 10분이나 20분 동안의 그런 교감만으로도 오랜 세월 동안 쌓였던 단절감이 녹아 없어지고 그들의 본질적 접촉만이 남게 된다. 사실 이런 '해묵은 일 정리하기'를 보면 또 다시 이런 생각이 든다. 두 사람이 줄의 양 끝을 팽팽히 잡아당길 때, 둘 사이의 긴장을 풀어버리려면 둘 중 하나만 줄을 놓으면 되는 것이다.

한평생 쌓였던 단절과 적대감이 사랑을 하는 순간에 녹아내린다. 해묵은 돌덩이를 내려놓으면서, 우리는 자기 마음을 신뢰하고 예수가 한 이 말씀의 의미를 깨닫기 시작한다. "믿음이 있으면 산도 움직이리라." 이는 우리가 믿음과 마찬가지로 사랑 역시 열린 마음과 정신의 본래 공간임을 알기 때문이다. 그리고 우리는 '사랑' 역시 '믿음'처럼 수없이 쓰이지만 좀처럼 이해되지 못하는 단어임을 안다. 굳이 사랑을 설명하자면 '우리 각자의 단절을 녹여내는 본질상 형언할 수 없는 존재의 통일감'이라고 말할 수 있다.

자신의 멜로드라마에 얽매인 우리는 자신이 어느 거대한 과정의 일부임을 너무나 쉽게 망각한다. 우리는 의식과 동작을 공유하는 어떤 단일 생물체의 세포들이나 마찬가지다.

우리가 예수라 부르는 분은 우리 원래 본성의 화신이다. 이분의 가장 위대한 가르침 중 하나는 '용서'이다. 용서는 자신이 개별적 존재라는 착각과 남에 대한 원망을 떨쳐버리는 감정이다. 용서는 자기 마음 속으로 들어가 상대방의 고통을 느끼고, 그것을 놓아버리는 것이다. 용서는 집착의 정신이 광대한 마음의 바닷속에 가라앉아 녹아 없어 질 때 솟아난다. 내 절친한 친구들의 스승인 인도 성자 마하라지*는 자주 이렇게 말했다. "그 누구도 당신 마음에서 몰아내지 마시오." 당신 이 누군가를 몰아내면 당신 자신 역시 쫓겨나기 때문이다. 아마도 이 진리가 예수의 이런 말씀에 담겨있을 것이다. "너희가 심판받지 않으 려거든 남을 심판하지 말라." 우리 자신이 비판의 목소리를 믿을수록 그 비판의 정신이 더욱 커지면서 주위 모든 것을 도끼눈으로 노려보 게 된다. 이것이 조건화된 정신의 해묵은 습성이다. 비판의 정신은 도 대체 좋게 보는 것이 없고 '나'와 '상대'를 구별하지 못한다. 비판의 정 신은 냉혹한 편견을 가지고서 보이는 것은 무엇이든 할퀴거나 후려친 다. 당신이 남을 비판할수록 정신은 당신 자신을 비판하려들 것이다.

"내가 지금 보는 이것을 그때도 보았으면 좋으련만. 내 인생이 얼마 나 뻣뻣했던지. 사소한 다툼이나 자기주장이 뭐 그리 중요하다고. 어 째서 좌절을 겪으면서도 우리가 가진 소중한 것을 기억하지 못하고, 오히려 마음의 교감을 방해하는 담장만 쌓았을까? 나는 우리가 공유 한 사랑과 용서의 그 단순한 아름다움을 얼마나 잊고 지냈던가?"

---

* Maharaji(1900?~1973), 본명은 님 카롤리 바바이며, 17세 때 우주의 진리를 깨닫고 '자기 내면 에서 진리를 찾으라'고 가르쳤다. - 옮긴이

자기용서 명상

- 친구에게 천천히 읽어주거나 혼자서 나지막이 읊조린다.

잠시 동안 우리가 용서라 부르는 감정에 대해 생각하라. 당신의 정신 속으로, 사실상 마음속으로, 당신에게 커다란 원망을 심어준 사람의 이미지를 불러오라.

잠시 그 사람을 바로 거기, 당신 가슴의 마음 한복판에서 느껴보라.

그리고 마음으로 그 사람에게 말하라. "나는 과거에 당신이 생각이나 말이나 행동을 통하여 고의로 혹은 무심결에 내게 고통을 일으킨 그 모든 행동들에 대하여 당신을 용서합니다. 당신을 용서합니다."

천천히 그 사람을 당신의 마음속에 내려앉히라.

이 일이 너무 어렵다고 자신을 나무라지 말라.

서두르지 말고 서서히 그들에게 그냥 마음을 열라.

그들에게 말하라. "당신을 용서합니다. 나는 과거에 당신이 생각이나 말이나 행동을 통하여 고의로 혹은 무심결에 내게 일으킨 모든 고통에 대해서 당신을 용서합니다. 당신을 용서합니다."

가만히, 가만히 그들을 맞이하라. 만일 아픔이 오면, 아프게 놔두라. 차츰차츰 그 사람에게 마음을 열라. 그 원한, 그 엄청난 분노, 그것이 불타오를지라도 계속 그렇게 가만히 놔두라. 용서, 용서…

"당신을 용서합니다."

당신의 마음을 그들에게 열어주라.

누군가를 자신의 마음에서 몰아내는 일은 너무나 괴로운 일이다.

"당신을 용서합니다."

자신의 마음을 그들에게 조금 더 열어주라. 그저 잠깐 동안 용서의 문을 열고 원한을 놓아버리라.

그들이 용서받도록 해주라.

이제 용서의 문을 조금 더 열고, 마음속에 당신이 용서를 구하고 싶은 사람의 이미지를 불러오라.

마음으로 그들에게 말하라. "나는 생각이든 말이든 행동이든, 과거에 당신에게 고통을 일으켰을지도 모를 그 모든 행동들에 대하여 당신의 용서를 구합니다. 내가 의도하지 않고 일으킨 고통에 대해서도 용서를 구합니다. 당신의 용서를 구합니다."

"나의 부주의나 두려움, 나의 옹졸함, 나의 어리석음에서 나온 모든 말들에 대해서도 당신의 용서를 구합니다."

당신이 품고 있는 어떤 원한도 이 용서 구하기를 방해하게 두지 말라. 마음을 온화하게 하라. 너그러이 자신을 용서하라.

자신을 자유롭게 하라.

그 무력감, 자신에 대한 분노가 떠오르게 두라. 그 모두를 떠나가게 두라. 모두 다 놓아버리라.

마음을 열어 용서를 맞이하라.

"나는 과거에 당신에게 고통을 일으켰을지도 모를 모든 행동들에 대하여 당신의 용서를 구합니다. 생각이나 말이나 행동으로 저지른 모든 고통에 대해 당신의 용서를 구합니다."

자신을 자기 마음에서 몰아내는 일은 너무나 고통스러운 일이다.

당신 자신을 마음속으로 불러내라. 자신에게 말하라. "나는 너를 용서한다."

자신을 물리치지 말라.

자신의 이름을 부르며 마음으로 말하라. "나는 너를 용서한다." 용서에 마음을 열라. 그대로 두라. 마음속에 자신을 위한 공간을 마련하라.

"나는 너를 용서한다."

그 모든 노여움들, 그것들을 떠나보내라.

'자기용서'에 마음을 열고, 자신에게 얼마쯤 공간을 내주라.

자신을 향한 그 신랄함, 그 가혹함, 그 채찍질을 모두 놓아버리라.

자신에게 말하라. "나는 너를 용서한다."

희미한 자애의 불빛이 곧바로 자신을 향하게 하라. 당신 마음을 자신을 향해 열고, 그 불빛, 자신을 향한 그 관심이 점점 커지게 하라.

자기용서.

제멋대로 행동했다는 죄책감과 두려움이 어떻게 마음을 방해하여 육중한 돌덩이를 내려놓지 못하게 막는지 지켜보라.

자기용서 속의 자유를 바라보라. 어떻게 그 고통을 단 한순간이라도 더 안고 갈 수 있겠는가?

그 사랑의 장소를 느끼고 그 안으로 들어가라.

자신에게 자기용서의 연민을, 애정을 건네주라. 당신이 이해, 용서, 그리고 평화의 광활한 마음 안에서 둥둥 떠다니게 하라.

우리가 자신을 사랑하기가 얼마나 어려운지 느껴보라. 혼돈에 얽매인 모든 사람들의 고통을 마음속에서 느껴보라. 그들을 용서하라. 자신을 용서하라. 당신의 거대한 사랑을 묻어버리는 그 고통을 살며시 놓아버리라.

$\cdots$

대개 자존심과 원망이 용서를 어렵게 한다. 원망의 감정이 일어날 때 보통 우리는 곧장 그 속으로 뛰어든다. 여유 공간을 잃어버리는 것이다. 우리는 원망이 지난날의 욕망과 해묵은 집착에서 온 단순한 좌절감임을 알아채지 못하고, 원망과 자신을 동일시한 채 마음을 닫아버린다. 그러나 우리는 원망을 탐구 대상으로 삼을 수 있다. 비판이나 두려움 없이 원망의 정신 상태를 그냥 그대로 두는 것이다. 그러면 우리 마음이 열리면서 우리가 고립감이나 이중성에서 비롯된 사랑을 하는 것이 아니라 그냥 상대와 '사랑에 빠져'있음을 깨닫게 된다. 사랑할 공간을 공유하는 것이고, 존재를 공유하는 것이다. 우리는 정신의 헛된 모델들과 두려움을 넘어 만물의 마음속으로 깊숙이 내려앉는다.

명상 강좌를 지도하던 시절, 나는 상당한 명상수행을 해온 사람들에게도 자기용서 명상이 매우 유익함을 알게 되었다. 정신의 옹졸한 관념과 이미지를 뛰어넘는 온화한 감정을 키우면서 그냥 현재의 상황에 마음을 여는 것 말이다. 비록 하루 15분씩의 수행이었지만 이 명상을 한 사람들은 비교적 짧은 시간에 자신과 남들을 위한 마음의 공간이 훨씬 넓어졌음을 깨달았다.

사실 이 수행을 해본 사람들 중 일부는 처음부터 아주 커다란 온화함과 열림을 발견했다. 반면 기계적이고 단조롭게 여기는 사람들도 있었다. 처음 이 수행을 시작하는 많은 사람들은 정말로 마음속에 용서의 감정이 생겨나는지 의심한다. 어떤 경우에는 한동안 소홀히 했던 이 감정을 키워내는 데 상당한 시간이 걸리기도 한다. 정신은 마음의 열림을 방해하기 위해 온갖 '이성적' 장애물들을 던져놓으면서, 자기용서는 한낱 자기기만일 뿐이라고 속삭인다. 참으로 무자비한 정신이다. 우리가 자신에게 남은 미진한 일, 즉 마음의 쓰라린 껍질들을 들여다볼 때 마음 구석구석에 고통이 잔뜩 들어차있음을 목격하게 된다. 그래서 용서는 연민으로 이어진다. 우리가 연민을 가질 때 고통은 녹아 사랑으로 변한다. 그토록 따로따로인 것처럼 보였던 모든 것들이 통일된 '하나'가 된다. 모두가 우리 자신이다. 이제 남은 일은 하나도 없다.

8장

밀려오는 슬픔의 파도 다스리기

나는 일곱 살 때 가장 친한 친구의 죽음을 경험했다. 나는 선천성 '수축기 심장잡음'이라는 심장판막 이상증세를 갖고 태어났고, 그래서 쉽게 지치기에 내 또래 아이들과 어울려 운동하거나 심한 놀이를 할 수 없었다. 에릭은 백혈병을 앓는 아이였다. 처음 만나자마자 우리는 대번에 단짝이 되었다. 우리가 함께 한 놀이는 내게 지금까지 몰랐던 기쁨을 주었고, 처음 느끼는 우정과 동질감을 선사했다. 에릭은 내 최초의 진정한 친구였다. 에릭의 침실 바닥에 앉아 장난감 병정들과 링컨로그 요새에 둘러싸여 놀던 광경이 아직도 눈앞에 선하다. 그 어느 때보다 행복했던 시절이었다. 그 방은 환희의 빛으로 가득 찼고, 내 마음은 더없이 활짝 열렸다. 우리는 정말로 서로를 좋아했다. 학교가 끝나면 빨리 만나고 싶어 조바심이 날 지경이었다. 그러던 어느 날 에릭이 학교에 나오지 않았다. 방과 후 나는 두 블록 떨어진 에릭의 집으로 쏜살같이 달려갔다. 하지만 현관에 나온 초췌한 에릭의 어머니밖에 만나지 못했다. 에릭의 어머니는 에릭이 너무 아파서 놀 수 없다고 하셨다. 그리고 2주 후, 에릭은 세상을 떠났다. 내 마음은 갈가리 찢어졌다. 어찌할 바를 몰랐고, 믿기지 않았고, 화가 치솟았다. 이럴 수는 없어! 마침내 진정한 친구를 만났는데, 대체 어디로 간 거야? 누구한 테 호소하지? 아무도 없었다.

나의 비통함과 혼란은 학교 선생님과 부모님을 당혹스럽게 했다. 나는 에릭이 죽었다는 사실을 믿을 수가 없었다. 도저히 믿기지 않았다. 나는 다시 한 번 에릭의 집에 가서 잔디밭을 서성거리며 에릭이 놀러 나오기를 기다렸다. 에릭의 어머니는 내려진 커튼 뒤에서 밖을 흘끔거리다가 안으로 사라졌다. 나는 현관으로 올라가 정문에서 그분을 만났다. 내 엄청난 슬픔에 당황하셨던 에릭의 어머니는 내게 그렇게 슬퍼해선 안 된다고 말했다. "에릭은 죽지 않았어. 그냥 멀리 떠난 거란다." 나는 그냥 돌아와야 했다. 몇 주 동안 나는 그 어느 때보다 고독했다. 나는 누구도, 무엇도, 심지어 인생마저도 신뢰할 수 없다고 느꼈다.

세월이 지나면서 내 심장판막이 치료되었고, 나는 또 다른 친구들과의 사랑을 발견했다. 그러면서 겉으로는 에릭을 잊은 채 살아갔다. 그러다 거의 30년이 지난 뒤 처음으로 '죽음과 임종 워크숍'을 이끌다가, 엄청난 슬픔을 겪은 부모들의 이야기를 듣게 되었다. 그 순간 나는 진정으로 사랑한 이를 가졌던 내가 얼마나 행복한 사람인지 깨달았다. 그러면서 찬란한 우정으로 충만했던 에릭의 침실이 섬광처럼 머리에 떠올랐다. 나는 다시 일곱 살로 돌아갔다. 나는 가장 커다란 기쁨의 원천을 잊고 지낸 것이다.

어릴 적에 나는 자주 남들의 고통을 내 마음으로 느낄 수 있었다. 이토록 고통스러운 세상에 살아있다는 사실이 나를 분노하게 했다. 나는 주위에 널린 괴로움 또는 내 안의 고통에 열려있을 수가 없었다.

내 마음을 활짝 열기에는 긴 세월이 필요했다. 거대한 슬픔은 나를 갈가리 찢어놓았지만, 나는 그 고통을 어떻게 상대해야 할지 몰랐다.

이제 그 시절을 되돌아보면 아직도 눈물이 솟는다. 그리고 여전히 내 일곱 살 가슴 속에서 에릭의 존재를 느낀다. 그리고 내가 아직도 에릭을 그리워하지만, 내게는 그 친구의 죽음이 일종의 전환점이었다는 것도 안다. 나의 절실한 감정은 결코 사라지지 않는 것 같다. 소중한 친구들의 죽음을 지켜볼 때마다 내 마음이 갈가리 찢기면서 에릭에 대한 사랑이 되살아나곤 한다. 우리가 여기 있는 것은 진실을 찾아내고 사랑을 베풀기 위함이다. 내 인생에 에릭보다 더 큰 의미를 준 사람은 아무도 없었다.

• • •

나는 참을 수 없는 슬픔에 몸부림치는 사람들을 수없이 만나보았다. 그런데 어떤 면에서는 그 슬픔이 그들에게 일어난 최고의 행운이었는지도 모른다. 그 일을 계기로 그들이 자기 존재의 심연을 들여다보게 되기 때문이다. 우리가 슬픔을 겪을 때 단순히 아들이나 딸, 남편이나 아내, 부모나 연인의 상실만을 경험하는 것은 아니다. 우리는 처절한 절망과 갈망의 구덩이 속으로 곤두박질친다. 그러면서 거대한 상실의 저수지에 다가간다. 우리는 항상 곁에 있었던 의혹과 슬픔, 그리고 해묵은 두려움과 마주친다. 대다수 사람들이 그런 경험을 극구 피하려고 한다. 하지만 이런 깊숙한 응어리와 대면하는 것은 자유의 길을 맹렬히 걸어갈 때 흔히 만나는 관문이다. 수많은 성인들과 현자들의 이야기가 이 사실을 말해준다.

우리는 불쾌한 경험을 밀쳐내곤 한다. 그러한 불쾌한 경험들 중에서 아마 슬픔보다 더 불쾌한 경험은 거의 없을 것이다. 그런데 지금 당신은 슬픔에 빠져있고, 당신의 온 의식은 상실의 저수지 속으로 빠져든다. 그 저수지에서는 온갖 집착, 갈망, 두려움이 미친 듯이 우글거린다. 어떤 이들은 슬픔을 설명하면서 마치 자기가 거대한 바다 밑을 걷는 것 같았다고 말한다. 또 어떤 이들은 슬픔 덕분에 '다른 경우에라면 결코 다가갈 수 없었을 지점'에 다녀왔다고 믿는다. 나는 활활 타오르는 정신에 상당한 수용적 자세와 광채와 부드러움을 불어넣기 시작한 사람들을 보았다. 그들은 오랜 세월 동안 짊어지고 있던 슬픔과 상실감을 널따란 공간으로 불러낸 사람들이었다.

몇 년 전 나는 한 여인의 비통한 이야기를 들었다. 그녀는 딸을 잃는 참사를 겪었다. 그 여인의 가족은 미국 오리건 주 해안에서 휴가를 즐기고 있었다. 그녀의 여섯 살 된 딸과 열 살짜리 아들은 해안 바로 앞바다에서 통나무를 붙잡고 놀고 있었다. 그들은 물속을 들락거리고, 파도가 밀려올 때 환호성을 지르고, 장난을 쳐대며 재미나게 놀았다. 파도가 다가오면 괴성을 지르고 깔깔거리며 통나무에 올라타곤 했다. 더없이 즐거운 한때였다. 그런데 갑자기 파도가 몰려와 통나무를 뒤집어놓았다. 그리고는 아이들이 다시 통나무를 잡으려 허우적댈 때 다시 커다란 두 번째 파도가 덮쳐왔다. 그 바람에 여섯 살짜리 딸은 누가 손쓸 새도 없이 바다로 쓸려나가버렸다. 사람들은 아이의 시신조차 찾을 수 없었다.

며칠 후 검시관한테서 전화가 왔다. 그날 아침 바다에서 건진 어린 아이 시신이 있으니 시체안치소로 나와 신원 확인을 해달라고 했다. 여인이 검시관 사무실로 가자 검시관은 미리 마음의 준비를 시켰다. 이제 보게 될 시신은 일부가 훼손된 어린아이의 유해라고 했다. 아이가 물에 빠진 뒤 상어가 덮쳐 물어뜯었던 것이다. 검시관이 시트를 젖혔다. 그 순간 여인은 일찍이 상상도 못했던 처절한 고통에 휩싸였다. 동시에 가장 절절한 사랑의 감정도 밀려왔다. 팔다리가 잘려나간 딸의 시신을 보면서, 여인은 그 비상한 체험을 도저히 거부할 수 없었다. 여인은 자기 정신 밖으로 튕겨져나갔다. 그러면서 자신을 초월한 세계로 들어갔다. 그리고 자기 존재의 본질적인 어떤 것에 다다랐다. 그 순간은 여인에게 다른 존재들과 단절되었던 자기 안의 온갖 응어리들을 들이밀었다. 가장 고통스러운 자신과의 단절까지도…. 숨을 곳은 어디에도 없었다. 도저히 그것이 사라지도록 할 수도 없었다. 그 여인은 그저 거기에, 그 순간 앞에 그냥 있을 수밖에 없었다. 사실 나는 그 여인에게 그 순간보다 더 위대한 통찰을 주는 탁월한 스승은 도저히 없을 거라고 생각한다.

그 슬픔의 위력이 너무나 거대했기 때문에 여인은 놓아버리고 순종할 수밖에 없었다. 그 여인이 숨어들었던 모든 동굴 속에 눈부신 섬광이 내리비쳤다. 1년이 지난 후에 그 여인이 내게 말하길, 그것은 자기 인생에서 가장 심오한 체험이라고 했다. "그 경험은 나를 열어주었어요. 내 인생을 뒤집어놓았지요. 내 최우선 과제가 남들의 마음을 건드리고 이해하고 맞이하는 것이 되었답니다."

만일 우리가 신의 은총을 어떤 일체감이라고, 우리의 원래 본성을 만나는 경험이라고 말할 수 있다면, 흔히 '비극'이라 부르는 사건은 가장 커다란 은총의 씨앗이라고 할 수 있다. 우리는 우리를 은총으로 이끄는 사건이 항상 즐거운 일은 아님을 깨닫는다. 그러면서도 그 경험은 언제나 우리의 본질적인 어떤 것으로 우리를 인도하는 것 같다.

티베트의 고명한 스승 마르빠(1012~1096)는 1000여 년 전 가족을 거느리고 농장을 가꾸며 살았던 불교의 재가수행자였다. 그 농장에는 이 위대한 스승 아래서 수행하기 위해 찾아온 수많은 수도승들이 모여들었다. 그중에는 나중에 티베트 최고의 성자로 추앙받는 밀라레빠도 있었다. 어느 날 마르빠의 큰아들이 죽는 비극이 벌어졌다. 그로 인해 마르빠가 깊은 슬픔에 빠졌는데, 한 제자가 찾아와 이렇게 말했다. "전 이해가 안 갑니다. 스승님은 저희에게 모든 것이 허상이라고 가르치셨습니다. 그런데 스승님은 울고 계십니다. 모두가 허상이라면 왜 그리 비통해 하시는 겁니까?" 그러자 마르빠가 말했다. "그래, 모든 것이 허상이지. 그리고 자식의 죽음은 모든 허상 중에서도 가장 거대한 허상이니라."

마르빠는 자기 마음의 그릇에 역설적 모순을 넉넉히 담은 채로 그 순간을 존중했다. 그 모순은 만물이 눈에 보이는 그대로가 아닐 테지만, 그럼에도 불구하고 끔찍이 사랑했던 사람과 이별하는 고통은 인생의 가장 거대한 괴로움이라는 사실이었다. 마르빠는 육체를 뛰어넘는 존재의 초월과 사후에도 계속되는 의식의 여행을 알고 있었다. 그러나 그 현상이 일어나는 현실 세계의 지극한 상실감 역시 존중했다. 그는 아무것도 거부하지 않은 채, 강렬한 상실감과 미래의 통일성이 공존하는 이 시점에 서서 장쾌히 펼쳐진 우주의 파노라마에 마음을 열고 있었다.

이것은 아마도 우리가 배우게 될 균형의 상태 중에서도 가장 어려운 경지일 것이다. 그러니까 이것은 찬란한 빛과 동시에 고통도 신뢰하는 것, 우주의 완전성에 활짝 열린 채로 슬픔이 자연스레 통과하도록 두는 것을 말한다.

우리가 누군가를 사랑한다면, 그 사랑의 대상이 우리 내면에 있는 사랑의 지점을 비추는 거울이 된다. 그리고 바로 그 사랑의 대상은 우리 내면과 이어진 연결선이 된다. 그 거울이 깨질 때 우리가 느끼는 슬픔은 우리 안에 있는 사랑의 지점에 닿을 연결선을 잃어버리는 데 따른 상실감이다. 우리는 사랑의 대상을 자기 밖의 존재라고 생각하면서 그 상실을 슬퍼한다. 그러면서 애초에 우리가 사랑이라 부르는 그 근원적 일체감을 찾아 바깥을 기웃거리게 만든 단절감과 고립감을 또 다시 경험한다.

우리는 우리 내면이 반사된 사랑의 상실을 탐구할 때, 자기 자신, 사랑 그 자체, 항상 우리 사이에 존재했던 무형의 일체감을 되찾게 된다. 사랑을 건드릴 때, 우리는 상대방도 건드린다. 서로의 공감을 건드릴 때, 슬픔은 활활 타올라 마음 한복판으로 가는 통로를 연다.

이렇듯 흔히 말하는 '사랑'은 자신을 찾기 위해 자기 바깥을 쳐다보는 정신 상태를 뜻한다. 이런 감정적 사랑은 자꾸만 손해와 이익을 따지면서, 끊임없이 상대가 자신을 속이지 않는지 확인하는 사업상 거래 같은 사랑이다. 이런 사랑은 매우 일시적인 관계 방식이다. 이런 사랑은 더 이상 우리의 이미지 강화에 도움이 안 된다면 20년지기 친구라도 '삭제'해버릴 수 있는 자기 이기주의다. 우리는 자기가 믿는 자기 모습에 보탬이 되지 않는 사람은 아무도 사랑하지 않는다. 그러나 슬픔에 흐느끼는 정신이 항상 곁에 있었던 마음속으로 가라앉을 때 우리가 경험하는 사랑은 우리 본래의 사랑이다. 그것은 거울을 잃은 슬픔이고, 모든 사랑이 시작되는 내면의 그 지점을 비춰볼 대상이 사라진 데 따른 애통함이다.

최근에 나는 어느 부부와 한동안 같이 지냈다. 그 부부는 열한 살짜리 딸이 유괴된 뒤 살해되는 참극을 겪었다. 그런 비극은 모든 부모에게 최악의 악몽이다. 그 부부는 도무지 이 우주를 이해할 수 없었다. 그들에게는 그 비통함을 이겨낼 방법이 없었다. 그들의 고통은 너무나 처절했고, 그래서 그들은 더 이상 제정신으로 버텨낼 길이 없었다. 그들의 마음은 갈가리 찢어져있었다.

딸의 사망 직후, 그 부부는 명상 지도법사인 람 다스*에게 이런 편지를 보냈다.

저흰 아무 의욕도 없지만, 그래도 살아간답니다. 남은 두 아이를 위해 최선을 다해 살아가려 하지만 가끔은 너무나 힘듭니다. 저흰 끊임없이 우리 마음을 바라보고, 저희를 따뜻하게 감싸준 많은 친구들과 친척들의 마음을 보면서, 더 깊은 이해와 새로운 의미를 찾고 있습니다.

제 딸 레이첼은 세상에 있을 때 자기 일을 열심히 했던 훌륭한 아이였습니다. 특히 그 아이의 마지막 3년은 화사한 꽃처럼 찬란히 빛났습니다. 다정하고 사려 깊었죠. 어른에서 아이까지 주위의 친척, 친구, 가족들을 보살핀 착한 아이였어요. 레이첼은 언제나 모든 사람에게 자그마한 '사랑'을 베풀었습니다. 사람들을 웃음 짓게 하고, 기분을 풀어주고, 자신의 온정을 전했습니다. 그 아이는 자신의 실패나 좌절을 어떻게든 이겨냈고, 그것 때문에 움츠러들거나 물러서지 않았습니다. 꽃잎들이 활짝 열려 태양을 향해 펼쳐지고 있었지요. 레이첼은 우리의 복사판이 아니었습니다. 아주 독특한 아이였어요. 그 아이는 가족 중에 최고였고, 우리 중 가장 강한 사람이었습니다. 레이첼의 죽음은 그 아이를

* Ram Dass. 위빠사나 수행을 지도한 명상가 겸 하버드 대학 심리학과 교수다. 환각제인 LSD에 대한 연구로 유명하다. -옮긴이

알았던 많은 사람들과 비통함이 뭔지 몰랐던 수많은 이들에게 크나큰 '가르침'을 남겼습니다.

람 다스는 이 편지를 받고 이런 답장을 보냈다.

레이첼은 지상에서 할 일을 다 했습니다. 가늘디가는 우리 신념의 끈이 그토록 무참하게 짓밟힌 현실에서 통곡 속에 울부짖는 우리의 가슴을 뒤로 한 채 무대를 떠났습니다. 두 분이 받은 그런 가르침 속에서도 제 정신을 유지할 만큼 강한 사람이 과연 있을까요? 아마 거의 없을 것입니다. 간혹 있다 해도, 분노와 비통과 증오와 처절함이 뒤얽힌 절규가 아우성치는 가운데 평정과 광대한 평화의 외침은 그저 미미한 속삭임에 지나지 않을 것입니다.

나는 어떤 말로도 두 분의 고통을 위로할 수 없고, 그러려고 하지도 않을 것입니다. 왜냐하면 여러분의 고통은 레이첼이 남긴 유산이기 때문입니다. 레이첼이나 제가 원해서 그런 고통을 드린다는 말이 아니라, 삶이 원래 그렇다는 것입니다. 그 고통은 활활 타는 불길 속에서 정화되어 완성을 향해 나아갈 것입니다. (중략) 두 분이 그 견딜 수 없는 괴로움을 견뎌낼 경우 내면의 무언가가 죽게 됩니다. 두 분이 신의 눈으로 세상을 보고 신의 사랑으로 만물을 사랑하게 되려면 오직 영혼 속 '암흑의 밤'을 지나야만 합니다.

지금은 여러분의 슬픔이 출구를 찾게 할 때입니다. 꿋꿋한 체 하지 마십시오. 지금은 차분히 앉아 레이첼과 대화하면서, 짧은 세월이었지만 함께 지냈음에 감사하고, 그 아이가 계속 자기 길을 가도록 격려할 때입니다. 두 분은 이 경험을 통하여 연민과 지혜 속에서 성장할 겁니다.

진심으로 말씀드리건대, 두 분과 레이첼은 자주 다시 만날 것이고, 두 분이 레이첼을 알아보는 갖가지 방법도 얻게 될 것입니다. 그리고 여러 분이 서로 만날 때, 번쩍이는 섬광처럼 지금의 현실은 우리의 이해를 초월한다는 사실을 느낄 것입니다. 왜 과거부터 이런 일이 있어왔는지 직감하게 될 것입니다.

우리의 이성적 정신은 절대 우리에게 벌어진 사건을 '이해'할 수 없습 니다. 그러나 만일 두 분이 신을 향해 마음을 열어놓기만 한다면 자기 직관의 길을 찾을 것입니다.

레이첼은 자신의 소임을 다하기 위해 여러분을 통해서 세상에 왔습니 다(그 아이의 죽음 역시 마찬가지지요). 이제 레이첼의 영혼은 자유롭고, 두 분이 그 아이와 나누는 사랑은 일시적인 시간과 공간의 폭풍우에 휘둘 리지 않을 것입니다.

자신의 슬픔에 마음을 열면서, 그 부부는 사랑을 향해 열리게 되었 다. 그들은 전에는 거의 도달하지 못한 차원에서 레이첼을 경험했다. 항상 부모와 자식을, 사랑하는 사람들 사이를 갈라놓던 외형적 현상 에 갇혀있던 그들이 차츰차츰 마음을 열면서 그 함정에서 벗어나게 된 것이다. 그리고 정신을 시커멓게 불살라버린 그 슬픔이 조금씩 가 만가만 마음속으로 가라앉기 시작했다.

흔히 처음 슬픔에 빠졌을 때는 이별의 고통이 정신 속에 있는 듯이 느껴진다. 헤어진 사람들의 모습, 갖가지 공상, 나눴던 대화들, 온갖 추억 같은 것들이 말이다. 죽은 사람과의 이런 관계는 계속해서 정신 에 맹렬한 불길을 일으킨다. 이 관계는 아이 대 엄마, 아내 대 남편, 사 람 대 사람으로 느껴진다. 그러나 결국 슬픔은 마음속으로 가라앉고,

죽은 이는 개별적 인간으로 느껴지는 것이 아니라 애초에 서로를 묶어주었던 본질적 일체감으로 여겨지게 된다. 그러면 남는 것은 사랑뿐이다. 한때 '나'와 '너'를 갈라놓았던 까마득한 심연深淵이 녹아 없어지면서, 그들은 현실 세계를 넘어, 각자가 지녔을 모델과 관념들을 뛰어 넘어 하나가 된다. 형체들은 투명해지고 그저 사랑만이 느껴진다. 그러면 절절한 슬픔, 마음을 갈가리 찢어놓던 고통은 우리 마음을 지극히 예민하게 열어놓는다. 그리고 우리 삶의 목표인 심오한 연민의 깨우침이 선명하게 드러난다.

몇 년 전 어느 워크숍 도중에 이런 일이 있었다. 텍사스 주 사우스웨스턴 대학의 초심리학* 교수 한 분이 주장하기를, 자신은 최면을 통한 전생회귀前生回歸를 1,500번이나 실행했다고 했다. 그러자 참가자 하나가 그 경험이 어떤지 알고 싶으니 자신도 기꺼이 그 실험에 참여하겠다고 나섰다. 전생회귀에 자원한 그 친구는 오리건 주 출신의 급류 래프팅 선수였다. 그는 190센티미터 정도의 키와 100킬로그램이 넘는 거구에 덥수룩한 턱수염을 기른 건장한 사내였지만, 아주 점잖은 사람이었다. 그가 조심스레 긴 소파에 눕자 워크숍에 참여한 많은 사람들이 그의 주위로 몰려들었다.

교수는 능숙한 솜씨로 최면을 걸어 그 남자를 어린 시절 기억 속으로 돌려보냈다. 여섯 번째 생일 파티 현장, 처음 학교에 가던 날, 다음은 유아 시절로, 그리고는 이 현생現生 시기를 지나 전생으로 보이는 시기로 들어갔다. 그 급류 래프팅 선수를 전생의 열두 살 시기로 데려간 교수는 그 상황이 어떠냐고 물었고, 남자는 벌벌 떨며 이렇게 말했

---

* 超心理學. 인간의 오감 능력을 넘어서는 초감각적 지각에 관한 연구다. ESP라 한다. ─옮긴이

다. "난 길을 잃었어요. 우리 모두 다 잃었어요. 어떻게 해야죠? 무서워 죽겠어요!"

교수는 남자에게 마음을 풀고 그냥 놔두라고 안심시키면서 모든 것이 괜찮다고 다독거렸다. 그를 그 괴로운 순간에서 데리고 나온 교수는 약간 뒤로 물러나 더 먼 전생의 시기로 들어갔다. 이제 열두 살인 남자는 독일 북부의 어느 숲속에서 아버지와 함께 아주 행복하게 살고 있다. 그의 아버지는 벌목꾼이고, 남자는 아버지를 우러러보며 일을 돕고 있다. 남자는 울창한 삼림 속에서 지내던 열셋, 열넷, 열다섯 살 때의 자기 삶이 어땠는지 말한다. 나무를 쌓던 일, 가끔씩 아버지와 함께 마을로 내려가 생필품을 사오던 일 등을 말이다. 그런데 잠시 후 교수가 남자에게 그가 원래 쓰던 언어로 말하라고 시켰다. 그러자 남자가 계속 뭐라 지껄였는데, 옆에 있던 텍사스 대학의 어느 언어학자가 듣고 그의 말이 옛날에 쓰던 독일-네덜란드계 방언이라고 알려주었다. 그 언어학자가 대부분의 말을 통역해주었다. 남자는 아버지와 함께 살면서 벌목 기술도 배우고 있기에 자신이 아주 행복하다고 말했다. 그런데 그가 열여덟 살이 되자 갑자기 공포에 질려 떨기 시작했다. 남자는 나무 하나가 아버지를 덮쳤고, 그래서 아버지가 돌아가신 사고 이야기를 쏟아냈다. 남자는 흐느껴 울기 시작했다. 그의 통곡에 그가 누운 소파까지 흔들거렸다. 얼굴이 시뻘게지고, 눈은 퉁퉁 붓고, 눈물이 뺨으로 흘러내려 턱수염을 흠뻑 적셨다. 그의 온몸이 경련으로 덜덜 떨렸다. "오, 아빠가 죽었어. 우리 아빠가, 우리 아빠가!" 이 열여덟 살짜리 소년은 분명히 엄청난 상실감에 빠져있었다. 교수는 계속해서 남자를 그 생애 속으로 밀어붙였다. 스무 살이 되자 남자는 아버지가 하던 벌목 일을 시작했다. 하지만 여전히 아버지 이야기를 꺼낼 때마다 엄청난 슬픔을 드러냈다. 스물둘, 스물셋… 남자는 아버지와 함께 하던 생활에 완전히 익숙해졌다. 벌목 일을 하며 가끔 마을로 내려가 나무를 팔고 필요한 물건들을 사오는 생활이었다. 스물일곱이 됐을 때, 남자는 나무를 배달하던 근처 마을에서 한 여자를 만났다. 남자는 대단히 흥분하며 새 친구에 관해 떠들어댔다. 그는 다음 몇 년 동안 그녀에게 다가가기 시작했다. 남자는 몹시 수줍어했다. 그가 3년 동안 그녀와 약간 뻣뻣한 만남을 가졌다고 이야기하자, 교수가 "그때쯤 그녀에게 키스했나?"하고 물었다. 그러자 남자는 얼굴을 붉히며, "아, 아니. 안 했어요" 하고 말했다.

그가 서른두 살이 됐을 때 그들은 결혼했다. 하지만 몇 년 간 행복한 결혼생활이 이어지다 아내가 죽고 말았다. 다시 거대한 슬픔이 터져 나왔다. 또 다시 소파가 흔들리고, 턱수염에서 눈물이 뚝뚝 떨어졌다. 교수는 서서히 남자의 최면을 풀었다. 남자는 일어나 앉아, 퉁퉁 부은 눈으로 주위를 둘러보았다. 그는 방금 자신이 한 이야기를 조금도 기억하지 못한 채, 쥐죽은 듯 고요히 둘러서있는 동료 참석자들의 안쓰러운 눈길을 쳐다보았다. 우리는 모두 그 남자의 가슴에 묻혀있던 그 거대한 전생의 슬픔에 엄청난 충격을 받았다.

그곳에 모인 사람 모두가 한 삶에서 다음 삶으로 이어지는 숨겨진 슬픔의 위력에 굉장히 놀랐다. 우리도 저마다 그런 슬픔을 지니고 있음을 알게 되었다. 태어날 때부터 지녔던 슬픔을, 심지어 어릴 적에 수시로 우리를 고민에 빠뜨렸던 마음속의 그 알지 못할 묵직함이 표시하던 이런 의문을 말이다. "우리는 무엇 하러 여기 왔지? 때에 따라 산다는 것 자체가 왜 이리 괴로운 거야?" 얼마나 많은 사람들이 자기 마음속 고통을 지금 이 삶에서 비롯된 상처들의 결과로만 착각한 채, 정신과 의사의 방문을 두드리고 있을까? 본질상 되돌릴 수 없는 사건들을 밝혀내려 안달하면서…. 얼마나 많은 이들이 존재 자체에 대한 모호한 슬픔을 안고서 씨름하고 있을까?

우리가 슬픔이라 부르는 것의 얼마나 많은 부분이 전생에 겪은 상실의 경험일까? 어떻게 하면 그런 슬픔이 우리 삶을 뒤흔들지 않게 할 수 있을까? 어떻게 우리는 그 심대한 고통, 삶 자체에 두려움을 일으키는 그 상실의 근원에 다다를 수 있을까? 상실과 변화를 너무나 무서워한 나머지 심오한 세계를 체험할 자신의 능력을 불신하는 우리의 의혹을 어떻게 상대할 수 있을까?

슬픔을 다스리는 유도 명상

- 친구에게 천천히 읽어주거나 혼자서 나지막이 읊조린다.

편안히 서든가 느긋하게 앉으라. 그리고는 엄지손가락으로 양 젖꼭지 사이의 가슴 한복판에서 심한 압력이 느껴지는 가장 민감한 지점을 찾아내라.

주의를 가슴의 중앙, 마음 한가운데로 모으라. 그냥 거기, 가슴 한복판, 가슴뼈 바로 아래를 느껴보라. 당신은 거기서 상당한 묵직함을 느낄 것이다. 그 아래 광대한 공간을 가로막는 듯한 무언가 뭉쳐진 느낌을….

어떤 이들은 거기서 아주 예리한 아픔을 느낀다. 한평생의 상실과 두려움에서 생겨난 통증이다.

생각하려 하지 말고, 그냥 느껴라. 삶의 슬픔이 느껴지는가?

만들어내려 하지 말고, 그저 느껴지는 것을 맞아들이라. 당신의 기억이 있던 동안 줄곧 거기 있었을 그 알지 못할 아픔을….

만일 당신이 부모라면, 그곳은 언젠가 당신이 자식의 죽음을 지켜보게 되거나, 아니면 자식들이 당신의 죽음을 보게 될 것을 느끼는 지점이다. 그 피할 수 없는 상실을….

그 고통은 바로 이 순간에도 굶어죽어가는 수많은 생명들을 향한 애절함이다. 말라비틀어진 젖꼭지에 매달린 아기를 품에 안은 어머니들의 비통함이다. 마음속의 응어리들을 들여다보라.

거기 박힌 감정들을 지키는 듯한 껍데기들과 갑옷을….

그 민감한 지점을 지그시 누르면서, 그 불편함을, 그곳의 통증을 느껴보라. 엄지손가락으로 그 지점을 가만히 그러나 세게 누르면서 그 압력으로 인해 생기는 감각의 강도를 조절하라.

내면의 괴로움을 찾고 있는 엄지손가락을 마음의 고통이 어떻게 밀쳐내는

지 느껴보라.

마음속의 고통을 느끼고, 그 안에 숨을 불어넣으라.

엄지손가락으로 민감한 부분을 지그시 누르라. 그러나 그 통증에 처벌의 의도를 담으려는 어떠한 생각도 물리치라.

엄지손가락을 상실과 슬픔의 감정들을 지키는 바로 그 갑옷에 대고 지그시 누르라. 한줄기 불빛처럼 통증의 한가운데에 주의를 집중하라.

더 깊숙이 들어가라.

마음을 보호하려 애쓰지 말라.

가슴 한복판을 꾸준한 압력으로 누르면서, 거기에 담긴 괴로움을 느껴보라. 거기 쌓여있는 모든 상실감, 두려움, 불안감, 자기의혹들을….

그 감정들을 순순히 받아들이고, 그 모두를 통과시키라.

고통이 당신의 마음속으로 들어오게 하라. 반발하는 것이 무엇이든, 그것을 마음으로 맞이하라. 마음을 지극히 예민하게 열어놓으라.

아픈 지점을 열어놓으라. 그곳을 두려워하지 말라. 그곳을 밀쳐내지 말라. 거기 틀어박혀있는 가장 절절한 슬픔 속으로 들어가라.

고립감, 죽음, 혹은 삶에 대한 철저한 통제력 상실, 미지의 세계에 대한 두려움, 사랑의 상실에서 오는 아픔….

우리 모두는 너무나 많은 슬픔을 안고 있다. 그것을 맞아들이라. 판단하지 말고, 그저 있는 그대로 느껴라.

당신이 사랑하는 모든 사람들을 잃게 되는 필연적인 상실, 이토록 거대한 괴로움의 바다에 내던져진 이 무력한 존재의 처절한 절규….

당신의 배우자, 부모님, 자식들의 죽음….

그저 자신이 그것들을 경험하게 두라. 아무것도 보태지 말고, 아무것도 밀어내지 말고, 그냥 거기 있는 것, 우리가 줄곧 지니고 있던 것을 바라보라.

엄지손가락의 압력을 꾸준하게 유지하라.

응어리를 녹이는 유연한 의식 속으로 그 통증을 데려오라. 모든 고통의 한가운데서도 자신이 충만하게 태어나도록 하라.

다 놓아버리고 고통 속으로 들어가라. 그 안에 숨을 불어넣으라. 해묵은 슬픔이 녹아 없어지도록 두라.

당신의 마음을 열어 이 순간으로 들어오라.

의식이 당신 존재의 한복판을 관통하게 하라. 고통을 터널이라고 생각하고, 그 터널을 따라 내려가서 당신 마음의 가운데로, 온정과 배려의 우주 속으로 들어가라.

마음이 팽창하여 생겨난 공간을 느껴보라. 그 공간에서 떠다니는 고통을 느껴보라. 자애로운 공간에 둥둥 떠있는 상실과 두려움을 느껴보라. 마음의 고통 한가운데로 숨을 불어넣으라. 그것을 놓아버리라. 마음을 열고 그 갈망과 슬픔이 지나가게 하라.

이제 손을 내려 무릎 위에 포개 놓으라. 당신 가슴 한복판을 마음으로 들어가는 통로로 여기면서 거기 남아있는 예민함을 느껴보라. 그리고 온정과 사랑을 담아 숨을 불어넣으라.

마음 안으로 숨을 불어넣고 밖으로 내쉬라.

당신의 마음에 가만히 숨을 불어넣으라.

• • •

이 명상을 통하여 마음을 여는 데 사용할 접촉점이 드러난다. 마치 마음 한복판에 밖과 곧바로 연결된 통로가 있는 것처럼 생각하고, 그 통로로 숨을 들이쉬고 내쉬는 것이다. 이 수련은 우리 내면의 연민과 접촉하는 아주 효과적인 수행법이다. 숨을 들이쉴 때마다, 만물의 지극한 완전성을 빨아들인다. 숨을 내쉴 때마다, 마음이 본연의 완전성을 체험하지 못하게 방해하는 온갖 장애물들을 뱉어낸다. 마음 한복판의 감각을 음미하면서 마음이 녹는 것을 느낀다.

어떤 사람들은 심오한 명상수행을 통해 정신 속으로 들어간 뒤, 자신이 믿는 자기 모습을 넘고, 자신의 개별적 한계를 초월하고, 심지어 이 육신까지 뛰어넘어 자신 안의 온갖 구석들을 체험한다. 그러면서 자신들이 미처 몰랐던 응어리들, 근원적 두려움과 공포를 발견한다. 그러나 슬픔이 몰려오는 순간에 이 같은 깨우침에 도달한 사람들을 많이 보기는 했지만, 이런 심오한 길로 들어서는 사람은 비교적 드물었다. 대다수 사람들은 비통한 감정에 너무나 깊이 빠진 나머지, 그 상황이 자기 자식의 상실 혹은 사랑하는 이의 상실이라는 사실조차 제대로 보지 못한다. 상실 그 자체에 파묻히는 것이다. 전에는 상상도 못했을 정도로 자신의 내면 깊은 곳을 건드리고 있건만….

이 깊숙한 암흑 속으로 들어가는 것은 수백만 년 동안 어둠에 묻혀있던 동굴 속으로 들어가는 것과 같다. 하지만 조그만 성냥불 하나도 동굴을 대낮 같이 밝히면서 칠흑 같은 어둠을 몰아낸다. 어떤 이들은 엄청난 슬픔 속에서 간신히 머리를 들어 주위를 둘러보다가 자신이 항상 껴안고 살았던 고통을 마주보기 시작한다. 새로운 치유가 시작되는 계기는 우리의 해묵은 고립감을 더욱 증폭시키는 이런 극단적 경험의 순간이다. 우리는 만물을 우리 안에서 느끼기 시작한다. 우리는 개별 육체와 개별 정신이라는 헛된 망상과 동일시되던 자신을 부숴버린다. 그러면서 우리 모두의 가슴 속에서 고동치는 하나의 심장 속으로 녹아든다. 얼마가 지난 뒤, 그 슬픔의 경험은 많은 이들에게 삶을 향한 더욱 예민한 감수성을 키워주는 것 같다. 심오한 치유의 잠재력을 아주 깊숙이 건드렸기 때문이다. 한창 극도의 괴로움에 빠져있을 때는 그토록 고통스러운 현실을 탐구하기가 쉽지 않다. 그렇지만 우리가 자유의 가능성을 바라보기 시작하는 시점은 이 존재의 차원, 숨겨진 상실에 대한 두려움과 안전에 대한 열망으로 다가가는 이 열림의 순간이다.

슬픔은 심오한 치유력을 지니고 있다. 우리가 어쩔 수 없이 의식의 문지방을 넘어 저 아래 감정의 심연으로 내려가기 때문이다. 우리 행동의 대부분이 이 밑바닥에 웅크린 두려움과 상실감에서 비롯되지만, 우리는 그 행동의 의지가 어디에서 솟아나는지 모른다. 우리는 그냥 분노나 두려움에 휩싸여 무작정 행동에 뛰어들면서 남들을 밀쳐내고 자신의 안전판이라고 믿는 것을 움켜쥐고는 끊임없이 자기 마음을 억누른다.

갈가리 찢긴 마음은 예전에 우리와 사랑하는 이들에게 수시로 고통을 일으켰던 '개별적 주체'의 실상을 드러내준다. 슬픔이 인도하는 이런 발견의 경험은 마치 지표면 아래로 내려가 나무의 뿌리를 보는 것과 같다. 나뭇가지와 나뭇잎과 꽃 들을 키워낸, 당신이 소중히 여기는 모든 것을 자라나게 한 뿌리를…. 그것은 생명의 나무, 당신 인생의 나무다. 그 나무의 잎들은 우리 인간, 밖으로 드러난 존재의 모습, 당신이 항상 자신이라고 믿어온 생명체의 부산물이다. 당신은 근사한 잎사귀들, 화사하게 펼쳐진 꽃봉오리들을 본다. 그러면서 그 형상이 주위 세상에 내보이고 싶은 자신의 모델에 얼마나 맞아떨어지는가에 따라서 우쭐대기도 하고 무서워 떨기도 한다. 당신은 언제나 정신 속 의식의 차원에 머물며 '지표면 위'에 있어왔다. 당신은 그 모든 성장을 일으킨 뿌리를 보지 못했다. 당신은 정성스레 나무의 가지를 치고, 끝을 다듬어 고통을 잘라내고 쾌락을 부풀렸다. 인생은 정원의 나무로 변했다. 삶의 진실은 켜켜이 쌓인, 다른 현실을 바라는 열망의 무더기 밑에 깊숙이 파묻혔다. 그러나 슬픔에는 도망칠 곳이 없다. 당신은 아무런 샛길도 방해물도 없이 곧장 지표면 아래로 내려가 당신의 삶이 솟아나온 근본 뿌리를 만나게 된다. 당신은 마음의 온갖 아우성과 시커먼 응어리 속으로 들어가 진실 앞에 활짝 열린 자신을 발견한다. 그때 이 인간이라는 나무는 당신이 상상해온 자기 모습과는 전혀 딴판으로 보인다. 슬픔은 당신을 결코 스스로 들춰보지 않았을 고통 속으로 밀어 넣는다. 당신은 수천 년의 암흑 속으로 빠져들면서, 그 인간이라는 나무를 키워낸 근본적인 뿌리, 얽히고설킨 덩굴손, 심지어 미세한 뿌리털까지 바라본다. 당신은 온갖 욕망과 비판과 감정과 의혹의 근원을 보기 시작한다. 그러면서 자유의 가능성을 보고, 온전한 존재에 다가가기 시작한다. 그냥 꽃과 이파리만이 아니라 그것들을 솟아나게 한 뿌리를 보는 것이다. 당신은 평소에 머물렀던 의식의 영역 아래로 내려가 존재들이 태어나고 성장해가는 거대한 파노라마를 바라본다. 당신은 세상의 온갖 모양과 성질, 삼라만상의 변화를 일으키는 인과적 조건을 바라본다. 지금의 모습이 얼마나 사랑의 교감과 지혜의 열림에서 멀어졌는지 깨닫는다.

그런데 자신을 '영적'이라고 여기는 사람에게는 슬픔이 함정이 될 수도 있다. 슬픔에 빠지는 것은 '비非영적 행동'이라 믿으면서 심오한 감정을 밀어내는 것이다. "만일 내가 정말 영적인 사람이라면, 이렇게 두렵거나 화나거나 불안하지 않을 거야"라고 하면서 말이다. 반면 자신의 감정만을 소중히 여기는 사람들도 있다. 그들은 이렇게 말한다. "모든 초월적 상태들은 내 감정을 억누르는 장애물일 뿐이야." 그러나 슬픔 속에서는 천국을 얻기 위해 지옥을 밀어낼 수도, 지옥을 껴안아 천국을 움켜쥘 수도 없다. 이것이냐 저것이냐가 아니라, 이것이면서 동시에 저것이다. 이 상황은 '침묵의 성자'로 알려진 인도의 구루 바바 하리 다스(1923~)를 떠올리게 한다. 바바 하리 다스는 수십 년간 침묵 수행을 해온 요가 수행자로, 항상 허리춤에 작은 칠판을 달고 다니며 가르침을 글로 전한 것으로 유명하다. 어느 사진 속에서 하리 다스는 칠판에 이렇게 써놓고 서있었다. "우리는 모든 것을 해야 한다."

어느 수도승이 방금 세상을 떠난 스승의 무덤 옆에서 통곡하고 있었다. 그때 다른 수도승이 다가와 이렇게 말했다. "자네는 수도승이잖아. 왜 그리 우는 건가?" 그러자 울고 있던 수도승은 상대를 바라보며 사납게 대꾸했다. "아, 슬프니까 우는 거지."

깨우침이 일어날 때, 우리가 일상의 경험을 일으키는 근본 뿌리를 보게 될 때, 거기에 만물을 위한 방이 있다. 그 방은 우리가 움켜잡지도 매달리지도 않고, 감정들을 억누르는 그릇된 관념 뒤에 숨지도 않은 채, 우리 원래 본성의 기쁨을 맞이하는 공간이다. 게다가 슬픔을 위한 방도 있다. 그러나 우리가 엄청난 슬픔에 방을 내주는 경우는 드물다. 슬픔은 너무 불쾌하기 때문이다. 우리는 슬픔을 억누르고, 감추고, 입술을 앙다물어야 한다고 생각한다. 슬픔에 빠진 사람들이 내게 말하길, 자기들은 그 엄청난 감정을 어떻게 감당해야 할지 모르겠다고 했다. 그들은 사회적으로 허용되는 어떤 방법으로 자기 슬픔을 드러내야 한다고 느꼈다. 우리에게는 슬픔 앞에서 나타내는 해묵은 행동습성이 있다. 우리는 자신의 감정들이 일으키는 거대한 소용돌이에 당혹감을 느낀다.

그러나 우리는 모두 슬픔에 빠진다. 상실을 경험해보지 않은 사람은 아무도 없다. 비록 당신의 소중한 사람들이 아직 살아있더라도, 당신의 내면에는 실망과 좌절을 위한 장소가 있다. 온 세상의 모든 것이 다 변하기 때문이다. 거의 모든 사람들이 쓰라린 밧줄자국과 해묵은 상처들을 가지고 있다. 탐욕에 빠져 욕망의 대상들을 하나둘 끌어당기면서 생긴 흔적들이다.

당신이 무엇을 원하든, 그것을 많이 원할수록 가슴 한복판에서 느껴지는 슬픔, 아픔, 공허함은 커져만 간다. 그것이 소중한 이를 다시 보고픈 욕망이든, 살고 싶거나 죽고 싶은 바람이든, 아니면 성공의 야망, 멋진 새 장난감을 바라는 욕심이든 간에 그런 열망의 밑바탕에는 그 대상에 관한 절절한 슬픔이 깔려있다.

이 변화무쌍한 세상에 안전이란 없다. 우리의 두 다리를 딛고 서있을 단단한 땅은 어디에도 없고, 그 다리도 겉으로만 튼튼해 보일 뿐이다. 그대로 남아있는 것은 하나도 없다. 오직 끊임없이 흘러가는 일시적 사건들의 강물, 벽 위에 비쳐 아른거리는 헛된 그림자가 있을 뿐이다. 괴로움을 일으키는 것은 그런 덧없는 대상을 붙잡으려는 허망한 집착이다.

슬픔은 본래의 상태로부터 무언가를 지키려 할 때 일어난다. 변화의 강물을 멈추려 할 때 말이다. 진리 추구가 최우선인 사람들조차 소중한 사람들과 이어진 줄이 끊겨 마음의 교감이 사라지면 엄청난 상실의 고통을 겪을 수 있다. 그들은 기쁨과 슬픔에 열릴 수 있는 최대한의 정도까지 자신의 인간적 모습을 경험한다.

어쩌면 우리를 또 다시 이 육신으로 만든 힘, 애당초 우리를 있게 한 원인을 발견하게 하는 계기도 슬픔일지 모른다. 우리가 인생을 얼마나 많은 껍질들로 감쌌는지, 안전지대를 찾기 위해 얼마나 비좁은 새장으로 들어갔는지 발견하는 것도 갈가리 찢긴 마음을 통해서다. 우리는 혼돈으로 가득한 이 세상에서 더 사랑하고, 더 충실하게 사는 것이 얼마나 중요한지 깨닫는다.

끝없는 변화와 무한한 불안정으로 가득한 이 세상, 여기서는 어떠한 생각도 일순간에 사라지고, 정신의 온갖 상태들은 끊임없이 몰려왔다 별안간 돌변하기를 반복한다. 아무런 시작도 아무런 끝도 없다. 우리가 사랑하는 것들을 아무리 악착같이 붙잡고 있어도 도도한 시간의 강물 속에서 멀리멀리 떠내려갈 뿐이다. 우리는 얻을 수 없는 평화에, 불변의 본질을 만나지 못한 허망함 때문에 목 놓아 운다. 우리는 우리의 원래 본성을 상실했다는 사실 때문에 통곡한다. 하지만 우리가 변화무쌍한 형체들이 생겨나게 한 광대한 근원을 바라보기 시작할 때, 예상 밖의 세계를 보기 시작한다. 끝없이 변해가는 허상의 정신 바로 아래에 고요의 바다가 있다. 평정과 자애로운 무無집착의 눈으로 지나가는 모든 것을 지켜보는 심원한 공간이 있다.

우리가 정신의 끝없는 변화와 변덕을 지켜보게 되는 위치도 바로 이 고요의 바다다. 우리는 그 바다에 비친 온 세상을 본다. 그러면서 모든 것이 끝나는 것을 본다. 모든 생각이 멈춘다. 온갖 감정들이 정지한다. 각각의 맛, 매 순간의 소리, 낱낱의 광경들이 종료된다. 도대체 끝날 줄을 모르던 그것들이 멈춰 선다. 모든 경험, 모든 관계가 끝난다. 그리고 순간순간 새로운 변화가 나타난다. 일순간의 소리 뒤에 일순간의 광경이 따라온다. 일순간의 맛, 생각, 기억이 이어지고, 그것들이 흩어져서 또 다른 이미지가 나타난다. 그것들은 다시 녹은 뒤에 신체의 또 다른 감각으로 변모한다. 우리 인생의 경험은 변화의 경험이다. 우리는 모든 정신 상태가 변화함을 본다. 당신이 지금 헐떡이는 호흡도 머지않아 끝날 것이다. 탄생과 쇠퇴는 지속적인 창조의 본질이다. 시작된 모든 것에는 끝이 있다. 어떤 것도 똑같은 상태로 있을 수 없다. 이 도도한 변화의 강물에서 지속적인 디딤판이 될 만한 단단한 장소는 어디에도 없다. 이 한없는 파노라마에서 '이것이 바로 우리 자신'이라고 확고하게 말할 수 있는 것은 하나도 없다.

한번은 어떤 사람이 저명한 태국의 명상가에게 이렇게 물었다. "모든 것이 변하고, 그대로인 것은 하나도 없고, 모든 존재가 상실과 슬픔을 껴안고 태어나는 이 세상에, 과연 행복이라는 것이 있습니까? 우리가 어떤 것도 우리 희망대로 있지 못함을 보면서, 어떻게 안정을 찾을 수 있습니까?" 이러자 그 스승은 질문한 친구를 자애롭게 바라보며, 아침에 받아서 갖고 있던 유리잔을 들어보였다. "이 잔이 보이시오? 내 눈에는 이 잔이 이미 깨져있소이다. 나는 이 잔이 좋고, 이걸로 물을 마시오. 이 잔은 내 물을 포근히 담아주고, 가끔은 햇빛을 반사해 찬란한 빛깔을 보여주기도 하지요. 이 잔을 두드리면 청아한 소리도 납니다. 그러나 내가 이 잔을 선반에 올려놓았다가 바람이 불어 넘어진다면, 또는 내가 팔꿈치로 식탁을 건드려 땅에 떨어진다면, 이 잔은 산산이 깨질 것입니다. 그러면 나는 이렇게 말하겠지요. '역시 깨졌구면.' 하지만 내가 이 잔이 이미 깨져있다고 생각한다면 어떨까요? 이 잔과 함께하는 매 순간이 소중하지 않을까요? 모든 순간은 있는 그대로 소중하지요. 달리 아무것도 필요치 않습니다."

우리가 그 유리잔처럼 자기 몸이 이미 깨져있다고, 실제로 이미 죽은 상태라고 생각한다면 어떨까? 그러면 삶은 지극히 소중해지고, 우리는 삶이 펼쳐지는 매 순간을 오롯이 맞이하게 된다. 우리가 자신에게 소중한 모든 사람들, 가령 아이들, 배우자, 친구들이 이미 죽은 상태라고 생각한다면 지금의 그들이 얼마나 귀중할까? 불필요한 두려움이 얼마나 줄어들고, 쓸데없는 의심이 얼마나 사라질까? 당신이 자신을 이미 죽은 것으로 보고 인생을 살 때, 삶은 새로운 의미로 빛을 발한다. 매 순간이 한 생애가 되고, 하나의 우주가 된다.

우리가 이미 죽은 사람임을 깨달을 때 삶의 목표가 바뀌고, 마음이 열리고, 낡은 집착과 헛된 겉치레의 안개에 싸였던 정신이 투명해지기 시작한다. 우리는 만물의 변화를 지켜보며 중요한 사실들을 바로바로 깨닫는다. 사랑의 전달, 깨달음의 장애물 떨치기, 탐욕 버리기, 자신에게서 도피하지 않기 등을 말이다. 자신에게 가하는 무자비한 목조르기를 바라보면서, 우리는 모든 존재들이 공유한 광채 속으로 살며시 들어가기 시작한다. 우리는 각각의 교훈, 상실, 이득, 두려움, 기쁨이 일어날 때마다 그것을 받아 충실히 체험한다. 그러면서 우리 인생은 견딜 만한 삶이 된다. 우리는 더 이상 '인생의 피해자'가 아니다. 그러면 우리의 모든 경험은, 심지어 가장 소중한 이의 상실까지도 깨달음을 위한 또 다른 기회가 된다.

만일 우리의 유일한 영적 수행이 마치 자신이 이미 죽은 것처럼, 그리고 지금이 이 세상에서의 마지막 순간인 것처럼 사는 것이라면 어떨까? 그렇게 살면서 마주치는 모든 것, 자신이 하는 모든 일을 맞이한다면? 과연 해묵은 장난이나 헛된 행동 혹은 그럴싸한 겉모습에 소모할 시간이 있을까? 우리가 벌써 죽은 사람처럼, 마치 우리 자식들이 이미 죽은 것처럼 생각하고 인생을 산다면, 과연 케케묵은 신기루와 자기보호에 내버릴 시간이 있을까? 오직 사랑만이 해답이다. 오직 진실만이 해답인 것이다.

9장

은하수로 춤추러 가는 어린 천사들

고대 중국에서 전해오는 이야기다. 어느 대제국의 황제가 자기 황실의 통치 100주년을 기념하고 싶어졌다. 마침 고매한 선사 겸 시인이 있다는 소문을 들은 황제는 신하들을 보내 그분을 황궁으로 모셔오게 했다. 선(禪)시인이 도착하자, 황제는 시 한편을 써달라고 했다. 그 황실을 위해 축하하고 기리면서 그 통치가 영원무궁하기를 기원하는 시를 부탁한 것이다.

몇 주 후 선사가 황궁으로 돌아왔다. 선사는 근사한 양피지를 펼치고는 시를 낭송하기 시작했다. "할아버지가 죽고, 아버지가 죽고, 아들이 죽는다."

이 시를 듣고 있던 황제의 얼굴이 벌겋게 달아올랐다. 황제는 당장 목을 베버리겠다고 고함을 쳤다. 그러자 선사는 황제에게 예를 올린 뒤 이렇게 말했다. "폐하, 이 시는 폐하의 생각과 달리 이 황실에 대한 저주가 아니옵니다. 오히려 가장 크나큰 축복이지요. 인생에서 가장 연장자가 먼저 죽고, 저마다 오래도록 풍요롭게 사는 것보다 더 큰 축복이 어디 있겠나이까? 한 가족에게 어린아이의 죽음보다 더 큰 저주가 어디 있겠습니까?"

언제나 그렇듯이 오늘날에도 아마 아이의 죽음은 가장 큰 비극일 것이다. 다른 시대와는 달리, 현대의 산업화된 선진국들에서는 어린아이의 사망을 경험하는 부모가 소수에 그치고 있다. 그런데 100년 전의 미국만 해도 상황이 전혀 달랐다. 그리고 아직도 이른바 '제3세계'라 불리는 저개발 국가들에서는 유아 사망과 아이들의 소모성 열병으로 대다수 가정에서 한 명 이상의 아이가 죽고 있다. 과거에는 농장이나 수공예 공장을 계속 운영하기 위해 많은 자식들을 낳아 대가족을 이루는 것이 일반적이었다. 수많은 아이들이 성인이 되기 전에 사망하는 것이 당연시되었기 때문이다. 18세기나 19세기의 공동묘지를 거닐다보면, 아이들 무덤을 표시하는 수많은 비문들에 놀라움을 금할 수 없다. 비록 현대가 의학 역사상 아주 특이한 시기일지는 모르지만, 아이를 잃는 슬픔은 예나 지금이나 참담한 고통일 수밖에 없다. 아이를 잃고 슬퍼하는 부모가 줄어들기는 했어도, 자식의 상실로 인한 찢어지는 가슴, 그 처절한 고통과 비통함은 세상이 시작된 이후 조금도 변하지 않았다.

불가佛家에서 전해 내려오는 이야기가 있다. 부처가 계시던 시대에 크리슈나 고타미라는 여인이 있었다. 그런데 그녀의 하나뿐인 아들이 죽고 말았다. 슬픔에 몸부림치던 그 여인은 죽은 아이를 안고 이 동네 저 동네로 돌아다니며 아들을 살려낼 약을 달라고 애원했다. 사람들은 그 여인이 미쳤다고 여기며 안쓰러워했다. 그러다 고타미는 위대한 스승으로 소문난 부처를 찾아가 간절히 호소했다. "세존(석가모니)님, 제발 도와주세요. 제 아들을 살려낼 약을 주세요." 그러자 부처가 말하셨다. "여인이여, 그대를 도와주겠소. 하지만 먼저 겨자씨를 한 움큼 가져오시오." 그 말씀을 듣고 여인은 뛸 듯이 기뻐하며 당장 가져오겠다고 했다. 그런데 부처가 또 이렇게 말하셨다. "하지만 그 겨자씨는 반드시 아이나 남편이나 부모나 친구 중 하나도 잃지 않은 집에서 가져와야 합니다. 모든 겨자씨는 틀림없이 아무도 죽지 않은 집에서만 구해야 합니다." 그 말을 들은 크리슈나 고타미는 이집 저집 돌아다니며 겨자씨를 달라고 애걸했다. 사람들은 그녀를 불쌍히 여기며 말했다. "여기 있어요, 겨자씨. 가져가세요." 하지만 여인이, "댁의 집에 아들이나 딸, 엄마나 아빠 중에 죽은 사람이 없나요?"하고 물으면, 사람들은 하나같이 이렇게 말했다. "오 세상에, 산 사람은 별로 없고, 죽은 사람은 수두룩하다오. 그 괴로움을 떠올리게 하지 말아요." 소중한 가족을 잃지 않은 집은 하나도 없었다. 단 한 집도!

얼마 뒤 크리슈나 고타미는 지치고 절망하여 길가에 주저앉았다. 마을의 불빛들이 보였다. 불빛들이 하나둘 켜지더니 다시 깜빡깜빡 사라져갔다. 이윽고 사방에 밤의 암흑이 내리깔렸고, 여인은 그 자리에 앉아 끝없이 태어나고 살다가 죽어가는 인간의 숙명에 대해 고민했다.

여인이 돌아오자, 부처는 간밤에 일어난 그녀의 깨달음을 보고 이렇게 말하셨다. "이 세상 모든 인간의 삶은 고단하고 덧없고 괴로움의 연속이라오. 태어난 존재 중 누구도 죽음을 피할 수 없다오." 그 말씀에 의해 고통을 있는 그대로 받아들이게 된 크리슈나 고타미는 아들을 숲속에 묻었다. 그리고는 부처에게 돌아와서 부처의 가르침에 귀의해 진정한 해방의 길을 걷기 시작했다.

몇 년 전 나는 뉴욕에 있는 프레비스테리안 의료원의 아동병원에 와달라는 요청을 받았다. 내가 찾아간 병동의 2개 층은 소아암과 낭포

성 섬유증*에 걸린 아이들을 위한 소아병동이었다. 흔히 이 질병은 길고 괴로운 퇴행 과정을 보인다. 대개 이런 질병에 걸린 아이들은 병원에 와서 첫 진단을 받은 뒤 몇 달간 입원했다가 집에 돌아간다. 그리고 다시 병원에 나와 가끔 화학요법 치료를 받고, 몇 년에 걸쳐 이따금씩 진단 테스트를 받는다. 그러다가 이 아이들은 자기 질병에 대항해 싸울 마지막 희망을 안고서 병원에 돌아오지만, 결국 이 병동에서 숨을 거둔다.

나는 거기서 며칠간 한 여자아이와 같이 지냈다. 내가 그 아이를 만난 때는 그 아이가 열두 번째 생일을 몇 주 앞둔 무렵이었다. 그 아이는 백혈병으로 죽어가고 있었다. 아이 엄마는 매우 사려 깊었고, 대부분의 시간을 딸아이를 간호하면서 보내고 있었다. 그 어린 소녀는 3~4년 동안 병원을 들락날락했고, 이제는 삶의 종착점에 다다른 것 같았다. 아이는 상당한 신체적 고통을 겪고 있었지만, 더 심각한 것은 정신적 혼란이었다. 아이와 나는 금방 친해졌고, 얼마 후 사라지게 될 아이의 몸에 관해서 이야기를 나누었다. "넌 무슨 일이 일어날 거라고 생각하니?" 나의 이 물음에 아이가 말했다. "제가 죽게 될 것 같아요." 내가 다시 물었다. "죽은 뒤에는 어떻게 될 것 같니?"

이제 나는 그 소녀와 진심어린 대화를 나눴다. 나는 내가 아는 어떠한 내용이나 지식도 주입하려 하지 않았다. 그냥 곁에 앉아 일부러 잘못된 말까지 해가며, 그 순간 적절하다고 느껴지는 이야기를 함께 나누었다. 아이가 말했다. "저기, 난 죽어서 천국에 갈 거 같아요. 거기서 예수님과 같이 있을 거예요." 내가 물었다. "그게 무슨 뜻이니?" 아이

---

* 囊胞性 纖維症, 호흡기 계통의 유전성 질병이다. ─옮긴이

가 대답했다. "천국에서 예수님은 아주 공평하세요. 하지만 이곳에서는 너무 불공평해요."

내게는 그 말이 아이가 자기 부모의 혼란을 흉내 내는 것처럼 들렸다. 아이는 예수가 누구인지, 아니 '무엇인지'조차 제대로 몰랐다. 그것이 자기 육신을 벗어나 뛰어들어야 할 미지의 존재였음에도 말이다. 어떻게 누군가가 어느 순간에는 공평하고 다른 순간에는 불공평하다고 말할 수 있을까? 아이의 말은 예수가 근본적으로 불공평하고, 심지어 제멋대로 판단한다는 뜻이었다. 결국 아이는 자신이 전혀 공정하지 않은 곳으로 가리라 믿고 있었다.

우리는 둘 다 목적지를 모르는 묘한 대화 여행을 함께하기 시작했다. 우리 둘은 수줍음 때문에 물러서지 않고, 그 순간의 자애로운 감정에 흠뻑 빠진 상태로 앞에 놓인 진실의 순간에 기꺼이 열려있었다. 내가 물었다. "왜 너는 예수님이 어떤 곳에서는 공평하고 다른 곳에서는 불공평하다고 생각하니?" 아이가 대답했다. "저는 너무 아프지만 나쁜 짓은 한 적이 없거든요. 내가 왜 아파야 해요? 내가 왜 죽어야 하죠?"

서로의 마음이 통함을 직감적으로 느끼면서, 우리는 아이의 일상생활에 관한 대화를 나누기 시작했다. 아이가 말했다. "저는 집에 가면 몇 주 정도 학교에 다녀요. 그러다가 또 못 다니죠. 왜냐하면 너무 몸이 약하고 또 병원에 와야 하거든요. 하지만 공부는 따라가려고 열심히 하고 있어요." 나는 학교에서 다른 아이들과 어떻게 지내는지 물었다. "음, 학교에서 친구를 사귀었는데, 팔 하나가 쪼그라든 아이였어요. 걔한테 잘해주고 같이 놀아주는 아이는 나밖에 없었어요. 다른 애들은 틈만 나면 걔한테 욕을 하고 운동장에서 괴롭히고 그랬어요. 그 애들은 자기하고 다른 게 너무 화나는 모양이에요. 나는 그 애들이 꼭

장히 겁나서 그런 것 같아요." 내가 너도 그렇지 않더냐고 묻자 아이는 "아뇨"라고 했다. 왜 겁나지 않았냐는 물음에 아이는 이렇게 말했다. "저기, 나는 많이 아파 봤고, 어떤 때는 너무 허약해서 왠지 걔 기분이 어떨지 알 거 같았거든요. 그렇게 힘들게 사는 거랑 남들이 이상하게 보는 거랑 모두 다…."

몇 년 간의 투병을 통해 아이의 마음이 얼마나 크게 열렸는지 분명해졌다. 그래서 내가 말했다. "애야, 네가 학교 친구들보다 얼마나 더 착하고, 너그럽고, 고운 마음씨를 가졌는지 알았지? 그게 다 네 병 때문 아니니? 네가 예수님이 주셨다고 한 그 병 말이야. 네가 남들한테 느끼는 이런 너그러움과 다정함과 사랑이 이 병 때문에 생겼는데, 그게 나쁜 것일까? 혹시 어떤 놀라운 사랑의 선물이나, 너를 남들보다 더 착한 사람으로 만든 은혜의 선물이 아닐까?" 그러자 아이가 말했다. "그래요, 저는 절대 이 마음을 다른 것과 바꾸지 않을 거예요." 그때 아이 얼굴에 환한 웃음이 퍼지고 두 눈에서 눈물이 흘러내렸다. 아이가 나를 쳐다보며 말했다. "예수님은 이 세상에서 공평하세요. 하늘에서도 공평하시고요."

아이는 자신의 혼란과 두려움 안으로 들어가서 그것들을 녹여버린 것이다. 남들의 감정을 흉내 내지 않고서 자기 스스로 배우고 성숙하는 과정을 통해서 말이다. 이 아이의 성숙은 다른 존재들을 대하는 또래 아이들의 감정을 훨씬 뛰어넘는 수준이었다. 아이는 예수, 그 미지의 대상을 자기 안에서 자비의 존재로 느낄 수 있었다. 아이는 자기 병에 관해 전에는 생각하지 못했던 새로운 인식을 갖게 되었고, 그것이 아이에게 상당한 위안을 주었다. 그리고 몇 주 후 아이의 열두 번째 생일 전날이 되었다. 내가 뉴욕을 떠나기 하루 전이었다. 그날 아침 상상의 생일 케이크를 함께 나눠 먹은 뒤, 아이는 초췌하지만 평온한 눈으로 나를 쳐다보며 말했다. "아저씨, 고마워요." 그날 오후 아이는 세상을 떠났다.

내가 만나본 또 다른 아이는 백혈병으로 죽어가는 두 살 반짜리 사내아이 토니였다. 토니는 병으로 몹시 쇠약해진데다, 치료에 따른 여러 부작용까지 보이고 있었다. 항문이 심하게 갈라졌고, 몸 곳곳에 혈액응고 현상이 있었으며, 화학요법을 위한 인공관도 삽입되어있었다. 토니의 몸은 중병으로 인한 위중한 상태를 여실히 보여주고 있었다. 내가 토니의 조그만 철제 침대에 다가가자, 그 아이는 누워서 나와 같이 온 두 사람을 빤히 쳐다보았다. 모든 가능성에 활짝 열린 듯한 맑은 눈이었다. 토니의 눈길은 잠깐 동안 한 사람의 얼굴에 머물렀다 다음 사람의 얼굴로 옮아갔다. 그 눈빛에는 심란한 기색이 조금도 없었다. 토니는 지극히 차분했다. 그 아이의 눈은 마치 밤하늘 같았다. 토니는 그 순간, 죽음 앞에 한없이 열려 있었다. 그렇게 토니는 이상하리만치 앞으로 닥칠 일에 담담했다.

자기 몸이 자신의 생명력을 지탱할 수 없음이 분명한데도 토니는 움츠러들지 않았다. 오히려 미지의 광대한 세계를 향해 다가가며 주위 모든 사람과 그 세계를 공유했다. 묘하게도 죽음을 받아들이는 토니의 자세가 엄마에게도 전염돼있었다. 잠시 뒤 토니의 엄마가 나를 조용히 부르더니 어찌 해야 좋을지 모르겠다고 말했다. 그 여인은 혼란스러워했다. 분명히 자기 인생의 가장 소중한 존재가 자기 품을 떠나고 있는데도, 웬일인지 마음에는 엄청난 평온함이 가득했기 때문이다. 그 여인은 자기에게 무슨 문제가 있는 것 같다며 두려워했다. 토니의 아빠는 직업 군인이었는데, 자기 아들이 절대 죽지 않을 거라고 우졌다. 그는 집에 오기가 매우 어려웠고, 아들이 죽음의 문턱에 있는 것도 몰랐으며, 병실에 가득한 평온함도 느끼지 못했다.

토니 엄마와 나는 한동안 다른 방에서 대화를 나누었다. 우리는 상당한 열림과 엄청난 혼란이 교차하는 데 따른 그 감정이 대체 어찌된 것인지 함께 생각했다. 토니 엄마는 아들과 함께 따스한 느낌을 공유한다고 말했다. 그리고 왠지 모르게―논리로서가 아니라, 마음 한복판으로―자신과 토니 사이에 어떤 약속이 있는 것 같다고 말했다. 그들이 태어난 것은 서로에게 약속을 지키기 위한 것이라고도 말했다. 그러나 어떻게 그리 됐는지는 모르겠다고 했다. 그래서 내가 말했다. "그럼, 이렇게 상상할 수 있습니까? 아직 태어나지 않은 두 존재가 서로의 행복을 바라는 지극한 관심과 사랑을 지닌 채 탄생 사이의 공간을 떠다닌다고 말입니다. 둘 중 하나가 상대를 보고 말합니다. '저기, 인생에서는 배울 것이 굉장히 많아. 여기서는 우리가 서로 별 도움이 안 될 거야. 이러면 어떨까? 우리 중 하나가 여자로 태어나, 서른한 살이 됐을 때 예쁘고 멋진 아기를 낳는 거야. 모든 엄마가 꿈꾸는 천사 같이 사랑스러운 아기 말이야. 그런 다음 2년간 같이 산 뒤에 아기가 심각한 병에 걸려 그 몸에서 나오는 거야. 그러면서 우리 둘이 그 강렬한 만남과 헤어짐을 경험하는 거지. 둘은 사랑으로 함께 하면서, 육신에 얽매이지 않은 채, 서로의 마음속에 남아 이 경험을 완성하는 거야.'"

나는 이야기를 계속했다. "탄생 사이의 공간에서 두 존재 중 다른 하나가 말합니다. '음, 그거 멋진데. 그렇게 하자. 우리 중 하나가 두 살짜리 아이가 되었다가 포근한 사랑 속에서 죽고, 다른 하나는 엄마가 되는 거야. 엄마는 그 이별의 상황을 온몸으로 맞이하면서 완전히 자신을 비우고 그저 마음속에 머무는 거야. 아들이 점점 약해져 품을 벗어나는 걸 지켜보면서, 아들과 함께한 그 만남의 본질 속에 남는 거지. 그리고 그 상황을 통해 엄마는 참된 진실을 생생히 경험하는 거야. 마음이 그 어느 때보다 활짝 열리는 거지."

"그래서 한 존재가 다른 존재를 보고 말합니다. '그럼, 내가 엄마 할게.' 그러자 다른 쪽이 말합니다. '아니야. 안 돼. 넌 다음에 해. 이번엔 내가 엄마야.' '아니, 내가 할래.' '아니, 안 돼.' 옥신각신 하다가 그들은 제비뽑기를 합니다. 그리고는 하나가 세상에 나오고 30년 후에 다른 하나가 아들로 태어나서 자기 역할대로 합니다." 토니 엄마는 왠지 그 이야기가 사실인 듯이 느껴진다고 했다. 그녀는 아들을 잃는 슬픔에 눈물을 떨구면서도 활짝 열린 마음으로 무슨 일이 일어나든 맞이할 수 있었다. 이렇게 그들은 선택을 하고, 이제 서로를 심오한 인식과 자애의 길로 인도하기 위해 그 특별한 약속의 종말 게임을 실행한 셈이었다.

몇 주 후 토니는 자기 몸을 떠났다. 토니의 엄마는 왠지 모르게 딱 꼬집어 말하기는 어려워도 토니가 그렇게 된 것이 괜찮은 것 같다고 말했다. 서로 해야 할 일을 원래 계획했던 은혜와 사랑 속에서 완료했을 뿐이라는 느낌이었다. 그 죽음 뒤에 크게 상심한 토니 아버지는 엄청난 분노와 죄의식과 혼란에 휩싸였다. 그가 결코 아내와 같은 식으로 그 슬픔을 털어낼 수 없다고 생각했다. 그런데 며칠 후 장례식이 있던 날, 토니 아빠는 아주 기이한 경험을 했다. 잠깐 동안 그의 눈에 묘한 광채가 어른거렸다. 그런 뒤 아내를 돌아보며 그가 이렇게 말했다. "당신 말이 무슨 뜻인지 알 것 같아. 왠진 몰라도 토니가 죽은 것이 잘된 일로 느껴져. 난 토니가 괜찮다는 걸 알아. 토니는 자신이 꼭 해야 할 일을 한 거야."

그들이 함께 이룬 성숙과 유대감은 그 어느 순간의 것과도 비할 바 없는 엄청난 것이었다. 그 부부는 아들의 죽음을 슬퍼하면서도, 동시에 크나큰 기쁨과 충만함을 경험했다. 그것은 죽음이 깨뜨릴 수 없는, 절대로 분리될 수 없는 통일성을 향한 열림이었다. 육신에 의존하지 않으면서 사랑을 교감하고 존재의 본질을 공유하는 크나큰 열림이었던 것이다.

내가 그 아동병원에서 만난 세 번째 아이는 암에 걸려 모진 고통을 겪고 있던 여섯 살짜리 여자아이 샤를렌이었다. 내가 다가가 말을 걸었을 때, 그 아이는 내일 저녁때 집에 간다며 몹시 들떠있었다. "우리 아빠가 주말에 데리러 온댔어요. 난 며칠 동안 여기 안 있어도 되요." 우리 둘은 아플 때 어떻게 할지 이야기하면서 함께 고통 명상을 하기 시작했다. 우리는 통증을 누그러뜨리고 감각이 자유로이 떠다니게 했다. 샤를렌은 통증 주위의 공간을 조금 넓혀서 감각을 두려움이나 저항 없이 경험하기 시작했다. 그 아이의 몸 전체가 느긋하게 풀어진 듯했고, 얼굴에 한결 생기가 감돌았다. 한 15분쯤 유도 명상을 실행한 후 우리는 편안한 침묵 속에 앉아있었다. 몇 분 뒤 내가 샤를렌의 명상 기술에 관해 이야기하고 있을 때, 간호사가 들어와 말했다. "네 아빠가 오셨단다, 샤를렌. 근데 아래층에서 브라운 박사님과 얘기하고 계셔." 그러자 병원을 들락거리는 대다수 아이들이 그렇듯 병원 사정에 도통한 샤를렌은 곧바로 뭔가 잘못되었다는 걸 알아챘다. 샤를렌이 물었다. "나 집에 못 가죠, 그죠? 나 주말에 여기 있어야 되죠!" 간호사가 고개를 끄덕이고 병실을 나가자 샤를렌이 울음을 터뜨리기 시작했다.

나는 샤를렌에게 다가가 말했다. "당장 해봐라. 그게 몸의 통증이 되지 않도록, 그 화나는 생각 근처를 열려고 해보는 거야." 그러자 샤를렌은 그 실망감 근처를 열면서, 머릿속에서 감정을 움켜쥔 주먹을 풀기 시작했다. 샤를렌은 신체의 통증을 상대할 때와 똑같은 식으로 누그러지면서 열리기 시작했고, 다시 얼굴에 생기가 돌아왔다. 샤를렌은 놀라운 효과가 있다고 말했다. 그 아이는 실망감 주변을 열 수 있으리라고는 상상도 못했었다. 그리고 정말 묘하게도, 원래의 희망이 이뤄졌다는 생각보다 마음속에 있는 그 통증의 매듭을 완화하고 풀어버린 것이 더 큰 즐거움을 주었다. 왜냐하면 이제 샤를렌은 자신의 실망, 통증, 암 덩어리, 심지어 몸의 악화까지도 어떻게든 상대해낼 수 있음을 느꼈기 때문이다. "이제 무기가 생겼어요." 샤를렌이 말했다. 그 아이는 상당한 도구, 자신의 경험을 굉장히 부드럽게 맞이할 수단을 갖게 되었다. 걷잡을 수 없는 미지의 소용돌이 한복판에서도 저항을 놓아버리고, 실망과 통증까지도 열림을 유지할 수단으로 사용하게 된 것이다.

몇 주 후 샤를렌이 떠났다는 소식이 들렸다. 느긋하게 모든 것을 수용하는 자세로….

나는 대화를 나눠본 그 아이들을 통해서 아이들이 어른들보다 훨씬 더 부드럽고 평화롭게 죽는다는 사실을 배웠다. 어쩌면 아이들은 우주를 바꿔보려는 헛된 안간힘에 별로 얽매이지 않아서 정신 속의 긴장이 덜하기 때문인지도 모른다. 아이들은 만물의 본질에 더 크게 열려있다. 아이들은 삶과 죽음에 관해 경직된 생각을 갖지 않고, 이름이나 명성, 평판, 심지어 자기 몸에도 별로 얽매이지 않는다. 어쩌면 많은 아이들이 죽음을 겁내지 않는지도 모른다. 불과 얼마 전에 거기서

왔으니까. 나는 대체로 더 어린 아이일수록 죽음을 무서워하지 않는다는 사실을 알게 되었다. 흔히 내가 아이들에게서 본 두려움은 그 부모들이 느끼는 공포의 그림자였다.

대개 아이들이 가진 죽음에 대한 지식은 바로 주위 사람들로부터 온다. 죽음에 대한 아이들의 두려움은 주로 그 부모들의 두려움인 것이다.

실제로 '보통 아이들'이 죽음을 대하는 자세를 설명하는 전형적인 심리적 구분선이 있다. 아이가 생후 1~2년이 될 때까지는 죽음에 관한 개념이 전혀 없다고 한다. 이때 죽음은 존재하지 않는다. 죽음은 공중을 떠도는 한낱 단어일 뿐이다. 두 살에서 네 살 사이가 되면 죽음을 '일시적 부재不在'라는 개념으로 인식한다고 한다. "할머니가 돌아가셨대. 근데 언제 다시 와?" "우리 집 개가 죽었어"라고 하면서 아이들은 여전히 개집에 음식을 갖다 놓는 식이다. 이때의 죽음은 일시적인 것이다. 어딘가에 갔다가 돌아오는 것일 뿐이다. 그러나 아이들이 성장하고 학교에 들어가서, 여기저기 돌아다니며 대화하고, 생각을 교환하고, 배우고, 사회화된 인간이 되면서 훨씬 더 깊숙이 세상 속으로 들어오게 된다. 이때 벌써 그들은 주위 환경의 일부로 받아들여지려면 어디에서 자신의 본래 모습을 포기해야 할지 터득한다. 아이들은 이미 문화에 적응해간다. 그들은 가족에게서 흡수하기 시작한 문화적 두려움을 드러낸다. 흔히 초등학교 저학년 아이들은 죽음이 마치 문밖에서 들어오는 것처럼 이야기한다. 시퍼런 낫을 든 저승사자처럼 말이다. 죽음은 슬며시 다가와 자신을 데려갈 거라고 말한다. 더욱 성장하여 초등학교 고학년 학생이 되면서, 아이들은 세상의 아주 확실한 일원이 되는 것처럼 보인다. 흔히 그때의 죽음은 소멸, 자신의 불빛이 꺼지는 것, 자신을 휩쓸어가는 압도적 현상 등으로 인식된다. 이런 느낌은 한층 더 심해져서 많은 10대 청소년들은 죽음에 대해 심각한 공포를 드러낸다. 흥미로운 점은 아이들이 나이를 먹을수록 죽음을 더 불안하게 여긴다는 것이다. 정말로 아이들은 커갈수록 진실에서 더욱 멀어진다. 아이들의 원래 믿음, 즉 죽음이란 존재하지 않으며 단지 삶의 또 다른 순간일 뿐이라는 믿음이 진실에 가까운 생각이다. 확실히 아이들이 자기 몸속에서 보낸 시간이 길수록 몸을 유일한 실체라고 생각하고, 그래서 몸의 상실을 경험 자체의 상실이라고 생각하는 관념이 굳어지는 것 같다. 어린 나이일수록 불멸의 세계와 이어진 접촉면은 크고, 따라서 변화에 대한 두려움도 덜한 것 같다.

아이들은 불멸의 세계에 대해 더욱 큰 믿음과 넓은 접촉면을 가졌기 때문에 죽음을 특별한 것으로 보지 않는 것 같다. 죽어가는 아이들은 부모의 고통을 자신들이 일으켰다고 부담을 느끼는 듯하다. 아이는 그런 괴로움을 안긴 것에 죄책감을 느낄지도 모른다. 어른들인 우리는 너무 자기중심적 관계에 익숙한 나머지, 사랑하는 이의 행복을 비는 마음이 '양방 통행'이라는 사실을 자주 잊어버린다. 흔히 우리는 아이들이 얼마나 우리에게 밀착돼있는지, 그들이 얼마나 우리의 행복을 지키고 싶어 하는지 잊는다. 비록 아이들이 제멋대로 굴고 부모가 말리는 일을 저지르기도 하지만, 기본적으로 아이들은 부모의 행복을 간절히 원한다. 나는 상당히 담담한 자세로 죽음을 맞는 아이들을 보았다(물론 그 아이들이 신체적 고통까지 받아들인 것은 아니었지만). 그 아이들의 가장 큰 걱정거리는 자기 부모에게 엄청난 괴로움을 안겼다는 당혹감이었다. 나는 자기 몸에 달라붙어 생명을 지키려고 발버둥치는 아이들도 보았는데, 그런 행동은 자신들을 위해서가 아니라 자기 부모가 느끼는 고통을 줄여주기 위함이었다.

지금 30대 중반에 이른 친구가 하나 있다. 그녀는 열 살 때 아동중환자실에 들어가 심장수술을 받은 적이 있다. 그녀는 이렇게 말한다. "내가 아는 모든 아이들은 자기가 처한 상황을 알았어요. 그런데도 아주 편안했어요. 별로 두려움 없이, 마냥 즐거웠어요. 다만 부모들이 무겁고 두려운 얼굴로 찾아올 때만 달라졌지요. 그러면 아이들은 한동안 침울해지곤 했어요. 그 아이들은 모두 자기가 죽을 것을 알았어요. 이런 아이도 있었어요. 사내아이 하나가 입원했는데, 다리가 부러진 것 말고는 지극히 건강해 보였어요. 큰 문제는 전혀 없어 보였지요. 하지만 그 애 말이 자기가 곧 죽을 거라는 거예요. 그런데 2주 후에 정말로 죽었어요."

내가 만나본 가장 어린 중환자는 생후 15개월 된 아이였다. 신경아세포종神經芽細胞腫으로 죽어가는 아이였는데, 그 병은 엄마 자궁에서 발생하는 암의 일종이다. 아기의 출생 직후부터 시한폭탄이 작동하기 시작하여 결국 아이를 방금 들어온 형체 밖으로 내쫓아버리는 난치병이었다. 아이의 이름은 사라였는데, 사라는 지난 8개월간 병원에 입원해 치료를 받고 있었다. 나는 사라와 함께 있으면서 그 아이의 상태가 굉장히 평온함을 보았다. 지극히 조용하게 침상에 누워있는 모습이 거의 자기성찰을 하는 것 같았다. 하지만 부모가 병실로 들어오면 달라졌다. 이내 버둥거리고 보채면서 자신의 불편함을 드러내곤 했다. 사라의 부모는 그런 모습을 보고 병원 휴게실로 나와서는 가슴이 미어지는 심정으로 이렇게 말하는 것이었다. "아유, 저 불쌍한 것이 얼마나 불안하면 저럴까." 그 부모는 자신들이 없을 때의 아이 모습을 본 적이 없다. 자기감정이 투영된 그림자만을 보았을 뿐이다. 그들은 결코 아이가 그 상황에서 얼마나 평온한지 알지 못했다.

　나중에 그 부모와 한동안 같이 지내면서 나는 부부 사이에 상당한 갈등과 분노가 있음을 알았다. 남편은 사라의 병간호 때문에 몇 주간 직장에 나가지 못했다. 하지만 사라의 병세가 쉽게 호전될 것 같지 않았으므로 그는 다시 직장에 나가야겠다고 생각했다. 그러자 아내는 자신이 '불쌍한 사라와 단 둘이 남는다'는 생각에 거의 히스테리를 일으켰다. 원망이 쌓이고 울화가 치밀었다. 아내는 그 상황에서 직장에 나가겠다는 남편이 냉혹해 보였다. 한편 남편은 자신이 얼마나 괴로운지, 그리고 자신에게 친숙한 주위 환경이 얼마나 중요한지 이해 못하는 아내가 짜증스러웠다. 그들의 딸은 죽어가고 있었고, 둘 사이의 관계 역시 조각나고 있었다.

　우리가 함께 대화하는 과정에서 그 부부는 상황을 이해하기 시작했다. 비록 사라가 가야 할 길을 떠올리면 굉장히 고통스럽기는 하지만, 그리 부자연스런 일만은 아니라는 인식이었다. 그들에게 그 상황은 치워버릴 수 없는 현실이었다. 선택은 둘 중 하나였다. 두려움과 분노로 뒷걸음치며 서로에게 고통을 증폭시킬 것이냐? 아니면 사랑과 지원과 깊숙한 공감 속에 그 상황을 오롯이 맞이하여 육중한 감정들이 쌓아놓는 장벽을 뛰어넘을 것이냐? 그들은 그 선택이 자신들만의 문제가 아니라, 사라의 앞길에도 중요하다는 것을 알게 되었다. 그들이 전에는 한 번도 경험하지 못했지만 접근할 수 있는 오묘한 교감의 차원이 있음도 느꼈다. 남편이 말했다. "저기, 나는 사라가 좋아지고, 아내와 내가 이 상황에 대해 얼마쯤 이해하게 해달라고 기도했어요. 하지만 기도에 응답이 없어요." 그의 말을 들으면서 나는 어쩌면 그가 기도할 때 아내가 옆에서 무릎 꿇고 같이 기도했다면 그 순간에 응답을 받았을지도 모른다고 생각했다.

한 자녀를 둔 부부는 그 아이의 죽음 뒤에 이혼하는 경우가 수두룩하다. 그것은 아마 그들이 슬픔을 함께 나누지 않기 때문에, 참기 힘든 그 순간에 열려있지 않기 때문에, 그리고 어떤 식으로든 서로를 마음 안으로 받아들여 자기 안에서 그 아이를 느끼는 것을 하지 못하기 때문일 것이다. 부부는 서로 상대의 고통을 감싸 안고, 괴로움을 인정하고, 마음을 활짝 젖힌 채 진실을 향해 예민하게 열려있어야 한다. 아이의 죽음은 가장 깊숙한 공감을 얻고, 이해와 배려와 사랑의 언약을 키울 소중한 기회가 된다.

마침내 사라의 부모는 막다른 골목에 이르자 모든 것을 맞아들이게 되었다. 심지어 자신들이 지어낸 온갖 두려움과 망상까지도 말이다. 그 뒤 사라는 몇 주간 한결 평온하고 차분하게 지냈다. 부모가 사라에게 나눠줄 수 있었던 그 사랑 덕분에 사라는 안정을 찾았고, 지극히 만족스런 얼굴로 떠나갔다.

그런데 명심할 게 있다. 애착은 양방향으로 향하고, 아이들도 사랑하는 부모를 보호하려 한다는 사실 말이다. 그렇더라도 부모가 아픈 아이를 불편하게 하지 않으려고 자신의 감정을 숨겨서는 안 된다. 오히려 모든 단절의 장벽을 놓아버리고, 자애롭게 열린 상태에서 고통을 나누며, 그 순간에 주어진 모든 것을 함께 맞이해야 한다. 현실의 세상과 미지의 세계 사이를 연결하는 다리는 '사랑'이다.

어느 간호사가 돌보고 있던 여섯 살짜리 사내아이가 있었다. 그 아이는 6개월 동안 뇌사상태에서 깨어나지 못하고 있었다. 그래서 신체기능을 지탱하던 온갖 생명 유지 장치들을 제거했지만 아이는 죽지 않았다. 마크라는 이름의 그 아이는 꼼짝 않고 누운 채, 9킬로그램까지 비쩍 마른 몸으로 식물인간이 되어있었다. 산 것도 죽은 것도 아닌 상태였다. 그 무렵 마크의 부모는 마크를 보는 것이 너무나 고통스러워 병원에 발길을 끊고 있었다. 마크가 왜 그러고 있는지, 무엇을 움켜잡고 있는지 아는 사람은 아무도 없었다.

어느 날 그 간호사는 근무 시간 내내 마크의 옆을 지키고 있었다. 비록 아무런 반응도 없었지만, 그녀는 마크에게 가만히 말을 걸었다. 왠지 마크가 자신의 말을 알아들을 것 같았기 때문이다. 논리적으로는 불가능했지만, 그녀는 그 순간의 자기 마음을 믿었다. 간호사는 스킨 크림으로 마크의 몸을 마사지하려다 멈칫하고는, 그 크림을 마크의 손바닥에 부었다. 그리고는 마크의 손으로 그 아이의 몸을 천천히 문지르면서 이렇게 말하기 시작했다. "이 몸을 봐. 너를 더 이상 담고 있지 못할 것 같아. 이제는 네가 이 몸에 매달려 있을 수 없어. 왜 붙잡고 있는 거니? 왜 그냥 놓아버리지 않지?" 간호사는 마크가 좋아할 것 같은 음악을 틀어놓고, 흔히 사용되는 고치와 나비의 비유를 들려주었다. 즉 혼수상태인 마크의 몸은 고치나 애벌레와 같으니 곧 껍질을 벗고 날아올라, 진짜 모습인 나비가 될 것이라고, 그러니 이제 떠나라고 속삭였다. 그렇게 마크를 돌보던 그 간호사는 왠지 모르게 말로는 표현 못할 묘한 교감을 느꼈다. 그날 내내 그 간호사는 마크에게 노래를 부르고 쓰다듬어주면서 이제 놓아버려도 괜찮다고 소곤거렸다. 그러자 번뜩 어떤 느낌이 전해져왔다. 어쩌면 이 아이는 죽음을 허락받으려고 기다리는 게 아닐지도 몰라. 부모들이 떠나도 좋다고 여러 차례 말했으니까. 오히려 부모들이 걱정돼서 못 떠나는 거야. 마크의 애착은 너무나 강해서 죽었을 때 자신이 괜찮을 것인지뿐만 아니라 부모님이 괜찮을지 알고 싶은 거야.

근무 시간이 끝나자 그 간호사는 마크의 부모에게 전화를 걸었다. 그리고 병원 뒤편 공원에서 그들을 만났다. 그녀는 한동안 그들과 대화를 나누면서 그날 얻은 자신의 느낌을 알려주었다.

두 시간 후 마크의 엄마한테서 전화가 걸려왔다. "우리, 병실에 갔었어요. 댁이 놔둔 음악을 틀고, 다른 간호사의 도움을 받아 마크를 내 팔로 안았어요. 난 그대로 앉아 마크를, 그 맥없는 몸을 안고 살살 흔들었어요. 그리고 말했지요. '저기, 애야, 죽은 뒤에도 넌 괜찮을 거야. 우리도 괜찮고. 우리도 잘 지낼 테니, 그냥 다 놓고 떠나거라.'" 그러자 그 순간 마크는 숨을 내쉬고는 엄마의 품에서 몸을 떠났다.

우리는 아이들이 얼마나 우리를 걱정하는지 기억해야 한다. 그래서 아이들을 안심시켜야 한다. 우리 씩씩한 어른들은, 뭐든지 다 아는 우리 어른들은 고통을 느끼지만 그래도 견뎌낼 수 있다고, 그들처럼 서로의 공감을 통해 사랑과 인생에 대해 더 많은 것을 배우고 있다고 알려줘야 한다.

내 친구 중에 웨이비 그레이비라는 친구가 있다. 그는 자주 샌프란시스코에 있는 병원들을 돌아다니며 불치병 아동들을 위해 어릿광대 공연을 펼치는데, 그 봉사 활동을 꽤 오래전부터 해오고 있다. 그 친구가 내게 말하길, 불치병 아동들 앞에서 공연할 때 이런 이야기를 한다고 한다. "저기, 이 몸을 보세요. 보시다시피 사실 이 몸은 별로 쓸모가 없어요. 튼튼하지 못해서 자전거도 못 탄다고요. 공놀이도 못 하고요. 밖에 나가 줄넘기도 못한답니다. 사실 학교에 가지도 못하고요. 그래서 만일 여러분의 몸이 사라져도 아무 상관없어요. 몸이 없어지면 아마 빛이 보일 거예요. 만일 빛이 왼쪽으로 가면, 왼쪽으로 따라가세요. 빛이 오른쪽으로 가면, 오른쪽으로 가고요. 그렇게만 하면 돼요."

아이들은 어른들이 말하는 멜로드라마에 별로 얽매이지 않는다. 그들은 죽음이라는 관념에 딱히 사로잡히지 않는다. 그래서 아이들이 울면 그레이비는 아이들의 볼 위를 흐르는 눈물을 살며시 찍어 자기 입속에 넣곤 한다. 만일 당신이 죽어가는 아이들을 다독거리고 싶다면 그들의 눈물을 먹어보이는 것이 효과적일 것이다. 주위 어른들의 온갖 혼란과 고통에 에워싸인 그들을 사랑으로 보듬어주라. 그레이비의 말처럼 아이들의 죽음을 둘러싼 진짜 괴로움은 아이들 자신의 고통이 아니라 부모들의 고통이기 때문이다. "아이의 죽음을 담담히 받아들이는 당신의 마음을 보여주는 것, 그것 외에 달리 할 일은 거의 없습니다. 그래야 부모들의 두려움과 고통을 부풀리지 않거든요."

자식의 죽음은 부모의 정신을 불구덩이 속에 던져 넣는다. 정신은 아무 소용없는 대체요법, 기적 같은 회복을 바라는 환상, 어른으로 성장하리라는 단꿈 등으로 활활 타오른다. 만일 우리가 이 불길로 우리 안에서 정신의 슬픔을 자애롭게 태워버리면, 그 헛된 공상들, 정신의 화염은 차츰 사그라진다. 그리고 그 아이는 점점 우리 마음속으로 들어온다. 우리의 애끓는 고통은 우리가 더욱 커다랗게 열릴, 그 마지막 순간의 교감을 최대한 깊숙이 맞아들일 수단이 될 수 있다. 그러면 인도의 시성詩聖 라빈드라나드 타고르(1861 ~1941)가 자신의 시 〈종말(The End)〉의 마지막 행에서 노래한 이런 마음이 솟아난다. "절친한 아줌마가 선물을 들고 와 물으리. '자매여, 그대 아이는 어디 있는가?' 그러면 아이 엄마인 당신은 담담히 말하리라. '아이는 내 눈동자 안에 있다오. 내 뼈와 내 영혼 속에 있다오.'"

질문 저는 죽어가는 아이와 함께 있는 것이 얼마나 큰 마음의 열림이 되는지 들었습니다. 하지만 유아돌연사증후군*의 경우에는 어떻게 해야 합니까?

대답 어떤 부모들은 병든 아이와 몇 달 혹은 몇 년간 함께 지냅니다. 그런 부모는 자신의 상실을 충실히 맞이할 기회를 갖게 되지요. 그러나 매년 만여 명의 유아들이 아무 이유 없이 요람에서 죽은 채 발견됩니다. 어느 날 요람에 다가갔다가 뻣뻣하게 굳은 아기를 발견한 부모들은 허물어집니다. 대개 그들은 정신이 일으키는 근거 없는 죄의식과 두려움에 시달리지요. 세상일이 우리의 의지 밖에 있다는 것을 절감하면서 말이지요. 그때가 자신에 대한 크나큰 관대함이 요구되는 순간입니다. 이럴 때 나는 미국 시인 X. J. 케네디의 시 〈1분만 살다 간 아이(On a Child Who Lived One Minute)〉를 떠올립니다. 그 시의 마지막 행은 이렇게 노래합니다. "나는 아직도 경탄하네. 산더미 같은 논리를 죄다 잠재우면서, 그렇게 거대한 것이 그토록 작은 것 속에 한순간이라도 머물 수 있었음에….."

---

* SIDS, 생후 2주에서 1년쯤 된 영아가 갑자기 사망하는 현상이다. 아직 원인이 밝혀지지 않았으며, 요람사(搖籃死)라고도 한다. - 옮긴이

10장

고통을 녹이고 고요 속으로

몇 년 전 나는 어느 친구의 요청으로 엄청난 고통 속에서 죽어가는 젊은 여자를 만났다. 그녀는 척추가 온통 악성종양으로 뒤덮인 환자였는데, 좌골신경에 가해지는 압박 때문에 극심한 다리 통증에 시달리고 있었다. 등도 마치 지글지글 불타는 것 같다고 했다.

만난 지 몇 분도 안 돼, 우리는 그녀가 자기 몸속 암과의 싸움에서 매우 적극적이고 자신의 죽음 앞에 열려있음을 알게 되었다. 사실 암 진단을 받은 후 3년 동안 그녀는 아주 능숙한 상담자 겸 봉사자가 되어 죽음을 앞둔 여러 환자들을 보살펴주었다.

그녀는 갖가지 고통 명상과 통증완화법들에 대해 이야기했다. 그것은 그녀가 다녔던 전인의학* 클리닉과 여러 치료자들을 통해 배운 것들이었다. 그녀는 최근에 개발된 전인의학식 명상과 시각화 기법들뿐 아니라 동양과 북아메리카 원주민 전통에서 나온 온갖 통증 해소 방법들을 알고 있었다. 그것들은 주로 의식을 다른 데로 옮김으로써 통

---

* 全人醫學, 사람의 몸을 전체적 관점에서 보고, 요가, 명상, 침술 등을 이용하여 치료하는 대체의학이다. - 옮긴이

증을 느끼지 않게 하는 기법들이었다.

그녀는 통증완화법들에 워낙 능숙했기 때문에 치료사와 상담사 들이 통증 워크숍에 참석해 진행을 도와달라고 요청할 정도였다. 그녀는 북아메리카 원주민 계통의 가장 유명한 치유자들의 초청을 받고 전통 치유 의식에 참여하기도 했다. 그런 그녀였지만, 이제는 자기 몸의 고통이 너무나 심해져서 자기가 아는 거의 모든 방법들도 소용없는 지경에 이르렀다. 너무나 극심한 통증 때문에 그녀는 거의 생각을 모을 수 없었다. 그녀는 자신이 2년 넘게 통증과 싸워왔지만 이제는 그냥 이 고통에서 해방되기를 기도하기에 이르렀다고 했다.

그녀는 가까스로 소파로 내려와 누웠고, 우리는 그 옆의 커피 테이블 앞에 앉았다. 우리는 유도 명상에 들어가 통증을 파고들기 시작했다. 그 명상은 심한 통증에 시달리는 환자에게 자주 사용되는 기법으로, 통증 주위를 부드럽게 하면서 격렬한 고통 속으로 들어가는 수행법이었다. 그래서 고통이라는 관념과 조건화된 공포의 반응들, 즉 자꾸만 극심한 불안감을 증폭시키는 당혹감을 뛰어넘는 것이었다.

그녀는 자신의 등과 다리에서 일어나는 감각들에 주의를 집중하면서 통증 주위를 부드럽게 하고, 통증이 —아마도 처음으로— 그냥 거기 있도록 놔두기 시작했다. 그리고 이를 통하여 통증의 본질이 무엇인지 확인할 수 있었다. 여인은 통증 부위를 마치 주먹처럼 움켜쥐고 있던 저항을 알아차리고, 잔뜩 오므려있던 그 손가락들을 서서히 펴기 시작했다. 또 다리와 등에 뭉쳐있던 감각의 덩어리들에 의식을 겨냥하면서 살, 피부, 근육, 인대, 그리고 통증 주변의 모든 조직을 부드럽게 하기 시작했다. 이를 통해 여인은 자신의 저항을 누그러뜨리고 풀어버리면서 거의 세포 차원에서 열림을 경험하게 되었다. 통증을

변화시키려 하지 않고 그냥 둥둥 떠다니게, 그냥 그 공간에 있게 두었
다. 심지어 통증을 제거하려 하지도 않았다. 통증을 그냥 있는 그대로
맞이하는 것, 이것이 '고통 명상 1단계'이다(이 장章 뒤편 참조).

대부분의 경우 통증이 몸에서 일어나면 우리는 통증 주위로 움츠
러든다. 그러면 우리의 저항과 두려움, 불쾌감에 대한 공포가 통증을
증폭시킨다. 그것은 마치 이글거리는 잿불을 맨손으로 움켜쥐는 것과
같다. 세게 쥘수록 손에 더 심한 화상을 입게 된다.

우리는 통증이라 부르는 것의 대부분이 실은 우리의 저항, 몸의 경
험을 통해 반사된 정신의 경직 현상임을 확인했다.

그녀는 통증 주위를 부드럽게 하면서 통증이 몸에서 자유로이 떠다
니게 하였다. 그러자 정신 속의 온갖 관념과 두려움도 말랑해지기 시
작했다. 저항을 강화하고 통증의 크기를 부풀렸던 '고통', '종양', '암'
같은 관념들도. 현실을 비상사태로 몰아넣었던 갖가지 개념과 모델들
도 말이다.

조그만 힘도 가하지 않고, 정신이나 몸에 아무런 행동도 하지 않으
면서, 그녀는 끔찍한 생각과 살벌한 이미지들이 흩어지도록 놔두기
시작했다. 그것들에 널찍한 공간을 줌으로써 가만히 멀어지도록 했
다. 자기 몸에 넉넉함과 유연함을 일깨우면서, 그녀는 더 이상 통증과
전투를 벌이지 않았다. 불쾌감의 제거를 목표로 돌진하는 우악스러운
저항을 다독거렸다. 그녀는 감각들 속으로 파고들어가 '통증'이라 부
르는 그것이 실제로 무엇인지 관찰하기 시작했다. 그녀가 나중에 말
하길, 그것은 예전의 생각과는 판이하게 다른 일종의 흐름이라고 했
다. 주의를 기울여 통증을 똑바로 겨냥하면서, 그녀는 순간순간 자기
경험의 진실을 탐험하기 시작했다. 그녀는 이렇게 말했다. "나는 수년

동안 통증 속에서 살았어요. 하지만 통증 속으로 들어가 그것을 관찰하기도 전에 통증을 지레짐작하고 벌벌 떨었어요." 이제 그녀는 관찰하기 시작했다. 이 감각의 느낌은 어떻지? 화끈거리나? 얼얼한가? 한 곳에 머물러 있나? 옮겨 다니나? 흔들리나? 어떤 색깔이지? 그 형태는? 뒤엉켜있나? 정신이 그토록 쉽사리 고통과 위기로 단정해버리는 그 경험은 사실 무엇일까?

이 부드러운 의식과 광활한 공간을 확대하여 느긋함과 감수성을 키우는 일, 이것이 '고통 명상 2단계'이다.

그녀는 전에는 시도하지 못했던 수용과 열림의 자세로 등과 다리에서 일어나는 감각들을 맞이했다. 그녀는 평생 무서워 뒷걸음쳤던 그것을 탐험하기 시작하면서, 매 순간 일어나는 강렬한 감각을 뚫고 들어갔다. 후에 그녀는, 고통에서 물러서지 않고 더욱 깊이 파고들던 이 순간을 회상하며 이렇게 말했다. "이 관찰을 통해 광활함을 느꼈어요. 전에는 도저히 생각하지 못했던 부드러움이었어요." 고통에 관한 직접 체험은 상상했던 바와 전혀 달랐다. 그녀는 자기가 통증이라 불렀던 느낌의 대부분이 사실은 자신의 저항이었다고 말했다. 그렇다. 압박과 긴장이 있었다. 하지만 '통증'이라는 말은 그 경험과 전혀 맞지 않았다. 그녀는 자신이 항상 달아나려 했던 것으로 과감히 뛰어들었기에 엄청난 만족을 얻었다.

그녀가 나약하게 물러섰을 때, 매 순간의 저항들은 통증을 증폭시키고 통증 주변을 경직시켜 주변에 긴장의 덩어리를 만들었다. 그녀의 고통 회피는 자신을 지옥으로 몰아넣으면서 날마다 불쾌감을 강화하고 부풀렸다. 그녀가 저항할수록 통증은 더욱 극심해졌다. 정신이 공포에 사로잡힐수록 그녀는 더욱 숨어들어갔지만, 결국 그녀가 숨을 곳은 지옥밖에 없었다. 이제 통증을 열고 들어가면서, 그녀는 실제 일어나는 상황을 바라볼 널따란 공간을 발견했다.

그녀는 거대하게 밀려오는 저항의 파도를 생생히 보았다고 말했다. 그 파도는 신경을 따라 퍼지는 이 새로운 열림의 물결을 가로막아 통증을 증폭시켰다. 저항을 놓아버리자 부드러움이 생겼고, 그 편안함은 고통을 다룰 공간을 만들었다. 그리고 놀랍게도 그 공간 속에서 통증이 둥둥 떠다녔다.

그녀는 참 묘하다고 말했다. 자기 인생의 그토록 많은 부분을 차지했던 걸림돌을 직접 경험한 것이 그때가 처음이었기 때문이다. 그 감각 속으로 열고 들어가면서, 그녀는 사실 통증이 한 장소에 머물지 않고, 심지어 한 가지 형태로 있지도 않음을 보았다. 그것은 마치 흔들리면서 끊임없이 분열하는 아메바 같았다. 통증은 상상과는 달리 이글거리는 레이저빔이 아니었다. 똘똘 뭉쳐진 통증의 마디 같은 것도 없었다. 그보다는 수많은 일시적 감각들의 모임이었다. 때로는 뜨거움으로, 때로는 욱신거림 또는 짓누름으로 느껴졌다. 저항을 놓아버리면서, 정신 속의 불안감이 한결 누그러졌다. 순간순간 감각들의 변화를 따라가면서 그녀는 자신의 경험과 하나가 되었다. 그리고 통증이 매우 명확한 탐구 대상이 되었기 때문에 정신의 안정을 찾을 수 있었다. 그녀는 그것이 마치 찬란한 태양을 들여다보는 것 같았다고 말했다. 처음에는 움칫 물러서고 싶었지만, 순간순간 경험 속으로 뚫고 들어감에 따라 자기 눈이 그 찬란함에 익숙해졌고, 나중에는 그 이글거리는 천체를 이룬 빛의 입자 하나하나를 볼 수 있었다고 했다. 이것이 '고통 명상 3단계'이다.

그녀는 자신이 고통을 제거하기 위해 사용했던 온갖 기법들이 오히려 저항을 미묘하게 키우면서 자신의 괴로움을 더욱 증폭시켰다고 말했다. 자신의 통증 경험을 똑바로 바라보기 전까지는 고통을 제거하려고 시도했던 모든 방법들이 뒷걸음치고픈 욕망, 즉 저항을 미묘하게 강화시켜 놓았던 것이다. 그녀는 자신이 그토록 필사적으로 멀리하고 싶었던 것과 한동안 하나가 되었다. 그녀 말에 따르면, 고통 밀어내기는 자신의 죽음에 대한 두려움과 삶을 움켜쥔 안감임을 교묘히 부풀려 놓았다.

그녀는 자신의 통증에 대한 반응을 삶에 대한 저항을 보여주는 거울로 삼아 정신 속에 얼마나 많은 장애물이 있는지, 삶과 죽음에 대한 두려움이 얼마나 큰지 알게 되었다. 일단 그녀가 고통과 저항의 특성을 꿰뚫어보자, 고통은 더 이상 적이 아니었고 불쾌감을 가라앉힐 다른 방법도 이용할 수 있게 되었다. 더 이상 자신의 의식을 고통에서 억지로 떼어놓으려 하지 않으면서, 그녀는 자기 고통을 신뢰하고, 그 주위를 열고, 의식에 상당한 안정감을 가져올 수 있었다.

우리 고통의 상당 부분은 우리의 아픔을 안쓰러워하는 주위 사람들이 키워놓는다. 사실 도움을 주려는 많은 사람들(의사, 간호사, 가족이나 연인, 치료사 등)이 자신들의 고통에 대한 두려움 때문에 오히려 저항을 심화시킨다. 그들은 "아이고, 이 불쌍한 사람!" 같은 말을 던지거나, 눈살을 찌푸림으로써 환자들의 고통을 더욱 부풀려놓는다. 마음속에 고통을 위한 공간을 갖지 못한 사람들, 즉 고통을 도저히 받아들이지 못하는 사람들은 좀처럼 다른 사람을 곧장 고통의 경험 속으로 이끌 수 없다. 괴로움을 심화시키는 저항과 장애물을 가라앉힐 수도 없다. 대다수 사람들에게 고통은 비극일 뿐이다. 고통에서 심오한 탐구의 기회를 보는 경우는 매우 드물다. 어떤 사람이 고통을 열고 들어가 그것을 탐험한 뒤 이렇게 말했다. "그것은 단순히 내 척추나 머리나 뼛속의 통증이 아니었습니다. 그것은 내가 도망쳤던, 나 자신을 감옥에 넣었던 내 인생의 모든 아픔이었어요. 나는 몸속의 이 통증을 지켜보면서 내가 인생 속에, 내 정신 속에 고통을 위해 마련한 공간이 얼마나 비좁았는지 깨달았습니다."

이런 명상을 실행해본 많은 사람들은 자신들이 이해 못한 것이 그저 몸속의 통증뿐이 아니라고 말한다. 두려움, 나태함, 불안감, 자기의혹, 분노 역시 자신들이 항상 피해왔고, 한 번도 파고들지 못했던 감정이라고 한다. 그들은 줄곧 불쾌한 것은 무엇이든 피하도록 길들여졌기 때문에 죽음을 상대하지도, 삶 속에서 자신과 정면으로 마주서지도 못했다. 불쾌감은 항상 그들의 감방을 지키는 간수였던 것이다.

많은 사람들은 자기들이 고통을 맞이하면서 인생을 힘겹게 만든 장애물 역시 맞이하게 됐다고 말한다. 그들은 분노가, 두려움이, 인생 자체가 무엇인지 알기 시작했다고 한다. 우리가 그것들의 난폭함을 깨닫기 시작할 때 삶은 열리기 시작한다. 몸이 고통에 시달릴수록 정신의 공포심은 더욱 큰 불안을 일으킨다. 그래서 많은 이들이 자기 고통과 친구가 되고, 최대한 느긋하게 고통을 맞이하고, 있는 그대로의 고통을 탐구하기 시작한다. 몸의 통증뿐 아니라 정신의 괴로움까지도 말이다. 분노의 밑바닥을 들여다보면 좌절감, 즉 자기가 원했지만 실패했거나 이루지 못한 욕망이 숨어있는 게 보인다. 이 좌절감을 파고들면 그 아래에서 크나큰 슬픔이 드러나고, 더 깊이 내려가면 지극히 거대한 사랑이 나타난다. 과거에 우리를 옭아맸던 이런 갖가지 정신 상태들을 파헤치면서 우리는 자신과의 매혹적인 미팅을 하게 된다. 각각의 정신 상태 속으로, 몸속의 감각 하나하나 속으로 뚫고 들어가,

그 모두를 충실히 경험하라. 그러면 그것들은 더 이상 묘하고 신비스런 상태가 아니라, 그저 끝없이 변해가는 자욱한 구름, 존재의 광대한 공간 속에서 한없이 떠도는 한낱 형상으로 보일 것이다.

한평생 고통을 피해 달아났던 사람들은 도망치는 것만으로는 절대 고통을 뛰어넘을 수 없음을 깨닫게 된다. 그들의 온 생애는 항상 공하나를 공중에 띄워 놓고 절대로 땅에 떨어지지 않게 하려고 허둥대는 곡예사의 묘기나 마찬가지였다. 그들은 신체적 고통에 대한 자신의 반응을 탐구하다가 알게 된 두려움의 쇠사슬을 자르기 시작한다. 이제 그들은 지혜를 통해 얻게 된 열린 마음과 사랑 속에서 충실히 삶 안으로 들어가고, 죽음의 시기에 이르면 저항이나 몸부림 없이 육신을 벗고 떠나간다.

묘하게도 우리가 만나본 사람들 중에 자신이 지닌 두려움과 저항의 족쇄를 가장 깊숙이 탐구한 사람들은 가장 극심한 고통에 시달리던 사람들이었다. 고통 속에서 그들은 자신이 믿거나 상상했던 것들이 얼마나 하찮은 것이었는지 절감했다. 그들은 전에는 엄두도 내지 못했던 삶의 탐구 속으로 곧장 뛰어들었다. 그들의 고통은 준엄하면서도 자애로운 선생님이 되어 헛된 집착을 뛰어넘으라고 다그쳤다. 그러면서 더 깊이 파고들라고, 이 순간을 그대로 놔두라고, 다음 순간에 일어나는 것을 가만히 지켜보라고 자꾸자꾸 채찍질했다.

이럴 경우 그들의 상황은 무슨 일이 있어도 고통이 사라지길 바라는 사람의 죽음이 아니다. 그것은 인생이 얼마나 밀폐되어 있었는지 보는 열린 창문이다. 죽음을 뛰어넘는 담담한 삶의 수용이다. 이런 사람들은 알몸으로 진실을 향해 들어가는 사람들이다.

우리가 만난 사람들 중 통증이 없던 사람들은 자기탐구의 열의도,

괴로움을 파고들거나 놓아버리려는 생각도 별로 없었다. 그들에게 상황은 "별로 나쁘지 않았고", 그들은 과거에 삶을 피해 숨었듯이 죽음으로부터도 어떻게든 몸을 숨길 수 있으리라 믿었기 때문이다.

어쩌면 우리를 고통으로 밀어넣는 첫 걸음은 이 집요한 질문일지 모른다. "고통이 어디에서 오는 거야?" 정신에게 고통을 끊임없이 감시하는 사람들은 너무 무서워 자꾸만 저항하는 경우가 많다. 그리고 이 때문에 고통은 그들의 핵심 경험들 속에서 좀처럼 사라지질 않는다. 당혹감에 빠진 자기보호의 정신은 이렇게 고함친다. "이 고통이 언제 없어지는 거야?" 이 역시 다른 곳으로 도망치려는 그 교묘한 습성의 확대판이다. 오랜 세월 동안 길들여진 자기보호습성을 떨쳐버리기는 쉽지 않다. 그러나 결국 우리를 내면의 평화로 이끄는 것은 이런 질문들이 일으키는 적나라한 고통의 경험이다. 그러면 이런 질문이 따라온다. "고통이 누구한테서 왔지?" "고통이 누구를 떠나는 거야?"

고통에 대한 저항과 갈등에서 생기는 피로감은 우리를 깨어있기 어렵게 한다. 그것은 극도로 견디기 힘든 상황에서도 자유의 씨앗을 찾으려는 우리의 노력을 방해하고, 몸과 정신을 전부로 알고 매달리는 집착을 떨쳐내는 것마저 힘들게 한다. 고통에서 뒷걸음칠 때, 우리는 결코 깊이 들어가지 못하고, 절대 이 질문도 던질 수 없다. "누가 죽는 거지?"

척추 신경에 가해지는 통증이 너무 극심해 한순간도 가만히 있을 수 없을 경우, 우리는 '우리 인생을 통제'하게 해준 기관이 일으키는 엄청난 괴로움을 실감하기 시작한다. 고통을 적으로 보고 그것을 통제하려는 노력은, 오히려 괴로움을 증대시키고 주먹을 더 단단히 움켜쥐게 한다. 반면 고통이 몸과 정신 속에서 자유로이 떠다니게 할 능력을 길러내면, 불길이 이글거리는 지옥 같은 상황 한가운데에서도 통찰력을 얻고 심지어 평화까지 얻을 수 있다. 통제는 괴로움이다. 통제는 괴로움을 자기 전부로 보는 착각의 새장 속에 우리를 가둬버리는 쇠창살이다.

한동안 고통 속에서 살았던 많은 사람들은 통증이 엄습할 때 자기 인생이 다 끝난 것 같다고 말한다. 그들이 할 수 있는 생각이라고는 그저 "이 통증이 언제 사라질까?"뿐이다. 인생은 실과 매듭이 한데 뒤얽힌 실타래 같고, 마치 양탄자 뒷면의 헐거운 실밥과 엉뚱한 문양처럼 보인다. 그 견딜 수 없는 통증의 한복판에서 볼 때 그들의 일생은 혼돈의 도가니였다. 그러나 그들이 통증을 누그러뜨리고 그 안으로 열고 들어갔을 때, 또 통증을 경고등 삼아 고통을 뛰어넘기 시작했을 때, 양탄자는 저절로 뒤집어지고 마침내 앞면의 온전한 그림이 드러났다. 많은 사람에게 고통의 순간은 참으로 견디기 힘든 상황인 것 같다. 그러나 결코 견딜 수 없는 상황이란 없다. 마음 열림과 자기탐구는 우리를 고통 속의 자신에 대한 더 깊은 이해와 우리 원래 본성이 지닌 근원적 광대함으로 이끈다. 이것이 '고통 명상 4단계'이다.

그러나 흔히 통증이 몰려올 때는 정신을 모으기도 어렵다. 그래서 명상은 물론이고 간단한 말조차 하기 힘들다. 이런 상황에 빠진 이들에게 유용한 방법은 호흡을 세는 것이다. 내쉬는 숨을 열까지 세고 나서 다시 처음부터 세는 식이다. 만일 중간에 숫자를 잊으면 다시 '하나'부터 세기 시작한다. 들이쉬고, '하나', 들이쉬고, '둘', … 이런 식으로 열까지 센다. 그런 뒤 다음 날숨에서 다시 '하나'부터 시작한다. 이런 호흡 집중은 정신을 안정시키고 괴로움에서 오는 불안감을 가라앉힌다(다음 장章에 나오는 '폴'의 경험을 참조하라).

고통이 견딜 만해지면, 더 이상의 적은 없다. 오직 미지의 공간을 향한 탐구만이 있을 뿐이다. 인생은 또 다시 살 만한 세상이 된다.

우리가 주어진 상황을 적극성(패배가 아니라 승리인 진정한 '순응')으로 맞이할 때 고통받는 '희생자'는 사라진다. 이러한 순응의 자세를 가질 때 다른 곳으로 도망치려고 버둥대는 별개의 '고난자'는 없어지고 고통을 위한 널따란 공간이 생기기 시작한다. 그러면 그 속에서 모든 것이 녹아 통일된 '하나'가 된다.

고통에 대한 저항을 관찰하는 것은 삶에 대한 저항을 관찰하는 것과 같다. 항상 우리 곁에 있는 이 저항은 우리의 모든 지각을 좋음과 싫음의 필터로 걸러낸다. 매 순간 일어나는 우리의 경험은 반드시 희뿌연 베일 같은 이 필터를 통과한 뒤에만 마음속으로 들어온다. 고통을 관찰하면서 우리는 자신을 고통받는 희생자나 패배자로 보는 인식을 떨치고 그 너머에 있는 무언가를 발견한다. 편견과 비판에 대한 집착, 과거의 욕망 움켜쥐기는 우리의 뼈를 불사르는 화염보다도 더 지독한 고통을 일으킨다. 고통의 탐험은 생명으로 돌아가는 귀향길인 것이다.

극심한 통증에 시달린다고 호소하는 여성이 있었다. 나는 그녀에게 의식으로 몸을 훑어 내리는 고통 명상을 시작하라고 권했다. 천천히 정수리부터 시작해서 안면 근육을 거쳐, 목과 어깨를 쓸어내린 뒤, 가슴을 지나, 양 팔과 손가락으로 내려가는 것이다. 그런 다음 다시 가슴과 몸통을 지나, 엉덩이로 가서 양 다리를 훑어 내리면서, 온 몸을 명료한 의식으로 경험하고 관찰하는 명상이다. 각 통증 부위로 들어가면 그 지점을 파고들면서 그곳의 감각이 고통인지 두려움인지 찬찬히 관찰한다.

그녀는 몸 곳곳에서 엄청난 통증이 온다고 호소하면서 그 명상에 들어갔다. 그런데 한 곳 두 곳 몸을 들여다보기 시작하자, 자신이 통증이라 불렀던 것들 중 대부분이 사실은 두려움, 자기 상태를 변화시키고픈 열망이었음을 알게 되었다. 그녀는 이렇게 말했다. "사실, 내가 몸의 통증에 대해 나타낸 반응은 내 한평생의 축소판이었어요."

바로 이 시점에서 나는 고통과의 이 새로운 관계를 지극히 부드럽게 시작해야 한다고 강조하고 싶다. 우리는 한 발 두 발 가만히 내딛으며 정신의 오만한 습성, 그 맹목적 돌진과 겁먹은 줄행랑을 알아차려야 한다. 우리가 고통을 향해 열리면 마음도 열린다. 그렇지 않다면 이 과정은 다시금 '무언가를 하는 누구'를 만들어내는 또 하나의 극기훈련이 될 뿐이다. 고통 명상은 괴로움의 원인을 놓아버리는 것이지, 또 다른 헛된 정복도, 쓸데없는 영웅적 행위도 아니다. 영국 작가 C. S. 루이스가 자신의 책 《고통의 문제The Problem of Pain》에서 말했듯이, "고통이 엄습할 때는 많은 지식보다 약간의 용기가 더 필요하다. 또 많은 용기보다도 약간의 인간적 연민이, 그리고 무엇보다도 지극히 미미하나마 신의 사랑이 필요하다."

마음을 경직시키는 도피습성을 넘어 들어가면 항상 도망치며 사는 삶이 얼마나 긴장되고 고독한지 깨닫게 된다. 불만스러운 상태를 거부하는 해묵은 행동습성을 가만히 바라보면, 우리가 다 놓아버리고 사물을 있는 그대로 둘 때 정신이 얼마나 평안해지는지 깨닫게 된다. 고통을 들여다보면 연민이 생기고, 흔히 우리가 자신에게 얼마나 가혹한지 더 깊이 이해하게 된다. 우리는 두려움 속에는 두려워할 것이 아무것도 없음을 깨닫는다. 두려움은 자석 같은 마력으로 자꾸만 우리에게서 광대한 의식을 빼앗아가고, 우리의 괴로움을 우리 자신으로 착각하게 하는 일종의 정신 상태일 뿐이다. 두려움에서 벗어나는 유일한 출구는 두려움 안에 있다. 모든 저항의 감정들이 그렇듯이 두려움은 우리의 착각, 거짓 자아를 보호하려는 시도, 위기감에 의해 증폭된다.

두려움은 정신을 닫아버리고 우리를 충동적으로 만드는 위력을 지녔다. 그러나 두려움은 우리가 경계선에 이르렀음을, 미지의 영역에 다가가고 있음을 일깨워주기도 한다. 거대하게 엄습해오는 두려움은 우리에게 가장 적절한 반응이 가볍게 놓아버리는 것임을, 두려움을 인정하고 그 안으로 들어가는 것임을, 그래서 두려움과 하나 되는 것임을 일깨운다. 우리가 모든 것을 뛰어넘어 저절로 드러나는 진실 안으로 들어갈 수 있도록 말이다.

로즈는 엄청난 고통에 빠져 혼란과 적대감에 싸인 채 병원으로 들어왔다. 야심만만한 비즈니스 여성이었던 그녀는 평생을 매우 자기중심적으로 살아왔다. 로즈가 보기에 사람들은 '그저 자신이 원하는 모든 것을 얻으려 설쳐대고', 그러지 못하는 이들은 '어설픈 동정주의자의 가면 뒤에 숨으려는 얼치기들'일 뿐이었다. 간호사들은 그녀가 아주 까다로운 환자라고 수군거렸다. 어느 간호사의 표현을 빌리면, '정말 골칫덩어리'였다. 그녀의 투쟁적이고 독살스러운 성격 탓에 병문안을 오는 사람도 없었다. 심지어 가족들도, 장성한 자식들조차도, 그녀의 끊임없는 비난과 매몰찬 행동에 질려 사이가 멀어지면서 그녀를 찾지 않겠다고 했다. 로즈는 혼자였고, 돌아갈 곳도 없는 상황에서 극심한 고통에 시달리고 있었다. 하루하루 지나면서 로즈는 자신의 저항이 자기 상태를 점점 더 끔찍한 지옥으로 만들 뿐임을 깨닫게 되었다. 날마다 고통 속에서 뒤척이면서 그녀는 거의 견딜 수 없는 지경에 이르렀다. 그러던 어느 날, 자신이 남의 고통에 얼마나 냉담한지 깨닫게 되면서 마음속의 무언가가 풀어지기 시작했다. 마음이 서서히 녹으면서, 로즈는 도움을 주는 주위 사람들에게 조금씩 온화해져갔다. 그리고는 마침내 그녀를 평생 짓눌러왔던 고립과 두려움의 고통이 그녀의 마음을 활짝 열어젖혔다. 그러자 남들의 괴로움을 향한 연민의 파도가 덮쳐오기 시작했다. 로즈가 말했다. "중요한 건 내 고통만이 아니에요. 온 우주의 고통이지요." 로즈가 입원하고 얼마쯤 지났을 때, 간호사 하나가 내게 와서 그녀에게 예수님 그림 한 점을 갖다주었다고 말했다. 사랑스런 동물들과 어린 아이들에 둘러싸여 서있는 '선한 목자'의 그림이었다. 그 그림을 받았을 때, 로즈는 굵은 눈물을 뚝뚝 떨구며 이렇게 말했다. "오, 예수님. 저들을 용서하소서. 저들에게 자비를 베푸소서." 로즈는 자신의 고통을 만물의 고통으로 바라보았다. 그리고는 어떤 설명할 수 없는 계기로 자비로운 우주의 한복판에 내려앉게 되었다. 로즈는 자신의 고통으로 삶에 대한 저항을 불살라버리면서 마음을 활짝 열어젖혔다.

고통은 우리가 결코 상상도 못한 방법으로 우리를 사랑 앞에 열어놓는다. 우리가 고통에 신음할 때만큼 나약하고 무기력한 때는 없다. 로즈가 살아 숨 쉬는 모든 생명과 존재감을 공유하게 된 것은 모든 장벽이 무너지고 마음속의 응어리가 녹아 사라졌기 때문이었다.

우리가 자신의 고통을 자애롭게 맞이할 때 주위 모든 사람의 마음을 느끼게 된다. 우리는 자신의 온갖 저항, 갖가지 지배욕을 반드시 상대해야 하며, 더 이상 그것들을 떠안고 갈 수 없다. 고통을 맞이할 때 우리는 자신의 나약한 무지 앞에 활짝 열린다. 무엇이든 받아들이고 뛰어넘을 광대한 능력과 무한한 힘 속으로 들어간다. 삶에 대한 혐오가 아니라, 전에는 결코 경험하지 못한 새로운 경이로움과 삶에 대한 존경심을 안고서 말이다. 우리를 더욱 광활한 마음으로 이끄는 것, 본래의 우리를 더욱 깊숙이 경험하게 하는 것은 과감히 경계선놀이에 뛰어드는 이런 적극성이다. 고통에 대한 저항은 우리의 참본성을 보려는 맑은 눈을 가려버린다. 우리가 괴로움을 향해 열린다면 만물을 향해서도 열린다.

소아암 병동에서 화학요법 간호사로 일하는 친구가 하나 있다. 그 친구가 하는 일은 대개 애처롭게 여윈 팔에서 쓸 만한 혈관을 찾아내 치료용 약물을 주입하는 것이었다. 약물 투입에 12시간씩 걸리는 경우도 있다 보니, 그 과정은 어린 환자들에게는 아주 괴로운 경험이 되곤 한다. 아마도 그 친구는 아이들이 병원에 있는 동안 만나는 가장 끔직한 사람일 것이다. 그는 자신의 고통을 상대해본 경험이 워낙 풍부했기에 마음이 지극히 열려있었다. 그 친구는 병원에서의 자기 임무를 '사랑과 포용의 손 내밀기'라고 불렀다. 그의 안에는 자신을 위축시키거나 아이들의 괴로움을 키우는 것이라고는 거의 없었다. 그 친구는 아이들이 어떤 느낌이든 편안히 맞이하게 돕는 따스하고 열린 공간이었다. 그래서 아이들이 죽어갈 때 가장 많이 찾는 사람이 바로 그 간호사였다. 비록 그는 최악의 고통배달원이었지만, 동시에 최고의 사랑배달원이기도 했다.

참 아이러니해 보인다. 우리는 조건화를 할 때 고통을 회피하려하고, 불편을 일으키는 것을 혐오하지만, 우리가 진정 해야 할 일은 자신의 고통을 사랑하는 것이기 때문이다. 그것은 과거에는 생각하지 못했던 새로운 열림과 수용으로 고통을 맞아들이는 것이다. 고통을 붙잡거나 밀쳐내는 것이 아니다. 자신의 어떤 부분도 거부하지 않은 채 그냥 자기인식과 연민 속에 놔두는 것이다. 이제껏 온통 편협한 것들만 배워온 상황에서 열려있기가 얼마나 어려운지 인정하면서, 사랑과 온정으로 모든 변화를 맞이하는 것이다.

많은 사람들은 "하지만 어떻게 자기 고통을 사랑할 수 있어? 그건 일종의 웃기는 말장난 아닌가? 사람이 정말로 고통을 사랑할 수 있겠어? 말이야 쉽지만, 어떻게 진짜 그러겠어?"라고 말하며 코웃음 친다.

또 다시 조건화가 끼어들면서, 그건 불가능하다고 아우성친다. 우리는 상황의 희생자가 되고, 인생을 어떤 모델로 축소하고, 상황이 어때해야 한다는 자기만의 감옥에 갇힌다.

고통에는 갖가지 수준과 세기가 있음을 알아야 한다. 모든 고통들을 한결같은 편안함으로 맞이할 수는 없다. 어쩌면 도저히 맞아들일 수 없는 고통도 있을지 모른다. 만일 우리가 '거대한 고통'이 열릴 때까지 기다린다면, 광활한 공간으로 들어가 더 깊숙한 관찰을 하기는 거의 불가능할 것이다. 그런 열림을 위한 준비가 너무나 부족하기 때문이다. 하지만 우리가 일상의 만남이나 생활 속에서 조그만 통증, 실망감, 공포심, 정신의 동요, 마음의 위축 등을 상대로 경계선놀이를 시작한다면, 나중에 나타날 강적을 미리 대비할 수 있다. 매일 사소한 고통을 맞이하다 보면 거대한 고통도 상대할 수 있게 된다. 고통의 경계선놀이를 할 때는 크나큰 자애심을 지녀야 한다. 우리가 고통에 집중하고 계속 열려있으려면 상당히 확고한 자세가 필요하지만, 그 단호함의 속성도 알아차려야 한다. 그 단호한 자세는 슬그머니 다가와 개별적 자아라는 헛된 관념과 삶에 대한 저항을 일으키기도 한다.

우리가 남의 일을 대신해줄 수 없듯이, 다른 사람의 경계선놀이 역시 대신할 수 없다. 고통에 빠진 사람을 보살피면서 우리는 우리가 상대할 수 있는 사람은 자신밖에 없음을 깨닫는다. 우리는 다른 사람의 경계선을 밀어내지 않는다. 자신의 경계선만 파고들 뿐이다. 남에게 고통의 경계선놀이를 하라고 강요하거나, 우리의 당혹감 때문에 상대에게 진통제를 권하는 행위는 우리의 일이 아니다. 우리가 할 일은 오직 자신의 괴로움을 이해하고, 그를 통해 더 깊은 차원에서 상대를 돕는 것이다.

우리는 고통에서 탈출하도록 프로그램된 사회, 문자 그대로 매일 수천 톤의 아스피린을 삼키는 사회에서 살고 있다. 그래서 수많은 사람들이 무조건 고통을 피하도록 길들여져있다. 의사가 강력한 진통제를 처방하면, 대다수 사람들은 무턱대고 받아먹는다. 하지만 만일 당신이 고통에 빠진 환자를 상대할 때 아주 세심히 관찰한다면, 어느 순간 넌지시 적절한 대안을 제시할 순간을 포착할 수 있을 것이다. 그런데 그런 제안을 할 때는 고통스런 환자가 그 기법을 사용하면 "올바른 방법을 쓰는 것이야"라고 말하든가, "우리 충고를 받아들이면 좋아질 것이고, 안 그러면 악화될 것이다"라고 말해서는 안 된다. 그 제안은 당신에게 적합했다는 뜻에서, 가끔은 당신의 삶에 어떤 영향을 미쳤는지 말해주면서, 옳다거나 좋다는 어떠한 암시도 없이, 그냥 제시해야 한다.

어떤 친구가 내게 자기 어머니를 좀 만나달라고 했다. 그분은 암으로 죽어가고 있었는데, 자신이 곧 육신을 떠날 것을 알고 나와의 만남이 유익하리라 생각한 것이다. 내가 방에 들어섰을 때, 따스한 미소와 평온이 깃든 그분의 맑은 눈동자가 나를 맞이했다. 나를 부른 것은 그분의 필요 때문이 아니라 딸들의 두려움 때문임이 분명했다. 딸들은 널찍한 복도에 모여 어머니의 죽음을 맞을 마음의 준비를 하고 있었다. 그분은 의사의 권고에 따라 아마도 마지막이 될 가족과의 만남을 위해 방금 병원에서 왔다고 했다. 화학요법을 받고도 남은 흰머리 몇 가닥을 장난스럽게 비비꼬고 있는 모습에서 자기 몸에 연연해하지 않는 태도가 확연히 드러났다. 그분은 앙상하게 마른 자신의 몸을 아주 당연하게 받아들이고 있었다. 내가 그분에게 도와줄 것은 거의 없어 보였다.

방을 막 나오려던 나는 혹시 그분이 그렇게 생생히 느끼는 그 열린 상태에 어떤 방해물은 없는지 물어보았다. 그분은 모든 것이 다 좋다고 했지만, 다만 이따금씩 약간 붕 뜬 것 같고 정신이 몽롱한데 그 이유를 모르겠다고 했다. 물론 이런 현상은 신체 영양분의 변화, 체중 감소, 몸에 쌓인 독성 혹은 몸 상태의 갖가지 부작용 때문일 수 있었다. 그러나 나는 그것이 의사가 투약했다고 하는 강력한 진통제의 효과일 수도 있다고 생각했다. 그분은 별 고통이 없다고 말했지만, 의사들은 이렇게 말했다. "지금은 환자분께 아주 힘겨운 시기일 겁니다. 적어도 통증에 시달릴 필요는 없어요." 그러면서 의사들은 그분에게 상당한 고단위 진통제를 정기적으로 투여했다. 우리는 진통제를 먹었을 때 느낌이 어떤지에 대해 이야기했다. 그리고 나는 만일 원하신다면 진통제를 줄이고 고통이 명료한 의식을 좌우하는 어떤 경계선이 있는지 알아보라고 말했다. 고통을 증가시키지 않으면서 명료한 의식을 유지할 수 있는 지점을 찾아보라는 뜻이었다. 이것은 아주 미묘한 균형점인데, 자신이 적절하다고 느낄 경우에만 파고들어갈 수 있는 지점이었기 때문이다.

이 방법을 제안하면서, 나는 그분이 현재와는 다른 상태에 있기를 원하는 생각이 내 안에 조금이라도 있는지 세심히 들여다보았다. 내가 그분에게 최상이라고 믿는 어떤 것을 '팔아먹으려'는 어떤 미묘한 욕망이 있었는지 말이다. 하지만 그 제안은 그분이 어떤 것이라도 '해야 한다'는 강요의 의미가 조금도 없이 나온 것이었다. 그분이 적당하다고 느꼈을 때 '자기 뜻에 따라' 선택할 수 있는 단순한 대안일 뿐이었던 것이다.

나중에 그분의 딸이 말하길, 그 다음 날 어머니는 진통제를 줄였지만 몇 시간 뒤 한결 정신이 맑아졌고 통증도 심해지지 않았다고 했다. 그리고 며칠 후 그분은 숨을 거뒀는데, 사랑하는 가족들에게 둘러싸인 채 또렷한 정신으로 직접 다정하게 작별인사까지 건넸다고 했다. 그분은 자신과 주위 모든 사람들을 향한 사랑으로 자기 인생의 책임을 다 하면서 원숙한 인간의 상태로 죽음을 맞이했다.

이런 식으로 자신과 남들의 고통을 상대하는 사람들은 죽으면서 남들에게 어떤 부담도 주려 하지 않는다. 이들은 오직 자기만의 자연스런 방식으로 고통을 맞이하려 한다. 사실 죽어가는 환자들을 돌보는 사람들이 자기가 원하는 죽음을 환자에게 강요하는 것은 상당한 문제이고, 심각한 위험 요소다. 남들을 당신이 원하는 모습과 똑같이 만들 필요는 조금도 없다. 흔히 우리는 우리 아이들과 소중한 사람들이 우리가 원하는 모습을 취하게 하려다 마음대로 되지 않으면 좌절감을 느낀다. 하지만 우리는 심지어 자신의 고통과 저항을 위해서도 여유 공간을 만들고 아무 비판도 하지 않는다. 우리는 자신에게 열리고, 우주에도 열려있다.

고통에 대한 경계선놀이를 시작할 때 우리는 삶에 충동적으로 반응하지 않는 적극적 자세를 키워간다. 삶을 향해 다가가면서, 연민과 자기이해를 가지고 가만히 매 순간 속으로 들어가, 더욱 충실히 삶을 맞이하는 것이다. 우리를 잡아끄는 조건화 과정을 명확히 보게 될 때, 우리는 진정 우리 바깥에서 오는 것은 하나도 없음을 깨닫는다. 우리를 뒤흔드는 것은 정신과 마음의 해묵은 집착에서 오는 혼란과 고통일 뿐이다. 자기 운명을 통제할 수 없는 데 따른 무력감과 신체적 고통 같은 참담한 상황들이 마치 용해된 정신의 찌꺼기 같은 좌절감을 일으킨다.

몇 년 전 어느 날 밤, 나는 잠을 자다가 참을 수 없는 예리한 통증에 눈을 떴다. 신장결석 때문이었다. 나는 명상과 온욕을 반복하고, 내가 가르치는 통증완화법도 시도하고, 통증 주위를 열어 부드럽게 하면서 그날 밤을 뜬눈으로 새웠다. 나는 불쾌감으로부터 나 자신을 지키려고 움츠러드는 조건화된 저항을 생생히 볼 수 있었다. 다음 날 아침 의사를 찾아가 몸 상태를 진찰받았다. 의사가 진통제를 건네주었지만 나는 먹지 않았다. 하지만 몇 시간 동안 이어진 검사와 X-레이 촬영과 갖가지 병원 절차에 시달리면서 통증이 더욱 심해졌다. 이 시점에 이르러 나는 고통을 줄이기 위해 의사가 '약한 진통제'라며 건네준 알약을 삼켰다. 의사에게는 "그저 소나기는 피하는 게 좋겠죠"라고 농담조의 말을 건넸다. 하지만 진찰실로 들어오는 휠체어를 봤을 때 내 예상과는 딴판일 것을 알아챘어야 했다. 몇 분이 지나자 나는 한없이 가라앉는 몽롱한 상태에 빠졌다. 의료진은 턱이 가슴팍까지 늘어진 나를 휠체어에 싣고 검사 대기실로 밀고 갔다. 거기서 그들은 추가 X-레이 검사로 발견한 결과들을 확인했다.

흐리멍덩한 상태에서도 나는 전에 알던 두 간호사가 복도를 지나며 서로 수군대는 소리를 들었다. "저기, 레빈 씨 좀 봐. 굉장한 고통 속에서도 계속 명상을 하고 있잖아." 세상에! 나는 명상 중이 아니라고! 약에 취해 맛이 간 거지!

몇 분마다 치료사와 간호사들이 나타나 내 몽롱한 의식 속을 떠다니며 자기들의 고통에 대한 두려움을 과시했다. 누군가의 말, "있잖아. 신장결석은 무지 아프다던데. 통증이 애 낳을 때하고 거의 비슷하다지 아마." 참 고맙기도 하셔라! 또 다른 사람의 말, "오, 정말 끔찍하시겠어요. 진통제를 더 드시고 싶진 않나요?" 그들은 자기들의 고통에 대한 두려움, 삶에 대한 두려움을 유감없이 쏟아내고 있었다.

조금 뒤 의사가 나타나더니 전문의를 만나봐야겠다고 말했다. 그가 하는 말, "신장결석이 생긴 자리가 상당한 문제를 일으킬 수 있습니다. 정말 큰일이지요. 세상에, 정말 아프시겠어요."

그래서 우리는 온 세상이 꿈결처럼 둥둥 떠다니는 가운데 X-레이 차트를 팔에 끼고 곧장 신장전문의에게 달려갔다. 가는 중에 덜컹거리는 차 속에서 시달리고 몇 시간의 통증에 지친데다 몸이 흔들려 신장의 통증이 더욱 극심해졌다. 내 입에서는 저절로 이런 말이 터져 나왔다. "오 예수님, 제발 이 고통을 없애주소서!" 그러자 다음 순간 응답이 도착했다. "없애달라고? 지금 막 너한테 준 건데?"

다시 한 번 나는 깨어있기를 떠올렸다. 비록 오랜 세월 동안 조건화된 고통에 대한 저항이 아직도 활발했지만, 나는 괴로운 감각들에 더 큰 공간을 내주기 시작했다. 밀려드는 강물을 더 이상 막지 않았다. 자신을 희생자로, 괴로움에 빠진 환자로 보던 생각이 차츰 줄어들었다. 그러자 또 다시 고통은 자유로이 떠다니기 시작했다.

전문의의 진찰실로 들어가자, 의사가 X-레이 필름을 책상 옆의 희뿌연 투시장치에 걸어놓고 들여다봤다. 그리고는 몸을 돌려 책상 위의 편지칼을 집어 들더니 X-레이상에 나타난 신장결석 부위를 가리

키며 말했다. "당장 수술해야 합니다. 바로 이곳으로 들어가면 됩니다." 그러면서 의사는 편지칼로 내 몸의 옆구리를 나타내는 흐릿한 그림자를 비스듬히 그었다. 내가 보기에 그 동작은 영락없이 나를 당장 그 책상에 눕혀놓고 손에 든 편지칼로 배를 가르려는 자세였다. 그는 신이 난 듯 떠들었다. "아, 좋은 위치네요. 바로 여기 있으니 수술하기에 그만입니다." 그 의사의 그림자가 내 위에 어슬렁대는 모습을 상상하자 겁이 덜컥 났다. 내가 말했다. "아니, 괜찮습니다. 이 문제는 수술로 해결하고 싶지 않군요." 그러자 의사가 말했다. "하지만 만일 결석이 저 아래에 자리 잡으면 큰일 납니다." 나는 시간 내줘서 고맙다는 말을 남기고 서둘러 그곳을 나왔다.

집에 돌아오면서도 몸속의 진통제 때문에 정신을 가누기가 어려웠다. 하지만 약효가 가시기 시작하자, 다시 한 번 정신을 집중하고 통증 주위를 누그러뜨려 그 안으로 들어갔다. 나는 어떤 면에서는 의사들이 고통을 줄인다며 먹인 약이 나의 고통 상대하기를 방해함으로써 오히려 괴로움을 연장시켰음을 알게 되었다. 진통제의 효과가 사라지자 나는 한 번 더 고통과 그냥 머물면서 정신을 다시 가다듬을 수 있었다. 안개가 걷혔을 때 나는 요관에 생긴 결석을 겨냥하여 '시각화 명상'*을 시도했다. 그리하여 두 시간도 안 되어 결석을 몸 밖으로 밀어내는 데 성공했다. 쨍그랑! 결석이 변기 안에 떨어지던 그 소리. 내 평생 최고의 음악이었다.

나는 통증을 줄이려고 먹은 진통제가 오히려 내 괴로움을 연장시키는 과정을 보았다. 고통이 떠나기를 바랄수록 괴로움의 원인에 매달

---

* 마음속에 선명한 영상이나 이미지를 떠올려 그것에 몰입하는 명상 기법이다. ─옮긴이

리는 나의 집착은 더욱 커져갔다. 흥미로운 경험이었다. 나는 신장결석을 통해 많은 것을 배웠고, 그 깨우침에 감사한다. 그 경험을 통하여 우리가 나중에 개발한 많은 명상법들이 생겨나게 되었다.

나는 그 극심한 통증을 겪으면서 내가 나 자신을 고통스런 몸으로 생각하는 만큼 고통의 세기도 커짐을 보았다. 그러나 고통에 공간을 내주고 안으로 들어가, 단순히 고통을 겨냥하는 차원을 넘어 모든 고통이 떠다닐 공간을 느끼기 시작했을 때 그 힘겨운 경험은 완전히 달라졌다.

나는 메릴랜드 주 스프링그로브 병원에서 행한 실험을 떠올렸다. 암환자 전문병원인 그곳은 환자들의 통증을 줄이기 위해 척수신경로 절단술, 신경차단술 등 갖가지 극단적 통증 제거 시술을 실험하고 있었다. 그 실험에 많은 환자들이 참여했는데, 그들은 몇 달간 극심한 통증으로 위축되거나 다량의 진통제로 인한 몽롱한 의식 상태에 빠져있었다. 그들은 병상에서 일어날 수도, 일하러 갈 수도, 성관계를 가질 수도, 가족과 제대로 된 대화를 나눌 수도 없었다. 그러자 연구자들이 적절한 준비와 세심한 주의를 기울이며 환자들에게 적정량의 LSD* 같은 환각제를 투여해보았다. 그 약물에 의한 경험이 극심한 통증에 어떤 영향을 주는지 보기 위함이었다.

그 환자들은 자기 자신을 뛰어넘는 경험, 말하자면 초감각적 경험을 하게 되었다. 그들은 자연 속에 스며들거나 숲속의 나무로 변하기도 하고, 광대한 부처의 이마 속으로 휘황찬란하게 녹아들거나 광활한 예수의 가슴 속에 고요히 내려앉기도 하였다. 그러면서 거대한 우

---

* 극히 소량으로도 고도의 환각을 일으키는 화합물질이다. 미국에서는 1960년부터 유통이 금지되었다. - 옮긴이

주 에너지의 일부가 되는 감동을 맛보았다. 그들은 이 경험 뒤에 자기 고통과 완전히 새로운 관계를 맺게 된 듯했다. 예전에는 생각하지도 못한 새로운 존재가 되어본 환자들은 자신을 몸으로만 보거나 온통 고통으로만 보던 낡은 모델과의 동일시를 사정없이 깨뜨렸다. 그들은 자기 자신과 더 대범한 관계를 맺게 되었다. 전에는 무기력했던 환자들이 이 경험 뒤에는 몇 달간 아무 고통도 느끼지 않았다. 또 어떤 환자들은 척수신경절단술 같은 것은 잊어버리고, 그냥 아스피린으로 자기 고통을 다스리면서 다시 생기를 찾았다. 이 실험에 참가한 사람들이 모두 이런 경험을 한 것은 아니었다. 자신에 관한 광활한 체험을 하지 못한 사람들은 나중에도 계속 같은 고통을 겪었다. 하지만 초월적 경험을 한 사람들에게서는 굉장한 변화가 나타났다. 아마도 고통 자체가 사라진 것은 아니지만 고통을 담는 그릇, 즉 감각을 경험하는 공간이 엄청나게 커졌던 모양이다. 일어나는 모든 느낌을 담는 공간이 넓어진 것이다. 그들은 현실의 몸이나 유한한 정신 이상의 것이 있음을 보았다. 자신의 경계선이 확장된 것이다. 이제 그들은 고통이 다가오게 하기보다는 고통을 향해 다가가기 시작했기 때문에, 고통이 그들 경험의 전부가 되지 않았다. 그들은 모든 것이 둥둥 떠다니는 광활한 공간을 느끼기 시작했다. 이것이 '고통 명상 4단계와 5단계'이다.

  존재의 경험이 확대됨에 따라 고통의 경험도 변한다. 자신의 광대함을 직접 체험할 때, 우리는 고통 속에서 몸부림치는 이 존재가 '누구'인지 들여다보기 시작한다. 우리는 순간적인 생각의 변화와 밤하늘을 가로지르는 별들의 운행이 완전히 똑같은 에너지의 작용임을 보기 시작한다. 우리는 우리를 있게 한 거대한 과정을 지켜본다. 그 속에 빠지지 않고, 자기 고통이나 멜로드라마에 휩쓸리지도 않으면서, 우리는 우리 자신의 본질인 어떤 우주적 흐름을 맞아들인다. 스프링그로브 병원의 환각 실험은 어느 소아과 의사가 자기 환자들을 상대한 경험과 거의 유사하다. 그 의사가 말하길, 자기는 신생아들을 수술할 때 진통제를 거의 쓰지 않는다고 했다. "신생아들은 자기 몸과의 동일감이 거의 없고, 통증에 대한 저항도 미미해서 아마 감각이 떠다니는 공간이 훨씬 큰 것 같습니다." 그의 말에 따르면, 그것은 아기들이 통증을 못 느껴서가 아니라, 감각 주위로 쉽게 움츠러들지 않기 때문이다. "아이가 커갈수록 통증역치* 가 낮아지는 것 같습니다. 사람이 육체 안에 오래 머물수록, 자극의 수용 영역은 좁아지고 자기 몸과의 동일감은 커지지요. 아이들이 나이가 들수록 똑같은 자극에도 더 센 진통제가 필요합니다. 가령, 한 살짜리 아기는 고통강도 3등급에 해당하는 자극을 받고도 별 괴로움을 느끼지 않아요. 그냥 배를 쓰다듬어주고 포근한 말 몇 마디만 해주면 긴장이 충분히 풀어집니다. 그러나 아기가 두세 살이 될 무렵에는 아스피린이 필요할지 모릅니다. 대여섯이나 일곱 살쯤 되었을 때는 동일한 자극 때문에 한층 더 괴로워지고, 열 살 무렵에는 상당한 저항이 일어나 더 강한 진통제가 필요할 겁니다. 청년기에 들어섰을 때 그 정도의 고통은 아마 응급 상황이 되고 마취제 같은 것이 필요할 거예요."

우리는 자신을 이 몸으로 보도록 완전히 길들여져서, 주위로부터 고통에 대한 두려움을 너무 많이 빨아들였다. 때문에 고통이 일어나면 그것이 우리 의식을 통째로 삼켜버린다. 모든 여유 공간이 사라지고, 고통만이 세상의 전부가 되고, 그 순간은 최대한 신속히 제거해야

---

* 痛症易値, 인체가 통증을 느끼는 최소한의 통증 강도다. - 옮긴이

할 응급 상황이 되는 것이다.

진정으로 괴로움을 끝내는 길은 신경감각을 차단하는 것이 아니다. 모든 사물이 어우러져 흐르고, 만물이 평화로운 근원적 본성을 체험하는 것이다.

병원에서 극심한 고통을 겪으며 죽어가던 여인이 있었다. 그 여인은, 많은 간호사들이 뻣뻣하게 병실로 들어와 베개를 매만지면서 그날 그녀의 모습이 좋아 보인다는 둥, 머리를 빗자는 둥, 립스틱을 발라주겠다는 둥 설쳐댄다고 말했다. 그리고 정작 필요한 도움은 조금도 주지 않고, 심지어 진정한 의미로 같이 있어주지도 않은 채 휑하니 방을 나가버린다고 했다. 그런데 어떤 간호사들은 그녀의 공간으로 가만히 들어와 그녀의 상황을 이해하면서 진심으로 마음을 나눈다고 했다. "자기 고통에 열려있는 사람들은 내 고통에도 열려있었어요. 반면 뒤로 숨는 사람들은 겉만 그럴듯하고 항상 도망칠 구멍만 찾았지요."

존재의 광대한 공간에서는 모든 소리, 감각, 느낌, 이미지가 거대한 의식 속에서 순간순간 변화하며 그저 떠올랐다 사라지는 거품들처럼 보인다. 그 광활한 공간으로 들어가는 명상을 통하여 우리는 우리 바깥에서 일어나는 것은 아무것도 없음을 보게 된다. 모든 것이 의식의 창공을 흘러가는 뜬구름일 뿐인 것이다.

어떤 사람들은 고통 명상을 시작하다가 상당한 거북함을 느끼기도 한다. 이것은 우리가 자신의 모습에 관한 헛된 관념을 얼마나 단단히 움켜쥐고 있는지를 보여주는 신호다. 우리는 얼마나 우악스럽게 자기 고통을 틀어쥐고 있는가! 여유 공간은 얼마나 비좁기만 한가! 그런데 이 갑갑한 족쇄가 풀리기 시작하고 모든 것을 존재의 광대한 공간에서 경험하려는 순간, 마치 절벽에서 떨어지려는 몸뚱이를 움켜잡듯 순간적인 집착이 일어날지 모른다. 이것은 죽음에 대한 공포, 버팀줄 놓기의 두려움과 같다. 우리는 그 공간이 우리의 원래 본성, 우리의 유일한 진짜 안식처임을 깨닫지 못한 채 다음 걸음을 떼어놓으면 까마득한 아래로 떨어질까봐, 아무것도 우리를 받쳐주지 않을까봐 벌벌 떤다.

고통의 뿌리를 잘라내려면 본래의 자신을 직접 체험해야 한다. 존재의 광대한 공간으로 들어가야 자신을 육신이나 정신으로 믿는 착각을 넘어설 수 있다. 우리는 자신이 경험 앞에서 자꾸 위축되고 있음을 모른다. 사실 우리가 짊어진 괴로움들의 뿌리에는 우리가 가진 원래의 광대한 본성을 잃어버린 상실이 있다. 우리가 우리의 원래 본성을 맞아들이기 시작할 때 삶에 대한 저항도, 윗입술을 앙다물고 쫓아갈 욕망도 더 이상 얼씬거리지 않는다. 그러면 우리는 만물을 포용하는 열린 마음의 위력을 실감한다. 삶을 조종하려는 버팀줄을 놓아버릴 때, 우리는 가장 지독한 괴로움, 즉 개별적인 '나'의 자기보호와 사무치는 고립감에서 벗어날 자유의 불빛을 만난다.

"고통 받는 자는 누구야?"라는 외침이 메아리가 되어 허공에 울려 퍼진다. 우리는 이 '누구'조차도 존재하지 않음을 느낀다. 다만 '있음(is-ness)'이 존재할 뿐 따로 떨어진 것은 하나도 없다. 이 '있음'의 본질은 사랑이다.

유도자를 통한 고통 명상

- 이 다섯 가지 명상법을 친구에게 아주 천천히 읽어주거나 혼자서 나지막이 읊조린다.

고통 명상 1단계: 통증 주변 열기

편한 자세로 눕거나 앉으라. 그 자리에서 자세를 바로 잡아 온몸이 충분히 깨어있게 하라.

당신의 주의를 불쾌한 감각이 있는 곳으로 모으라.

주의를 그 부분에만 오롯이 기울이라. 의식을 깨어있게 하고, 순간순간 거기서 얻어지는 감각들을 받아들이라.

그 불쾌감을 그대로 느껴라.

순간순간 올라오는 새로운 감각들을 느껴라.

통증에 대항해 살이 움찔하는가? 몸이 그것을 단단히 움켜쥐는지, 그것을 차단하려 하는지 느껴보라.

몸이 그 감각 근처의 모든 부분을 열게 놔두라.

감각을 가로막는 저항과 긴장을 느껴보라.

통증을 밀어내지 말라. 그냥 거기 있게 하라. 몸이 그것을 어떻게 고립시키려 하는지 느껴라. 어떻게 그것을 조여 누르는지 느껴라. 그 움켜쥔 주먹을 그려보라. 몸이 어떻게 저항으로 웅크리는지 느껴라.

몸이 어떻게 새로운 감각들을 받아들이는지 느껴라.

서서히 감각 주변의 뭉쳐진 부분을 열기 시작하라. 아주 미미한 저항도 지극히 고통스러울 수 있다. 열어라. 부드럽게 하라. 그 감각 주위의 모든 것을.

순간순간 그 움켜쥔 주먹이 펴지게 하라. 감각에 넉넉한 공간을 내주라.

통증을 놓아버리라. 왜 한순간이라도 붙잡고 있는가?

마치 불타는 잿불을 움켜쥔 듯이, 그 오므려진 주먹의 속살은 시커멓게 타들어간다. 열어라. 감각의 주변 전부를 부드럽게 하라. 저항의 주먹을 펴기 시작하라. 열기 시작하라.

주먹의 손바닥이 말랑해진다. 손가락의 힘이 빠지기 시작한다. 열린다. 감각 주위 모든 것이.

주먹이 풀린다. 점점 열린다. 순간순간 통증을 놓아버린다. 통증을 둘러싼 두려움을 풀어주라.

통증 주변에 쌓인 모든 두려움을 바라보라. 두려움이 녹아내리게 두라. 긴장을 풀어 감각이 아무데로나 퍼져가도록 놔두라. 통증을 붙잡으려 하지 마라. 그저 자유로이 흐르게 하라. 더 이상 저항의 손아귀로 붙들지 마라. 부드러워진다. 통증 주변 모든 것이 열린다.

주먹이 열린다. 손가락들의 힘이 풀리고 하나하나 벌어진다.

통증은 이제 저항에 묶여있지 않다. 열린다.

통증을 부드럽게 하라. 통증을 그대로 두라. 이 경험을 짓누르려 하는 저항을 놓아버려라. 각 감각이 의식 속으로 충분히 들어오게 하라. 붙잡지 말고. 밀쳐내지도 말고. 통증이 몸속을 자유로이 떠다니기 시작한다.

모든 주먹이 풀린다. 그저 순간순간 의식과 감각의 만남이 있을 뿐. 말랑해진 살이 모두 받아들인다.

주먹이 열려 보드랍고 널찍한 손바닥이 나온다. 손가락들이 벌어진다. 주먹이 풀어져 부드럽게 열린 속살로 돌아간다. 아무 긴장도 없다. 아무 덩어리도 없다.

몸을 부드럽게 열어두라. 감각이 자유로이 흘러가게 하라. 편안히. 가만히.

통증 주위의 모든 것이 부드럽게 열린다.

그냥 느낌만 있다. 부드럽게 열린 몸속에서 자유로이 떠다니는 느낌만.

고통 명상 2단계: 충분한 긴장이완, 고요에 잠기기

몇 차례 깊은 숨을 쉬고 편안한 자세로 자리 잡으라.

정수리에 주의를 끌어 모으라.

정신을 가라앉히고 정수리에서 일어나는 무수한 감각을 받아들여라.

어떤 느낌이 오는가? 따끔거림? 뜨듯함? 빡빡함? 딱딱함? 일어나는 느낌이
무엇이든 오롯이 의식 속으로 들여보내라. 부드럽게 열린 정신이 모두 받아
들이게 하라.

감각들이 들어오면, 의식이 다다르는 모든 곳에서 그것들을 가만히 지켜보
라. 천천히 의식을 움직여 몸을 샅샅이 훑어 내리라.

얼굴의 조직과 근육에서 오는 감각을 느껴라. 의식이 들어가는 곳마다 온기
를 넣어 얼굴을 구석구석 부드럽게 하라.

당신의 주의, 그 집중의 느낌을 기울여 온 얼굴을 훑어 내리라. 귀 뒤편에서
부터 모든 긴장이 풀어지게 하라.

눈 주위의 근육을 풀라. 뭉친 것이 녹아 없어지게 하라. 당신이 어떻게 보려
고 '애쓰는지' 알아차리고 눈을 부드럽게 하라.

턱으로 내려가라. 턱 근처의 모든 긴장이 흩어지게 하라. 얼굴이 완전히 부
드러워지도록 풀어지게 하라.

주의를 계속 목으로 향하라. 근육과 살을 느껴보라. 순간순간 부드러운 열림
속에서 감각들이 올라온다.

각 감각을 받아들일 때마다 그곳의 긴장이 풀어진다. 감각이 하나씩 부드러
워진다. 그 부분이 열린다.

어깨로 내려가라. 뼈와 인대, 근육과 살 모두 부드러워진다.

붙잡을 것도 없고, 버틸 것도 없다. 그냥 어깨를 부드럽고 편하게 두라. 지극
히 느긋하게. 긴장을 놓아버려라. 아무것도 붙들지 말라.

주의를 서서히 양 팔로 내려보내라. 각 손의 피가 손가락으로 흘러가는 것을 느껴라. 어깨, 팔, 팔목, 손가락에 쌓인 모든 긴장을 풀어버려라.

가슴과 배를 느껴라. 몸통을 느껴라. 그 안의 감각을 느껴라. 각 기관에 의식을 집어넣어 그것을 부드럽게 하라. 위장이 편해진다. 폐가 자유로이 숨 쉰다. 모두 편안히 움직인다. 몸통에, 가슴에 쌓인 모든 덩어리를 풀어버려라.

그저 호흡이 저절로 이뤄지게 하라. 열리고 따스한 의식 속에서. 붙잡을 것도, 밀어낼 것도 없다. 그저 감각을 받아내는 의식이 있을 뿐. 순간순간 온화한 고요 속에서.

등을 느껴라. 주의를 천천히 척추를 따라 내려보내라. 등뼈를 하나하나 누그러뜨려라. 모든 긴장, 온갖 덩어리가 풀어지고 녹아 없어진다. 순간순간 어떤 긴장, 어떤 저항, 근육과 살 속에 맺힌 어떤 덩어리도 풀어진다. 말랑해진다. 계속 의식을 옮겨 천천히 몸을 쓸어내려라. 허리로. 엉덩이로. 모두 지극히 풀어진다.

의식을 항문에 이르게 하라. 사소한 긴장이라도 있다면 누그러뜨리라. 조그만 뻣뻣함이라도 놓아버려라. 골반을 지극히 편안하게 하라.

넓적다리를 느껴라. 어떤 덩어리가 있는가? 살과 근육이 몸으로 녹아들게 하라. 각 감각이 일어나는 순간마다 긴장이 하나씩 풀려난다. 부드러워진다. 더욱 깊어진다.

무릎으로 가라. 어떤 뻣뻣한 느낌이 있는가? 다 놓아버리라.

종아리로 가라. 발목으로 가라.

의식을 머리에서 발끝으로 천천히 옮기면서 몸의 구석구석으로 충분히 들어가라.

발바닥을 느껴라. 욱신거림. 흔들림. 매 순간 몸을 부드럽게 하라.

발끝에서 발끝으로 의식을 옮겨라. 먼저 양 발의 엄지발가락으로 가라. 다음은 두 번째 발가락으로. 그리고 다음. 또 그 다음으로. 각 발가락에서 빠져나오는 피를 느껴보라. 온 몸이 부드럽게 열린다.

이제 발가락에서 시작해서 발바닥, 발목을 거쳐 온 몸을 포근한 고요로 채워가기 시작하라.

종아리로 올라가라. 무릎으로 가라. 몸을 차곡차곡 고요함으로 채워가라. 거대한 정적으로. 각 근육마다 긴장을 풀어놔라. 정적 속에서, 고요한 공간 속에서 심지어 뼈까지 말랑해질 듯이.

엉덩이로 올라가라. 지극한 고요. 그리고 열림.

배로 들어가라. 뱃속의 온갖 기관들에 정적이 차오른다.

가슴으로 가라. 그냥 그대로 부드럽게 호흡하라. 고요가 폐를 채운다. 심장이 거대한 고요 속에 가라앉는다.

척추가 깊은 정적으로 채워진다. 지극한 평화와 편안함으로. 그 고요 속에서 온갖 감각들이 자유로이 오고 간다.

팔과 어깨로 간다. 팔꿈치와 손으로 간다. 고요가 몸을 채운다. 정신을 잠재운다.

목으로 간다. 턱으로, 목구멍으로. 정적. 고요. 열림. 서서히 고요가 얼굴 전체에 차오르게 하라. 온 얼굴―눈, 코, 입, 귀―그저 이 고요 속에 떠다니는 감각들로 가득하도록.

고요가 정수리까지 온 몸에 차오르게 하라.

몸이 침묵한다. 순종한다. 잠잠해진다.

이제 다시 의식으로 몸을 훑어가면서, 온정과 인내를 세포 하나하나에 불어넣으라. 각각의 근육 섬유, 피부 껍질 속에 깊숙이 스며들게 하라. 인대 속에, 조직 속에. 몸이 온화한 고요 속에 녹아들게 하라.

온 몸을 고요로 가득 채우라. 심오하고 광활한 부드러움으로.

고요가 당신을 삼키게 하라.

그 고요 속에 포근히 머무르라.

고통 명상 3단계: 고통 탐구하기

최대한 편한 자세로 눕거나 앉으라. 몇 차례 깊숙한 호흡을 하면서 그 자세로 차분히 자리 잡으라.

의식을 몸 안으로 기울여라. 서서히 의식을 옮기면서 감각이 오는 부분을 겨냥하라.

그 감각 주위를 부드럽게 하라. 그 근처를 모두 부드럽게 열어놓으라.

몸의 조직들을 부드럽게 하라. 살을 말랑하게 하여, 아무것도 통증에 달라붙지 못하게 하라. 인대를, 근육을 부드럽게 하라.

통증을 밀어내지 말라. 그냥 거기 있게 하라. 몸이 통증 주위를 누그러뜨리게 두라. 그곳을 열게 하라.

통증을 그냥 그대로 두라.

그것을 붙잡지 말라. 저항하지도 말고, 그냥 부드럽게 열라.

통증이 몸 안에서 자유로이 떠다니게 하라. 그 감각을 광대한 의식 속에서 느껴라.

천천히 온몸이 열린 공간이 되게 하라. 아무 장애도 없이, 아무 긴장도 없이.

통증 주위의 모든 것을 놓아버리라. 거의 세포 차원에서 살을 부드럽게 하라. 살이 말랑하게 열리도록 하라. 움츠러들지도 말고, 밀어내지도 말고. 온몸을 부드럽게 하라. 심지어 뼈까지. 뼈의 조직까지.

부드럽게 열어놓으라. 감각이 있는 전 지역을.

호흡하면서 어떤 긴장도 놓아버려라. 몸이 저절로 숨 쉬게 하라. 몸이 열린 공간이 되게 하여 감각을 조금의 방해도 없이 받아들이게 하라.

그러면서 정신 속에서 긴장을 일으키는 고통에 대한 생각과 관념을 살며시 놓아버려라. 만일 '종양'이나 '암' 같은 생각들이 두려움을 일으키면, 그런 생각을 모두 누그러뜨리라. 두려움을 놓아버려라. 두려움이 정신 속에서 둥둥 떠다니게 하라. 고통에 대한 관념, 탈출하고픈 욕망, 함정에 갇힐 것 같은 두려움 등 무엇이든 그냥 바라보라. 그것들 근처를 틀어막지 말라.

그러한 생각들이 저절로 일어났다 사라지게 하라. 그것들 주위를 모두 부드럽게 하라. 해묵은 생각들은 해묵은 저항을 일으킨다.

몸의 저항, 정신의 저항을 놓아버려라. 각 경험이 부드럽게 열린 몸속에서 떠다니게 하라. 정신의 광대한 공간 속에서.

두려움이 탈출구를 찾는지 지켜보라. "언제 이 통증이 끝날까?" "고통이 어디에서 오지?" "통증을 어떻게 없앨 수 있나?" 이런 생각들이 고통을 키운다. 그리고 몸과 정신을 위축시킨다.

이 순간을 충실하게 받아들여라. 정신을 부드럽게 열고 온순하게 만들라. 어떤 생각이라도 일어나게 하라. 그냥 왔다가 가게 두라. 조금도 당신 자신을 보호할 필요 없다. 숨을 것도 없다. 조금도 저항하지 말고, 그냥 정신을 유연하게 열어놓으라.

몸이 거대한 바다가 되게 하라. 각각의 감각들이 그 수면 위에서 가벼이 떠다닌다.

몸이 열리면서 유연하고 부드러워지게 하라. 단단한 껍질이 녹아내린다. 뻣뻣한 덩어리가 망망한 의식의 바다에서 흩어진다. 몸의 바다에 떠있는 감각의 파도를 느껴라. 그 고요한 심연을 느껴라. 부드러워진다. 드넓게 열린다.

이제 당신의 주의를 옮겨 가만히 통증으로 향하라. 경직되지 말라. 통증을 밀어내려 애쓰지도 말라. 주의를 곧바로 감각 속으로 들여보내라. '통증'이라 부르는 경험을 관찰하라.

이 경험은 실제로 무엇인가? 통증이란 무엇인가?

만일 정신이 그 감각에 접근하면서 불안정해지면 순간순간 그 부근에서 나타나는 감각의 흐름을 바라보라. 주의를 곧장 감각 속으로 들여보내라. 통증을 생생히 체험하라. 통증은 적이 아니다.

바로 이 순간 통증의 실체를 탐구하라. 그 질감은 어떠한가? 매 순간 감각의 변화 속으로, 불편한 지점 한복판으로 깊숙이 들어가라. 그 감각의 성격, 본질은 어떠한가?

몸과 정신을 부드럽게 열어놓으라. 이 순간의 진실이 집착도 두려움도 없는 정신 속에서 저절로 드러나게 하라.

그 감각의 '느낌'은 무엇인가? 뜨거운가? 차가운가? 정신이 매 순간 감각의 흐름 속을 뚫고 들어가게 하라.

그것은 한자리에 멈춰있는가?

움직이는가?

둥글고 딱딱한가?

납작하고 부드러운가? 몸을 꿰뚫고 지나가는 덩굴줄기 같은가?

당신의 주의가 그 감각에 스며들게 하라. 그것과 하나 되게 하라. 끝없이 변해가는 흐름의 한가운데에서 의식이 매 순간의 변화를 잡아내게 하라. 감각의 조각 하나하나에 침투하게 하라. 일어나는 각각의 감각들을 그대로 받아들여라. 마치 아름다운 멜로디를 찬찬히 듣는 것처럼, 하나하나 뚫어지게 관찰하라. 자신을 밀어붙이지 말라. 물러서지도 말라. 그냥 그 순간 속으로 충실히 들어가라. 매 순간 감각의 흐름 속에 빠져들라.

그것은 단단한가? 아니면 끊임없이 변화하나?

한자리에 멈춰있나? 혹시 아메바처럼 끊임없이 변해가나? 한 곳에서 다른 곳으로, 이 순간에서 저 순간으로 움직이지는 않나?

정신이 감각과 하나 되게 하라. 부드럽게 열린 채로. 곧바로 들어가라. 정신과 몸의 어떤 긴장도 알아차리라. 부드럽게 하라.

관찰하라. 이 감각은 무엇인가? 단단한 덩어린가? 아니면 자꾸만 움직이나? 이 감각은 매듭으로 느껴지나? 아니면 압력으로? 따끔거림으로? 진동으로? 색깔은 어떤가?

무거운가, 가벼운가?

순간순간 변화한다. 감각이 일어났다 사라져간다. 한 찰나에서 다음 찰나로. 그 흐름 속으로 들어가라. 일체의 저항을 내려놓으라. 무언가 해야 한다는 일체의 관념을 놓아버려라. 당신 자신의 진실을 발견하라. 감각은 그냥 광대한 의식의 바다를 둥둥 떠다닌다. 끝없이 변하면서. 순간순간.

그 감각은 한 개의 점인가? 아니면 시시각각 변하는 무수한 자극들인가?

묵직하고 화끈거리나? 아니면 가볍고 서늘한가?

조금도 힘들이지 말고, 곧장 매 순간 감각의 경험 속으로 들어가라. 열어라. 부드럽게 하라. 정신과 몸의 저항이 녹아 없어지도록.

유연하고 열린 정신으로 관찰하라. 드넓은 마음으로 그 경험을 파고들라. 열린 몸으로. 열린 정신으로.

가만가만, 조금씩, 감각의 한복판을 열고 들어가라. 그러면서도 정신은 평온하고 깨어있게 하라. 감각을 있는 그대로 체험하라. 광활한 정신의 공간 속에서. 붙들지 말고, 생각조차 하지 말고. 그저 이 순간을 받아들이면서. 존재 자체의 생생한 경험. 순간순간 펼쳐지는 존재의 진실.

이제 살며시 당신의 주의를 옮겨 평탄한 호흡으로 되돌아오라. 그리고 원한다면 가만히 눈을 뜨라.

고통 명상 4단계: 의식의 공간 탐험하기

최대한 편한 자세로 눕거나 앉으라. 차분히 자리 잡으라. 온몸을 편안하고 부드럽게 하라.

그냥 의자 속으로 녹아 들어가라. 당신이 누운 침대 속으로 가라앉으라. 조금도 몸을 떠받치려 하지 마라. 붙잡으려 하지도 말고.

몸을 향해 주의를 기울여라. 그 밀집된 형체, 겉보기에 견고한 그 덩어리를 느껴보라.

몸에서 일어나는 감각들을 관찰하라. 뼈의 단단함을 느껴보라. 살과 인대와 근육의 물질. 몸의 밀집 상태와 그 묵직함을 느껴보라.

의식을 천천히 옮겨 정수리부터 몸통을 거쳐 다리와 발가락 끝까지 훑어 내려가라.

의식이 닿는 모든 곳에서 감각을 받아들여라.

의식이 조금씩 몸의 경계에 다가가게 하라.

공기와 닿는 피부를 느껴보라. 머리가죽, 어깨 윗면, 팔뚝에 난 털을 느껴라. 엉덩이와 그 밑에 깔린 방석이 접촉하는 지점을 느껴라. 바닥에 닿는 발을 느껴라.

당신의 주의를 그 접촉점에 똑바로 겨냥하라. 의식이 몸의 경계를 관찰하게 하라.

몸의 경계가 의식의 경계인가? 어떻게 의식이 피부 너머로 확장되는지 느껴보라. 의식이 그 감각의 경계를 넘어 넓어지게 하라. 몸 바깥을 느껴보라. 피부에 와 닿는 외부 공간을 느껴보라.

몸의 경계 너머에 있는 듯한 의식을 느껴보라. 1센티미터쯤 나아가 방안으로 들어가라. 한 발짝 더 나아가라. 당신의 주의가 어떻게 바깥으로 뻗어나가는지 보라. 살과 피부 그 너머에 있는 것을 관찰하라. 당신을 둘러싼 공기를 보라. 의식이 어떻게 몸의 경계를 넘어 확장되어가는지 바라보라.

의식이 점점 방을 채워나가게 하라.

당신을 둘러싼 그 방의 벽들을 느껴보라. 방을 또 하나의 몸으로 생각하라. 벽 너머로 의식을 확대하라. 정신이 바깥 공간으로 나아가게 하라. 뻗어나간다. 어디에도 멈추지 않고.

의식에는 경계가 없다. 당신의 의식이 달과 별들이 운행하는 우주 공간에 머물게 하라. 어디에도 경계는 없다. 의식은 무한하다. 광대한 우주 속으로 팽창해간다.

당신의 몸이 우주의 중심이다. 당신의 의식은 그 광대한 공간 속으로 끝없이 뻗어간다. 멀리멀리. 편안히 열린 채. 끝없이.

순간순간 의식이 사방팔방으로 확대된다. 당신의 의식이 그 광활한 공간 속으로 퍼져가게 하라. 멀리멀리. 몸 너머의 의식을 탐험하라. 광대하게 열린 우주를. 지구 전체가 의식의 광대한 공간 속에 떠있다.

자꾸만 팽창한다. 당신 안에 구름이 떠다닌다. 별들도. 달들도. 온갖 천체들도. 온 우주가 정신의 광대한 공간 속에 떠있다. 더욱 사방팔방으로 커져간다. 우주의 경계로까지. 그리고 그마저도 넘어간다. 광대함. 열림. 우주. 의식 그 자체.

저 멀리 뻗어가라. 멀리. 더 멀리. 무한으로 확대되는 의식. 광활한 열림. 끝없는 팽창. 광막한 공간….

의식의 광대한 공간에 떠있는 당신의 몸을 느껴보라.

당신의 주의를 되돌려 호흡으로 향하게 하라.

온갖 감각들이 거대한 공간을 떠다닌다.

호흡 하나하나가 몸을 뚫고 지나간다. 무한한 의식 속에 모든 감각이 흡수된다.

눈이 열리기 시작하면 그것을 느껴라. 자신을 둘러보라.

움직이고픈 마음이 들면 몸을 움직여라.

고통 명상 5단계: 만물을 떠다니게 하기

당신의 주의를 불쾌감이 오는 부분에 겨냥하라.

그 근처 모든 지역을 부드럽게 하기 시작하라. 통증이 그냥 거기 있게 하라. 그 주위를 열라. 모든 저항이 녹아 없어지게 하라. 통증 주변의 피부, 살, 근육 등을 모두 부드럽게 하기 시작하라.

통증을 움켜쥔 주먹이 천천히 열리게 하라. 감각 주위의 뻣뻣한 긴장을 풀어 놓으라. 근육을 부드럽게 이완시켜라. 굳은 곳을 모두 풀어버려라.

통증을 그냥 거기 놔두라. 붙잡지 말고, 밀쳐내지도 말고.

인대를 부드럽게 하라. 살도 유연하게 하라. 모든 감각이 몸속에서 자유로이 떠다니게 하라. 힘들이지 말고. 긴장하지도 말고. 그 감각 주변을 모두 열라. 살며시. 아무것도 밀어내지 말고. 몸에서 모든 저항을 녹여 없애라.

정신도 똑같이 부드럽게 하라. 붙잡지 말고, 모든 생각을 놓아버려라. 의식의 광대한 공간으로 들어가라.

떠오르는 생각이 무엇이든 자유롭게 떠돌게 하라. 일어나는 감각이 무엇이든 자유로이 떠다니게 하라. 통증에 관한 생각들도 정신의 드넓은 공간 속에서 흘러 다닌다.

그 생각 주변을 부드럽게 하라. 생각이 떠다니는 공간을 경험하라. 두려움도 의혹도 녹아내린다. 둥둥 떠다닌다.

찰나의 정신 하나하나가 마치 거품처럼 의식의 광활한 공간 속에서 떠다닌다. 몸에서, 정신에서 일어나는 모든 것이 자유로이 떠돈다. 의혹도. 혼란도.

기대도. 두려움도. 다 그냥 지나가게 하라. 한순간 거기 있다가, 다음 순간 흩어질지니.

끝없이 변해가는 생각과 감각의 흐름을 바라보라. 끊임없이 일어났다가 거대한 의식의 공간 속으로 사라져간다.

감각들이 몸에서 떠다닌다. 순간순간 변하면서. 생각들이 정신에서 떠다닌다. 끊임없이 바뀌면서. 한없이 펼쳐지면서.

온몸이 나긋나긋해진다. 열리고, 풀어진다. 붙잡지도 않고, 물러나지도 않고. 감각들이 일어나 열린 공간으로 들어가게 하라. 만물을 있는 그대로 놔두는 포근한 무無집착의 공간. 아무 방해도 없다. 감각들이 일어난다. 생각들이 일어난다. 아무 저항도 없다. 붙들려는 안간힘도, 밀쳐내려는 몸짓도. 아무런 긴장도 없다. 그저 부드럽고 열린 공간이 있을 뿐. 매 순간 광대한 의식을 경험한다.

나의 목소리가 드넓은 의식의 공간에 나타났다 흩어진다. 모두 저절로 들려온다. 아무 할 일도 없다. 그저 거대한 당신 안에서 순간순간 변하는 소리가 있을 뿐.

사방으로 커가면서 모든 소리와 광경을 감싸 안는 존재의 광대한 공간을 느껴보라. 한순간의 소리가 오면, 한순간의 광경이 따라오고, 또 한순간의 생각이 뒤따른다. 모두 광활한 정신의 공간 속에서 떠다닌다. 내 목소리. 거리를 질주하는 자동차. 머리 위를 날아가는 비행기. 그 모두가 끝없이 광활한 의식의 공간 속에서 일어난다.

정신을 드넓은 하늘이 되게 하라. 각각의 경험은 그 광대한 창공에서 떠다니며, 끊임없이 변하고, 서로 포개지고, 흩어져 사라지는 한낱 구름과 같다. 어디에서나 동시에 존재하는 의식의 오묘함을 느껴보라. 그 무한성을.

끝없는 존재의 공간. 더 이상 육체의 경계에 얽매이지 않는다. 방의 공간에도 제한받지 않는다. 의식은 한없이 확대되어 무한한 우주로 뻗어간다.

의식을 광대한 하늘이 되게 하라. 그 하늘은 아무것도 붙들지 않는다. 아무것도 창조하지 않는다. 만물이 지나가게 할 뿐. 조금도 건들거나 간섭하지 않는다. 지켜만 본다. 소리를. 광경을. 기억을. 느낌을. 광활한 의식의 창공에서 일어났다 사라지는 모든 것을.

이 광대한 공간에서 나타나는 모든 소리를 알아보라. 모든 생각을. 모든 느낌을. 모두 다 무한한 의식 속에서 떠다닌다. 어디에도 경계는 없다. 나타나는 모든 것이 당신의 광활한 공간 속에 있다. 의식의 광대무변한 공간 속에. 몸이 부드러워진다. 정신이 맑게 열린다.

몸의 경계들, 정신의 경계들이 광대한 공간 속으로 녹아들게 하라. 몸, 감각, 느낌 모두가 광활한 공간 속에서 떠다닌다. 매 순간 변해가는 감각이 순수한 의식 속에서 자유로이 떠돈다. 한순간의 기억도. 한순간의 두려움도. 한순간의 기쁨도 모두가 드넓은 창공에서 떠도는 변화무쌍한 구름일 뿐. 온갖 생각들 모든 감각들이 무한한 의식 속에서 자유로이 떠다닌다.

이 끝없이 광막한 공간 속에서 정신과 몸은 한낱 흘러가는 거품일 뿐.

본래의 의식. 그것은 모든 것을 담으면서, 아무것도 붙잡지 않는다.

온 정신이 광활한 공간 속으로 녹아든다.

몸도, 감각도 둥둥 떠다니다, 공간 속으로 사라진다.

흩어진다.

사라진다.

그저 공간뿐. 오직 평화뿐.

11장
바람처럼 자유로운 구도자

　몇 년 전 우리는 최초의 '의식 있는 삶/죽음 수련회'를 열었다. 그 당시 개막 모임에 어느 근사한 은발 여성이 참여했는데, 그녀는 남의 눈을 개의치 않고 화려한 티셔츠를 입고 나왔다. 그 옷차림은 없어진 양쪽 유방이 고스란히 드러나는 모습이었다. 그녀는 이런 말로 자신을 소개했다. "2년 전에 유방암이란 선물을 받은 사람입니다." 그녀는 내게 자신이 얻은 삶의 깊이와 통찰을 절대로 건강한 육체와 바꾸지 않겠다고 말한 첫 번째 사람이었다. 그 여성의 눈빛은 죽음과의 대결과 거기서 얻은 가르침의 위력이 얼마나 대단한지를 유감없이 보여주고 있었다.

　완벽한 영적 스승을 만나거나 자기 필요에 꼭 맞는 수행 기법을 찾는 사람은 드물다. 자기 해탈을 위한 수레, 즉 너무나 잘 맞아서 마치 자기 본모습을 비추는 거울 같은 인물이나 가르침을 발견하기는 극히 어렵다. 하지만 우리가 만나본 일부 불치병 환자들에게는 자신의 병이 바로 그 수레였다. 그들은 그 찾기 어려운 완벽한 스승을 만남으로써 본래의 자신을 발견했다. 그리고 진짜 스승의 가르침을 받을 때와 똑같은 난관과 은혜를 경험하면서, 우리의 원래 본성을 가로막는 두려움과 장애물들을 찾아냈다.

그들은 더 이상 자기 질병에 끌려다니지 않으면서, 다른 식으로는 얻지 못했을 듯한 가르침을 발견했다. 그들은 꿋꿋한 마음과 명철한 지혜로 자신이 처한 상황을 맞이했고, 심오한 통찰력을 보여주었다.

우리의 원래 본성 앞에, 존재의 진실 앞에 열리려면 죽음 밀어내기를 멈춰야 한다. 죽음을 내면으로 받아들일 때 우리는 죽음을 넘고, 죽는다고 믿는 헛된 자신도 넘어선다. 우리는 많은 이들이 '불멸의 영역'이라 말하는 광대한 존재의 공간으로 들어간다. 죽음을 기회로 삼아 우리의 도피처, 우리 마음을 닫아버린 감옥을 정면으로 상대하면서 말이다.

지금 당장, 자신의 죽음을 담담히 맞아들일 사람이 얼마나 될까? 우리는 모두 대충 죽을 수는 있지만, 충만하게 죽기는 어렵다. 충만한 죽음을 맞으려면 상황을 변화시키려 하지 않으면서 자신을 뛰어넘어야 한다. 자기 죽음을 바꿔보려 안달하지 않고, 죽음을 B급 영화에 나오는 신파조의 마지막 대사로 만들지 않으면서, 아무것도 붙잡지 않은 채 그냥 몸에서 흘러나오는 "아—" 소리 하나로 죽음을 맞을 수 있어야 한다.

우리는 저마다 깨달음의 길 위에 있다. 우리는 충만하게 태어났기 때문에 헛된 두려움과 고립감을 넘어 매 순간 죽음을 맞이할 수 있다. '우리는 개별적 존재다'라는 망상이 사라질 때 우리 참본성의 불멸성이 모습을 드러낸다.

캘리포니아 주에서 워크숍을 진행하던 때의 일이다. 한창 대화를 나누던 도중에 갑자기 강당 전체가 흔들거렸다. 지진이었다. 지난 며칠간 죽음에 관해 대화를 하고 있었으니 언제나처럼 우리가 모두 놓아버릴 준비가 돼있었을 것이라 보는가? 아니었다. 거기 모여 앉은 수백 명의 얼굴이 공포로 새파랗게 질려있었다. 그 모습에서 나는 그들의 두려움과 집착, 죽음 앞의 당혹감을 적나라하게 볼 수 있었다. 한바탕의 웅성거림과 한숨 소리가 지나간 뒤 내가 그들에게 물었다. "아까 그 순간이 여러분 삶의 마지막 순간이었다면 어땠을까요? 그 순간이 끝이었다면? 만일 그랬다면 바로 그때 머릿속에 있던 생각이 여러분의 마지막 생각이었을 겁니다. '오, 세상에!' 그 생각을 끝으로 여러분은 모두 죽은 겁니다. 그것이 마지막이지요. 그때까지 자신을 열기 위해 노력했던 모든 성과가 바로 한 생애의 결과였습니다. 그 순간에 여러분이 마음속에 얼만큼의 진리를 담았든, 자기 이름과 헛된 자기 관념과 주위 가족들을 놓아버릴 능력을 얼마나 갖추었든 간에, 바로 그만큼이 여러분이 다음 세계로 들어갈 때 지니고 갈 지혜와 사랑의 양입니다."

이런 사람들이 얼마나 많은지 아는가? 어느 날 밤, 차를 몰고 집에 가다가 백미러에 비친 번쩍 하는 섬광과 끼이익 하는 브레이크 소리, 그와 동시에 덜커덩 하는 금속성 충격을 느끼는 순간, "오, 염병할!" 한마디와 함께 암흑 속으로 떨어지는 사람들이. 마지막 순간에 신의 이름을 부르기는커녕, "오, 염병할!"로 삶을 마감하는 이들이 얼마나 많은지 아는가? 얼마나 많은 사람들이 "오, 염병할!"을 자기 죽음의 애곡으로 삼는지 아는가?

티베트 승려들은 매 순간이 삶의 마지막일 수 있다는 생각을 하면서 살아간다. 그래서 죽음을 각성의 수단으로 삼는 그 승려들은 화장터에서 가져온 해골바가지로 물을 떠 마신다. 또 그들은 사람 뼈로 만든 염주를 사용하면서 끊임없이 죽음을 떠올린다. 왜냐하면 우리 모두 바로 다음 순간에 죽을 수도 있고, 그래서 그 뒤에는 아무런 말도, 더 나은 내일을 위한 어떤 계획도 다 헛것임을 알기 때문이다. 우리는 오늘 하루도 확실히 끝마친다고 보장할 수 없다. 우리가 이 점을 깨닫기 시작할 때 삶은 거대하게 열린다. 영원히 살 것 같다는 환상과 착각이 죽음으로 들어가는 우리를 혼란에 빠뜨린다. 사실 우리가 가진 시간은 오직 지금뿐이다. 과거와 미래는 한낱 꿈이다. 이 순간만이 진짜다. 만일 우리가 매 순간 새로 태어난다면, 삶을 꿈꾸려 하지 않고 생생히 체험할 것이다. 순간순간 새로 태어날 때, 우리는 정신의 상투적인 충동질, 그 음산한 비판과 무자비한 자기보호에 휩쓸리지 않는다.

삶에서 우리가 충실히 깨어있는 순간들은 많지 않다. 어쩌면 우리가 계속 삶의 단꿈을 꾸고, 죽음의 악몽을 꾸기 때문에 죽음을 그토록 힘겨워하는지도 모른다.

많은 이들이 내게 말했다. 질병이 어떻게 자신을 그 헛된 꿈에서 깨어나게 했는지를…. 얼마나 자신의 모델들이 하나의 목표이기보다는 육중한 족쇄였는지를…. 몸은 무너져가면서도 자신의 정신은 얼마나 강건해졌는지를…. 어떤 이들은 신체의 쇠퇴 덕분에 자신이 그 몸이 아님을 알게 되었다고 말했다. 그들은 몸을 외투처럼 가볍게 입고 있다. 그들의 목소리에는 온화함과 사랑이 넘친다.

아래 내용은 폴이 쓴 일기의 일부다. 나는 폴이 '몇 년간 계속된 호지킨병*과의 전투' 끝에 병상에 누운 직후인 어느 해 봄에 그를 만났다. 이 일기는 그 힘겨운 상황을 상대하는 폴의 능력이 오르락내리락

---

* 세균 감염이나 발암물질에 노출되어 생기는 림프계의 암이다. – 옮긴이

했음을 보여준다. 폴은 어떤 종류의 성장에도 절정과 안정기가 있음을 보여주는 좋은 사례다. 어떤 때는 마음이 열리고 어떤 때는 닫히지만, 우리를 성장시키는 것은 우리의 적극적 자세라는 사실을 폴이 여실히 보여준다. 폴은 활기차고 즐겁게 살아가던 31세의 오디오 엔지니어였다. 그러던 그가 극도의 불안감에 휩싸였다. '사나이', '자신을 책임지는 자', '떠오르는 유망주' 같은 모델로 자신을 바라보던 그가, 커가는 무력감과 살벌하게 다가오는 죽음 앞에서 처참히 무너진 것이다. 폴은 불안감 때문에 "피부를 벗고 뛰어내리고" 싶을 정도였다고 했다. 우리는 그에게 호흡 세기 명상으로 불안감을 다스려보라고 했다. 앞서 소개했듯이 숨을 내쉴 때마다 하나씩 세고, '열'이 되면 '하나'부터 다시 세는 수행이다. 혹시 세다가 숫자를 잊어버려 몇 번까지 셌는지 모르면 처음부터 다시 세면 된다. 폴은 이 명상법을 하루 몇 차례에 걸쳐 20분씩 몸 상태가 불안정하다싶을 때마다 실행했다. 그러자 그의 정신이 안정되면서 마음이 열리기 시작했다.

폴이 자신의 현실을 더욱 충실히 상대하기 시작하면서 그의 통찰력도 성장해갔다. 다음은 그의 말이다. "이 멜로드라마는 그다지 유별나지 않아요. 다만 무대가 엄청나게 크다고나 할까." 자신의 저항이 사라지기 시작하면서 폴은 새로 발견한 평화에 대한 놀라움을 금치 못했다. "수용의 자세는 마술이에요." 폴이 어느 날 믿을 수 없다는 듯이 환하게 웃으며 한 말이었다. 사실 폴이 죽기 며칠 전, 한 봉사자가 그의 도뇨관*을 세척하고, 다른 사람은 변기통을 치우고, 또 다른 사람은 부엌에서 당근주스를 만들고 있을 때였다. 폴이 이렇게 말했다. "있잖아,

---

* 導尿管, 방광에 삽입하여 소변이 나오도록 하는 튜브다. - 옮긴이

이 모든 광경이 꼭 막스 형제*의 영화 같아 보여!"

다음은 폴의 생애 마지막 몇 달을 담은 일기의 내용들이다.

통증이 온다고 해서 서둘러 진통제를 움켜쥘 필요가 결코 없음을 알아
야 한다. 별 생각 없이 약을 삼킬 것이 아니라, 마음을 돌려 다시 자신
의 의식을 들여다보라. 기억하라. 안도감은 설사 진통제가 효과를 발휘
하더라도 결코 쉽사리 얻어지지 않는다. 그러니 먼저 자신의 머리에 기
회를 줘라!
이따금 '견딜 수 없는' 불쾌감을 받아들이기가 얼마나 간단한지 보면서
놀라게 된다.
보통 이렇게 하라.
'불쾌감'을 누르려고 진통제를 먹지 말라. 명상이 훨씬 효과적이다.

나는 이 당혹감이 아니야!

그러면 이 괴로움도 지나갈 것이다.

(1) 인식하기 – 이름붙이기

아! 두려움…

아! 불안감…

(정신의 상태들, 곧 지나간다.)

이것들은 그저 조건화된 반응일 뿐이다.

(2) 마음 열기 – 놓아버리기

매달리지 않기

---

* 다섯 형제로 구성된 미국의 코미디팀이다. - 옮긴이

과거에 아무리 견고해 보였던 것들이라도
사실은 한낱 흘러가는 구름일 뿐이다.

* * *

자신이 어디 있는지 기억하지 못하는 순간이 있다는 것은 아주 끔찍한 일이다. 사실 우리는 하루에도 수백 번씩 그런 순간을 맞는데도 말이다. 하지만 우리가 병들어 누워있을 때는 그 순간들을 알아차릴 시간이 훨씬 많아진다.

정말 흥미롭다. 내가 이 일기를 쓰면서 혹은 '딴 데 정신이 팔려'있으면서도 본능적으로 죽음과 싸우고 있으니.

* * *

이 끊임없는 불안감은 나를 미치게 한다. 등과 배에서 일어나는 통증은 나를 '성가시게' 하고 가만히 놔두지를 않는다. 그래도, 전에 있었던 어지럼증보다는 나은 것 같다.

지금 쓸 만한 최선의 방법은 명상인 것 같다.

완전하고 자애로운 수용.

* * *

오후는 마치 덜컹거리는 스페인 3등 열차처럼 천천히 굴러간다. 나는 이 지루함, 표면상의 무의미함을 받아들여야 한다. 사실 이것은 위대한 스승이다.

* * *

어머니한테 전화했다. 익숙한 대상에게서 얻는 안도감. 뭐, 안될 것 있나? 온갖 희한한 일들을 다 겪고 난 내가 약간의 안도감을 구한다 한들 뭐가 문제인가? 그런데 다시 우스워지기 시작한다. 내 정신이 헛된 관넘들 주위로 오그라드는 꼴을 보고 있자니.

정말로 아름다워!

이것을 긍정적으로 보는 것. 일종의 모험으로, 배움의 기회로.

* * *

나는 열정이 넘치고, 꼭 초심수행자 같다.

가장 큰 난관은 우리가 이 길을 혼자서 헤쳐가야 한다는 점이다. 자애심을 가지면 훨씬 수월할 것이다.

햇빛이 점점 희미해지면서, 하루의 끝이 다가오고, 다시 외로움이 덮쳐오기 시작한다. 밤새 같이 있어줄 사람이 있으면 얼마나 좋을까. 그냥옆에 있어만 주면서, 때때로 엄습하는 미칠 듯한 고립감을 메워줄 사람이 있다면 얼마나 편할까.

이런 생각 중에도, 나는 줄줄이 나타나는 당근을 보고 껄떡대는 정신의 한심한 장난질을 충분히 알아차릴 수 있다.

* * *

영면永眠과 순응에 대해 매우 심각한 위기를 겪고 있는 것 같다. 혼란스럽다. 하지만 계속 마음을 열어놓고 출구를 찾으려 하고 있다.

함정에 갇힐까봐 무서운 것 같다. 나는 그냥 병상에 누워있다. 내 수척한 몸을 누이고, 몸의 자기 모델, 자아 관념을 지키려 안달하면서.

얼마나 한심한 망상인가! 하지만 그것들이 너무나 사실처럼 느껴지니!

몸이 두려워 떠는 것이 매우 이상해 보이면서도, 이 상태를 차분한 인내로 견디며 기다릴 수 있다. 마치 '내'가 공포에 빠지는 것이 싫어서 몸더러 대신 떨게 하는 것 같다. '나'는 그저 지켜만 본다.

* * *

유머 감각을 가지면 모든 것을 얻는다. 유머는 사랑을 낳는다. 그러니 계속해서 히죽거려라.

어느 순간에든 자신이 가진 것을 바라보라. 자신이 얻을 것은 그것뿐일 테니. 모두 다 연결되어있다. 어째서 남들은 아무도 올가미에 걸리지 않을 거라 생각하는가? 우리 모두 올가미에 걸린다. 이것에 대해 자주 생각하는 사람은 대단한 행운아다.

* * *

괴로움에 휩싸일 때 시간은 천천히 흐른다. 그다지 비참하게 느끼지 않는다면 상관없을 것이다. 유일한 길은 뚫고 나가는 것인데, 그 길이 지금은 지옥이다. 최선의 방어는 차분함을 유지하며 글쓰기에 집중하는 것이다. 어쩌면 그런 식으로 잠시나마 나 자신을 잊을 수 있을지 모른다. 그러나 내게는 더 영원한 망각이 필요하다. 과거에 나라고 믿었던 그 사람을 떨쳐내는 결단이. 지루함과 괴로움에 몸부림치는 환자를 내버리는 단호함이. 지극히 평범한, 그저 가만히 머무는 누군가가 되는 결심이.

고작 5분이 지났는데 벌써 욕창이 아파온다. 못 견디게…

* * *

또 다시 기진맥진하여 잠에서 깨어났다… 얼마쯤 차분해지기는 했지만, 곧바로 본능적 두려움이 몰려오기 시작했다. 한걸음 물러나 그 두려움을 바라보면서 그것에 대해 고민할 수 있으니 참 묘한 일이다. 하지만 내가 무엇을 하든 함정에 빠졌거나 몸속의 두려움을 떠안아야 할 것 같다.

사실 나는 혼란스럽다. 두려워할 것이 전혀 없다고 믿고 싶기 때문이다. 나는 무서워 떨기에는 '너무 전진'했다고 믿었지만, 아직도 나는 여기 있고 이 두려움도 여기 있다(사실… 우리 모두 여기 있다).

잠시 나는 이 참혹한 상황 속에서 사랑과 아름다움을 느낀다. 나는 내일, 아니 지금부터 한 시간 후에 대해서조차 도무지 확신하지 못한다. 나는 고통이, 특히 떨쳐낼 수 없는 극한의 고통이 두렵다. 나는 내가 지닌 비현실적 감각이 무섭다. 기억을 상실한 채 잠에서 깰까봐 겁난다. 결코 완전히 깨어날 수 없을 것 같아 두렵고, 철저히 무력해질까봐 공포스럽다. 나는 다음에 일어날 내장 운동이 무섭고, 내게 일어날 일 때문에 겁나고, 앞에 다가올 일을 모르기 때문에 두렵다. 나는 병원에 오기도, 수술도, 약물도 무섭다. 내가 더 이상 내 인생을 통제할 수 없기 때문에 두렵다. 나는 지금 무기력하고 아무것도 할 수 없다. 다만 사랑하기와 마음 열기 외에는.

• • •

먹고 자는 것이 이렇게 엄청난 모험이 되리라고 생각한 사람이 있을까? 나는 인생에 대한 사랑을 느낀다. 왜냐하면 아무리 비틀려있어도 인생은 언제나 모험이니까!

나는 어제까지만 해도 정말로 믿었다. 그 공포의 상태가 영원히 지속되리라고. 하지만 지금은 얼마나 우습게 보이는지.

나는 이런 기회를 갖게 된 데 감사한다. 이 기회를 날려버려선 안 된다. 지금 내게 최상의 길은,

이 쇼를 수용하고 고요한 의식을 키워가는 것이다. 상황은 생각만큼 나쁘지 않다(사실은 오직 생각하는 만큼만 나쁘다).

마지막 몇 주 동안 폴의 몸은 더욱 여위어갔고, 우리는 '진정한 폴'

이 결코 그 몸이 아님을 공감하기 위해 함께 노력했다. 분명 폴의 몸은 서서히 그를 놓아주고 있었다. 내가 폴에게 지금의 몸은 '본래의 폴'이 아니라고 말할 때마다, 그 말이 폴의 깊숙한 곳까지 도달했음을 느낄 수 있었다. 그 말은 폴의 어떤 응어리, 얼마쯤의 조건화, 떨어지지 않는 두려움과 의혹을 녹여내고 있었다.

폴은 급속히 쇠약해지면서도 더욱 심오하고 고요한 명상에 잠기며 일주일을 보냈다. 그 뒤 어느 날 아침, 나는 등을 닦아주기 위해 폴을 가만히 옆으로 밀면서 너무나 수척하고 연약해진 그의 몸에 또 다시 가슴이 미어졌다. 그에게 말했다. "폴, 이 낡은 몸이 어떻게 사라져가는지 바라봐요. 당신이 이 몸이 아님을 그냥 보기만 해요. 어떻게 한순간이라도 당신이 이 낡고 쓸모없는 껍데기라고 생각할 수 있겠어요?" 그러자 이번에는 아무런 저항도 느껴지지 않았다. 나는 그 말이 곧바로 폴의 내면으로 들어갔고, 폴이 그것을 오롯이 받아들였음을 알았다. 폴은 아무 저항 없이, 모두 내려놓고 텅 빈 공간으로 들어갔다. 폴의 머리를 감싸 안고 있던 친구가 말했다. "폴이 떠났네." 폴의 불안과 두려움은 자신을 그 몸이라고 믿던 착각과 함께 떨어져나갔다. 오랜 암 투병에서 얻은 폴의 깨달음은 그를 삶 앞에, 죽음 앞에 활짝 열어 놓았다(부록 I 참조).

질문 당신은 불치병으로 임종을 앞둔 사람들 이야기를 하고 있습니다. 그럼 노령으로 죽어가는 사람들은 어찌해야 합니까?

대답 70대 후반의 어느 절친한 친구가 말하길, 매일 아침 거울을 볼 때마다 자신을 마주보는 그 쭈글쭈글한 얼굴에 경악한데요. "나는 결코 노인들을 좋아한 적이 없는데, 지금은 내가 그런 노인이라오." 그녀는 엄청난 변화에 놀라워합니다. 이제는 주위에 친구들도 없대요. 그녀는 자신이 몸져누우면 누가 돌봐줄지 걱정합니다. 그 할머니는 어느 시점이 되면 요양원에 가야겠다고 말하는데, 과거에는 그런 시설을 경멸했답니다. "질병에는 약이라도 있지만, 늙는 데는 속수무책이에요. 내 온 인생이 변했어요. 잠자는 것도, 먹는 것도, 심지어 화장실 가는 것도. 모든 행동이 느려졌어요. 생각했던 것과는 딴판이에요. 이럴 줄 누가 알았겠어요!"

대다수 노인들은 몸이 자신보다 더 늙었다고 느낍니다. 자기 몸보다 더 나이든 사람은 거의 없습니다. 많은 노인들이 몸이 늙어 죽기도 전에 몸을 내버리고 싶어 합니다. 몸에 관한 정신의 이미지는 실제 몸보다 느리게 변합니다. 아직 마음속에서는 시뻘건 불길이 이글거리는 판에 몸은 잿더미로 변합니다. 아직도 마음은 팔팔한 청춘이라고 말하면서도 제대로 거동도 못하는 사람들이 수두룩합니다.

"내 배터리가 떨어져가고 있어." 더 이상 외모에서 생명의 에너지가 보이지 않습니다. 근육은 물렁해지고, 피부에는 검버섯이 피고, 눈꺼풀은 늘어집니다. 자신을 몸으로만 생각하는 사람들에게 이 상황은 지옥입니다. 하지만 이와는 다른 사람들의 이야기도 있습니다. 그들은 자신에게 일어난 일은 그저 자신의 생명력이 마음속으로 스며든 것뿐이고, 마침내 행복을 발견한 곳은 그 마음속이라고 말합니다. "마치 나무의 수액이 가을과 겨울에 뿌리로 되돌아가는 것처럼 말이야."

어떤 이들은 세상이 너무나 급속히 변해서 한때는 자신이 활발히 활동했던 문화권에서 동떨어지고, 어긋나고, 이방인이 된 것처럼 느낍니다. 그들은 허망한 마음을 메우려고 대부분의 시간을 TV 앞에 앉아, 연기자의 80퍼센트가 25세에서 40세 사이인 그 '청춘의 문화'를 마주보고 있습니다. 우리 사회는 마치 '늙었다'는 죄로 처벌 받는 요상한 나라처럼 보입니다. 어떤 사람들은 꼭 희생자가 된 것 같아요.

인도에서의 삶은 이렇다고 합니다. 인생의 처음 20년은 배움과 성장의 시기입니다. 다음 20년은 가정을 꾸리고 가족을 부양하는 시기지요. 그리고 세 번째 20년은 아이들의 성숙을 지켜보고 부모를 편안히 모시면서 영적 수행을 완성해가는 시기입니다. 60세쯤 되어 가족과 사회에 대한 책임을 거의 완수했다고 느꼈을 때, 많은 인도인들은 남은 삶을 '산야신sanyasin'으로 보냅니다. 산야신은 '유행자遊行者' 또는 '은둔자'라는 뜻으로, 모든 것을 버리고 바람처럼 떠도는 구도자를 말합니다. 그때부터는 순례, 고요한 명상, 그리고 경건한 노래의 시기입니다.

많은 사회에서 노인들은 오랜 삶에서 얻은 삶의 지혜 덕분에 존경 받습니다. 그러나 현대 사회는 노년을 존경하기는커녕 혐오의 눈으로 바라봅니다. 우리는 노인들을 존경심으로 대해야 합니다. 많은 이들이 존재의 진실에 다가가는 때는 삶의 마지막 시기입니다. 그러나 자신을 충분히 신뢰하면서 다 놓아버린 채, 진정한 자신이 되는 사람은 매우 드뭅니다. 많은 노인들이 갖가지 활동을 통해 진정한 봉사의 의미를 배웁니다. 병원에서 환자 돌보기, 요양원 찾아가기, 자매결연 맺기, 아기 돌보기, 독서치료 모임 참여하기, 상실상담 해주기 같은 것들에서 말이지요. 이런 분야에서는 노인들의 지혜와 연민이 광채를 발합니다.

사람이 20년을 살았는지 70년을 살았는지는 중요치 않은 것 같습니다. 마지막 지점에서 돌아볼 때 삶은 한순간에 빠져나간 썰물 같아 보입니다. 과거는 이미 흘러간 물이지만, 존재의 느낌은 한결같습니다. 실제로 죽음 직전의 사람에게 인생의 다른 시기보다 그 시점의 생동감이 덜하다고 느껴지냐고 물으면 그렇지 않다고 말할 것입니다. 마음속의 길을 따라 삶을 걸어가는 사람은 충만한 삶을 살아갑니다.

지난 몇 년간 전국을 돌며 개최한 워크숍에서, 우리는 60대 말이나 70대, 가끔은 80대에 이른 수많은 노인들을 만났습니다. 그들은 내면을 바라보려 했고, 일시적인 집착과 과거의 상실을 넘어 삶의 심오한 깊이를 체험하고자 했습니다. 그 노인들은 갈수록 심해지는 육체의 한계를 뛰어넘으려 하는 청춘의 마음을 확신했습니다. 한 방 가득 명상가들이 들어차있었습니다. 여기저기에 늙고 주름진 얼굴들이 보였습니다. 그 얼굴들은 호흡이 누그러지고 지그시 감은 눈에 평온이 깃들면서 차츰 부드러워졌습니다. 그들이 뿜어내는 사랑은 원숙한 사랑이었습니다.

자기 몸속에서 사는 노인은 삶의 무게에 무너집니다. 하지만 마음속에서 사는 노인은 찬란한 광채를 뿜어냅니다.

친구여, 그대가 살아있는 동안 진리를 구하게.
그대가 숨 쉬는 지금 경험 속으로 뛰어들게!
고민하고… 또 고민하게… 그대가 여기 있는 동안.
그대가 '구원'이라 하는 것은 죽음 이전의 시간 속에 있다네.

살아있는 동안 그대가 자신의 밧줄을 끊지 않는데,
나중에 귀신들이 끊어줄 거라
보는가?

육신은 썩어질 헛된 것이니
영혼이 황홀경과 하나 되리라는 생각,
그것이 바로 헛된 환상이네.
친구여, 지금 찾아야만 그때도 찾아진다네.
만일 지금 아무것도 못 찾으면,
  그대는 결국 죽음의 도시 속 텅 빈 아파트로 들어가리.
만일 지금 신성神性과 사랑에 빠지면,
  다음 생生의 그대는 만족에 싸인 환한 웃음을 짓고 있으리.

그러니 진리 속으로 뛰어들게. 진정한 스승을 찾아내게.
'위대한 음악'을 맞이하게!

카비르가 말하네.
  귀한 손님을 찾으려면 그분을 간절히 열망해야 한다고.
  친구여, 나를 보게.
그 간절함의 노예가 여기 있네.

카비르

12장

카르마의 소용돌이

얼마 전 옛 친구에게서 전화 한 통이 걸려왔다. 그 친구는 자기 동생이 방금 종합검진을 받고 왔는데, 폐에서 종양이 발견됐다고 했다. 그래서 조직검사가 진행 중이라며 어떻게 해야 할지 고민했다. 이제 아주 색다른 시간 속으로 들어가려 하는 소중한 동생을 어떻게 도울 수 있을까?

그 물음에 대한 대답은 물론 이렇다. 다른 사람을 대할 때와 똑같은 태도로 병자를 대하라는 것이다. 그러니까 열린 마음을 가지고, 우리 모두가 지닌 진실을 존중하는 것이다. 사람을 이중적 태도에 빠뜨리는 단절감을 녹이려 애쓰며 상대방과 하나 되는 것이다. 특별히 도우려 하지 말고, 그냥 같이 있어주는 것이다. 자신이 개별적 존재라는 조건화된 망상을 마주보는 것이다. 해묵은 집착을 떨쳐내고, 당신 역시 죽는다는 사실을 인정하는 것이다. 별개의 몸과 별도의 정신이라는 환상을 뛰어넘는 것이다. 그리고 존재 공동의 터전으로 다가가는 것이다.

당신의 죽음을 대할 때와 똑같은 자세로 죽어가는 사람을 대해주

라. 열리고, 정직하고, 온정어린 자세로 말이다. 그냥 곁에 있으면서, 상대방의 기쁨이나 고통을 기꺼이 받아주는 한결같은 포용과 연민의 자세로 상대의 말을 들어주라. 삶과 죽음를 분리하지 않는 정신, 헛된 관념이나 그늘 속에 머뭇거리는 것이 아니라 우리 앞에 펼쳐진 삶을 생생히 체험하는 정신으로 말이다.

아프면 아파하라. 행복이 느껴지면 행복해하라. 상황을 변화시키려 하지 말라. 원래와 다른 사람이라든가 무언가를 만들려 하지 말라. 그저 그 순간이 펼쳐놓는 진실을 맞이하라.

몇 년 전 나는 람 다스와 함께 일주일간의 명상수련회를 지도했었다. 그때 엘리자베스 퀴블러-로스를 처음 만났다. 그해 초에 람 다스가 엘리자베스를 바로 그 수련회에 초대했기 때문이다. 엘리자베스와 나는 그 수련회에서 몇 분 동안 대면했을 뿐이었으므로 당시에는 우리가 다시 만나리라고는 생각도 못했다. 하지만 몇 달 후 엘리자베스와 내가 함께 할 일이 명확히 드러났다. 내가 엘리자베스에게 연락했고, 그녀는 대번에 "같이 합시다"라고 했다. 1976년, 나는 엘리자베스의 수련회에서 명상수련을 지도하기 시작했다. 처음에 나는 우리 자신과 남들에게 활짝 열리는 기술을 금방 터득하게 되리라고 보았다. 그러나 무한한 지혜와 자비로 가득한 이 우주는 내게 그것을 쉽사리 내주지 않았다.

텍사스 주에서 열린 첫 수련회에 참여한 나는 이런 근사한 환경에서 '나의 일'을 할 수 있으니 내가 얼마나 행운아인가 하고 생각했다. 어느 날 엘리자베스가 내게 와서 말했다. "시내로 가서 병원에 있는 내 친구를 만나봅시다." 엘리자베스는 거기서 몇 킬로미터 떨어진 휴스턴에서 백혈병으로 죽어가는 어느 여인 이야기를 해주었다. "우리가 그 친구에게 가봐야 할 것 같아요. 당신이 같이 있어주면 그 친구에게 도움이 될 거예요." 나는 그것이 엘리자베스가 환자를 보살피는 모습을 지켜볼 좋은 기회라고 생각했다. 그때까지만 해도 나는 죽어가는 사람의 머리맡에 있어본 적이 없었다. 나는 생각했다. "맨 앞줄에 앉아 엘리자베스의 섬세하고 직관적인 일솜씨를 지켜볼 거야."

병원으로 가는 길에 엘리자베스는 그 여인이 병동에서 일종의 슈퍼스타가 돼있다고 말했다. 그녀는 골수이식 수술을 받았는데, 당시만 해도 그 수술은 대단히 실험적인 치료법이었다. 그녀는 21일째 생존하고 있었다. 그 수술을 받은 환자들 중에서 상당히 긴 생존 기간을 유지하고 있었던 것이다.

우리가 병동 복도를 지나 도로시의 병실을 향해 갈 때 나는 속으로 이렇게 중얼거렸다. "엘리자베스는 할 일을 훤히 알 텐데, 나는 무슨 말을 해야 하지?" 그러자 명치끝이 꼿꼿해지며 속이 거북해졌다. 병실로 들어서자 엘리자베스가 병상 옆에 의자를 하나 갖다놓더니 내게 나지막이 말했다. "여기 앉으세요." 그러더니 자신은 구석에 있는 의자로 가서 거기 앉는 것이 아닌가. 나는 침상 옆에 나무토막 같이 앉아 있었다. 어찌할 바를 몰랐던 나는 누군가가 무슨 일이든 해주길 바랐다. 나는 자기의혹과 무력감을 회피할 수도 거부할 수도 없었다. 내 마음의 조건화된 습성이 고통스럽게 드러났다. 나의 마음 열림이 얼마나 '안전한 환경'에 좌우되는지 확인할 수 있었다. 나는 편안한 상황에서만 마음이 열리는 한심한 나를 보았다. 그런데 그 상황은 편하지가 않았다. 나는 충실히 깨어있지 못한 채로 그 의자에 앉아 내가 누군지도, 뭘 해야 할지도 몰라 쩔쩔매고 있었다.

그 순간의 나는 옆에 창백히 누운 스물여덟 살의 그 수척한 여인보다도 더 심한 병자처럼 느껴졌다.

최대한 정신을 안정시키면서 나는 도로시와 함께 마음을 여는 명상을 시작했다. 마음 한복판으로 숨을 들이쉬고 내쉬면서, 저 너머의 광활한 공간을 가로막는 장애물을 놓아버리고, 근원적인 본성을 향해 다가가는 명상이었다. 맑은 의식을 가리는 방해물을 뱉어내면서, 우리는 더 순수한 공간 속으로 들어갔다. 우리는 우주의 지혜와 광명을 들이마시면서 정신을 부드럽게 하고, 투명한 상태가 되어 저 밑에 깔린 본질을 들여다보려 하였다. 도로시와 함께 명상하면서 나는 두려움과 '근사한 사람'이라는 허상이 나를 얼마나 고립시켰는지, 나의 충실한 마음 열림을 얼마나 방해해왔는지 깨우칠 수 있었다. 그 명상을 하면서 나는 도로시보다 내 정신과 마음에 더 자욱한 안개가 끼어있음을 깨달았다. 그 순간에 명상이 필요한 사람은 도로시가 아니고 나였던 것이다.

그런 나의 불편함을 알아챘는지 도로시는 지극히 자애로웠다. 여기 도로시의 옆에 앉은 나는 그녀를 돕겠다고 찾아온 봉사자였다. 그러나 이 인간은 온통 자신의 응어리들로 가득 찬 나머지 온전히 거기 있는 것도 아니었다. 나의 양 어깨는 잔뜩 긴장하여 마치 귀에까지 치켜 올라간 것 같았다. 상체는 뻣뻣한 통나무 같았다. 자신의 새장 밖으로 떨고 있는 내 모습이 안쓰러울 지경이었다.

워크숍에 참여해 명상을 지도할 때의 나는 내 영토 안에 있었다. 내가 '많이 아는' 사람, 즉 그 모임의 지도자가 되는 일은 수월했고, 맡겨진 역할을 하는 것도 아주 간단했다. 그러나 이 낯선 사람을 위해 여기 있으면서, 나는 혼란과 의혹 속을 헤매고 있었다. 사람이 고립감을 느낄 때 상대방의 고립도 심화시키고 서로의 괴로움도 더 키운다는 사실을 잘 알았지만, 그 순간의 나로서는 도무지 어쩔 도리가 없었다. 내가 할 수 있는 일이라고는 도로시에게 시킨 것처럼 최대한 명상에 몰입하는 것뿐이었다. 나의 집착들이 녹아 없어지는 것을 보았을 때, 나는 내 마음을 틀어막은 덩어리가 얼마나 커다란지 볼 수 있었다.

나는 내 '특별함'을 유지하려는 안간힘이 도로시와 나 사이의 칸막이를 얼마나 크게 키우고, 죽음의 공포를 심화시켰는지 보았다. 분명히 사람이 죽을 때 떨어져나가는 것 중 하나가 그릇된 자기 모습에 매달리는 안간힘이다. 우리의 몸, 이름, 성격, 편견에 대한 헛된 집착들. 바로 그때 나는 내가 죽는 것이 얼마나 커다란 행운일지 절감했다. 나의 충실한 삶과 수용의 자세를 가로막는 모든 걸림돌을 놓아버리는 것, 나의 특별함을 내던지고 죽는 것이 얼마나 행운인지를 말이다.

병실을 나오면서, 나는 그 방문이 나의 내면을 들여다본 절호의 기회였음을 깨달았다. 나는 절대로 "네가 세상 최고의 미인이야"라고 말해주지 않을 마법의 거울과 정면으로 맞닥뜨렸다. 그 병실에 있으면서 나의 정신은 내 겉치레와 집착의 진실을 외면할 수 없을 정도로 커다랗게 성장하였다. 나는 과거의 내 모습에 매달릴 수 없었다. 하지만 도망칠 곳이 아무데도 없었다. 나는 스스로 쌓은 장벽을 보았고, 나의 정신이 어떻게 나 자신의 이미지와 겉모습을 가지고 이 우주를 조작했는지 확인했다.

내가 그 명상수련회에 참여한 이유가 분명해졌다. 나는 가르치러 온 것이 아니라 배우러 온 것이었다. 사람들을 상대할 기회를 통하여 나 자신을 다스릴 길을 찾기 위해서 말이다.

그 후 몇 년 동안 내가 마주하는 사람들을 통하여 진실이 더욱더 명확해졌다. 그 진실은 상대가 죽어가는 환자든 택시운전사든 식당직원이든 간에, 내가 그들에게 더 크게 열릴수록 그리고 마음의 연결을 가로막는 걸림돌을 치워버릴수록 내가 나 자신의 존재에 더욱 열리게 되고, 우리가 삶의 본질을 더 깊이 공유하게 된다는 사실이었다.

내가 도미니크 수도회의 한 수녀를 만난 것은 그로부터 1년쯤 후였다. 그 수녀는 파트리스 번스 자매였는데, 샌프란시스코 병원의 종양 내과 병동에서 일하면서 내게 도움을 요청하였다. 우리는 그곳의 수많은 병실을 둘러보았다. 각 병실에는 인생의 온갖 굴곡을 넘나들어 마지막 순간에 다다른 듯한 환자들이 하나씩 누워있었다. 그들의 모습은 한평생의 결과가 집약된 삶의 종착점을 보여주고 있었다. 여기저기 흩어진 인생의 잔해들이 마치 망원경을 통과한 듯이 한데 모여 한꺼번에 타오르는 것 같았다. 병실 하나하나가 마치 기나긴 대하소설의 마지막 장 같았다.

각 병실로 들어갈 때마다 우리는 꼭 카르마의 소용돌이 한복판으로 빠져드는 것 같았다.* 온화한 사랑과 믿음의 삶을 살아온 사람들은 자애로운 상황을 맞이하였다. 반면 경쟁과 두려움 속에서 평생을 산 사람들은 불안과 혼란의 상태에 휩싸여 있었다.

각각의 병실에 들어가는 것은 마치 정신의 방을 하나하나 들춰보는 것 같았다. 일평생 지녀온 태도, 편견, 선입관 들이 그 막바지 시나리오에 맞춰 적나라하게 펼쳐져있었다. 환자 각자의 생활 방식에 따라 그들의 죽음 방식도 결정되었다. 어느 병실에 있던 여성은 암 투병으로 해골처럼 말라있었는데, 앙상한 손가락에 다이아몬드 반지를 감고 있었다. 곁에 놓인 사진 속에는 졸업 예복을 입은 자식들 아래 이렇게

---

* 카르마(karma, 업業)는 벌이 아니다. 카르마는 우리가 과거에 조금이라도 잘못 이해한 점을 가르쳐주고, 이전에 제대로 모르고 행한 실수를 통해 배움을 얻도록 이끄는 우주의 자비로운 법칙이다.

쓰여있었다. "아들은 변호사, 딸은 핵물리학자." 그녀의 가느다란 입술은 빨간 립스틱으로 두툼하게 그려졌고, 화학요법 때문에 벗겨진 대머리 위에는 가발이 얹혀있었다. 그녀는 이른바 '사회의 기둥'이었고, '잘 나가는 인사'의 전형이었다. 하지만 너무나 잘나간 나머지 죽음의 공간은 말할 것도 없고 자신이 숨 쉴 공간조차 마련하지 못한 가련한 여인이었다. 자식들이 찾아오자, 그녀는 가발을 고쳐 쓰고 화장품을 또한 겹 덮어 발랐다. 왜 자기감정을 솔직히 보여주지 않느냐고 묻자 그녀는 이렇게 말했다. "아, 나는 그런 모습을 내보인 적이 없어요." 그녀는 아직도 윗입술을 앙다문 채, 자기 마음을 꼭꼭 잠그고 있었다. 그 병실의 가식적인 분위기는 죽음의 올가미가 되어 그 여성을 짓누르고 있었다.

다른 병실에는 부드러운 말씨의 존이 있었다. 존은 고속버스의 차량기지에서 25년간 일한 기술자였다. 은퇴가 몇 달 남지 않았던 어느날, 존은 갑자기 어지럼증을 호소하며 쓰러졌다. 존의 친구와 동료 들이 그를 병원으로 옮겼다. 곧바로 의사들은 존의 머리에서 커다란 뇌종양을 찾아냈다. 병상 옆에 앉아있던 존의 친구는 직장을 그만두고 존을 오리건 주에 있는 자기 목장으로 데려갈 거라고 말했다. 그는 둘이서 그냥 돌아다니며 낚시나 할 거라고 했다. 존은 주위 사람들에게 워낙 큰 사랑과 동료애를 베풀었기 때문에 그의 병상 주위에는 훈훈한 온기가 넘쳐흘렀다. 존의 문병객들에게서는 푸근한 애정이 풍겨나왔다. 뇌종양 진단을 받은 지 5일째 되던 날 존이 사망했다. 존은 자신을 붙들지 않고 평온한 여행을 기원하는 친구들 속에서 진심어린 관심과 사랑에 휩싸인 채 평화롭게 떠났다.

또 다른 병실에는 위암으로 죽어가는 61세의 알론조가 있었다. 알론조는 '가족을 위한 올바른 일'을 하려고 발버둥치며 한평생을 살았다. 20년 전 그는 '마릴린'이라는 이름의 이혼녀와 사랑에 빠졌다. 그러나 이탈리아계 가톨릭 신자였던 완고한 마릴린의 집안 사람들은 알론조와의 결혼을 용납하지 않았다. 그래서 그는 1년 전 마릴린이 죽을 때까지 그녀와 줄곧 내연의 관계로 살아왔다. 알론조의 아버지와 형제들은 결코 마릴린의 존재를 인정하지 않았고, 20년 동안 마릴린을 '그 여자'라고 불렀다. 알론조는 '나의 가족을 지키기 위해' 인생의 많은 부분을 포기해야 했다. 지금 91세의 아버지가 병상 옆에 앉아 "내 아들은 죽을 수 없어. 내 아들은 죽지 않아"라고 울부짖는 상황에서, 알론조는 아직도 착한 아들이 되려고 애쓰고 있었다. 그는 이런 말로 아버지의 죽음을 막으려 했다. "괜찮아요. 난 죽지 않을 거예요." 그러나 그는 죽어가고 있었다. 그 상황에서 알론조의 형제자매들은 병상 곁에 서서 알론조의 유언을 뒤집기 위해 옥신각신하고 있었다. 알론조의 유산이 서른 살 된 마릴린의 딸에게 한 푼도 넘어가지 않게 하려는 것이었다. 그 딸은 알론조가 끔찍이 사랑하는 자식이었다. 알론조는 거기 누워서 그 말싸움을 낱낱이 들으면서, 한마디도 못한 채 남은 가족에게 고난을 떠안기지 않으려고 필사적으로 죽음에 저항하고 있었다. 나는 한쪽 구석에 앉아 그의 주위에서 얽히고설킨 카르마의 거미줄을 바라보면서, 이 기막힌 멜로드라마를 감상하고 있었다. 악다구니치며 그의 죽음을 부인하고 있는 저 가련한 사람들…. 그러다 나는 거기 앉은 채로, 조용히 알론조와 마음의 대화를 시작했다. 내가 느낀 모든 사랑을 담아 마음속으로 그에게 이렇게 속삭였다. "이봐요, 알론조 씨. 당신이 떠나도 상관없어요. 잘못될 것 하나도 없어요. 지금 당신은 진짜 소중한 사람들에게 당신이 정말 원하는 것을 알릴 수 없는 특이한 상황에 처해있어요. 당신은 그들을 끝까지 보호하고 있어요. 하지만 죽어도 상관없어요. 다 괜찮아요. 지금이 죽기에 꼭 알맞은 때에요. 자신을 마주보세요. 병상에 누워 혼란스러워하는 이 알론조를 불쌍히 여기세요. 죄의식을 놓아버려요. 모든 사람을 모든 위험에서 보호할 수는 없어요. 지금은 당신의 순간이에요. 자신을 믿으세요. 죽음을 맞이해요. 아무도 보호할 필요 없어요. 오직 당신을 잡아끄는 줄을 놓기만 하세요. 당신의 존재, 원래 본성의 거대한 공간으로 들어가세요. 당장 모든 것을 놓으세요. 죽음을 받아들여요. 죽음을 맞이하고 알론조의 껍질을 벗으세요. 착한 아들의 굴레에서 벗어나요. 남들이 뭐라고 떠들어대든 쓸데없는 가면을 던져버려요. 예수님의 드넓은 마음속으로 들어가세요. 두려워할 것 하나 없어요. 모두 다 괜찮아요." 그러자 병상 앞에 모인 수많은 사람들 사이로 알론조의 천사 같은 푸른 눈이 내 눈과 마주쳤다. 그 눈에서 무언의 교감을 알리는 광채가 반짝였다. 그 병실에서는 가족들의 고함소리가 바깥 통로에까지 쩌렁쩌렁 울릴 정도였다. 그래서 말로는 한마디도 전할 수 없었다. 그러나 알론조는 가끔씩 나와 눈길을 교환하며 만사가 괜찮다는 내 마음을 깊숙이 받아들이는 듯했다. 우리가 교감한 것은 말이 아니라 마음속의 느낌이었다. 묘하게도 죽음의 문턱에 이른 사람들은 그런 심오한 교감 능력을 얻는 것 같다.

이따금씩 알론조는 여동생을 보며 말했다. "있잖아, (나를 가리키며) 저분이 방 안에 있으니까 뭔가 다른 느낌이 들어." 왜냐하면 그때가 병실에서 그가 겪고 있는 괴로움을 조금이라도 인정받은 유일한 순간이었으니까. 나중에 알론조가 말하길, 내가 "구석에 너무나 조용히" 앉아있을 때 자신의 참담한 처지에서 어떤 해방감이 느껴졌다고 했다.

사실 우리는 마음으로 하는 대화의 탁월한 효과를 발견하기 시작했다. 잠자다 불안감에 싸여 뒤척이는 사람도 누군가가 옆에 앉아 마음속으로 조용히 사랑과 이해를 전달하기 시작하면 차분해지는 경우를 본다. 심지어 혼수상태에 빠진 환자들조차 평온해지는 것 같다. 그들이 말을 알아듣는다기보다는 마음의 태도가 전해지는 듯하다. 마음으로 전해진 사랑과 관심이 그 순간의 감수성을 거대하게 키워 상대에게 본래의 자신을 찾을 내면의 공간을 갖게 하는 것 같다.

우리가 마음의 대화를 통한 효과를 경험하자, 일선에서 일하는 간호사들도 이 방법을 시도하기 시작했다. 마음의 대화를 사용해본 간호사들은 환자들과의 관계와 엄청 고단한 자신들의 업무에 상당한 변화가 있었다고 말한다. 그들은 환자들과 소통하고 어쩌면 열린 마음까지 전달할 도구 하나를 마련한 셈이다.

우리가 마음을 통한 조용한 대화의 기술을 나누기 시작했을 때, 많은 간호사들이 찾아와 자신들이 한동안 본능적으로 사용했던 무언의 대화에 얼마나 놀라운 반응이 뒤따랐는지 들려주곤 했다. 그런데 이 섬세한 기술을 사용할 때 주의할 점이 있다. 바로 자신의 의도를 확인하는 것이다. 혹시 당신은 상대방의 의식을 당신이 '그들에게는 최선'이라 믿는 것으로 바꾸려 하는가? 아니면 그냥 곁에서 사랑을 보내며 '모든 게 괜찮다'는 안정감을 전달하려 하는가? 사람은 남이 가진 것을 함부로 뺏을 수 없다. 남들에게서 돈이나 음식을 훔쳐갈 수 없듯이, 남들의 정신 상태 역시 훔칠 수 없다. 상대에게서 '거부'를 훔치려는 짓은 독선적이고 고립적인 행위다.

우리는 한 간호사의 이야기를 들었다. 그 간호사는 워크숍 비디오를 통해 내가 마음의 대화 기법을 소개하는 모습을 보고 그것을 어느 괴팍한 환자에게 '실험해보기로' 작정했다. 그 환자는 자기 병에 관해서 말조차 꺼내지 않는 사람이었다. 간호사는 자기가 '그의 고집을 꺾을 수 있을지' 확인하려고 했다. 그 간호사는 하루에 몇 차례 10분이나 15분씩 그 환자 옆에 조용히 앉아있었다. 그리고 마음속으로 그 상황을 어떻게 '상대해야할지' 말해주었다. 그녀는 속으로 이렇게 속삭였다. "그렇게 당신의 두려움에 매달려 있지 말아요. 죽음의 거부를 멈추세요. 겁낼 것 하나도 없어요. 거부는 당신을 해방시키지 않아요."

일주일 동안 '자기 환자' 옆에 앉아있었던 그 간호사는 자신이 그에게 필요한 행동이라 믿는 바를 말해주면서 그를 도왔다고 느꼈다. 그런데 주말이 지나고 다시 근무하러 나왔을 때였다. 수간호사가 그녀를 부르더니 그 까다로운 환자가 더 이상 그녀가 오는 것을 원치 않는다는 것이었다. 그 간호사는 영문을 몰라 "왜요?" 하고 물었다. "왜냐하면, 네가 너무 말이 많대."

마음을 통해 이야기할 때는 사랑을 보내야 한다. 상대가 달라지기를 바라는 당신의 요구나 욕심을 보내서는 안 된다.

마음의 대화는 죽어가는 사람들을 위한 단순한 기교가 아니다. 이 대화는 죽음을 더욱 특별하게 만든다. 마음의 대화는 서로를 건드리는, 당신의 마음을 열어 상대의 마음도 열리게 하는 또 하나의 방법인 것이다. 종종 이 기법은 병원 응급실뿐 아니라 아침 식탁에서도 효과를 발휘한다.

우리 사이에 생긴 신뢰감 때문이었을 것이다. 어느 날 알론조가 내게 죽음이 어떤 것인지 물어왔다. 나는 육신을 벗어놓고 그가 지극히 사랑하는 예수님의 광명 속으로 들어가는 것이라고 말해주었다. 우리의 마음은 크나큰 사랑과 무한한 충만함으로 벅차올랐다. 그날 병실을 나설 때 내 정신에는 만족감이 그득했다. 정신이 속삭였다. "그래, 제대로 해냈어."

다음 날 알론조의 병실로 향하면서, 나는 그가 나를 보면 얼마나 반가워할까 하고 생각했다. 그런데 웬걸. 내가 병실로 들어서자 알론조는 나를 힐끗 쳐다보고는 고개를 돌리며 "아, 싫어"라고 하는 것이 아닌가. 가슴이 철렁했다! 어제의 그는 죽음에 지극히 열려있었다. 그러나 오늘의 그는 죽음 따위는 쳐다보려고도 하지 않았다. 그에게 나의 모습은 죽음의 그림자일 뿐이었다. 어제, 나는 고마운 구원자였고 만족감을 주체하지 못하는 승리자였다. 오늘, 나는 귀찮은 인간이고 거부당할 준비나 해야 할 패배자였다. 내가 할 일은 그를 변화시키지 않는 것, 내 장애물을 뛰어넘는 것이었다. 나의 기대, 욕망, 망상 들을 지켜보고 헛된 모델들을 하나하나 깨나가는 것이었다. 빗장을 거는 것이 아니라 내가 믿던 나의 모습에서 벗어나는 것이었다. 소중한 이 순간 속으로 녹아들 때, 존재의 진실은 다시 한 번 저절로 떠오른다. 더 이상 죽는 자도 돕는 자도 없다. 그저 명료함과 사랑으로 반짝이는 이 순간이 있을 뿐이다.

'죽음'이라는 관념도, '질병'이라는 생각도, '도움'이라는 개념도 모두 흩어진다. '생생한 현재'만이 남은 채, 그저 두 존재의 하나됨이 있을 뿐이다. 각자 상대를 거울삼아 자신의 응어리와 두려움을 찾아내고 그것을 어루만지는 것이다. 왜냐하면 우리는 모두 간절히 도움을 원하니까 말이다.

병상에 누워 죽어가는 사람이 있다. 그러나 그 주위에도 진정한 자신을 잃어버린 채 죽어가는 열 사람이 있다. 삶을 진실 탐구의 기회로 생각할수록 삶의 종착역에서 만나는 진실은 선명한 모습을 드러낸다.

그런 이들의 죽음은 영혼의 나눔이다. 그러나 물질적 성공을 목표로 정신없이 뛰어온 사람들, 그러니까 병상 주위에 둘러선 그들에게 있어 죽음은 오직 육체의 소멸일 뿐이다. 더 많은 물질을 쌓은 사람일수록 교차로에 서면 방향을 잃는다. 그들의 죽음은 당혹과 혼란이고, 갈 길 잃은 몸부림이다.

당신과 가장 가까운 사람들의 머릿속에 있는 당신은 누구인가? 당신이 사라진다는 것은 어떤 '의미'가 있는가? 당신의 행동이나 존재 자체는 소중한가? 당신은 죽음을 삶의 선물로 만들 수 있는가?

병실을 하나하나 돌아다니면서 명확히 알게 된 사실이 있었다. 환자가 마음을 열고 자신의 상황을 마주보고서 우리가 나눠주는 지혜를 신뢰하기 위해서는 몇 주 정도의 시간이 필요하다는 사실이다. 하지만 어떤 환자들에게는 남은 시간이 몇 주는커녕 며칠도 되지 않는다. 그런데 나는 흔히 환자의 머리맡을 지키는 사람이 형수, 조카, 손녀, 시아버지 같은 사람들임을 알게 되었다. 그들은 환자와 아주 강한 유대 관계를 지닌 사람들로, 주로 직계 가족이라고 하기에는 약간 먼 친척들이었다. 남편이나 아내, 형제나 아들이 아니라 대개 한 다리 건넌 가족들이었지만 환자를 사심 없이 사랑하고 마음의 교감을 느끼면서 겉치레나 망설임 없이 진실을 공유하는 사람들이었다. 흔히 그들은 대기실에서 함께 지내면서 사랑하는 사람의 죽음을 어떻게 하면 수월하게 견뎌낼 수 있을지 서로 의논하곤 했다. 환자와 깊숙한 마음의 교감을 지녔던 그들은 도움이 될 일은 무엇이든 하려는 마음 자세를 갖고 있었다. 이 소중한 사람들은 쓸데없는 말이나 행동 없이 곧바로 환자와 깊은 공감대를 형성했다. 그들은 곧장 마음으로 다가가 사랑하는 사람이 떠나기 전에 필요한 일이 무엇인지 물을 수 있었다. 그들은 죽음이 어떤 것인지, 사후에는 무엇이 있는지 함께 탐구할 수 있었다.

그래서 우리는 보통 한두 시간씩 같이 앉아 죽음에 관한 이야기를 나누었다. 나는 그들에게 죽음의 두려움에 빠져 사랑의 교감을 잃어선 안 된다고 조언했다. 그러면서 그들은 내가 절대 가질 수 없는 마음의 끈을 가졌으므로 사실 내가 필요치 않음을 일깨워주었다. 그리고 굳건한 버팀대이자 변화의 안내자가 되어 환자들이 두려움을 넘어 이 순간의 충만함을 확신하도록 이끌 수 있다고 일러주었다. 그들의 질문에 답하고, 그들과 비슷한 상황에서 유사한 장애물을 극복한 다른 사람들의 경험을 들려주면서, 나는 그들에게 지금 이 순간을 섬세하게 맞이하라고 조언했다. 자신들이 느끼는 사랑을 믿고, 그 사랑을 현재와 미지의 세계를 잇는 다리로 삼아 사랑하는 이가 활짝 열린 자세로 떠나도록 도우라고 했다. 우리는 환자가 그릇된 자기 관념에 집착하지 않게 하면서 고통을 줄이고, 남은 일을 정리하고, 의식을 확대하는 여러 기법들을 함께 나누었다. 나는 또 사랑하는 이에게 읽어주면 좋을 책들도 소개했다. "필요하다고 느끼는 일은 무엇이든 하세요. 당신의 마음을 감추지 말고 믿으세요. 지금이 정말 귀중한 순간입니다." 흔히 이런 사람들은 병실로 돌아가 자기 환자를 돌보는 외부인 봉사자를 몇 달간 부르지도 않을 정도로 크나큰 교감을 경험한다. 왜냐하면 그것은 당신이 누군가를 신뢰할 때, 그 누군가도 당신 자신에게 신뢰감을 불어넣고, 당신이 내면의 소리를 경청하도록 만들기 때문이다. 말로 풀어놓기만 해도 해소될 긴장이 상당히 많다. 성취된 꿈이든 미완의 꿈이든 우리가 꿈을 함께 나누면 험난한 상황에 맞설 수 있다. 나는 각별히 소중한 사람과 친밀하고 솔직한 교감을 나눈 뒤에 놓아버리기를 향한 커다란 걸음을 떼어놓은 환자들을 수없이 보았다.

환자나 소중한 사람과 함께 의식을 공유하는, 가장 단순하면서도 심오한 명상법이 하나 있다. 리처드 부르스틀러라는 심리치료사가 보스턴의 '깨끗한 빛의 사회(Clear Light Society)'라는 모임에 참여한 경험을 바탕으로 내게 들려준 기법이다. 많은 사람들이 탁월한 효과를 체험했기에 여기 소개한다.

먼저 환자들에게 간단한 실험에 참여할 생각이 있는지 묻는다. 그런 뒤 특별히 할 일은 없고, 그저 긴장을 풀고 편안히 숨쉬기만 하면 된다고 알려준다. 환자들 옆에 앉아 당신도 그들과 같이 숨쉬기를 할 거라고 말한다. 환자들의 배가 오르내리는 것을 지켜보면서 그들의 호흡 리듬을 살핀다. 그 오르내림에 맞춰 당신의 호흡 속도를 똑같이 조절한다. 몇 차례 호흡을 맞춰본 뒤, 환자가 숨을 내쉬는 순간 동시에 "아아아" 소리를 내며 숨을 내뱉는다. 환자가 숨을 내쉴 때마다 당신은 깊고 커다란 "아아아" 소리를 토해낸다. 이런 식으로 날숨 때마다 당신의 "아아아" 소리가 함께 한다. 환자는 아무것도 할 필요가 없지만, 원한다면 같이 소리 낼 수도 있다(우리가 호흡 따라 하기는 고사하고, 남들을 존중하여 그들이 하는 말에라도 충분한 주의를 기울인 적이 얼마나 될까?). 예상 밖의 일이 흔히 벌어진다. 두 사람이 놀랍도록 깊고도 단순한 하나의 통일체 속에서 만나게 되는 것이다. 원한다면 이 명상을 20분에서 한 시간 가량 지속하면서 동시에 내는 "아아아"와 함께 광대한 공간 속으로 녹아들 수도 있다. "아아아"는 놓아버리기를 위한 탁월한 탄성이다.

이 명상으로 얻어지는 편안함은 긴장과 고통을 풀어주고 통일감을 일으킨다. 몇 분간 이 경험을 함께 나누면, 환자는 나중에 혼자서 자신의 의식을 집중할 수 있게 된다. 환자는 새벽 4시, 사방이 적막할 때, 고통이 극에 달해 도저히 잠을 이룰 수 없을 때에도, 숨을 내쉴 때마다 "아아아" 소리를 토해내면서, 켜켜이 쌓인 긴장의 껍질들을 녹여낼 수 있다. 그러면 자신의 상황을 맞아들일 수 있는 넓은 공간이 생겨난다.

함께 나누는 공감은 어떠한 철학이나 이념적 금자탑보다도 뛰어나다. 공감은 뒤에 따라올 더 심오한 교감을 위한 지름길을 연다. 환자는 아무것도 할 필요 없이 그대로 있으면서 주어진 상황 속으로 들어가기만 하면 된다. 흔히 두 사람은 마음의 평온과 관심 속에서 융화되어 하나가 된다.

불치병 환자를 돌볼 때 명심해야 할 점이 있다. 무언가를 해야 할 사람은 '당신'이 아니라는 것이다. 당신이 할 일은 길 복판에서 비켜나 그 순간에 대한 적절한 반응이 저절로 우러나도록 돕는 것뿐이다. 당신은 자신 이외에 누구도 구할 필요가 없다. 죽어가는 사람을 상대하는 일은 자신을 돌아보는 일이기도 하다.

그런데 이 환자 돌보기에는 함정이 있다. 만일 당신이 그것을 '도움 주기'라 생각한다면, 당신의 죽음을 남들의 죽음 위로 투영하는 셈이 된다. 하지만 누구도 당신을 대신해 죽어줄 수는 없다. 남들과 달리 당신은 천사들이 여행길을 안내하고 수십 개의 나팔이 팡파르를 울려대는 가운데, 육신에서 빠져나간 숨결을 따라 포근히 올라가고 싶을 것이다. 하지만 그것은 환상이다. 아무도 당신의 길을 대신 가줄 수는 없다. 그 순간의 여건상 아마 당신은 얼마쯤 그 환자보다 더 오래 살 것이다. 하지만 당신이 지금 자신의 죽음을 상대하는 노력, 바로 그만큼이 당신이 죽음의 순간에 지니게 될 재산이다.

그 상황은 다른 사람의 멜로드라마다. 당신은 그들을 구하기 위해 거기 있는 게 아니다. 열린 공간이 돼주기 위해 있는 것이다. 환자들이 펼치는 장면을 조금도 당신 뜻대로 덧칠하지 않은 채 그들이 원하는 것은 무엇이든 도와주는 널따란 공간이 되기 위해서 있는 것이다.

다른 사람의 고통을 두려움으로 맞이할 때, 그것을 흔히 '동정심'이라 부른다. 당신이 동정심에 이끌려 행동하면, 그것은 지극히 이기적인 행동이 된다. 당신이 동정심에 이끌려 행동할 때는 상대의 곤경에 절대로 빠지고 싶지 않다는 혐오감에 따라 행동하는 것이기 때문이다. 자신의 불쾌감을 누그러뜨릴 방편으로 상대방의 불쾌감을 해소해주려는 것이다. 동정심은 더욱 큰 두려움과 단절감을 불러온다. 이와는 달리 사랑이 남들의 고통을 어루만질 때, 그것은 '연민'이라 불린다. 연민은 단순히 열린 공간이다. 상대방이 무엇을 경험하든지 당신은 마음속에 그것을 위한 여유 공간을 마련한다. 연민은 당신 자신도 변화시킨다. 놓아버리기, 활짝 열리기, 당신 안에서 존재 느끼기 등으로 말이다. 누군가 엄청난 고통에 시달릴 때, 비록 당신이 그 고통을 줄이기 위해 아무것도 할 수 없을지라도, 연민을 지닌 당신은 물러서지 않는다. 사람들이 "도와주세요" 하고 외칠 때, 당신은 부드러운 자세로 그들에게 손을 내준 채 위축되지 않고 그들의 고통을 함께 나눈다. 어떠한 고통이 일어나든 마음속에 그것을 위한 공간을 마련하는 자세, '나'와 '남들'을 구별하지 않는 태도, 그것이 연민이다.

죽음이 우리 사회의 컴컴한 골방에서 밖으로 나오면서 죽음을 향한 새로운 환경이 조성되기 시작했다. 이 새로운 호스피스 운동은 사람들이 고통 없이 가급적 최대한의 심리적 지원을 받으며 세상을 떠나고픈 열망의 산물이다. 남은 일을 말끔히 정리하고, 고결하게 죽고 싶은 열망. 이 호스피스 운동을 지원하는 많은 단체들은 환자가 자기 집에서 온화한 관심 속에서 임종하도록 돕고 있다. 또 일부 단체들은 가정 같은 포근한 환경을 조성하여 환자가 평화로이 죽을 수 있게 하고 있다. 그러나 이 새로운 운동에도 상당한 문제가 있는 것 같다. 누구나 그렇듯이 호스피스 봉사자도 자신의 조건화에 얽매여 있기에 자기가 지닌 삶에 대한 두려움과 육신에 대한 애착을 전달함으로써 죽음을 힘겹게 만드는 경우가 허다하다. 즉, 호스피스 시설에서 활동하는 많은 봉사자들이 '구원자'로 자처하는 함정을 깨닫지 못하는 것이다. 이 '구원자'라는 인식은 때때로 봉사자가 환자를 이용하여 자기 이미지를 강화하거나, 자신은 근사한 모습으로 살아간다고 우쭐해 할 때 나타나는 단절의 장벽인 것이다.

많은 호스피스 시설의 주요 목표는 환자의 통증 경감, 괴로움 완화다. 환자가 자기 몸을 진짜 자신으로 보거나 정신을 완전한 실체로 보는 착각을 깨부수도록 도와주는 경우는 거의 없다. 호스피스 기관들은 영적 각성의 계기가 되는 죽음을 소홀히 보는 경향이 있다. 수많은 호스피스 봉사자들의 마음이 육체의 덧없음을 바라보면서 크게 열려 있기는 하다. 비록 그렇지 않더라도 그 열림을 자신의 내면 가장 깊숙한 곳에 도달하거나, 근원적 지혜와 기쁨을 탐구할 기회로 삼는 사람은 거의 없다. 대다수 봉사자들은 여전히 죽음을 그저 끔찍한 비극, 비상사태, 거대한 상실로만 생각한다. 심오하게 펼쳐질 다음 세계, 그러니까 새로운 삶을 경험하기 위해 육신이 죽어야 할 필요성에 대한 이해는 거의 없다. 죽어가는 환자들을 돌보면서 봉사자가 자신을 성찰하도록 이끄는 호스피스 기관도 극히 드물다. 어떤 환자들의 내적 성숙을 인식하고 "죽어가는 사람은 누구지?" 하고 묻는 곳도 거의 없다.

환자가 자신을 탐구하여 자기가 한낱 육신의 손님임을 생생히 체험하도록 이끄는 곳도 없다. 환자에게 지옥 같은 괴로움 한가운데에서도 마음을 열어놓는 방법을 가르치는 경우도 거의 없다. 이런 관행에는 아무런 실수도, '아무런 비난'도 없다. 이것은 미숙한 정신이 자기도 모르게 숨겨진 두려움과 혼돈을 남들에게 옮겨놓도록 방치하는 또 하나의 사례일 뿐이다.

환자를 상당히 배려하는 시설에서도 환자가 자신의 '특별함'을 벗고 본질적 교감, 존재 자체의 통일성 속으로 들어가도록 이끄는 경우는 거의 없다. 하지만 상실의 두려움을 깨부수는 것은 이 통일성의 경험, 불멸의 공간에 대한 체험이다. 우리가 거대한 전체의 일부임을 경험할 때 비로소 죽음은 소멸한다.

병원에서 극심한 고통에 시달리며 죽어가던 어느 여인은 이렇게 말했다. "나는 사람들이 병실로 들어올 때, 자신의 괴로움에 열려있는 사람이 누군지를 대번에 알아볼 수 있어요. 그들은 나의 괴로움에도 열릴 수 있는 사람들이니까요. 자신의 괴로움도 마주보지 못하는 사람, 자기 고통도 껴안지 못하는 사람, 모든 난관을 내면으로 들어갈 계기로 삼지 못하는 사람은 대단히 뻣뻣해요. 그런 사람들은 신경질적이지요. 그들은 별 도움이 되질 않아요. 내가 고통에 시달리면 그들은 얼굴을 찡그려요. 그들은 고통을 적으로 만듭니다."

소아암 병동의 간호사들과 일해본 어떤 봉사자는 이렇게 말한다. "여기 오래 있을수록 더 힘들어요." 몇 년 간 어린 환자들을 돌보면서 그들의 치료를 지켜보고 생일 파티를 함께 하고 승리와 좌절을 나누다보면 아주 끈끈한 유대감이 형성된다. 그러다 결국 아이들의 죽음을 보게 되고, 그러면 아이들의 회복을 바라던 간절한 소망이 시뻘건 불덩이가 되어 그들을 삼킨다. 그들은 죽음을 밀쳐내고 있는 것이다.

나는 그곳 간호사들과 함께 세상에 널린 수많은 고통의 순간들에 관해 이야기하기 시작했다. 사람이 그 순간을 어떻게 회피하는지, 아니면 어떻게 그 안으로 들어가는지에 대해서 말이다. 우리를 둘러싼 고통에 대한 저항이 우리 마음을 움츠러들게 한다. 하지만 그 고통을 우리 안으로 맞아들이면 마음이 활짝 열리면서 우리는 진실을 마주보게 된다. 예외 없이 우리가 죽음에 저항하려 하면 삶에도 저항하게 된다. 그래서 소아암 병동의 간호사들은 오는 대로 모두 나가떨어졌다. 그들에게 그곳은 지옥의 불구덩이였다. 그 간호사들은 지옥에서 마음을 열고 있기가 얼마나 어려운지 아냐고 하소연했다. 주위 모든 상황이 자기 바람을 무참히 짓밟을 때 제정신으로 있기가 얼마나 힘든지 아냐고 아우성쳤다. 우리는 저항이 정신 속에서 일어날 때, 그것을 경고등 삼아 마음을 조절하는 방법을 함께 나누었다. 나는 여느 고통을 상대할 때와 다름없이 저항 주위를 부드럽게 하라고 말했다. 저항이 다가오게 하지 말고, 저항 쪽으로 다가가라고 했다. 마음속의 저항을 놓아버림으로써 동정심으로 행동하기보다, 두려움 없는 사랑 속에서 소중한 사람들 곁에 충실히 있어주기를 택하자고 했다. 오랫동안 벼랑 끝에 서있던 그 간호사들은 아주 깊숙한 이해를 표시했고, 그중 상당수는 그 즉시 우리가 공감한 방법들을 활용했다. 그리고 자신들이 '견딜 수 없는 상황'이라 여겼던 현실이 사실은 그들의 바람대로 자신을 활짝 열어줄 통로였음을 깨달은 간호사도 많았다.

몇 달 후 병원을 그만두려던 간호사 두 명이 오히려 더 살벌한 불구덩이 속으로 뛰어들기로 작정했다. 뉴욕에 있는 슬론케터링 암센터에서 일하기로 한 것이다. 그곳은 고도의 의료기술과 최첨단 장비, 화학

요법을 집중적으로 시도하여 병세가 최악인 소아암 환자들을 생존시키려 노력하는 최고의 암 전문 병원이다. 그 간호사들은 자기 발견과 봉사의 길을 찾아 과감히 지옥으로 뛰어들었다. 그곳 소아암 병동에서는 부모들이 숨이 끊어져가는 아이들을 살려달라며 지나는 의료진 중 아무나 붙잡고 애걸복걸하는 경우가 허다했다. 병동 복도에는 음산한 고통의 그림자가 그득했다. 그런 환경에서 마음을 열어놓는 일은 정말 최대의 시련일 것이다. 그런 아수라장에서 남들을 사랑하려면 죽음을 초월해야만 한다. 그 간호사들은 그 험한 일을 자기정화의 수단으로 삼은 사람들이었다.

소小자아, 그러니까 옹색한 정신으로 다가가다 보면 우리는 탈진해 쓰러진다. 우리가 자신이 믿는 그럴싸한 겉모습으로 꾸민 채 '구원자' 행세를 하기 때문이다. 비좁은 정신, 즉 움츠러든 인격에는 여유 공간이 거의 없기에 남들의 괴로움을 충분히 받아들일 수 없다. 그 경우에 우리는 단절감을 느끼면서 자기 혼자만의 괴로움에 빠져 허우적댄다.

이것은 갈증으로 죽어가는 사람에게 물을 주는 상황으로 비유할 수 있다. 우리 자신의 세포에서 수분을 짜내 마실 것을 줄 수는 있지만 자신은 비쩍 말라 시들게 된다. 반면 풍부한 샘물, 거대한 생명의 근원으로 다가가 그 맑은 물을 바가지로 퍼온 뒤 목마른 사람에게 먹일 수도 있다. 이 경우는 자신이 마실 물도 넘쳐난다. 자신을 쥐어짜서 내주는 사람은 탈진해 쓰러진다. 생명의 근원을 퍼서 베푸는 사람은 내줄수록 풍성해진다. 그들은 샘물로 다가가면서 직관력을 얻고, 상대의 미묘한 감정을 읽어내고, 그것에 정신이 아닌 마음으로 반응한다.

알량한 지식 대신 자연스러운 감각으로 행동하라. 강물을 막는 바윗돌을 치워버리면 존재들 사이의 오묘한 조화가 드러난다. 우리가 애지중지하는 개별적 '나'를 부숴버린다면 단순한 존재의 공감이 일어날 것이다.

치유를 불러오는 힘은 우리의 진정어린 관심이다. 그런데 병원에서 일하는 많은 봉사자들의 문제는 '뛰어들기'를 무서워한다는 것이다. 그들은 원래의 자신이 되는 것을, 자기 삶에 생생히 참여하는 것을 두려워한다. 그 두려움 때문에 우리는 남의 처지에 자신을 충분히 열어놓지 못한다. 두려움 때문에 우리의 정신과 몸으로 상대의 고통을 느끼지도, 그 상황의 본질을 향해 열려있지도 못한다. 우리는 자신의 뒷걸음치는 습성을 알아봐야 한다. 그래야 맹렬한 불길 속으로 뛰어들어 우리의 장애물을 불사를 수 있다.

어쩌면 우리는 'care(관심/걱정)'라는 말의 뿌리를 잊었는지도 모른다. care는 'culture(문화)'와 똑같은 어근에서 나온 말이다. 관심을 갖고 걱정한다는 것은 상대와 하나 되는 것, 생명 그 자체인 거대한 인류의 '문화' 속에 한 인간으로서 섞여 들어간다는 것이다. 사실 '남'이란 아예 없기 때문이다. 그저 다른 초점에서 바라본 또 하나의 존재가 있을 뿐이다. 우리가 충분히 깨어있을 때, '다른 사람' 같은 것은 있지도 않음을 본다. 그저 하나의 존재에서 비롯된 두 개의 지각작용이 있을 뿐이다. '당신의' 이야기가 있고 '나의' 이야기가 있을 뿐이다. 우리가 할 일은 진실 속에서 만나는 것이다. 서로의 깨어남을 위한 완벽한 공간이 돼주는 것이다. 다른 사람이란 없다. 그저 모두가 공유할 '하나'만이 있을 뿐이다.

13장
어느 친구에게서 온 편지

사랑하는 친구들에게

나는 지금 얼마 전부터 병원에서 간호조무사로 일하고 있습니다. 그러면서 병원이라는 곳이 환자가 모든 것을 내려놓고 죽음으로 들어가기에 얼마나 어려운 곳인지 실감하고 있습니다. 대다수 사람들은 죽음이라는 것을 인정하지도 않습니다. 죽어가는 사람들은 끊임없이 삶에 매달리면서 회복을 바라도록 길들여져있지요. 자기들이 죽어가고 있다는 사실을 무시하면서, 어떤 상황에서도 죽음이라는 말은 꺼내지도 않습니다. 다시 말해, 무슨 수를 쓰든 죽음으로부터 도망쳐 숨으려 합니다. 한 편의 코미디 영화지요. 환자의 가족들은 마치 죽음이 다가오지 않을 것처럼 환자들을 '위로'하고, 환자들 역시 똑같은 식으로 소중한 가족들을 다독거립니다. 아무도 죽음을 들춰내지 않습니다. 모두 다 벌벌 떨며 고개를 파묻고 있는 것이죠.

죽음이라는 이 위대한 자유는 대다수 사람들을 공포에 떨게 합니다. 사람들은 너나없이 두려워해요. 그들은 죽음을 삶과 다른 것, 삶에 반대되는 것이라고 믿습니다. 그리고 죽음의 자유를 이해하지 못한 채 날마다 자신의 죽음을 부정하고 밀쳐냅니다.

나는 모든 사람이 자신의 특이한 자아, 에고ego 혹은 성격 안에 어떤 틈새를 갖고 있음을 알았습니다(꼭 확신하는 건 아니지만요). 어떤 열린 공간, 내면에 살아있는 신, 진리에 관한 이해, 이미 자유로워진 장소 등을 말이죠. 그리고 만일 우리가 진실한 자세로 앉아 사랑(무조건적인 사랑)을 건넨다면 그들이 움켜쥔 손을 펴고 모두 놓아버리리라는 것도 알게 되었습니다.

내가 보살핀 사람들 중에 죽음에 관한 이야기를 (아무리 타당한 말이라도) 입 밖에 꺼내는 사람은 거의 없었습니다. 그들에게 죽음은 이러이러하다고, 지금 여기에 있으면서 모두 놓아버리라고, 거대한 '하나'로 녹아들거나 예수님 안에서 쉬라고 말하면, 오직 혼란이 생기거나 지적 논쟁에 빠져들 뿐이었습니다. 그래도 우리는 그들과 함께 사랑, 열림, 자유, '하느님'이라 부르는 공간 속으로 들어가야 합니다. 우리가 그냥 우리 자신, 자애로운 열린 존재가 되어 그들을 그 공간으로 초대하면서, 그들의 완전성을 지켜보고 확인해야 합니다(그들이 행하는 코미디 영화는 조금도 비판하지 말고요). 오직 열린 손, 열린 마음, 그리고 평화만을 지니고서 말이죠. 가끔 나는 그냥 환자의 침대 곁에 앉아있습니다. 그리고 조건 없는 사랑 속에서 활짝 열리기를 기다립니다. 이 존재에 열리고 신 앞에서 열려서 신이 나를 통해 그분의 자식에게 노래하시게 합니다. 기꺼이 도우려는 자세를 취하고서 필요한 것은 무엇이든 하려는 긍정의 상태로 말입니다. 그러면서 귀 기울여요. 내 마음으로 이 순간, 이 시간, 이 존재, 이 경험 속에 들려오는 신의 속삭임을 찾는 겁니다.

매번 죽음을 볼 때마다 완전히 새로운 경험을 합니다. 나는 죽음에 관한 건 아무것도 몰라요. 나는 그저 활짝 열린 채, 그 열린 공간 안에서 가급적 죽는 이도 열리게 하면서, 신에게 가장 가까이 다가가는 순간을 껴안기 쉽도록 도울 뿐입니다. 죽음, 이 얼마나 위대한 스승인지!

병원에서 내가 하는 업무의 대부분은 고통을 줄이는 일입니다. 죽음을 코앞에 둔 사람들도 괴로움의 함정에 빠져 죽음에 대항해 발버둥치는 경우가 수두룩합니다. 그런데 말기 암 환자처럼 극심한 통증에 시달리는 환자의 고통이 단순한 공감의 표시 하나에 얼마나 줄어드는지 보면 놀라움을 금할 수 없어요.

파인 씨라는 할아버지가 있었습니다. 나는 그분을 마치 애인처럼 사랑했습니다. 그분은 말기 암으로 죽어가고 있었고, 나는 한동안 그분의 전담 간호사였어요. 파인 씨는 등 오른쪽에서 극심한 통증을 느껴 진통제로 고통을 억누르곤 했습니다. 그런데 약을 아무리 먹어도 소용없자 내게 도와달라고 했어요. 나는 파인 씨의 등을 마사지하면서 그분이 가장 좋아하는 《구약성경》 〈시편〉 23장을 읽어드렸습니다 (그 시들을 들으면 그분은 항상 아기처럼 변해 마음을 풀어놓고 하느님의 품 안으로 들어갔어요). 내가 마사지라고 했지만, 실제로는 그 접촉의 어떤 매개물이 빛이 되어 그분 안으로 스며들어가는 것이었습니다. 그 빛이 그분 자신임을 느끼면서(그리고 내 손으로 그 빛을 전달하면서), 통증이 사라지고 평화가 차올랐어요. 글쎄, 뭔지는 몰라도 하여튼 그랬어요. 그냥 그런 일이 있었답니다.

여러분에게 특별한 이야기들 좀 해드릴까요? 먼저 구달 부인 이야기예요. 하느님은 그 부인에게 자기 연극의 역할에 꼭 맞는 이름을 지어주셨답니다. 그 부인은 암으로 죽어가는 흑인 할머니였는데, 한평생 자애로운 하느님의 사업을 해온 분이었습니다. 수많은 문병객들이 줄줄이 부인의 병실을 찾아왔고, 그들 모두 온화한 빛에 감화되어 평안하고, 기운차고, 행복한 기분을 갖고서 돌아갔습니다. 구달 부인은 몇 달 동안 엄청난 통증에 시달리며 병상에 누워 지내면서도 사랑만을 보여주었습니다. 누군가가 부인의 시트를 정리해줄 때면 부인은 마치 그 사람이 하루를 온통 행복하게 해준 듯이 이런 따스한 말을 건네곤 했어요. "정말로 고마워요." 그분은 죽음 앞에 준비되어있었습니다(삶을 대할 때와 똑같은 열린 자세로 죽음을 받아들였어요). 우리는 서로에게 아주 깊은 사랑을 느꼈고, 신(예수님)에 대한 사랑을 함께 나누며 죽음에 대해서도 조금씩 이야기했습니다. 마지막 시간이 다가왔을 때, 부인은 극심한 통증으로 거의 움직일 수도 없었어요. 그래서 나는 부인의 침대 정리와 옷 입기를 도우러 병실로 갔습니다. 그런데 부인이 멍한 눈으로 혼수상태에 빠져있는 것 같았어요. 그때 부인이 전에 했던 말이 기억났어요. "내가 잠든 것 같아 보일 때도, 사실은 여기 누워 댁을 위해 기도하고 있는 거라오." 나는 정말 그렇다는 걸 알았습니다. 그분은 몸이 어떤 상태에 있을지라도 정신이 맑고 온전했어요.

나는 가만히 할 일을 해나갔습니다. 고통스런 몸이 아프지 않고 치유되도록 자애롭게 건드렸습니다. 그리고 하느님께 기도하는, 신의 사랑으로 가득 찬 손으로 몸을 어루만졌습니다. 나는 병상 위에 힘없이 누워있는 예수님의 몸을 보았습니다. 그 모습은 '예수님을 닮은 사람'이 아니었어요. 내게는 고난에 시달리는 예수님의 형상 그대로였습니다. 그 몸은 바로 예수님이셨던 거예요. 그분에게서 퍼져 나온 광채에 밀려 나는 벽 앞에 쓰러졌어요. 하느님을 목격한 그 경이로운 상태에서 나는 상처를 치료하고 노래를 불러드렸습니다. 그것이 어떤 노래였는지는 모르겠어요. 그 빛 속에서 저절로 흘러나왔으니까요. 예수님 안에서 편히 쉬라는 노래였던 것 같아요. 구달 부인은 말도 못 하는 상태였지만 어렵사리 한 손을 들어 내 어깨를 감쌌습니다. 이 여인의 자애로움에 눈물이 쏟아졌어요. 삶에서와 똑같이 죽음 앞에서도 마지막 숨을 내쉬면서 손을 뻗어 사랑을 건네는 그 모습에 말이죠. 구달 부인은 찬란한 영광에 휩싸여 떠나갔습니다. 만일 천사들이 누군가를 위해 노래한다면 틀림없이 이 부인이 주님의 품으로 갈 때 했을 겁니다. 구달 부인에게 있어 죽음은 예수님과의 감미로운 포옹이었답니다.

이와는 다른 세일러 부인 이야기도 있습니다. 세일러 부인 역시 암 환자였고 삶이 몇 달 남지 않은 상태였어요. 주치의는 대장을 막은 암 덩어리를 제거해야 식사를 토하지 않게 되고, 위를 약간 잘라내야 더 편해진다며 수술을 권했어요.

내가 세일러 부인과 같이 지낸 시간은 얼마 안 됩니다. 사랑을 나누기에는 충분했지만, 하느님이라는 열린 공간을 체험하기에는 부족한 시간이었지요. 수술실에서 돌아왔을 때 부인은 분명 죽어가고 있었습니다. 몇 시간씩 괴로움에 몸부림치며, 숨 쉴 때마다 신음을 토해냈어요. 부인은 고통 때문에 모든 사람을 밀쳐냈어요. 의사와 간호사들도 병실에 들어오기 어려웠기에, 내가 비교적 오랫동안 혼자서 부인 옆에 있었습니다. 나는 열린 마음으로 앉아서 전해오는 것은 무엇이든 맞이하려고 기다렸습니다. 하지만 아무것도 오지 않았어요. 오직 신음뿐이었죠. 나는 거기 앉아, 부인의 영혼이 훨훨 날아갈 수 있도록 무엇이든 하려고 했어요. 하지만 세일러 부인은 고통으로 몸부림치며 죽어갔습니다. 나는 생각했어요. '내가 지금 뭐하고 있지? 죽음이 두려워 발버둥치는 사람 옆에 앉아 무슨 쓸데없는 짓을 하는 거야? 나 역시 아무것도 모르면서.' 하지만 아무것도 모르는 것이 내 평소 상태였기에 계속 앉아있었어요. 세일러 부인은 몸부림을 쳤고, 나는 그 안간힘을 느꼈습니다. 나는 참담한 심정으로 물러나왔고, 내 몸은 처절한 신음으로 가득 찼어요.

어떤 깨달음을 얻은 것은 그 다음 날이었습니다. 나는 친구에게 아직도 내 몸에서 느껴지는 그 몸부림에 관해 이야기하면서 그 친구의 무릎에 머리를 파묻었어요. 나는 나 자신도 세일러 부인과 다르지 않다고 느꼈습니다. 부인의 몸과 나의 몸이 똑같았어요. 내 몸도 부인처럼 신음하기 시작했어요. 그러다 내가 부인의, 나의, 아니 우리의 신음 소리를 그냥 놔두었을 때, 마침내 눈앞이 환해졌습니다. 그것은 나무 위에서 노래하는 새를 쳐다볼 때와 똑같았어요. 완벽한 신에 대한 찬미였지요. 새의 일생, 새의 노래, 신의 절대성을 알리는 찬양. 그리고 세일러 부인의 일생, 죽음의 고통, 신을 찬미하는 노래, 완전한 노래, 완벽한 하느님의 말씀. 그 신음은 출산의 고통이었어요. 오직 부인 자신만이 자기 영혼을 입에서 꺼내어 훨훨 날아가게 할 수 있었어요. 그러니까 그 죽음의 몸부림은 출산의 진통이었던 겁니다. 어떻게 된 건지는 모르겠어요. 부인을 그 몸부림에서 벗어나게 하고픈 내 간절한 바람이었던 것 같아요.

카라스 부인은 미리 준비되어 있었습니다. 오히려 준비가 너무 충분해서 죽음을 기다렸지요. 연로하고 쇠약한 카라스 부인은 음식을 끊기로 결심했어요. 그 부인은 6개월 전(첫 단식을 시작했던 때) 심한 체중 감소로 병원에 입원했어요. 당시 몸무게가 30킬로그램에 불과했답니다. 의사는 "먹지 않는 것 빼고는 아무 문제가 없습니다"라고 하며 부인을 집으로 돌려보냈어요. 그러나 나는 우연히 그 부인, 그 가녀린

한 마리 새를 만나게 되었습니다. 목사의 아내였던 카라스 부인은 환한 미소로 병실을 밝혔어요. 그분은 병상을 더럽히는 것도 싫어하면서 단호하게 음식 섭취를 거절했어요. 그 결심이 성공을 거두었어요. 부인이 병상에 누운 지 6개월 후, 가족들이 병실을 24시간 지키고 있었습니다. 가족들이 때때로 휴식을 취하는 틈에 나는 살짝 들어가 부인의 곁에 앉았어요. 부인은 죽음을 연습하는 것 같았어요. 몇 시간 동안 정신을 잃었다가 5분 정도 정신이 돌아와서 물을 달라고 속삭이거나 용변을 처리하고는 다시 정신을 놓곤 했습니다. 참으로 평화롭고 차분한 모습이었어요. 부인은 마지막으로 정신을 잃은 뒤 그대로 떠났습니다. 나는 부인이 사망한 지 20분쯤 뒤 근무시간에 맞춰 병실로 들어와서는 얼큰히 취해 헛것을 보는 술고래처럼 내 눈을 비벼댔어요. 꼭 뭐에 홀린 것 같았습니다. '카라스 부인은 더 이상 저기 없어. 부인은 이 우주의 사방천지로 퍼져나갔어. 부인의 눈은 영원의 세계로 돌아갔고, 입은 끝없는 블랙홀이 되었어. 모든 것이 자유 속으로 빨려들고 있어. 아무런 장벽도 없고, 특별한 개인도 없어. 부인의 온 존재가 무한한 공간 속으로 퍼져가고 있어.' 나는 옆 병상으로 가면서, 그분이 바로 나라고 느꼈습니다. 나는 어떤 기이한 공간 속에 있었어요. 어쩌면 누군가가 내 음료에 환각제를 넣었는지도 몰라요. 옆 병상에 있던 루스 부인은 자신에게 걸맞은 특이한 행동을 하느라 무척 바빴습니다. 그 할머니는 몸과 성격이 딱 맞아떨어지는 인간형이었는데, 정확히 자신다운 행동을 하고 있었어요. 코를 찡긋거리고 손수건을 움켜쥔 채, 훌쩍거리고 있는 모습 말이죠. 다시 카라스 부인을 바라보니(사망 이전의 사람이라 여기고 그분을 바라봤어요), 그 환각 여행이 아직도 영원의 공간 속으로 뻗어가고 있었습니다. 이것이 '죽음'이라 불리는 자유일까? 나는 거기 있으면서, 한때 우리가 '카라스 부인'이라 부르던 존재의 격렬한 폭발을 경험하고 있었습니다. 사람들이 그분을 영안실로 모셔갈 때까지 말이죠.

어떤 할머니가 있었습니다. 할머니가 이 요양원에 처음 왔을 때는 아무도 성가시게 하지 않았어요. 할머니는 모든 일을 직접 하셨고, 하루 종일 방에서 혼자 지내며 아무도 부르지 않으셨습니다. "아무도 귀찮게 하고 싶지 않아" 하면서요. 그런데 나중에 할머니의 몸 상태가 몹시 나빠졌어요. 주로 심장이 나빴는데, 가까스로 걷는 걸음도 아주 위태위태했지요. 그러다 넘어져 골반뼈가 부러졌고, 이제는 가장 기본적인 동작에도 도움이 필요하게 됐어요. 일어서기, 옷 입기, 화장실 다니기, 머리 빗기 등에 말이죠. 그러자 할머니께도 질병과 함께 두려움이 몰려왔어요. 할머니의 몸이 엄청난 통증을 일으켰고 숨쉬기조차 어려워지자 할머니는 '조금도 회복될 수 없을 것' 같은 두려움에 빠졌어요. 할머니는 누가 항상 곁에 있어주기를 원했고, 자신이 부를 때 간호사가 곧장 오지 않는다고 투덜댔어요. 대대수 간호사들에게 할머니는 성가신 골칫거리가 되었습니다. 한 15분마다 한 번씩 할머니는 "간호사!" 하고 소리쳤어요. 할머니는 괴로워 죽겠는데도 그냥 놔둔다는 이유로 주위 사람들에게 신경질을 퍼부었어요. "의사는 도대체 뭐하는 거야?" "간호사는 아무것도 안 해주고 뭐해?" "뭔가 좀 해달라고!" "왜 아무것도 안 하냐고?"

그러니 무슨 일이 벌어질지는 뻔했지요. 할머니는 죽음을 뿌리치려 발버둥치고 있었던 겁니다. 할머니는 허공에 외치듯 이렇게 말하곤 했습니다. "내가 멀쩡해질 수 있을까?" 그러면 나는 이렇게 대답하곤 했어요. "할머니 몸은 많이 아파요. 의사는 최선을 다하고 있는 거예요." "왜 의사는 코빼기도 안 보이지?" "딱히 할 일이 없으니까요." 이 할머니에게 "댁은 죽어가고 있어요" 하고 말하는 것은 병원 윤리 기준에 어긋났어요. 하지만 할머니는 그런 걸 알 필요가 있었어요. 모두들 할머니에게 회복될 거라는 환상을 심어주었기에 그분의 괴로움은 열 배나 더 심해졌습니다. 약간의 질문과 대답이 오가고 자신의 내면을 몇 차례 여행한 뒤에 할머니는 사태를 알아챘어요. 우리는 '주님'에 관해 이야기했고, 나는 위로와 힘을 의사에게서 찾는 것이 아니라 신에게서 찾도록 그분을 이끌었어요. 그리하여 할머니는 싸움을 멈추고 이렇게 말하며 한숨을 내쉬었습니다. "오, 얼마나 편한지, 마침내 무슨 일이 생길지 알겠어. 할 일은 아무것도 없군."

하루 종일 나는 할머니의 호출에 응하면서 지극히 다정하게 필요한 일들을 해나갔어요. 때로는 키스와 따스한 포옹도 해드렸습니다. 그러자 할머니는 "병원에서 댁을 내게 보내줘서 고맙구려" 하고 말했고, 나는 "누가 보낸 것이 아니에요. 제가 원해서 여기 왔지요" 하고 답했습니다. 할머니는 또 이렇게 말했습니다. "댁이 정말 좋구려. 댁은 착하고 친절해서 난 댁 안에서 예수님의 사랑을 느낀다오." 나는 나 역시 그분을 사랑한다고 했고, 나의 사랑과 그분의 사랑이 예수님의 사랑이므로, 우리는 예수님 안에서 하나라고 말했지요. 그러면 할머니는 지극히 평온해져 하느님이 함께 계심을 느낀다고 말했습니다. 나는 그분이 정말 그렇다는 것을 알았어요. 왜냐하면 우리는 방금 열린 공간으로 들어섰고, 우리 사이에는 이제 아무런 칸막이도 없었으니까요. 그분의 영혼이 내 앞에서 투명하게 빛나고, 내 영혼도 그분 앞에서 반짝였기에 우리는 한마디 말이 없어도 서로를 깊숙이 이해했거든요. 그래서 우리는 함께 기도했습니다. 내용은 중요치 않았어요. 그냥 함께 있으면서 나는 침대 곁에 무릎 꿇고, 할머니는 내 손을 당신 가슴에 덴 채 온화한 빛 속에서 둥둥 떠다녔어요. 그럴 때 할머니의 가족이 들어오면 대뜸 이렇게 묻는 것이었어요. "무슨 일이에요?" 코미디의 한 장면이었죠. 우리는 아무 일 없다고 말하며 계속 기도하고, 가족들은 할머니를 둘러싼 평화로움을 보게 된답니다. 그러면 그들은 "신의 은총이 있을 거예요"라 말하고, 나는 "고맙습니다" 하며 병실을 살며시 나오지요. 할머니는 "댁이 어떤 의사보다 내게 큰 도움을 줬어요" 하고 말했습니다. 나는 이제 할머니가 몇 주 동안 부르짖던 도움을 얻었음을 느꼈어요. 나는 이곳이 주립 병원이고, 주위 사람들이 대개 친척들이라 아무도 진짜 현실을 알려주지 않는다는 것을 알았습니다. 사람들은 할머니에게 회복될 거라며 안심시키고, 손자들 이야기를 들려주고, 오늘 BM*은 하셨는지 묻곤 하지요. 하지만 할머니는 누군가가 자신이 죽을 것임을 알려주고, 함께 기도하고, 같이 있어주면서 당신의 얼굴이 하느님께 향하도록 도와주길 원했답니다. 아무도 그분의 죽음을 인정하지 않는 상황에서 어떻게 죽음을 껴안을 수 있었겠어요?

한동안 나는 '구도의 길'을 걷는 사람들하고만 지냈습니다. 그들은 신을 바라보는 사람들이었지요. 나는 3년 간 아슈람**에서 수행을 지도했지만 결국 내가 아무것도 모른다는 사실을 발견했습니다. 그 뒤 또 3년 간 인도를 여행하고 미국을 떠돌다가 그 '성스러운' 생활을 접었습니다. 그리고 병원이라는 지극히 단단한 비현실의 세계로 뛰어드는 것이 다른 수행과 하나도 다를 바 없음을 깨달았어요. 그저 또 다른 장소에서 남들과 부대끼며 정신의 자유를 찾는 것일 뿐이지요. 병

---

* '대변보기'를 뜻하는 의료용어다. ─옮긴이
** ashram, '은둔자의 암자'라는 뜻으로, 힌두교의 요가 수행 공동체다. ─옮긴이

원은 실로 완벽한 스승이었어요. 바깥세상에서 신의 실체에 대한 증거를 찾지 못했기에 나는 외부가 아니라 내면의 진실을 추구해야 했으니까요. 나는 진실 되게 살고, 진실이 되어야 했습니다. 이곳에서는 어떤 말도, 어떤 믿음도 소용없어요. 진실 이외의 어떤 것도, 순수하고 무조건적인 사랑 이외의 그 무엇도 쓸데없습니다. 항상 사람들은 사랑에 마음을 열고, 햇빛을 바라는 해바라기처럼 사랑을 향한답니다. 화장실도 찾지 못할 정도로 늙고 귀먹은 노인들을 상대로 속임수를 쓸 수가 있겠어요?

아주 연로한 분들을 돌볼 때 한 가지 좋은 점이 있답니다. 대개 그분들은 상대가 누구인지 조금도 신경 쓰지 않는다는 사실이에요. 봉사자인 우리는 필요에 따라 그분들의 엄마든, 딸이든, 성직자든, 간호사든 마음대로 될 수 있어요. 그분들은 곧장 우리의 사랑에 빠져듭니다. 사랑을 모를 정도로 늙거나 망가진 사람은 없습니다. 꼭 불꽃으로 뛰어드는 불나방 같아요. 그분들은 빛을 알아요. 주위의 암흑이 짙을수록 그분들은 더 간절히 빛을 찾아 헤맵니다. 나는 여러 시설에서 수많은 노인들을 돌보고 있습니다(병원과 연결된 사설 요양원들도 있거든요). 요양원의 노인들은 정규 병원 환자들보다 더 쉽게 인생 속의 자기 역할을 놓아버린답니다.

자, 혹시 죽어가는 사람들을 돌보는 여러분의 일에 제가 필요한 공간이 있나요? 저는 이런 식으로 봉사하면서 배우려는 사람입니다. 이 동변기통을 날라줄 사람 필요하신가요?

하느님의 사랑으로
마지 쾨니그가 보냅니다

14장

지금 이 사람은 누구지?

"당신이 죽음을 두려워하는 것은 자신이 태어났다고 믿기 때문이다. 태어난 것은 누구인가? 죽는 것은 누구지? 내면을 바라보라. 태어나기 전에 당신의 얼굴은 어땠는가? 사실 본래의 당신은 태어나지도 않았고, 결코 죽지도 않는다. 당신이 믿는 자기 존재를 놓아버려라. 그리고 항상 있어왔던 본래의 당신이 되라."

자신이 태어났다고 믿을 때, 우리는 자신을 이 몸이라고 생각한다. 죽음을 예상하면서 우리는 이 몸과 우리 존재를 동일시한다. 하지만 우리가 잠에 빠졌을 때, 비록 육체는 정지해있지만 정신은 계속 움직인다. 그처럼 삶의 꿈은 육체 없이도 계속된다.

"내가 죽으면 나는 더 이상 존재하지 않아." 이 말 속의 '나'는 정신의 '나'이다. 정신은 삶을 꿈꾼다. 우리는 이 꿈에서 깰까봐, 정신이 더 이상 이 환상을 유지할 수 없을까봐 두려워한다.

우리가 육체를 '나' 혹은 '나의 것'과 동일시할수록 죽음은 공포의 대상이 된다. 몸이 죽는다는 사실, 이것은 너무도 자명한 일이다. 육신의 쇠퇴는 죽음 직후부터 적나라하게 나타난다. 그러나 그 빈 껍질에 생명을 불어넣은 에너지도 동시에 쇠퇴할까?

'내'가 자신을 '이 몸'이라 부를 때, 이미 일시성一時性을 인정하는 셈이다. '내'가 자신을 정신과 동일시할 때, 이미 해체를 두려워하는 셈이다. 하지만 가만히 들여다보면 정신은 끊임없이 해체와 재생을 반복하고 있다. 순간순간, 한없이 죽고 다시 태어나고 있는 것이다.

우리가 자신을 이 몸, 이 정신이라 생각할 때 혼란에 빠져든다. 몸에도 정신에도 영원한 것은 도대체 없기 때문이다. 모든 것이 끊임없이 변한다. 만일 당신이 정신을 '나'로 생각한다면, '나'는 이 생각인가, 저 생각인가? 아니면 둘 다인가? 혹시 그 둘이 충돌한다면? 슬퍼하는 '나'는 누구고, 행복해하는 '나'는 또 누구인가? 혹여 '나'는 정신이 펼쳐놓는 끝없는 드라마일까? 생각은 꼬리를 물고 이어진다.

우리가 편안한 의자에 앉아 독서에 몰입할 때, 친구가 방에 들어와 물 한 잔을 건넸다고 하자. 하지만 의식이 온통 시각에 집중됐기 때문에 우리는 알아듣지 못한다. 그리고 이렇게 말한다. "네 말을 못 들었어. 책 읽고 있었거든." 책은 읽지만 알아듣지 못하는 이 '나'는 누구일까? 우리의 주의가 다시 한 번 우리의 귀, 즉 청각에 쏠릴 때, 우리는 이렇게 말한다. "아, 그래, 아까 그 말 들었어." 의식이 어느 쪽을 향하든 지각 작용은 일어난다. 의식이 눈에, 시각에 쏠려있을 때, 즉 우리가 눈을 통해 들어오는 지각에 몰입해있을 때 대상을 알아차리는 의식은 청각을 건드리지 않는다. 설혹 청각을 일으키는 모든 요소들, 즉 소리와 귀의 청각 능력이 온전하더라도 말이다. 의식이 청각에 다가가지 않는 한, 청력의 지각은 무용지물이 된다. 의식의 참여 없이는 아무런 경험도 없다. 그러면 우리가 '나'라고 말할 때 가리키는 것이 바로 이 의식일까?

의식은 우주 공간으로 끝없이 뻗어가는 광선과 같다. 그 빛이 어떤 대상에 부딪혀 반사되고 지각이 일어날 때에만 우리는 대상을 경험한다. 의식의 빛이 생각의 대상, 즉 그 순간의 청각, 미각, 시각을 건드릴 때 우리는 그 대상에서 반사되는 빛을 지각하게 된다. 그것은 마치 한밤중에 달을 보려면 태양의 빛이 달에 부딪쳐야 하는 것과 같다. 의식은 우리가 보는 세상을 밝혀주는 빛이다. 의식은 생각과 감정을 환히 비추는 '영원한 광명'이다. 의식이 오롯이 모아질수록 그 빛은 더 밝아지고, 우리는 더욱 선명히 보게 된다. 우리가 지각을 '나'로 착각하는 망상에서 벗어나는 순간이 바로 이때다.

우리는 순수한 의식의 투명한 빛을 보지 못하고, 그 빛이 지각에 던지는 그림자만 바라본다. 순수한 의식, 순수한 '있음(is-ness)'에는 개별적 존재란 없다. 순수한 의식은 존재 자체의 본질이고, 만물을 한결같이 포용하는 무조건적인 사랑이다. 이 순수한 '있음'이 지각을 일으킬 때 '내 존재'라는 흔한 관념이 생겨난다. 우리는 '내 존재'에 투영된 '있음'과 의식의 대상을 혼동한 채, "나는 이 생각이야"라고 말한다. 우리는 이미 순수한 존재의 진실로부터 두 발짝이나 멀어져있다. 의식은 지각이 일어나도록 허용한다. 의식은 우리가 경험을 감지하게 해주는 빛이다. 지각은 존재감, 즉 "나는 존재한다"는 관념을 일으킨다. 지각 속에서 떠도는 대상들을 움켜쥐거나 자신과 동일시함으로써 '소자아小我'가 생겨나고, 그 소자아는 지각의 내용물들을 확실한 존재로 믿어버린다. 수많은 영성 전통에서 사용되는 '무지(ignorance)'라는 용어는 아둔함이나 지능 부족을 뜻한다기보다는 지각의 내용물을 진짜 우리 자신으로 믿는 착각을 의미한다.

의식과 의식의 대상 간의 차이를 구별하는 사람은 극히 드물다. 대부분의 경우 우리는 생각, 감정, 느낌, 심지어 지각 자체를 '나'로 착각하면서, 그 모두를 바라보는 우리의 '참본성'은 잊어버린다. 우리는 자신이 빛 자체임을 망각한 채 그 빛을 우리에게 반사하는 잡다한 대상들을 자신으로 오해한다.

의식이 무릎의 감각을 건드릴 때 우리는 이렇게 말한다. "나는 이 몸이야." 이는 의식이 감각을 경험하게 했다는 사실을 잊고 하는 소리다. 심지어 우리가 '몸'이라 부르는 것도 그저 감각의 덩어리, 한낱 정신의 이미지일 뿐이다. 그것은 마치 점묘법點描法 화가의 그림과 같다. 그저 수많은 감각과 경험의 순간들만 있을 뿐인데, 정신은 그것들을 한데 모으고 윤곽선을 그리면서 어떤 그럴듯한 실체가 있는 것처럼 생각한다. 처음에 우리가 "나는 누구지?"라는 질문을 캐고 들 때, 우리는 우리를 이 정신과 몸으로 착각하게 만드는 생각과 감정을 관찰한다. 당신이 네 살 때 '나'라고 부르던 몸이 변함없는 네 살짜리 '나'인가? 그것은 동일한 몸, 한결같은 '나'인가? 그러나 그 뒤편에 있는 존재의 느낌은 변하지 않는 듯이 보인다. 어떻든 존재는 그대로 있고, '실재實在'의 알맹이는 그릇이 아무리 바뀌더라도 변함이 없다. 정신 속에서 이 순간의 '나'가 1년 전의 '나'와 동일한가? 정신의 상태들은 끝없이 변한다. 하지만 그것들을 비춰보는 의식은 항상 그대로다.

"나는 누구지?"라고 캐묻는 것은 영화관에 가서 영화가 어떻게 만들어지는지 보는 것과 같다. 처음 우리가 컴컴한 극장에 들어가 앉으면 자신이 그 멜로드라마의 인물들, 스크린에 비친 움직임과 비슷함을 발견한다. 스토리 전개를 따라가다 보면, 그 광경이 우리 정신의 내용물들과 유사함을 알게 되고, 그래서 비판이나 아무 간섭도 없이 '나타나는 장면'을 있는 그대로 바라본다. 그런데 흘러가는 과정을 세심히 본다면, 우리는 그 영화를 구성하는 수많은 화면들이 마치 낱낱의 생각들과 같음을 깨닫기 시작한다. 그때 우리는 이미지가 생성되는 과정을 알아차리기 시작하고, 그러면 스토리에 홀리게 하던 마법에서 풀려난다. 우리는 모든 광경들이 그저 하얀 스크린 위에 투사된 영상일 뿐임을 깨닫는다. 우리 앞에서 춤추고 노래하던 온갖 인물들이 필름 위의 자욱한 점들을 빛이 통과하며 만들어낸 허상일 뿐임을 알게 되는 것이다. 우리는 영화가 우리의 조건화, 즉 스쳐 지나는 이미지들의 누적된 흔적임을 본다. 우리는 그 멜로드라마 전체가 변화무쌍한 동작들로 이루어진 한바탕의 현란한 쇼였음을 깨닫는다.

우리가 이 과정의 두 번째 단계에 들어서면 스크린, 즉 의식 자체를 겨냥하기 시작한다. 의식의 대상들, 즉 스크린의 형상들은 더 이상 우리에게 그것들이 실체라는 착각을 일으키지 않는다. 대신 의식이 나타나는 넓은 공간이 실체가 된다. 스크린에 주의를 모으면서 우리는 그 반짝이는 이미지가 아무런 본질도 없는 한낱 순간적 허상일 뿐이고, 거기에 담긴 의미는 모두 우리가 쏟아부은 것임을 깨닫는다.

마지막 단계에 이르면, 이 그림자 인형극이 오직 꾸준히 쏟아지는 빛이 있을 때에만 나타난다는 사실을 알게 된다. 그러면 우리는 의식 자체를 겨냥하기 시작한다. 우리는 '내 존재'라는 광활한 관념을 의식의 스크린으로 경험하기 시작한다. 하지만 의식은 그 자신을 어떤 '사물'이나 개별적 존재로 보지 않는다. '나'라는 관념은 있지도 않고, 오직 분리되지 않은 통일체가 있을 뿐이다.

의식을 그 온갖 대상들로 착각하는 조건화된 습성이 사라지기 시작할 때 존재의 무한한 공간, 조건이나 헛된 동일시에 물들거나 오염되지 않은 본연의 빛이 드러난다. 우리는 끝없이 풀려나오는 우리의 조건화 과정을 지켜보면서, 우리가 찾아낸 이미지들을 의식의 스크린 위에 투사한다. 이때 우리가 영화를 보고 있는 사람이 누군지 확인하려고 극장 안을 둘러보면, 극장 자체가 스크린에 비친 또 하나의 이미지임을 발견한다.

우리는 '자신이라고 믿었던 모든 것(우리의 온갖 모습, 기억, 정신의 내용물들)이 단지 풀려나오는 낡은 영화 필름이었음을 깨닫는다. 그 영사기사는 죽었다. "나는 누구지?"는 해답 없는 질문이다. 우리는 진실을 알 수 없다. 오직 진실 자체일 뿐이다. 끊임없이 과거에 얽매여 살 때, 의식을 들쑤시며 우리가 누구고 무엇인지 확인하려 할 때, 진실은 안개에 묻힌다. 진실은 정신의 내용물들 속에서는 찾아낼 수 없다. 오직 거짓 동일시의 장난질을 발견할 뿐이다. 그 허상들을 넘어설 때, 진실이 모습을 드러낸다.

당신이 태어나기 전의 얼굴은 어땠는가? 당신이 존재감, 단순히 살아있는 느낌을 관찰할 때, 그것에 시작이나 끝이 있어 보이는가? 아니면 지속적인 존재, 그냥 있음, 아무것에도 얽매이지 않은 자존성自存性이 있는 것 같은가? 그것에 영향을 주는 것은 무엇인가? 본래의 의식은 몸과 정신에서 생기는 변화를 끝없이 받아들이면서도, 그 변화들과 그것을 감지하는 근원적 빛을 혼동하지 않는다.

'내 존재'를 따라 뿌리로 내려가라. 의식 자체를 경험하라. 반사된 그림자를 자신이라고 믿지 말라. "나는 누구지?"는 해답 없는 질문으로 그냥 놔두라. 만물을 일으켰고 삼라만상의 근원인 본래의 광대한 공간이 되라.

아인슈타인 박사는 "인간은 우리가 '우주'라고 부르는 통일체의 일부이고, 시공간 속에 한정된 작은 조각이다. 인간은 자신의 생각과 감정, 자기 자신을 나머지에서 분리된 별개의 것이라고 느끼지만, 이것은 의식의 시각적 착각 같은 것이다. 이 착각은 우리에게 일종의 감옥이 되어, 우리를 개인적 욕망과 가장 가까운 몇몇 사람을 향한 애착속에 가둬버린다. 우리가 할 일은 이 감옥에서 자신을 풀어놓는 것이다. 우리 연민의 범위를 확대하여 지극히 아름다운 천지만물과 모든 생명체를 끌어안는 것이다"라고 말했다.

그러나 이 같은 의식의 시각적 착각은 그리 쉽사리 깨지지 않는다. 우리가 몸과 정신을 놓아버리기 시작할 때 혼란이 일어나기 십상이다. "그래도 나는 근사한 무엇이야. 대단한 존재여야 한다고!" 이렇게 정신은 끝없이 아우성친다. 정신은 온통 자기 생각 속에 빠져있다. 그래서 자신의 온갖 이미지들과 모델들을 뛰어넘으려 고민하다 보면 의혹과 혼란이 구름처럼 일어난다. 정신은 끊임없이 자신을 재창조한다. 저 너머에는 아무것도 없다고 고함친다. 그런 정신의 외고집을 떨치고 들어갈 때, 우리는 "나는 분명 대단한 사람이야"라는 외침이 거대한 공간 속의 한낱 공허한 메아리임을 깨닫는다. 우리는 조건화된 정신이 속삭이는 말들이 '꼭 그렇지는 않음'을 깨닫게 된다. 정신이 아무리 그럴듯한 신임장을 들이대며 자신이 견고한 실체이고 우리를 두려움에서 지켜주겠다고 떠벌려도 다 헛소리일 뿐이다. 이렇듯 '나'라는 그릇된 방어막을 내려놓고, '모름'의 상태에서 단순한 존재 속으로 들어가기란 어렵다.

더 이상 "나는 누구지?"로 고민하지 않으면서 우리는 더 깊숙이 캐고 들어간다. 매 순간 의식의 빛을 바라보면서 스스로에게 묻는다. "이 생각을 하는 것은 누구지? 누가 보고 있는 거지? 이 의자에 앉아이 책을 읽는 존재는 뭐지?" 그러다 보면 몸과 정신이 더 이상 확실하지도 뚜렷하지도 않은 것처럼 보이는 시점에 다다른다. 모든 증거들을 샅샅이 살펴보았을 때, 우리는 자신이 누구인지 혹은 무엇인지 도무지 모르게 된다. 이제 우리는 자기가 믿던 자기 모습을 버리고 진정한 자신이 되어야 한다. 생생한 기억조차 모두 놓아버리면서, 우리의 정신은 그토록 매달렸던 디딤돌 하나 없이 공중에 붕 떠버린다. 정신은 자기 은신처에서 쫓겨나면서 무시무시한 공포와 의혹에 휩싸인다. 정신이 이렇게 절규한다. "대체 나는 어디 있는 거야?" 정신은 누구든 무엇이든 붙잡으려 발버둥친다. 진짜 우리 존재에 대해 확실한 것이 하나도 없기에 거대한 공허감이 밀려온다. 아무도 없고, 이제는 세상에 대한 확신도, 자신의 개별적 존재에 관한 믿음도 사라지면서 일종의 어둠이 덮쳐온다. 이 어둠은 중세의 위대한 신비주의 수도사 '십자가의 성 요한'*이 말한 '영혼 속 암흑의 밤'과 동일하다. 우리는 고요 속에서 떨리는 손으로 과거를 놓아버렸건만, 미래는 아직 안개에 싸여있다. 이 단계는 아이들이 놀이터에서 정글짐을 붙잡고 왔다 갔다 하는 상황과 비슷하다. 머리 위의 철봉을 붙잡고 사뿐사뿐 건너다니는 광경에서, 우리는 아이들이 얼마나 마음 편히 마지막 봉을 놓고 다음 봉을 확신하는지 볼 수 있다. 아이들은 한쪽 끝에서 다른 쪽 끝까지 거의 미끄러지듯 건너다닌다. 하지만 가끔 아이들과 함께 와서 정글짐을 붙잡고 건너가려는 부모들을 보게 된다. 어른들의 모습은 가관이다. 그들은 가까스로 한 봉에서 다음 봉으로 옮겨간다. 어른들은 다음 봉을 잡기 전에는 앞의 봉을 놓지 못한다. 그 모습은 마치 땅에 떨어지기 직전에 대롱대롱 매달려있는 침팬지 같다. 그들은 앞엣것을

---

* St. John of the Cross(1542~1591), 교단 개혁에 몸 바쳐 희생과 봉사의 삶을 산 스페인의 신비주의 수도사다. - 옮긴이

놓아야만 다음 것이 금방금방 나타난다는 사실을 확신하지 못한다. 우리가 다음 단계로 들어가려면 마지막 단계를 놓아야만 한다. 진실에 도달하려면 자신을 지극히 불안정하게 해야 한다. 그러나 만일 우리가 보호막을, 어떤 견고한 실체에 관한 신기루를 움켜쥔다면, 거기까지가 우리가 도달할 한계인 것이다. 우리는 끊임없이 변해가는 정신의 공허함, 시시각각 바뀌는 정신의 변덕을 본다. 우리는 '나'라는 생각을 붙들어 맬 어떠한 사람도 사물도 없음을 본다. 모든 것이 그냥 저절로 흘러가는 강물일 뿐이다.

우리가 과거의 자기 모습을 놓아버릴 때, 종종 정신은 새로운 자기 이미지를 낚아 올리고, 미래는 어떠하리라는 공상의 탑을 쌓아올린다. "머지않아 나는 깨달음을 얻을 거야. 더 이상 정글짐은 없어. 난 거대한 평화를 찾을 거야. 무한한 인내심을 얻을 거고. 얼른 그랬으면 좋겠는데."

깨달음을 붙들려는 생각은 정신의 또 다른 환상이다. '이기적 자아'는 자신의 장례식에 참석하길 바란다. 그는 마침내 죽여버릴 적당한 놈을 만났다고 생각한다. 바로 자신이 그놈이다. 그리고 그것을 통해 자신의 헛된 자아를 강화한다. 그러나 "나는 누구지?"라는 의문은 정신의 그럴싸한 장난질을 뛰어넘는다. 이 의문은 전체에서 분리된 사람이나 사물이 있다는 망상을 여지없이 깨버린다. 특별한 것이 되려는 생각을 떨치게 한다. 특별함 자체를 버리게 한다. 정신의 애착들은 우리를 마지막 정글짐에 달라붙게 하는 접착제임이 드러난다. 본래의 존재 속에 잠겨들 때, 우리는 온갖 조건들에서 벗어나 강물처럼 흘러가는 무상함을 경험한다. 해탈은 우리가 애써 얻으려는 것이 아니다. 우리의 원래 본성이다.

"깨달음은 마지막 악몽이다." 본래의 자신보다 더 나은 것이 되려는 안간힘은 손바닥에 땀이 나게 하고, 손가락을 오므리게 한다. 그러면 정신은 소심해지고, 우리는 한 단계 한 단계 올라가는 데 필요한 추진력을 잃는다.

중증 퇴행성 신경 질환에 시달리던 친구가 있었다. 자신의 죽음이 멀지 않아 보이자 그녀는 얼마 전 미국에 온 어느 한국인 스님을 찾아갔다. 그 친구가 자신의 처지를 이야기하자 스님은 환히 웃으며 손을 젓더니 이렇게 말했다. "걱정 말아요. 그대는 죽지 않으니." 왜냐하면 스님은 본래의 그녀가 그 몸이나 그 정신, 또는 일시적인 어떤 것이 아님을 알았기 때문이다. 원래의 그녀는 결코 죽지 않는다. 본래의 의식이 있으니까.

하늘과 땅보다도 앞서 하나의 본질이 있었네.
아무런 형체도 없고, 이름도 없는 것,
보이지도 않고, 귀를 세워도 들리지 않는 것.
그것을 마음이니 부처니 하면 참모습만 흐려지지.
공중에 핀 화사한 꽃처럼 변하니까.
그것은 마음도 아니고, 부처도 아니네.
지극히 고요하고,
신비하고도 찬란한 것,
순수한 눈에만 은은히 드러나는 것.
형체도 소리도 아득히 뛰어넘은 것,
그것은 바로 다르마(法)라네.
말로는 도무지 표현 못할 도(道)라네.
아둔한 장님들을 인도하고자
부처는 그 고귀한 입으로
강물 같은 말씀을 쏟아내셨지.
그 후로도 내내 하늘과 땅은
얽히고설킨 가시덤불로 가득하건만.

오, 나의 소중한 친구들이여, 여기 모이게.
만일 그대가 다르마의 천둥소리를 듣고 싶다면,
그대의 말을 비우게. 그대의 생각을 비우게.
그래야 이 유일한 진리를 담게 될지니.

다이오 고쿠시*

---

* 大應國師(1235~1308), 일본 불교의 임제종(臨濟宗)을 일으킨 선사다. - 옮긴이

15장

주인 없는 조각배가 되어 흘러가기

고대 중국의 시인이며 사상가인 장자는 조각배를 타고 강을 건너는 사람의 이야기를 제자들에게 들려주었다. 한 남자가 강을 건너고 있었는데, 자기 쪽으로 다가오는 다른 배를 보았다. 남자는 다가오는 배에 누군가 있겠거니 생각하고 고함을 질렀다. "옆으로 비켜요!" 그러면서 손을 휘젓고 욕설을 퍼부었지만 그 배는 계속해서 자기 쪽으로 다가오기만 했다.

장자는 강을 건너던 남자가 저쪽 배의 사람한테 소리를 지르다가 그 배가 빈 배임을 알았을 때 어떤 기분일지 생각해보라고 말한다. "설혹 그 사람이 포악한 악당일지라도 거의 화나지 않을 것이다." 그 조각배는 물살에 떠밀려 그에게 오고 있다. 그 배에는 아무도 없기에 남자는 위협을 느끼지도 화를 내지도 않는다. 그냥 빈 배일 뿐이니까. 그러니 그 조각배가 다가오면 남자는 요령껏 노를 내밀어 옆으로 밀쳐내면 된다. 그러면 부딪치지 않아 어느 배도 망가지지 않을 것이다.

장자는 우리더러 자신의 배를 비우라고 말한다. 텅 빈 상태로 세상을 맞이하여 그냥 그대로 흘러가라고 말이다. 우리에게서 나오는 어떤 것도 강물을 거스르는 '근사한 사람'의 안간힘이 되지 않게 하라고 말이다. 세상을 당기려는 버팀줄을 놓아버리고 현재 속으로 충실히 들어가라고 말이다.

근사한 사람이 되고자 하는 정신의 조건화가 작용하면, 그 즉시 마음속에 고통이 일어난다. 혼자 외떨어진 느낌. 그것은 단절된 우리의 외로움이다. 만물에게서 버려진 소외감이다. 그러나 우리가 차분히 앉아 그 외로움을 정신 속에서 떠다니게 하면 그것이 흩어져 외롭지 않은 '고독함'으로 변한다. 이 고독은 우리가 저마다 거대한 통일체 속에 오롯이 서있다는 느낌이다. 그것은 허공에 '홀로' 떠있는 우주의 고요다. 그리고 거기서 오는 통일감이다. 그러나 우리가 개별적 고립에서 오는 극심한 외로움을 녹여 '신과 함께하는 고독'으로 바꾸려면, 살며시 버팀줄을 놓아버리고 헛된 자아의 재창조를 멈춰야 한다. 우리의 특별함, 경쟁심, 비교의 정신을 내려놓아야 한다.

'버팀줄'은 세상을 개인적 욕망에 맞춰 바꿔보려는 우리의 안간힘이다. 버팀줄을 놓아버리는 것은 개인을 뛰어넘어 우주와 조화되는 것이다.

버팀줄은 굴레를 만든다. 버팀줄은 집착의 정신을 지키는 수문장이다. 버팀줄은 마음의 열림을 방해한다. 만일 우리의 조각배가 비어있다면 비록 그 배가 세찬 바람과 물살에 떠밀려 이리저리 흘러가더라도 그 안에 오해를 일으킬 '근사한 사람'은 없다. 맞서 싸울 사람이 아무도 없는 것이다. 그냥 텅 빈 공간, 조각배, 강물, 바람이 있을 뿐이다. 만물이 완벽한 조화를 이룬다. 자연스런 흐름을 거스르는 것이 아무것도 없다. 배에 아무도 없으니, 괴로운 사람도 없다.

장자는 버팀줄을 놓아버릴 때 일어나는 평온함을 강조하며, 고대 중국인들이 '도道'라고 부른 지혜를 일러준다. 도는 도도한 강물이고, 만물의 자연스런 흐름이기도 하다. 그리고 도는 '꼭 이만큼'을 뜻하기도 한다.

"삶이 지극히 충만할 때는 아무런 이야기도 없느니라."
세상이 생명으로 충만한 시대에는 아무도 구태여 뛰어난 사람을 구하지 않았네. 훌륭한 인재를 찾으려는 사람도 없었지. 왕들은 그저 가장 높은 나뭇가지에 앉아있고, 백성들은 숲속의 사슴처럼 살았지. 백성들은 정직하고 온순해서, '자기 직분을 다하고' 있음을 알지도 못했네. 그들은 서로 사랑하면서도 그것이 '이웃 사랑'인지도 몰랐지. 남을 속이는 사람도 없었고, 자신이 '믿을 만한 사람'인 것조차 몰랐네. 그들은 서로 믿으면서도 그것이 '선의善意'인 것도 몰랐고, 자유로이 함께 모여 주고받으며 살았지만 그것이 관대함인지도 몰랐다네. 이런 연유로 그들의 행동에는 딱히 들려줄 말이 없으니, 그들에겐 아무런 이야기도 없느니라.

당신이 거대한 전체의 충실한 일부가 된 적이 얼마나 있는가? 인정받기를 갈망하는 '특별함'이 하나도 없던 때가 얼마나 있는가?
도교에서는 보이지 않는 존재가 되라고 가르친다. 조금도 특별하지 않은 사람, 창조의 조화가 펼쳐지는 단순한 공간이 되라고 가르친다. 반면 우리의 조건화는 최대한 눈에 띄는 사람이 되라고 부추긴다. 태국에 가서 수도승이 된 친구가 있다. 거기서 그는 겉모습의 특별함부터 시작해 자신의 모든 특별함을 내버려야 했다고 한다. 그는 머리를 삭발하고, 초라한 승복을 입고, 발우鉢盂라는 단순한 나무그릇에 매일 탁발*로 얻어온 음식을 먹으며 지냈다. 눈도 고요히 내리깔았다. 그는 수많은 수도승들과 함께 한적한 숲속 암자에서 하루 몇 시간씩 명상에 잠겼다. 그 친구가 새로운 생활 방식에 익숙해지고 정신 속의 특별함을 놓아버리면서, 그 평범함에 저항하려는 해묵은 조건화를 경험하기 시작했다. 그는 선방에 앉아있으면서도 정신이 격렬히 요동치는 시기를 겪었다고 했다. 정신이 아우성친 것이다. "그래도 날 막을 수 없어. 난 밖에 나가 승복에 물감을 들일 거야. 발우에는 예쁜 꽃도 그려 넣을 거고." 분명히 우리의 특별함을 떨쳐버리기는 쉽지 않다. 하지만 우리를 진실에서 떼어놓는 것이 그 특별함이라는 사실 역시 명백하다.

특별해지려는 노력은 만물의 자연스런 흐름을 거부하는 것이다. 사실 우리는 특별해지려고 안달할 필요도 없이 서로 다르다. 남과 다른 '특별한 무엇'을 만들려는 안간힘은 단절을 불러오고, 비판과 비교의 정신을 강화시킬 뿐이다. 우리가 자신을 남보다 더 낫다거나 못하다고 생각할 때 마음의 끈이 끊어지기 때문이다.

고통과 저항 속에 있을 때 우리는 조각배에 탄 '근사한 사람'이 어떻게 버팀줄을 당기려 하는지, 어떻게 괴로움을 일으키는지 본다. 어찌 보면 우리의 몸/정신은 그 조각배다. 키잡이는 누구인가? 키가 물살에 밀려 심하게 흔들리는가? 당신 손에 쥐어진 키가 삐걱거리는가? 강물이 당신의 뜻을 거슬러 흐르는가? 배의 키를 놓으면, 즉 손을 놓고 억센 물살에 내맡기면 어떻게 될까? 만일 배에 불이 나고 그 안에 '누군가'가 있다면, 그 사람은 불에 타 죽고 만다(이 경우의 죽음은 비극이다). 그러나 만일 배가 비어있다면 그저 한밤중에 배만 조용히 불타

---

* 托鉢, 승려가 돌아다니며 음식을 구걸하는 일이다. - 옮긴이

가라앉을 뿐이다. 타죽는 '누군가'는 없다.

만약 당신이 무언가를 하는 근사한 누군가가 되려고 강물의 물살을 바꾸려 한다면, 통제할 수 없는 상황에 부딪혔을 때의 저항과 괴로움은 더욱 극심하고 격렬해진다. 당신이 버팀줄을 놓아버릴 때, 호지킨병으로 죽어가는 폴처럼, '수용의 자세는 마술'임을 깨닫게 된다. 폴은 우리의 조건화, 우리 개개인의 이야기에는 아무것도 없음을 깨달았다고 한다. 그는 놓아버리는 것이 자유임을, 존재의 충만함을 얻으려면 강물 속으로 뛰어들어야 함을 깨달았다. 만일 당신이 그냥 가벼이 머물면서, 도道에, 도도한 강물에, 그 자연스런 흐름에 마음을 열면 순간순간 지극한 완전함을 만나게 된다. 매 순간은 저절로 다음 순간으로 이어진다. 그 강물에는 어긋난 것도, 빗나간 것도 없다. 완벽할 뿐이다. 하지만 만일 당신이 그 강물에 떠가는 거품 하나를 붙들고 '나'라고 우긴다면, 그 즉시 강물에서 밀려나고 만다. 그러면서 '나'라는 거품이 당신의 손바닥 위에서 사라지는 허망함을 보게 된다.

특별한 무언가가 되라는 해묵은 충동질 때문에 우리는 거대한 전체에 대한 믿음을 상실했다. 누구나 가진 것은 아무 가치도 없다고 여긴다. 우리는 새장에서 벗어날 생각은 않고, 새장의 창살을 손질하느라 바쁘다.

죽는 사람이 누구인지에 대한 우리의 탐구가 깊어질 때, 우리는 자신 안에서 영적 수행으로 특별한 존재가 되고자 하는 욕심을 보게 된다. 하지만 가끔 우리는 마음이 활짝 열린 듯한 고요한 사람들, 인정받기를 원치 않고 아무것도 내세우지 않으면서 차분히 듣기만 하는 사람들을 만난다. 그들을 볼 때, 사람을 가장 돋보이게 하는 자질은 특별함이 아니라 유별나지도, 특이하지도 않은 지극한 평범함임을 알게 된다. 스즈키 순류 선사(1904~1971)는 미국에 선禪 수행을 보급하는 데 지대한 공헌을 한 스승이다. 그분을 만난 사람들은 대개 그분의 너무나 평범한 모습에 놀란다. 스즈키 선사를 만난 사람들은 대개 그분을 존경하는데, 그것은 그분 안에 사랑과 깨달음을 가로막는 것이 하나도 없기 때문이다. 스즈키 선사는 사람의 참본성을 비추는 티 없이 맑은 거울이었다.

암으로 세상을 뜨기 직전, 스즈키 선사는 제자들에게 이렇게 말했다. "혹시 내가 죽을 때, 숨이 멎으려는 순간에 내가 괴로워하더라도 알다시피 아무 상관없다. 그건 그저 부처님을 만나는 과정이야. 그건 의심할 바 없어. 어쩌면 누구나 신체의 고통이나 영적 괴로움 때문에 몸부림칠 거야. 하지만 다 상관없어. 별 문제 아니야. 우리는 유한한 몸을 가진 것에 크게 감사해야 한다. 나도 너희들도 모두. 만일 너희가 무한정 산다면, 그것이야말로 정말 큰 문제일 것이다."

참 묘하게도 스즈키 선사의 이 말을 선사의 책《선심초심禪心初心》에 소개한 한 여성 역시 암으로 세상을 떠났다. 스즈키 선사의 제자였던 그녀는 선사와의 만남을 이렇게 기록했다. "스승님은 모든 인간이 품고 있는 완전한 자유를 살아나게 하는 분이다. 그분은 자기의 온 존재의 충만함 속에서 자유롭게 사신다. 그분의 의식은 대개 자기중심적인 우리의 의식과는 달리 고정되거나 반복된 흐름을 보이지 않는다. 그분의 의식은 실제 현실 속에서 자연스럽게 저절로 일어난다. 그 결과 스승님의 삶은 아주 색다르다. 쾌활함, 활력, 솔직함, 겸손, 단순함, 차분함, 기쁨, 초인적 통찰력, 그리고 한량없는 연민 등이 있다. 그분의 온 존재가 현재의 순간을 산다는 것이 무슨 뜻인지 보여준다. 아무 말씀이나 행동 없이, 그저 그 심오한 인격을 드러내는 것만으로도 스승님은 상대방의 삶을 송두리째 바꿔놓을 수 있다. 그러나 무엇보다 제자들을 당혹시키고, 매료시키고, 잡아끄는 것은 스승님의 비범함이 아니다. 지극한 평범함이다. 왜냐하면 스승님은 그냥 그 자신이고, 제자들의 거울이기 때문이다. 스승님과 같이 있을 때, 우리는 그분에게서 아무런 칭찬이나 꾸지람이 없어도 자신의 장단점을 생생히 느낀다. 스승님 앞에서 우리는 자신의 원래 얼굴을 본다. 그때 우리가 보는 색다른 모습은 그저 우리의 참본성일 뿐이다. 우리가 자신의 참본성을 풀어놓는 법을 배울 때, 스승과 제자 사이의 경계는 존재의 심오한 강물 속으로 사라진다. 그리고 드넓게 펼쳐진 부처님의 마음속에서 기쁨이 일어난다."

아마 이 책을 읽는 많은 사람들이 이 안에서 뭔가 특별한 것을 찾고 있을 것이다. 나는 자신의 특별함을 놓아버리기 위해 이런 책을 읽는 사람이 몇 명이나 될지 궁금하다.

하지만 놓아버리기, 자유로워지기, 텅 비우기는 아주 겁나는 일이다.

아마 TV에서 〈동물의 왕국〉 같은 다큐멘터리를 본 사람들은 생존율을 높이기 위해 동물들을 다른 장소로 옮기는 장면을 보았을 것이다. 가령, 밀렵이 극심한 산악 지역이나 물과 먹잇감이 거의 없는 곳에 사는 멸종 직전의 호랑이를 마취총으로 기절시켜 우리에 넣은 다음 탄자니아의 세렝게티 초원 같은 곳으로 이동시키는 광경 말이다. 세렝게티 초원은 가젤을 비롯해 온갖 들짐승들이 가득한 푸른 초원지대로서 호랑이가 살기에는 최적의 장소다. 그러나 우리에 갇힌 호랑이는 마취에서 깨어났을 때 그 새로이 펼쳐진 광활한 초원을 보고는 우리에서 나가려 하지 않는다. 사람들이 우리의 문을 열어줘도 호랑이는 뒷걸음친다. 실제로 사람이 호랑이를 우리에서 끌어내려 하다가는 한쪽 팔을 물어뜯기기 십상이다. 호랑이는 자기 영역을 지키려고 죽기 살기로 싸운다. 그 영역이 차갑고 딱딱한 쇠창살의 우리인데도, 지금의 호랑이로 키워준 온화한 대자연이 사방에 펼쳐져있는데도 말이다. 도처에 널린 먹잇감이 자꾸만 손짓하건만 호랑이는 두려움에 갇혀 옴짝달싹 못한다. 호랑이는 쇠창살 너머 미지의 세계에 있는 자유가 무서워 벌벌 떤다.

어떻게 보면 우리는 자신에게 색깔을 칠해서 구석으로 내몰고 있다. 그 색깔은 현실에 대한 우리의 모델이다. 우리는 그것을 사용해 사물의 본질을 덮어버린다. 우리가 몰린 구석은 우리의 그릇된 자아다.

대다수 사람들이 '자유'라 부르는 것은 그저 욕망을 만족시키는 능력일 뿐이다. 사람들이 "난 더 큰 자유를 원해"라고 말할 때, 그 의미는 자신이 원하는 것을 더 많이 갖고 싶다는 뜻이다. 그러나 그것은 자유가 아니라 일종의 족쇄다. 자유는 자기 마음을 닫아버리지 않은 채로 자신이 원하는 것을 가질 혹은 갖지 않을 능력을 뜻한다. 자유는 정신의 내용물들을 쫓아 충동적으로 행동하는 것이 아니라, 그것들을 흘려보내고, 펼쳐지는 상황에 조화되는 것이다. 당신 정신의 내용물과 내 정신의 내용물은 다를지 몰라도 그것이 전개되는 과정은 완전히 똑같다. 그 과정에 조화될 때 우리는 도道에 이르게 된다.

스즈키 선사는 이렇게 말한다.

"요세미티 국립공원에 갔다. 거기에는 거대한 폭포들이 있었다. 가장 큰 폭포의 낙차는 400미터에 달했는데, 위에서 떨어져 내리는 물이 마치 산꼭대기에서 풀어 내린 커튼 같았다. 폭포수는 우리의 예상처럼 순식간에 떨어지지 않고, 엄청난 낙차 때문에 아주 천천히 내려오는 것 같았다. 또 폭포의 물은 한 줄기로 쏟아지는 것이 아니라 여러 갈래로 나뉘어 떨어졌다. 멀리서 보면 영락없이 커튼 같았다. 나는 물방울들에 대해 생각해보았다. 각 물방울에게 그 높은 산꼭대기에서 아래로 떨어지는 일은 아주 끔찍한 경험일 것이다. 게다가 물방울이 폭포의 바닥에 닿으려면 상당히 긴 시간이 걸린다. 나는 그 상황이 우리 인생과 비슷하다고 생각했다. 우리도 살아가면서 온갖 힘든 일들을 경험하지 않는가. 그러나 동시에 그 폭포수가 원래는 갈라지지 않은 하나의 강물이라는 생각도 들었다. 강물은 오직 여러 갈래로 갈라져 떨어질 때에만 괴로움을 겪는다. 그 폭포수가 하나의 강물일 때는 (분리되어 있다는) 아무런 느낌도 들지 않았을 것이다. 오직 수많은 물방울로 나눠짐으로써 폭포수는 어떤 (분리된) 느낌을 갖고 고립감을 지니기 시작한다.

태어나기 전의 우리는 따로 떨어진 느낌을 조금도 갖지 않았다. 우리는 우주와 하나였다. 이것을 일컬어 '하나의 마음', '마음의 본질', 혹은 '광대한 마음'이라 한다. 우리가 세상에 태어나 이 통일체에서 떨어져 나오면서, 마치 폭포에서 쏟아지는 강물이 바람에 날리고 바위에 부딪쳐 흩어지듯, 우리는 분리된 단절감을 갖게 된다. 그리고 그런 느낌 때문에 우리의 어려움이 생겨난다. 우리는 이 같은 단절감이 어떻게 생겼는지조차 모른 채 그것에 매달린다. 자신이 강물과 하나임을, 우주와 하나임을 깨닫지 못할 때 우리는 두려움에 빠진다. 폭포수가 물방울로 갈라지든 아니든 물은 물이다. 우리의 삶과 죽음은 똑같은 것이다. 이 사실을 깨달을 때, 우리는 더 이상 죽음을 두려워하지 않고, 우리 삶에서 별 어려움을 겪지도 않는다."*

---

* 혹시 이런 내용이 앞서 나온 이야기와 상충된다고 느끼면, 미지의 세계에 관해 아무런 결론도 내리지 말도록 하라. 그저 모든 것이 '모름' 속에서 흘러가게 하라. 모든 가능성에 열려있는 마음에

옹색한 정신을, 자신의 괴로움을 놓아버리는 일은 가장 힘겨운 일이기는 해도 생각보다는 간단하다. '모름'의 마음을 키워낼 때, 우리는 도도한 강물 속으로 들어가 도道와 하나가 된다.

우리가 죽음에 대해 고민하다 보면 자신의 특별함을 내려놓게 된다. 죽음이라는 것, 이 세상을 남겨두고 떠나야 한다는 사실은 우리에게 당장 거대한 강물을 막는 모든 바윗돌을 치워버릴 기회를 준다. 혹시 당신은 자신의 특별함을 간직하려 하는가? 죽음이 고통스러운 비극인가? 죽음에 관한 성찰은 자신의 특별함을 내던지고 광대한 세계 속으로 녹아들 기회, 심지어 일종의 기술이 될 수도 있다. 우리가 죽을 때, 때로는 급속히, 때로는 서서히 녹아드는 상황을 경험한다. 그 상황은 헛된 자기 모습에 집착하는 사람들을 두렵게 한다. 하지만 집착의 정신을 뛰어넘고 싶어 하는 사람들에게는 오히려 기쁨이 된다. 어떤 이들에게는 죽음이 중요한 관문, 더 크게 놓아버릴 기회가 된다. 죽음 앞에 섰을 때 우리의 최우선 목표가 극명히 드러난다. 만일 당신의 목표가 우주를 통제하고 원하는 모든 것을 얻는 것이라면, 당신은 욕망의 대상을 뒤좇다가 불멸의 진실을 잃게 될 것이다. 어쩌면 이것이 예수가 한 이 말씀의 의미일지도 모른다. "사람이 온 세상을 얻고도 제 영혼을 잃는다면 도대체 무슨 이익이 있겠느냐?"(마태복음 16장 26절) 두려움은 죽음의 경험에서 얻을 지혜와 조화로움을 차단해버린다. 하지만 당신이 그 무엇보다도 진실을 원한다면, 죽음은 버팀줄을 놓아버리고 삶의 신비 속에 잠겨들 또 하나의 기회가 될 것이다. 사실 가장 생기에 찬 사람들은 삶 자체보다 진실을 구하는 사람들이다. 만일

───
는 진실이 저절로 드러난다.

당신이 진실보다 삶을 더 원한다면 좀처럼 자기 삶의 진실에 도달하지 못할 것이다. 하지만 진실 추구가 최우선이라면, 죽음은 소멸하고 오직 진실만이 남을 것이다.

우리의 원래 본성은 순수한 물과 같다. 그러나 우리가 전체에서 분리된 별개의 존재라는 상상, 그 망상은 또 하나의 육신을 찾아 헤맨다. 어머니의 자궁을 벗어나는 경험을 갈망한다. 우리는 자신을 비우기보다 오히려 '터지도록 채우기'를 열망한다.

또 다시 변화무쌍한 물상物相의 세상 속으로 던져진 우리는 자신의 본질을 잃어버린 채, 우리가 담긴 그릇의 형상을 이루고서 살아간다. 우리는 누군가의 '아들' 혹은 '딸'이 되고, 자신을 그렇다고 믿어버린다. 그러면서 '책임 있는 사람'이 되라고 배운다. 문화에 길들여지면서, 우리는 멋대로 굽어진 그릇의 형상에 맞추어진다. 우리는 서서히 문화가 우리에게 요구하는 '괜찮은' 형태로 고정되어간다. 우리는 그 곡면과 굴곡부, 우리가 담긴 그릇의 겉면을 단단하게 한다. 우리는 점점 그 형상으로 굳어간다. 그릇의 겉면이 똑바르고 단단할수록 '근사한 사람'이 되었다는 온갖 찬사가 쏟아진다. 마침내 그릇을 떼어내고도 우리는 여전히 그 형상을 유지한다. 그때부터 이 학습된 자기 이미지는 다른 모든 형상들을 가늠하는 척도가 된다. 우리는 이제 단단히 굳은 얼음이다. 우리 정신은 격동하는 바다이고, 우리 마음은 삭막한 사막이다.

그러나 물이 어떤 형상과 모양을 하고 있든 결국 물은 물이다. 돌처럼 굳은 얼음은 스스로를 단단한 모서리와 덩어리라고 생각한다. 하지만 얼음은 녹으면서 물로 돌아가고, 증발하면 하늘로 올라간다.

우리가 우주를 당기는 버팀줄을 놓아버릴 때, 모든 것을 내려놓을 때, 오직 진실만이 곁에 남는다. 그러면 우리는 스즈키 선사처럼 매 순간에 반응하기 시작한다. 우리의 행동 하나하나가 현재로부터 우러난다. 아무런 억지도 없다. 우리의 조각배는 텅 빈다. 강물이 우리를 왼쪽으로 밀면, "아, 왼쪽이군"이라 말한다. 강물이 오른쪽으로 밀면, "아, 오른쪽이군"이라 한다. 그러나 우리는 결코 자신이 왼쪽 또는 오른쪽에 있다고 느끼지 않는다. 그 순간의 모든 가능성과 기회에 활짝 열린 채, 충실이 깨어난 채. 오직 지금 여기 현재 속에 있음을 느낄 뿐이다. 개인적 욕망이 아니라 만물에 대한 직관적 감각으로 반응하는 것이다. 우리는 강물 자체로부터 반응한다. 더 정확히 말하면 강물이 강물 자신에게 반응한다. 어디에도 단절은 없다. 갈 곳도 없다. 할 일도 없다. 그리고 아무도 없다.

놓아버리기를 위한 유도 명상
- 천천히 읽어주거나 혼자서 나지막이 읊조린다.

당신의 호흡에 주의를 기울여라.

호흡이라는 생각이 아니라, 숨이 저절로 들어가고 나올 때의 생생한 감각을 겨냥하라.

의식을 옮겨 숨이 콧구멍으로 드나들 때의 예민한 감각을 곧장 바라보라.

의식을 부드럽게 열어, 미미한 간섭도 없이 각각의 호흡을 접촉하게 하라.

숨이 들어오고 나갈 때, 그 자연스런 흐름을 경험하라.

호흡을 조절하거나 바꾸려 하지 말고, 그냥 지켜만 보라.

마음을 열고 지금 호흡과 함께 일어나는 감각의 변화를 맞이하라.

호흡이 저절로 이뤄지게 하라. 아무 간섭도 말고. 조금도 바꾸려 하지 말고.

호흡을 그대로 놔두라. 호흡이 느리면 느리게 두라. 호흡이 깊으면 깊게 두라. 호흡이 얕으면 얕게 두라. 순간순간 의식과 감각이 만나게 두라. 숨을 들이쉴 때마다, 숨을 내쉴 때마다,

호흡을 지극히 편하고 자유롭게 놔두라. 절대로 정신이 붙들게 하지 마라. 광활한 의식의 공간에서 호흡이 순간순간 저절로 이루어진다. 감각이 일어난다.

만일 조금이라도 정신이 호흡을 바꾸려 하거나 조절하려 하면, 그냥 그 움직임을 지켜보면서 호흡이 자유로이 떠다니게 두라. 붙잡지 말고. 조절하지도 말고.

호흡을 완전히 놓아버리라. 몸이 저절로 숨 쉬게 하라. 그 미묘한 흐름을 흐뜨리지 말라.

단순한 의식. 창공처럼 광대한 의식. 그 광막함.

호흡의 감각들이 이 열린 공간에서 일어났다 사라진다. 아무것도 붙잡지 말라. 아무 일도 하지 말라. 그저 그대로의 호흡만 놔두라.

각각의 독특한 호흡들. 순간순간 변화하는 감각들.

몸에서 생긴 다른 감각들이 무한한 의식 속에서 일어났다 사라진다. 손은 무릎 위에 포개라. 엉덩이는 등받이에 바짝 붙이라. 매 순간의 감각들이 둥둥 떠다닌다. 매 순간의 경험들이 그대로 전해진다. 어떤 것도 구분할 필요도, 간섭할 필요도 없이.

경험을 구분하지 말고, 그냥 바로 접촉하라. 광대한 의식 속에서 그대로 있으라.

호흡의 감각들. 몸의 감각들. 호흡에 달라붙지 않고, 몸을 만들어내지도 않고 자유로이 떠다닌다. 그저 매 순간 경험들이 광활한 공간 속에서 나타났다 사라진다.

생각이 어떻게 일어나는지 바라보라. 주절대고, 기억하고, 궁리하는 각각의 생각들은 정신의 거대한 공간을 흘러가는 거품일 뿐이다. 한순간 나타났다, 뒤편으로 사라지는 거품. 건드릴 필요 없다. 그냥 거대하게 열린 변화의 강물. 그저 순간순간 펼쳐지는 과정.

생각은 스스로 생각한다. 나무랄 것도 없고, 덧붙일 것도 없다. 조금도 바꾸려 하지 말라. 그냥 그대로 두고, 광활한 존재의 공간 속에서 다가왔다 물러가게 하라.

몸을 놓아버려라. 감각이 거대한 공간 속에서 떠돌게 하라. 정신을 놓아버려라. 생각도, 감정도 모두 떠올랐다 사라진다. 아무것도 붙들지 말라.

아무것도 하지 말고 그냥 있으라. 지극히 부드럽게. 광대무변한 의식 속으로 들어가라.

당신이 정신을 '소유'했거나, '떠맡고' 있다는 생각도 그저 흘러 지나는 또 다른 거품으로 보인다. '나'라는 생각도, '나의 것'이라는 생각도 일어났다 사라져간다. 순간순간. 그것들이 오게 하라. 그것들이 가게 하라.

아무도 없다. 할 일도 없다. 갈 곳도 없다. 그냥 지금뿐. 그저 이만큼.

몸을 놓아버려라. 정신을 놓아버려라. 그냥 저절로 펼쳐지는 존재를 경험하라. 사소한 도움도, 미미한 조절도 필요 없다. 비판도 말라. 간섭도 말라. 그냥 있으라. 그저 흐름과 변화가 있을 뿐.

고요하게 알아차리라.

딱 잘라서, 사정없이 버팀줄을 던져버려라. 두려움과 의혹을 놓아버려라. 모두 다 원래 본성 속에서 떠다니게 하라.

의식의 광대한 공간 속으로 녹아 들어가라. 몸도 없다. 정신도 없다. 그저 생각, 감정, 감각뿐. 거품들. 광막한 공간을 흘러가는 거품들.

한순간의 생각. 한순간의 소리. 한순간의 기억. 한순간의 두려움. 마치 파도처럼, 한순간 일어났다 존재의 바닷속으로 사라진다. 광망한 당신의 참본성 속으로.

아무도 없다. 아무 할 일도 없다.

모든 순간이 그대로 펼쳐지게 하라.

어디서도 저항하지 말라. 바람이 당신을 꿰뚫고 지나게 하라.

아무도 없다 -그저 이만큼. 이 순간이면 충분하다.

갈 곳도 없다 -바로 지금. 바로 여기뿐.

아무 할 일도 없다 -그냥 있을 뿐.

우리는 아무 데도 없다. 동시에 모든 곳에 있다.

야스타니 선사[*]와 서구인 제자의 대화(로시 필립 캐플루^{**}의 기록)

선사 (사납게) 자네는 누군가? (대답이 없자 다시) 자네는 누구냐고?

제자 (가만있다가) 모릅니다.

선사 좋아! 자네는 '모른다'가 무슨 뜻인지 아는가?

제자 아뇨, 모릅니다.

선사 자네는 자네야! 오직 자네일 뿐이라고. 그게 다일세.

제자 '좋아!'는 무슨 뜻입니까? 제가 '모릅니다'라고 했을 때 그 말씀을 하셨잖습니까.

선사 진정한 의미에서 우리는 아무것도 모른다는 말이네.

제자 어제 저에게 내가 누군지 묻겠다고 하셔서 뭔가 대답을 해야겠다고 마음먹었습니다. 그래서 여러 가지 답을 생각했는데, 지금 스승님이 "자네는 누군가?" 하고 물으시니 하나도 생각나질 않습니다.

선사 아주 좋아! 그건 자네 마음에 아무 잡념이 없다는 뜻이지. 이제 자네는 그냥 머리로 대답하는 것이 아니라, 자네의 온 존재로서 대답할 수 있겠군. 내가 자네에게 자네가 누군지 묻겠다고 했을 때는 자네가 대답을 궁리해내길 바란 것이 아니야. 그저 "나는 누구지?"라는 의문을 가지고 더 깊이 자신을 파고들라는 뜻이었지. 자네가 불현듯 자네의 '참본성'을 깨닫게 될 때, 아무 생각 없이 즉시 대답하게 될 거야.

---

* 야스타니 하쿠운(1885~1973), 묵조선과 임제종을 결합하여 삼보교단(三寶教團)이라는 수행 종파를 창시한 일본 스님이다. - 옮긴이

** 로시 필립 캐플루(1912~2004), 야스타니 선사의 문하에서 수행한 미국 태생의 스님이다. 미국에 '로체스터 선 센터'를 세워 동양의 선(禪)을 보급했다. - 옮긴이

제자 "나는 누구지?"라고 물었을 때, 저는 제가 이 몸, 다시 말해 이 눈, 이 다리 같은 것이라는 결론에 이르렀습니다. 그와 동시에 이 기관들이 혼자서는 존재하지 않음을 알았어요. 가령, 만일 제가 제 눈을 뽑아 이 앞에 둔다면, 그것은 눈으로서 기능할 수 없겠지요. 만일 다리를 제 몸에서 떼어낸다면, 그 다리도 제 역할을 못할 겁니다. 걸음을 걸을 때는 제 다리뿐 아니라 땅도 있어야 합니다. 제 눈이 제대로 보려면 보이는 대상이 있어야 하듯이 말입니다. 나아가 제 눈이 보는 사물과 제 다리가 딛고 있는 땅은 우주의 일부이지요. 따라서 저는 이 우주입니다. 그렇지 않습니까?

선사 자네가 우주라, 좋아. 하지만 자네가 지금 한 말은 추상적 관념, 단순한 실체의 재구성일 뿐이지, 실체 그 자체는 아니네. 실체를 직접 깨달아야 해.

제자 하지만 어떻게 말입니까?

선사 그냥 계속 "나는 누구지?"라고 묻게. 별안간 자네의 '참본성'이 명료하고 확연히 떠오를 때까지. 기억하게. 자네는 그 몸도 그 정신도 아닐세. 그리고 자네의 몸과 정신이 합쳐진 것도 아니야. 그럼 자네는 누굴까? 자네가 단순한 허상이 아니라면, 그래서 진정한 '자신'을 알고 싶다면 끊임없이 온 힘을 다해 물어야 해. "나는 누구지?"라고.

제자 방금 스승님은 제가 이 정신도 몸도 아니라고 하셨습니다. 전 모르겠습니다. 제가 이것들이 아니고, 이것들이 합쳐진 것도 아니라면, 도대체 저는 뭡니까?

선사 만일 자네가 보통 사람에게 당신은 누구냐고 물어보면, 그는 아마 '내 정신'이나 '내 몸' 또는 '내 정신과 몸'이라고 말하겠지. 하지만 그 어느 것도 아닐세. 우리는 우리의 정신도 몸도 그 둘 다도 아니야. 우리의 '참본성'은 모든 경계 너머에 있네. 자네가 상상하거나 믿는 것이 무엇이든, 그것은 단지 자신의 허상일 뿐이야. 진정한 '나'는 논리적 추론이나 지적 분석이나 끝없는 상상으로는 도저히 찾을 수 없다네.

만일 내가 내 손이나 다리를 잘라내더라도, 진정한 나는 조금도 줄어들지 않네. 엄밀히 말하면 이 몸과 정신 역시 우리 자신이지만, 단지 일부분일 뿐이지. 자네의 '참본성'이 지닌 본질은 내 앞의 이 막대기나 이 탁자 혹은 이 시계와 조금도 다르지 않네. 사실 우주의 모든 사물 하나하나와 똑같지. 자네가 이 진실을 생생히 체험하게 될 때, 그 깨달음에 가슴이 벅차올라 이렇게 소리칠 거야. "이것이 진실이다!" 자네의 머리뿐 아니라 온 존재가 이 깨달음으로 충만해지기 때문이지. 겁낼 것은 아무것도 없네. 자신이 누구이고 무엇인지에 대한 모든 쓸데없는 잡념들이 사라질 때까지 깊이깊이 파고들게. 그러다보면 어느 순간 온 우주가 자네 자신과 완전히 하나임을 깨닫게 될 걸세. 그때 자네는 결정적 단계에 있는 거야. 물러서지 말게. 계속 나아가게!

16장

사랑은 치유를 위한 최상의 전략

정신과 마음의 균형은 몸에 나타난다. 마음과 정신이 조화를 잃을 때, 우리가 때때로 '질병'이라 부르는 부조화가 일어난다.* 그러나 나는 이것이 병의 유일한 원인은 아니라고 본다. 라마나 마하르시, 스즈키 로시, 라마크리슈나 같은 많은 선사와 성자가 암에 걸려 세상을 떠났기 때문이다. 이런 분들은 자기 정화의 수단으로서 병을 껴안는 것 같다. 어느 친구의 말처럼, "암은 모든 것을 가진 사람에게 주어지는 선물이다." 어떤 이들에게는 질병이 부조화의 결과가 아니라, '지난날의 청산', 남은 일의 마무리인지도 모른다.

'치유'는 정신과 마음이 균형을 되찾는 현상을 말한다. 이 조화가 회복되었을 때 우리는 환자가 치유됐다고 말한다. 그러나 흔히 우리는 치유가 무엇인지에 대한 선입관을 가지고 있다. 갖가지 건강 상태에 대한 우리의 집착이 질병과 치유의 진정한 의미를 흐려놓는 것이다. 가장 심오한 치유는 질병을 일으키고 그것을 경험하는 우리의 육

---

* 영어의 '질병(disease)'은 dis-ease, 즉 '평온함이 깨진 상태'를 뜻한다.

체를 뛰어넘을 때 이루어지는 것 같다.

우리가 아는 한 여성이 있었다. 암환자였던 그 친구는 자신의 암을 극복하기 위해 온갖 노력을 다했다. 몇 달간 명상과 심오한 내면 탐구를 거치고 나자, 그녀의 암은 마치 완치된 듯이 보였다. 몇 달 동안 그녀의 몸은 아주 튼튼하고 건강하고 산뜻하게 느껴졌다. 그러던 어느 날, 명상을 하던 그녀는 또 다시 심한 통증을 느꼈다. 검사 결과 예상대로 암이었다. 치유 모임이 소집되었다. 가장 저명한 전인의학全人醫學 전문가와 미국 서해안 최고의 아메리카 원주민 주술사들이 그 친구의 집에 모여 그녀 주위에 조용히 둘러앉았다. 한 시간 이상 그들은 환자에게 자신의 에너지를 쏟아부었다. 그 방에 있던 어떤 이가 나중에 말하길, 그들의 에너지가 생생히 느껴졌다고 했다. 하지만 일주일 후 몸의 다른 부분에서 2차 종양 30개가 발견되었다. 새로 전이된 암 덩어리였다. 그래도 그녀는 치유 모임이 효과가 있었다고 말했다. 그녀는 자기 삶이 최종 단계에 접어들었음을 느꼈다. 그녀는 계속 삶에 열린 상태에서 죽음을 준비했다.

마음과 정신의 균형은 몸에서 질병을 몰아내기도 하지만, 어떤 경우에는 환자를 몸 밖의 조화로움으로 이끌기도 한다. 어느 쪽으로든 치유 작용은 일어난다. 우리가 특정 결과에 대한 집착을 버릴 때, 불균형은 더 이상 지속되지 않는다. 언젠가 그 친구가 삐딱하게 말한 것처럼, "생존은 너무 과대평가되어있다."

치유자가 최우선 목표를 '환자들이 원래의 본성을 체험하는 데'에 둘 경우, 치유 과정은 그 순간의 잠재력을 한데 모으는 볼록 렌즈가 된다. 그러나 치유의 목표를 환자의 상태를 바꾸고 '환자를 치료'하며 그들에게서 뭔가를 제거하는 데에 둘 경우, 최상의 결과를 얻어 어떻게든 몸이 회복되더라도 정신의 허약함, 마음을 혼탁하게 하는 집착은 흩어지지 않고 고스란히 남을 것이다.

우리가 치유를 죽음의 반대로 생각하는 한, 혼란을 피할 길이 없다. 우리가 삶과 죽음을 분리하는 동안에는 우리의 마음과 정신이 분리되고 항상 보호할 어떤 것, 더 근사한 무엇, 또 다른 부조화와 질병의 씨앗을 갖게 된다. 치유에 대한 태도가 균형 잡혀있어야 죽음에 대한 태도 역시 균형을 얻는다.

30개의 새 종양을 발견한 뒤 그 암환자 친구는 이렇게 말했다. "그 치유는 효과가 있었어요. 이제 나는 알아요. 완전한 치유는 다음에 일어날 일이 무엇이든 그것을 사랑과 열린 의식으로 맞이하는 것임을…. 내가 할 일은 그저 세심히 듣고, 활짝 열고, 가만히 있는 것뿐이에요."

나는 온갖 치유자들(간호사, 의사, 한의사, 침술사, 심령술사, 음양치료사, 안마사, 최면술사 등)과 함께 활동하면서 때때로 정도의 차이는 있지만 그들이 자신의 치유력을 상당히 확신하고 있음을 알았다. 어쩌면 언제나 우리 주위를 감도는 우주의 치유력을 차단해버리는 것이 그런 자만심과 우월감일지도 모른다. 그런 단절된 느낌, '뭔가를 하는 대단한 사람'이라는 관념이 클수록 결과에 대한 집착도 커진다. 그들은 치유를 일으키고 있는 것이 아니라, 치유를 떠벌리고 있을 뿐이다. 그런 개인적 능력 앞에서 환자의 마음은 오그라들고, 조화는 흐트러진다. 한 사람이 다른 사람에게 존재 본연의 조화를 회복시켜줄 방법은 근원적 본질에 순응하는 것이다. 우주에서 분리된 개별적 존재로서 '치유되었다'는 느낌을 갖게 하는 것은 어떤 것이라도 마음과 정신의 단절을 심화시킨다. 그런 단절은 부조화와 죽음의 공포를 부풀려 오히려 질병을 악화시킨다.

진정한 치유자는 앞에 나서지 않는다. 참된 치유자는 그 순간의 생명력이 자연스레 발휘되도록 할 뿐이다. 인도의 성자이자 스승인 라마나 마하르시는 탁월한 치유자로 알려져 있다. 수천 명의 환자들이 그를 찾아가 조화로움을 얻고 들어갔는데, 그런 사람들에 관한 사례들 중 이런 이야기가 전해진다. 어느 날 인도 북부에서 온 어느 의사가 라마나 마하르시에게 이렇게 물었다. "제가 알기로 선생님은 위대한 치유자이신데, 그 치유의 비결을 좀 알고 싶습니다." 그 말에 라마나 현인賢人은 이렇게 답했다. "아니, 나는 치유자가 아닙니다. 아무도 치료하지 않아요." 의사는 의아해하며 다시 말했다. "제가 듣기로 선생님은 수천 명을 치유하셨다던데요." 그래도 라마나 현인은 약간 어리둥절한 표정으로 "아뇨, 그런 적 없습니다"라고 하는 것이었다. 이때 라마나 현인의 숭배자 한 사람이 나서며 말했다. "바그완,* 제 생각에 이 의사가 말하는 것은 스승님을 통해 나타나는 치유력인 것 같은데요." "아, 그래요! 치유력의 통로이긴 하지요." 라마나 마하르시는 대결적인 선禪 게임을 하지 않았다. 그냥 원래의 자신이 되어있었을 뿐이다. 그는 아무것도 하지 않은 채, 우주에 넘쳐나는 생명력을 자신에게 다가오는 모든 사람에게 자애롭게 쏟아부었을 뿐이었던 것이다.

이 이야기와 비슷한 티베트의 스님 칼루 린포체(1905~1989)의 일화도 있다. 칼루 린포체는 티베트 4대 종파 중 하나인 카규파의 라마승으로 대단히 존경받는 명상가이고, 놀라운 자애심과 탁월한 지혜를 지닌 큰 스승이다. 어느 날 칼루 린포체가 한 친구의 집을 찾아가고

---

* Bhagwan, '축복받은 자'라는 의미의 존칭이다. - 옮긴이

있었다. 그러다 소문을 듣고 몰려든 수많은 사람들에게 둘러싸이게 되었다. 칼루 린포체 계보의 수행자들은 신비한 법력과 신통력을 지녔다는 소문이 자자했기 때문이다. 사람들이 물었다. "스님은 날 수 있습니까?" 칼루 린포체가 말했다. "아니요, 날지 못합니다." "미래나 과거를 볼 수 있나요?" "아니, 미래도 과거도 보지 못합니다." 그러자 사람들이 잠시 웅성거리더니 한 사람이 다가와 이렇게 물었다. "그럼, 도대체 스님이 할 수 있는 일이 뭡니까?" 칼루 린포체는 온화하게 말했다. "나는 그저 모든 유정*에게 자비를 펼칠 뿐이지요."

당신이 꼭 이만큼의 공간을 확보하면 그 무엇에도 무리한 힘을 가하지 않을 것이다. 삶도 죽음도 밀어내지 않는다. 구태여 질병과 싸우지도 않는다. 그냥 균형 있게 있음으로써 조화가 이뤄지게 할 뿐이다. 진정한 치유자들은 내게 이렇게 말했다. "치유를 행하는 분은 신神입니다. 저는 그냥 신의 대리인일 뿐이지요." 치유력이 발휘될 수 있는 곳은 바로 이런 공간이다.

사랑은 치유를 위한 최적 조건이다. 치유자는 직관적으로 가장 효과적인 방법을 찾아서 사용하지만, 그의 능력은 정신에서 나오는 것이 아니다. 치유력은 치유자의 열린 마음에서 솟아난다. 치유자는 몸의 한계를 넘어서는 거대한 무언가를 감지한다. 그는 환자를 완벽한 다음 단계로 인도해줄 어떤 것도 깨뜨리거나 가로막지 않은 채, 모든 치유력의 근원으로 다가간다. 치유자는 우주를 지레짐작하지 않는다.

실제로 많은 치유자들의 치유 능력을 방해하는 것은 환자를 회복시켜야 한다는 강박감과 결과에 대한 집착이다. 그런데 티베트의 전통

---

* 有情, '마음을 가진 살아있는 중생'이란 뜻이다. - 옮긴이

에서는 치유자 수련을 받는 수도승들이 시작 단계부터 자신의 에너지를 남을 위해 쓰겠다고 서약하고, 먼저 죽음을 향해 충분히 열리도록 훈련받는다. 그들은 수련을 시작한 처음 2~3년 동안 죽어가는 사람들을 돌보면서 어떤 상황에서도 평정심을 유지하도록 배운다. 그 수도승들은 만물의 완전성을 추호도 의심하지 않도록 지도받는다. 그들은 삶과 죽음이 제 나름의 순간에, 어느 적절한 시간에 나타나는 존재의 완벽한 표현임을 본다. 치유자는 존재의 개별적 모습이 아니라 전체 과정을 바라본다. 진정한 치유자는 존재의 근원으로 다가가, 존재가 완벽한 균형 속에서 자연스레 꽃 피우게 하고, 환자가 질병을 통해 가르침을 얻도록 인도한다.

남들을 향한 이런 무조건적인 사랑과 능력은 나치가 만든 죽음의 수용소에서 살아남은 생존자들에서도 볼 수 있다. 오스트리아의 저명한 정신분석학자인 빅터 프랑클(1905~1997)은 제2차 세계대전 중 아우슈비츠로 끌려갔다 간신히 살아 돌아왔다. 그는 발진티푸스, 이질, 폐렴, 그리고 극한의 절망 속에서도 살아남고, 가스실에서도 탈출한 소수의 생존자들에 관해 이야기했다. 그들은 유대교 랍비, 간호사, 의사, 성직자, 그리고 보통 사람들이었는데, 그 처절한 상황에서도 남들을 도우면서, 대다수 사람들이 허물어지는 와중에도 하루하루 살아남았다. 그 시기를 회고하며 빅터 프랑클은 이렇게 말했다. "사실 우리가 인생에서 무엇을 기대할지는 중요치 않았습니다. 오히려 우리는 '삶이 우리에게 무엇을 바라느냐?'고 자신에게 물었지요." 주위의 수많은 사람들이 무너져가는 상황에서 그들의 조화를 유지시켜준 것은 그 무한한 사랑이었다.

치유에 관해 이야기할 때 흔히 나오는 질문이 있다. "치료를 중단하고 죽음을 준비해야 할 시기가 언제일지 어떻게 압니까?"라는 물음이다. 이 질문 역시 이해 부족에서 나온 것이다. 사실 치유의 시작과 죽음의 준비는 똑같은 것이다.

우리가 치유와 죽음의 준비를 구분한다는 것은 그 둘이 동전의 양면임을 잊고 있다는 뜻이다. 치유도 죽음의 준비도 삶을 맞이하는 태도에 달려있다. 만일 우리가 질병의 증상들을 자기 집착의 메시지로 여기지 않는다면, 그 경고를 억누르기 위해 시도하는 어떠한 치유도 존재의 심오한 영역을 짓눌러버린다. 신체의 회복에만 치우친 치유가 과연 진정한 치유일까? 반대로 만일 환자가 죽음을 탈출구로 보고 환영한다면, 그것도 삶의 거부일 뿐만 아니라 그 역시 삶과 죽음에 대한 허구적 이분법이다. 어느 경우든 우리는 결코 불멸의 진실에 다가가지 못한다. 이래서는 결코 모든 치유와 지혜의 근원인 통일된 존재를 탐구하지 못한다.

나는 가끔 자신의 질병과 죽기 살기로 싸우는 사람들을 보았다. 하지만 그들이 죽음을 준비했을 때에만 정신과 마음의 균형과 몸의 치유가 이루어졌다.

나는 치유의 필요성, 즉 배우고 봉사하는 몸의 중요성은 워낙 명백하므로 굳이 강조할 필요가 없다고 본다. 때문에 신체적 치유의 이점을 다시 말할 필요는 없을 것이다. 하지만 죽음에 내포된 자연적 치유 형태에 관해 상당한 오해가 있기에 여기서 바로잡고자 한다. 죽음은 적이 아니다. '적'은 바로 무지와 미움이다. 정신의 내용물들을 자신으로 착각할 때 우리는 좀처럼 마음의 광활함을 믿지 못한다. 실제로 대부분의 질병이 우리가 자신의 거대한 본성을 불신한 결과일지 모른다. 우리가 진실 앞에서 뒷걸음칠 때 생겨나는 부조화의 결과 말이다.

많은 이들이 처음으로 자기 내면을 바라보게 되는 계기는 질병일 것이다. 어떤 사람들에게는 질병이 자신의 몸/정신에 관심을 갖고 그것을 탐구하면서, 어떤 통일감을 키워갈 유일한 기회일지도 모른다. 그래서 많은 이들에게는 질병이 은혜라고도 할 수 있다. 한평생 자기 이미지를 유지하려고 해왔던 어떠한 발버둥도 허무하게 끝났건만, 질병은 그들에게 자신의 참모습을 보여주기 때문이다. 질병은 고단한 인생에서 자신을 지키려 했던 헛된 몸부림을 마주보게 한다.

어떤 이들이 내게 말하길, 자신의 한평생은 자신을 심오한 통일성으로 이끌어줄 스승이나 가르침을 찾아 헤맨 여정이었다고 했다. 그런데 마침내 찾고 보니 고매한 스승은 자신의 질병이고, 진실을 비추는 거울은 몸속의 암이었다고 한다. 많은 이들에게 질병은 삶을 되찾는 지름길이다.

나는 유사한 성장 배경을 가진 같은 나이의 두 사람이 똑같은 병에 걸린 경우를 본 적이 있다. 한 사람은 격렬히 반발하며 자기 병과 치열한 전투를 벌였다. 그는 자신을 희생자로, 질병을 사악한 외부의 침입으로 여겼다. 그 사람은 점점 더 경직되고 무서워하면서 삶에 집착했다. 증상이 가벼운 날의 그는 매우 '활기차고', '쾌활하게' 행동했다. 병증이 심한 순간의 그는 몹시 '가라앉고', '침울하게' 변했다. 그가 자기 몸의 회복 여부에 따라 자기 가치를 단정하는 모습이 겉으로도 확연히 드러났다. 통증이 심해지면 그의 자부심은 움츠러들고 그의 난폭한 성격은 자신을 향해 자기혐오와 죄책감을 쏟아부었다.

반면 또 한 사람은 자기 병을 '뭔가 해야 한다'는 메시지로 받아들였다. 그 사람은 조화를 되찾으려 노력하고, 마음과 정신의 균형을 유지하며, 힘겨운 상태에서도 평정을 찾으면서 삶의 질을 향상시켰다.

그는 자기 에너지를 삶을 연장하는 데에만 쏟아붓지 않고, 인생을 가치 있게 만든 풍요로운 것들 속으로 깊숙이 들어갔다. 그는 경박하게 매달리지 않았고, 다른 친구의 표현대로 "씩씩하게 밀고 나갔다."

첫 번째 사람이 자신은 치유될 수 없고 모든 것을 잃었다고 느낀 반면, 두 번째 사람은 삶과 그리고/또는 죽음을 위한 공간이 있다고 여겼다. 두 번째 사람은 삶을 탐구했지, 삶과 싸우지는 않았다. 그는 치료되기를 바랐지만, 지혜롭게 죽는 것도 소중하리라는 생각을 거부하지는 않았다. 그의 삶은 그의 아름다운 마음처럼 점점 더 심오해졌다. 그는 생생한 진실을 경험했다. 살기 위해 발버둥치지도 병을 저주하지도 않았다. 그는 "병이란 무엇인가? 아픈 사람은 누구인가?"라는 의문으로 파고들었다.

죽음까지 포용하는 치유가 어떤 것인지 탐구하던 친구가 있었다. 그는 자기 안에서 삶에 집착하고 치유를 방해하고 죽음을 불가능하게 하는 것이 무엇인지 고민했다. 그가 말하길, 이상한 소리 같지만 자기 생각에는 흔히 '삶의 의지'라고 부르는 것이 상당한 집착과 혼란을 일으키는 것 같다고 했다. "당신은 육체가 죽어가고 있는데도 몸에 계속 머물려는 충동을 어떻게 생각합니까? 우리의 이기심, 가능한 모든 것을 얻으려는 욕망을 충동질하는 것이 '삶의 의지' 아닙니까? 그러니까 근사한 사람이 되려는 욕망의 디딤돌이 되어 에너지를 차단하고 질병을 일으키는 것이 '삶의 의지' 아닙니까? 묘하게도 우리를 죽이는 것이 바로 그 살려는 의지 아닙니까?"

이 이기적인 '삶의 의지'가 누군가가 '신을 향한 향수'라고 부른 또 다른 의지와 균형을 이룰 수 있을까? 만일 사람이 삶의 의지로 무장한다면, '진실을 향한 향수'에 이끌려 사는 사람과 똑같은 결과를 얻을까? 둘 중 어느 쪽이 삶을 충만하게 하고 존재의 경이와 신비에 다가가게 해줄까?

삶의 의지를 놓아버리는 것은 죽음의 의지를 만드는 게 아니다. 둘 다 육신에 대한 집착이고, 잘못된 정체성에서 생긴 결과물일 뿐이다.

죽음을 적으로 보는 한, 인생은 처절한 투쟁일 뿐이다. 그러면 삶은 천국과 지옥으로 쪼개져버린다. 정신은 끝없이 공포와 스트레스의 롤러코스터 위를 내달리고, 그 질주는 끊임없이 질병을 일으킬 것이다.

나는 한동안 흑색종黑色腫을 앓던 여인을 돌봤었다. 그 흑색종은 여러 2차 종양을 일으켰고, 머지않아 그 여인을 몸에서 쫓아낼 것 같아 보였다. 종양이 심해지면서 그 여인은 자식들과의 남은 일을 마무리하느라 무진 애를 썼다. 여인은 금방이라도 숨을 거둘 것처럼 보였다. 그런데 그 무렵 '제르송 영양요법'이라는 것을 알게 되었다. 가끔 피부암에 효과를 나타내는 치료법이다. 이 요법은 하루 세 끼 식사를 하면서 매일 잘게 부순 동물의 간 두 컵과 매시간 커다란 잔에 담긴 생야채즙을 마셔야 하는 힘겨운 식이요법이다. 그 여인은 요리를 즐기는 미식가라 입맛이 좀 까다로웠다. "정말 이것들을 먹고 싶지 않아. 이걸 초콜릿 같은 것에 담가서 먹을 수는 없을까?" 여인은 이렇게 말하며 그 주스의 맛을 끔찍이 싫어했다. 여인은 이런 요법에 매달려야 하는 자신의 상황을 믿을 수가 없었다. 그러나 어느 날 이렇게 말했다. "사실 내가 죽더라도 상관없지만, 사는 것도 괜찮겠지요. 나는 아이들을 사랑하니까 그 아이들과 같이 있고 싶어요. 아이들이 크는 것을 볼 수 있다면 정말 행복할 거예요. 한번 해봐야겠어요. 손해 볼 건 없을 테니. 그런데 그토록 음식을 사랑했던 내가 어쩌다 죽을 힘을 쓰면서 이렇게 역겨운 것을 먹어야 하는 처지가 됐는지 기가 막히네요."

그 여인은 몇 달 동안 예수께 기도 드렸다. "예수님, 저에게 자비를 베푸소서." 이 기도를 드리면 그녀와 예수 사이의 거리감이 사라지고, 여인의 가슴에서 성스러운 마음의 빛이 퍼져 나왔다. 그 여인은 우주의 자비, 존재의 근원적 본성에 동화되고, 존재 자체를 사랑하게 되었다. 얼마 뒤 그 여인에게서 전화가 왔다. 그녀는 자신이 한 시간마다 그 끔찍한 생즙 액체를 삼킬 수 있는 유일한 길은 그것을 예수님의 성체聖體로 여기는 것뿐이라고 했다. 그래서 여인은 그 역겨운 액체조차도 자기 안에 깊이 박힌 무언가를 치유할 수단으로 삼기 시작했다. 애착, 쾌락, 고통을 놓아버리고 혀의 갈망을 넘어 마음 한복판으로 들어갈 기회로 삼은 것이다. 그 여인이 말했다. "저기, 이것이 내 몸을 치료하지 못하더라도, 내 마음에는 기적을 일으킬 거예요."

1주일 후 그 여인은 병원에 찾아가서 본격적으로 그 요법을 실행했다. 그 뒤 2주일 동안 날마다 꼬박꼬박 그 식이요법을 따라했다. 그녀 말이, 가끔은 그 성체가 지극히 온화하게 자신을 채웠지만, 어떤 때는 옆 병실의 소음에도 짜증이 날 정도로 힘겨웠다고 했다. 집에 돌아와서도 여인은 계속 그 '신성한 주스'를 어렵사리 마셨고, 몸 상태가 한결 좋아진 것 같았다고 했다. 그런데 1주일 후 갑자기 피부에 좁쌀만한 뾰루지들이 돋아났다. 여인은 깜짝 놀라 병원을 찾았다. 증상을 보여주자, 그녀의 과거 치료 경력 때문에 새 치료법의 효과를 기대하기 어렵다는 대답이 돌아왔다. 화학요법에 쓰인 강력한 약물 때문에 이미 면역체계 대부분이 파괴되었던 것이다. 여인이 뾰루지 이야기를 하자, 의사는 잠시 잠자코 있더니 이렇게 말했다. "유감입니다만, 그건 이 요법이 아무 효과가 없다는 표시입니다."

그것은 말 그대로 사형선고였다. 그 순간 그녀는 놀랍게도 상당한 실망감을 느꼈다. "이제껏 예수님께 기도하고, 우주의 자비에 순종하면서, 나는 예수님의 자비가 계신 어떤 곳에 머물렀다고 생각했어요. 몸이 나아질 거라고 믿으면서 말이죠. 하지만 사람은 신의 뜻을 짐작할 수 없음을 깨달았습니다."

결과적으로 '예수님의 자비'는 그 여인의 몸을 치료하지 못했다. 하지만 깊은 깨달음을 일으켜 그녀가 헛된 몸을 뛰어넘게 해주었다. 그 여인은 포근한 사랑 속에서 평온하게 떠났다. 그 여인의 치유는 내가 일찍이 보았던 가장 기적적인 치유 중 하나였다.

죽음을 맞을 때 그 여인에게서 나온 것은 찬란한 사랑과 텅 빈 마음뿐이었다. 그 여인은 삶을 움켜잡지도 죽음으로 뛰어들지도 않았다. 마치 수정 같은 물방울들이 투명한 공기 속으로 흩어지듯 그렇게 사라져갔다.

인도의 성자 마하라지는 병의 치유를 비롯해 여러 비상한 능력으로 유명하다. 마하라지에게 치료받기 위해 몰려든 사람들의 이야기가 수없이 전해지고 있을 정도다. 어떤 경우에는 마하라지가 막대기나 과일 하나를 건네거나 그냥 축복만 해주었는데도 다음 날 환자들의 발진티푸스, 암, 이질 등이 씻은 듯이 사라지곤 했다.

그러나 다른 이야기도 전해진다. 어떤 이들이 죽어가는 사람을 품에 안고 찾아가자 마하라지는 그들을 바라본 뒤 고개를 저으며 이렇게 말했다고 한다. "의사도 어쩔 수 없는 일을 내가 어떻게 돕겠소?" 마하라지는 어떤 사람에게 당연해 보이는 상황에는 전혀 관여하려 하지 않았다. 확실히 마하라지는 어떤 이들에게는 육신에서 벗어나는 것이 완벽한 치유임을 알고 있었던 것이다.

어느 날 마하라지가 안마당에서 여러 제자들과 함께 앉아있을 때였다. 갑자기 마하라지가 몸을 휙 돌리며, "아니, 안 가. 안 갈 거라고 전해"라고 하는 것이었다. 그러자 사람들이 주위를 두리번거리며 말했다. "누구한테 하시는 말씀인가요?" 바로 그때 어느 제자의 하인이 뛰어 들어오며 소리쳤다. "저와 같이 가주세요. 같이 가셔야 합니다! 주인님이 죽어가고 있어요. 도와주세요!" "아니, 난 안 가. 안 갈 거야." 마하라지의 그 말에 하인은 간절히 매달렸다. "가셔야 합니다! 저와 같이 가주세요." 그런데도 마하라지는 "안 가. 가도 아무 소용없어" 하며 거절했다. 하지만 제자들은 간곡히 청하면서 그들 모두와 절친한 그 친구를 위해 뭔가 해주십사고 애원했다. 그러자 마하라지는 "좋아" 하면서, 앞에 놓인 바구니에서 바나나 하나를 꺼내 그 하인에게 건넸다. "이걸 갖다줘라. 그럼 모든 게 괜찮을 거다." 인도에서는 이런 상황에서 과일을 건네주면 그 안에 구루의 영험한 능력이 담겼다고 이해한다. 뛸 듯이 기뻐하며 하인은 그 바나나를 갖고 소중한 주인님에게 달려갔다. 주인의 아내는 즉시 그 바나나를 으깨서 죽어가는 남편에게 숟갈로 정성스레 떠먹였다. 그런데 마지막 한 숟갈을 먹였을 때, 그 사람은 숨을 거뒀다.

사실 모든 것은 다 괜찮았다. 합당한 치유는 이미 이루어진 뒤였으니까.

· · ·

한동안 나는 요즘 유행하는 전인의학 요법을 받던 어느 암환자와 지낸 적이 있다. 그가 사용한 요법은 살벌한 시각적 상상을 떠올려 면역체계가 암세포를 먹어치우도록 자극하는 방법이었다. 이 요법의 기본 원리는 사람이라면 특정한 사건이나 경험을 상대해야 하는데, 반대로 억누르고 거부했기 때문에 암이 생겼다는 이론이다. 암 덩어리는 마음에 쌓인 원한, 두려움, 의혹 등이 뭉친 결과물이라는 것이다. 그러나 그 여성의 말에 따르면, 이 요법은 분노를 '비우는' 법을, 분노를 탐구하여 그 에너지를 능숙하게 이용하는 법을 보여주지 못했다고 한다. 따라서 '암세포를 제거'하도록, '암을 공격'하도록 하는 것이기에 오히려 자신이 암을 상대할 수 없었다고 한다. 이런 공격적 자세는 애당초 환자에게 암을 일으켰을 그 거부의 과정을 고스란히 재현시킨다. "그 요법은 내 몸의 일부를 더욱 밀쳐내는 방법이었어요." 또 다른 환자 하나는 자신의 암을 포용하면서 예상 생존 기간을 훨씬 넘겨 살아남았는데, 그는 이렇게 말했다. "나는 내 암세포가 무엇으로 만들어졌는지 압니다. 그것은 내가 그리지 않은 그림, 조각하지 않은 조각품, 사랑하지 않은 연인으로 만들어졌어요. 내 암은 아름다워요. 그것은 그저 잘못 흘러간 창조력, 바깥세상으로 분출되지 못하고 안으로 쏟아져 비좁은 공간에 갇혀버린 에너지입니다."

또 다른 환자는 치유를 위해 마음을 활짝 연 채 이렇게 말했다. "내 인생의 모든 것에 마음을 열려고 하면서, 어떻게 내 암을 공격할 수 있겠어요? 내 온 인생이 이 종양 속에 고스란히 담겨있을 텐데. 내가 할 일은 난폭한 공격이 아니라, 종양을 사랑으로 녹이는 것 같아요."

또 어떤 암환자는 이런 이야기를 했다. 어느 날 그녀는 명상 중에 공격성을 끌어올려 암 덩어리를 파괴하려 하고 있었다. 맹렬한 불길을 뿜어 종양들을 막 태워버리려 한 것이다. 그런데 마음속에서 이런 목소리가 들려왔다. "왜 암세포를 죽이려 하세요? 어째서 무언가를 없애려 하죠?" 그래서 그녀는 자기가 할 일이 종양 부위에 사랑과 조화를 불어넣는 것임을 깨달았다. 병증과 종양을 무슨 문제아처럼 대하기보다 근본 뿌리로 보고서 다가가기를 선택한 것이다. 그러자 그 시점부터 자애로운 느낌, 황금빛 광채가 일어나 암세포를 씻어내고 자연스런 흐름이 되살아났다. 그 흐름 속에서 아무것도 막히지 않은 채 진정한 치유를 이루었다.

많은 환자들이 자신의 질병을 '책임져야' 한다고 요구받는다. 하지만 책임과 비난의 차이를 구별하는 사람은 드물다. 많은 사람들이 자기 질병에 책임지려다 그 진행 경로를 변경시킬 수 없음을 알고는 책임지지 못하는 죄의식에 빠진다. "나는 결국 가족을 떠나고 있어. 나는 조금도 함께 있지 못했어." 그러나 책임은 비난이 아니다. 책임은 응답하는 능력이고, 그 능력은 이 순간에 깨어있을 때 생겨난다. 고통에 빠진 사람이 괴로움의 원인을 제대로 알기도 전에 괴로움을 제거하려 하는 것처럼, 균형을 잃은 것이 누구인지 또는 무엇인지 깨닫지도 못한 채 치유를 시도하는 사람은 오직 불균형을 심화시킬 뿐이다. 유일한 목표를 '육체의 생존'에 두고 치유를 시작하는 사람은 흔히 심각한 절망과 자기혐오에 빠진 채 죽어간다. "오직 몸의 치료에 성공할 때만이 나는 가치 있는 인간이야." 이런 자기의혹, 두려움에서 잉태된 욕심, 질병을 이기려다 자라난 난폭성은 자신에 대한 혐오감으로 변하기 쉽다.

우리가 여러 병원에서 공개설명회를 열다 보면, 가끔 '치유와 고통 클리닉'을 세우려 하니 도와달라는 요청을 받는다. 그러면 우리는 그런 병원이 설립된다면 사랑을 근본으로 삼아 질병과 고통을 어루만져야 한다고 말해준다. 사랑은 치유를 위한 최상의 전략이다. 아무것도 움켜잡지 않을 때 '희생자'는 존재하지 않는다. 사랑에는 질병처럼 명백히 드러난 장애물들을 뛰어넘을 잠재력이 담겨있다. 모든 갈등들이 충돌하여 하나로 융합되는 마음의 광활한 공간에는 아무런 걸림돌도 없다. 그 드넓은 공간에서 우리는 응어리진 감정들을 녹이고 평정의 상태에 도달한다. 건강은 그 광활한 상태의 부산물이며, 그렇기에 자연히 얻어지는 것이다. 그런데 가끔은 어떤 치유 방법들, 심지어 '전인의학'이라 불리는 요법들까지도 통일성을 북돋아주기보다는 오히려 병에 대한 적개심을 부추겨 환자를 더욱 부조화에 빠뜨리는 것 같다.

공격적 상상을 이용하여 큰 성공을 거둔 치료사가 있었다. 그는 모든 전통 의학이 포기한 말기 암환자들을 도와 비교적 건강한 몸으로 회복시키곤 했다. 그는 자신이 가장 극적으로 회복시킨 환자들을 '슈퍼스타'라 불렀다. 그는 말하길, 자기 암과의 전투에서 크게 승리한 환자일수록 다가가기 어려운 살벌한 기운과 맹수 같은 기질이 생긴다고 했다. 실제로 두 슈퍼스타를 한방에 놔두면 둘 사이에 살기가 감돈다고 한다. 환자들의 성격이 그렇게 강인해지고 사나운 공격성을 갖게 된다는 것이다.

하지만 그런 공격적 요법에 대해 달리 말하는 사람들도 있다. 그들은 내게 과격한 방법을 쓰지 않고도 어떻게 자기들의 마음이 열렸는지, 어떻게 자신을 치료해줄 사랑을 신뢰하게 되었는지 들려주었다.

여기서 '무엇이 우선이냐?'는 질문이 튀어나온다. 그래, 무엇이 더 중요할까? 몸에 깊이 스며들 공격적 기질을 키워서, 고통을 일으키고 우리의 원래 본성을 향한 접근을 차단하면서 자기 몸을 지키는 것일까? 아니면 사랑으로 모든 것을 놓아버리면서, 일시적인 육신을 유일한 목표로 보지 않고 죽음 저 너머의 존재에 활짝 열리는 것일까?

어쩌면 이것이 예수가 하신 이 말씀의 의미가 아닐까? "누구든지 자기 목숨을 구하려는 사람은 잃을 것이고, 나를 위하여 자기 목숨을 잃는 사람은 얻을 것이다."(마태복음 16장 25절) 공격성을 키울 때는, 몸이 치료되지 못하면 "모든 것을 잃는다." 하지만 사랑을 키울 때는, 설혹 우리가 흔히 치유라고 믿는 현상이 일어나지 않더라도, 환자는 자신의 어떤 부분도 손해 보기는커녕 오히려 거대한 통일성 속으로 들어간다. 어떤 면에서 보면 사랑 키우기는 '질 수 없는 게임'이다. 왜냐하면 사랑이 육체를 치유하지 못하더라도 사랑의 열림과 지혜가 그 사람을 완벽한 다음 순간으로 인도하기 때문이다.

내가 사랑의 치유력에 대한 구체적 통계자료를 갖고 있지는 않지만, 그 효과에 관한 직관적 믿음만은 확고하다. 사랑은 어떤 감정보다도 위대하다. 사랑 속에서는 두려움도 무너지고, 분노도 스러지고, 고통도 떠다닌다.

마음과 정신의 균형과 사랑의 치유력을 바탕으로 한 병원을 세우려면 여러 명상법을 도입해야 할 것이다.

그 첫 단계는 '온화함과 인내 호흡법'을 익히는 것이다. 숨을 들이쉴 때마다 온화함, 즉 열린 공간을 키워내기 시작하라. 이것은 마음을 둘러싼 껍데기들을 떨어내는 데 유용한 수련 방법이다. 숨을 내쉴 때에는 인내의 자질을 키워내라. 이때의 인내는 뭔가가 일어나기를 기다리는 것을 뜻하지 않는다. 그것은 초조함과 다름없기 때문이다. 진정한 인내는 열린 자세, 즉 무슨 일이 일어나든 온전히 깨어있는 적극성이다. 이 인내는 목표지향형 기대가 아니다. 그런 기대는 오히려 더 큰 긴장, 슬픔, 불안만을 일으키기 때문이다. 그저 숨을 마실 때는 온화함을, 숨을 내쉴 때는 인내를 키워내라. 이 '온화함과 인내 호흡법'은 한 1~2주 동안 하루 세 차례에 걸쳐 각 20분씩 수행해야 한다. 이 호흡법이 숙달됐다고 느끼면 두 번째 명상 단계로 들어간다.

두 번째 단계는 제7장에서 소개한 '자기용서 명상'이다. 이것은 마음을 겹겹이 감싸고 있는 원망과 응어리들을 놓아버리는 명상이다.

각 명상 단계를 거칠 때마다 집착이 얼마나 마음을 꼭꼭 닫아놓는지 더 깊이 관찰할 수 있을 것이다.

이 자기용서 명상을 통하여 우리는 자신에 대한 용서와 열림의 느낌을 얻는다. 우리의 고통스런 단절감이 녹아내리기 시작한다. 질병을 일으킨 부조화가 사라지기 시작하는 것이다.

세 번째 명상 단계는 '자애심 키우기'이다.* 먼저 자신에 대한 사랑, 자기 행복을 비는 바람을 키워낸다. 물론 그리 쉬운 일은 아니다. 다음으로 그 자애심을 다른 사람에게, 그리고 또 다른 사람에게 날려 보낸다. 그러다 명상이 깊어지면 결국 그 자애심을 사방으로 뿜어내어 만물을 사랑으로 감싸 안는다.

이 명상들을 하다 보면 심오한 몰입 능력이 생기기 시작한다. 결국 그 집중력은 (또 다시, 더 좋은 용어가 없으니까) '사랑'이라 부르는 것으로 이루어진 이 우주 앞에 우리의 온 몸을 열어줄 것이다.

마음이 열리기 시작하면서, 우리는 이 우주적 '자애로움'을 부조화된 부분에 겨냥하기 시작한다. 그냥 자신의 주의를 거기 감각들에 기울인 다음 사랑의 에너지를 쏟아붓는 것이다. 우리가 이런 사랑의 확대를 느낄 때, 사랑이 우리의 온 몸에 퍼지고, 우리가 만나는 모든 존재에게 전해지기 시작한다. 우리는 나의 괴로움과 다른 모든 존재의 괴로움이 긴밀히 연결돼있음을 깨닫게 되고, 이것은 깊은 연민과 이해심을 일으키면서 존재의 모든 차원에서 허덕이는 온갖 유정有情들을

---

* 저자의 다른 책인《점진적 각성A Gradual Awakening》의 '자애 명상' 장(章)을 참고하기 바란다.

향한 애정을 불러온다. 우리는 이런 명상법들을 통하여 존재 하나하나가 자신과 세상 만물을 향해 쏟아부을 수 있는 거대한 자애 에너지를 깊숙이 체험한다.

마지막 단계의 명상은 내면을 통찰하는 '위빠사나 명상'이다. 위빠사나* 명상은 대상을 있는 그대로 알아차리고, 그것에 마음을 열고, 매 순간을 통찰하는 명상이다. 위빠사나 명상을 실행하면 자기 이미지와 고통, 그리고 고통이 일으키는 부조화를 명료하게 바라보게 된다.

여러 '고통 명상'들(제10장 참조) 역시 활용할 만하다. 고통 명상을 실행하면 고통 회피 같은 매우 조건화된 상황 속에서도 부드럽고 열린 마음을 키워낼 수 있다.

그리고 항상 이 명상법들은 이런 자기탐구 속에서 이루어진다. "고통받는 사람은 누구인가?" "두려워하는 자는 누구지?" "치유자는 누구야?" "누가 죽는 거지?"

---

* mindfulness, 항상 '깨어있는 마음' 또는 '순수한 주의'를 뜻하는 불교 용어다. - 옮긴이

자궁 속의 부처

자궁의 양수 안에서 까딱거리는
작은 신성神性.
열 개의 발가락, 열 개의 손가락,
그리고 무한한 희망,
거꾸로 선 채 세상을 여행하네.

나는 아네,
나의 뼈들이 죽음에 대한 유일한 새장임을.
명상 속에서, 내 두개골을 보네,
죽음의 해골을.
내면의 촛불에서 쏟아지는 불빛,
그것은 아마도 다른 은하계의
찬란한 태양들.

나는 아네,
죽음은 빛을 향한 여행임을,
감미로운 꿈임을.
그것은 깨고 싶지 않은 꿈,
비자 없는 나라에 남겨둔 연인.
나는 아네,
영혼의 준마駿馬들이 달리고, 달리고, 또 내달려
시간을 뛰어넘어
'지금'이라는 이 순간에 다다랐음을.

그러니 왜 내가
이 거꾸로 선 부처를 걱정하나?
세상 속을 떠다니는,
부처의 발가락, 부처의 손가락,
피를 갖고 살아있다가
그저 노래하고 사라질 그것을.

내 두개골 속에 빛이 있네,
부처의 속에도.
우리는 오직 우리 뼈들만을 명상하네.
그리고 그것들을 날려버리지,
아무 후회도 없이.
육신은 그저 시험일 뿐.
우리는 거기서 배우고
그냥 지나갈 뿐.

에리카 종

17장

문제는 '죽느냐, 사느냐'가 아니다

셰익스피어의 희곡 주인공 햄릿 왕자는 고민한다. "죽느냐, 사느냐, 그것이 문제로다." 하지만 그것은 문제가 아니다. 진짜 문제는 "어떻게 사느냐?"이다. 채워질 수 없는 수많은 욕망이 우글거리는 세상에서, 신체와 정신의 고통이 널린 이 세상에서, 우리는 어떻게 '죽기 전에 죽지 않은 채'로 살아갈 수 있을까?

어느 그리스 철학자가 이렇게 말했다. 친구여, 인생의 비극은 종말이 있다는 것이 아니네. 그보다 우리가 수도 없이 자연사自然死 이전에 죽기를 원해야 한다는 것이네." 한 번이라도 이런 생각을 안 해본 사람은 없다고 생각한다. '이렇게 사느니 차라리 죽는 게 낫겠어.' 누구에게든 태어난 지 몇 년만 지나면 '죽음'이 언제든 뽑아들 카드가 되는 것 같다.

매년 수천 명의 초등학생들이 자살한다.

청소년들의 주요 사망 원인 중 하나가 자살이다. 머릿속에서 고통과 혼란이 일어날 때 사람들은 흔히 그 괴로움을 끝내버리고 싶다는 강렬한 욕구를 만난다. 사실 자살은 달리 아무런 해결책이 없는 듯한 상황을 통제하고자 하는 최후의 안간힘인지도 모른다. 완전한 패배를 모면할 유일한 대안인 셈이다. 흔히 자살은 인생의 혐오에서 생기는 것이 아니라 인생의 열망, 상황이 달라지기를 바라는 욕망, 현재와는 다른 인생을 바라는 간절한 바람에서 일어난다. 많은 이들에게 자살은 좌절된 '삶의 의지'의 표현일 것이다. 또 어떤 이들에게는 도저히 삶을 이어갈 수 없게 한 고통의 결과일 것이다.

나는 퇴행성 질환으로 죽어가는 수많은 사람들을 만나보았다. 그들은 너무나 극심한 신체적 고통이 끝나기만을 바라면서 자살을 심각하게 고민하곤 했다. 많은 이들이 삶을 깊숙이 관찰하면서 정말 중요한 것이 무엇인지 탐구한 계기는 자살을 고민할 때였다. 사실 많은 사람에게 자살에 대한 고민은 죽음을 내면으로 받아들이고, 막연히만 생각했던 비非존재의 가능성을 심각하게 바라보는 시발점이다. 명심하라. 극심한 육체적 고통에 시달리는 사람들에게는 그들의 신체적 괴로움처럼 죽음 역시 오직 그들 자신만의 문제라는 사실을 말이다. 그러니까 다른 사람이 판단하거나 비난할 문제가 아닌 것이다.

자진해서 삶을 버리는 사람들의 상태는 가지각색이다. 마음을 활짝 열고, 육신에 얽매이지 않은 채, '모름'의 자세로 다음 순간을 맞이하면서, 미지의 세계 속으로 녹아드는 사람. 정신은 지치고 마음은 오그라든 채, 감당할 수 없는 인생에서 탈출하고자 무작정 죽음의 구멍으로 뛰어드는 사람. 하지만 또 다른 사람들도 있다. 가엾은 유정들을 위해 자기 생명을 지푸라기 같이 던진, 아무 욕심도 없고, 지극히 자비로우며, 연민으로 가득한 사람들이다. 소크라테스, 예수 혹은 인명을 구하려고 불구덩이 속으로 뛰어드는 소방관 등이 그들이다. 그들 모두 우리 자신이다. 모두 다 남겨진 사람들의 존경과 자애, 기도와 포용을 받아 마땅한 사람들이다.

얼마 전에 나는 아들의 자살을 경험한 어느 아버지를 만났다. 일시적 우울증으로 자식을 잃은 그 아버지는 이렇게 말했다. "누구나 자기 골방에 대못을 하나씩 갖고 있지요. 하지만 자살하는 사람은 자기 대못을 남의 골방에 박아버립니다." 소중한 이의 자살 뒤에 일어나는 처절한 슬픔은 흔히 극심한 혼란과 죄책감을 남긴다. 남겨진 사람들은 정신을 짓이기고, 마음을 갈가리 찢으면서 이렇게 자책한다. "내가 그의 자살을 막을 수는 없었나?"

인간의 행동은 자기 삶의 상황 속에서 이뤄진다는 인식을 가져야 한다. 그러면 자살한 사람도 남겨진 사람도 모두 가엾을 따름이다. 격랑의 바다 같은 정신은 친구나 소중한 이의 자살을 겪었을 때 한평생 온갖 불안과 두려움을 끌어올린다. 내가 좀 더 잘해줬어야 하는데, 조금 더 사랑했어야 하는데, 하는 온갖 후회들이 수면 위로 떠오른다.

"내가 어떻게 할 수 있었지? 그 소중한 사람을 위해 내가 더 올바르게 살 수는 없었나?" 이런 건 근거 없는 헛소리에 불과할 것이다. 그렇더라도 정신에 엄청난 패배감이 몰려온다. 실제로 소중한 이의 자살 뒤 슬픔에 빠진 사람들은 흔히 자신도 자살 충동을 느낀다. "무슨 소용이야?" 또는 "구태여 왜?" 같은 절망감이 남겨진 사람에게도 전염된다. 아마도 독약을 삼키거나 방아쇠를 당기게 하는 것이 바로 이런 질문들일 것이다. 거대하게 몰려오는 인생의 파도 앞에 한없이 나약한 자신의 무력감….

내 생각에 주위 사람의 자살을 경험했을 때는 용서 명상이 효과적인 것 같다. 저쪽 편에 있는 소중한 사람들에게 진정한 용서를 보냄으로써 그들이 쓸데없는 고통에 시달리지 않게 해주는 것이다. 그들이 자신을 용서하게 함으로써 죄책감으로 또 다시 죽는 일이 없도록 해줘야 한다. 그리고 자신을 위한 용서, 무지에 대한 용서, 정신의 끊임없는 비판과 자기의혹에 대한 용서를 보낸다. 서로의 행동에 대해서 죄의식을 털어내는 것이다.

정신과 싸워봤자 아무 소용없다. 우리가 그 자살로 인한 정신적 괴로움에 또 다시 시달리지 않으려면 다 내려놓고 고통 주위를 활짝 열어야 한다. 자신과 남들을 향한 용서는 삶을 지탱해주고, 마음이 정신의 죄의식과 지긋지긋한 울부짖음을 뛰어넘게 해준다.

실제로 우리가 '자살상담가'로 일하는 사람들을 만날 때마다 누차 강조하는 말이 있다. 남들의 자살을 포용할 수 없다면 다른 직업을 찾아보라는 말이다. 진정한 자살상담가가 되려면, 상대가 고민하는 모든 선택에 열려있어야 한다. 그렇지 못한 자살상담자는 그저 믿을 수 없는 이방인, 자기 생각을 남에게 팔려는 장사꾼이 될 뿐이다. 남들을 당신 마음속으로 들어오게 하려고 그들의 일부를 잘라낼 수는 없는 노릇이다.

우리의 조건화된 관념에 따르면 자살은 사악한 행위이고, 심지어 죄악이다. 우리는 '자살을 고민하는 한심한 사람들'보다 우리 자신이 더 사려 깊은 사람이라고 믿는다. 하지만 우리는 결코 그들 머릿속의 고통을 들여다본 적이 없다. 우리 자신의 고통조차 너무나 두렵기 때문이다. 남들의 자살을 막으려는 우리의 어설픈 설득은 더 큰 단절감을 일으킨다. 만일 우리가 저들이 틀렸다고 믿는다면 어떻게 저들의 충실한 벗이 될 수 있겠나? 반대로 때때로 정신이 얼마나 고통스러울 수 있는지 깨달으면 남들의 고통도 공감할 수 있다. 그럴 경우 단지 상대방이 고민하고 있는 행동이 우리의 모델에 어긋난다고 해서 사랑을 거둬들이지는 않을 것이다. 많은 사람들이 자살하려 하는 이유는 그들이 내면에서 느끼는 사랑이 전혀 충족되지 않기 때문이다. 그들은 자신이 원하는 것을 얻지 못하고 있다. 이것이 중요한 점이다. 그들은 충족되지 않은 욕망과 고통 때문에 자신을 죽이는 것이다.

매년 미국 샌프란시스코의 금문교 위에서 수백 명이 몸을 날린다. 그런데 그중 거의 대다수는 샌프란시스코를 향한 쪽에서 뛰어내린다. 그 반대편 망망한 태평양을 바라보는 쪽에서 떨어지는 사람은 극소수에 불과하다. 자살하는 순간에도 뒤에 남겨둔 세상과의 관계는 이토록 대단한 것이다.

진정 우리가 남들이 삶을 되찾게 해주고 싶다면 먼저 우리 자신의 절망을 건드려야 한다.

자살은 '나쁜 짓'이라기보다는 미숙한 행동이라 할 수 있다. 순응을 위한 다른 기회, 정신의 고통을 놓아버릴 기회를 보지도 잡지도 못한 미숙함이다. 불쾌한 상황을 회피하는 해묵은 습성이 다시금 위력을 발휘한 것이다. 참으로 묘하다. 많은 사람들이 장기간 우울증에 빠져 수없이 고민하고 심지어 '예행연습'까지 한 뒤 자살을 결행하면서도, 그 상황을 이겨낼 에너지나 의지력을 일으키지 못하고 침체기를 벗어난 상승기에도 절망에 빠져있으니 말이다. 에너지가 회복될수록 그만큼 새 아침의 광명도 밝아오는 것인데….

많은 자살자들이 '희망의 끝'에 서있다고 느낄 때 자살을 결행한다. 그러나 희망은 두려움의 자식, 갈망의 아들이다. 우리는 두려움이 없을 때만 희망 없이 살 수 있다. 단테의 《신곡》에 나오는 〈지옥편Inferno〉을 보면, 지옥문 위에 이런 글귀가 써있다고 나온다. "그대여, 모든 희망을 버리고 이곳으로 들어오라." 이 말은 저주가 아니라 축복이었다. 미래의 가능성에 대한 어떠한 집착도 현재를 충실히 맞이하지 못하게 한다. 희망 때문에 우리는 자신을 수없이 죽인다. 이런 말은 하기는 쉬워도, 자살을 고민하는 사람에게 전하기는 어렵다. 하지만 당신이 지극히 충실한 삶을 살아 모든 희망을 털어냈다면, 그때는 그 두려움 없는 광활한 마음을 남들에게 전할 수 있다. 그러면 그들은 자기 마음속에 괴로움을 담을 널따란 공간을 갖게 될 것이다. 우리가 우리 두려움을 움켜쥔 손을 풀어버리면, 우리 자신이 자살을 고민하는 모든 사람에게 최적의 환경이 된다. 그러면 우리는 남들이 열고 들어갈 드넓은 공간이 된다. 그 속에서 그들은 자신의 괴로움을 놓아버리고 조심조심 걸음을 떼어 살며시 미지의 세계로 들어갈 것이다.

자살을 비난하는 우리의 조건화된 습성이 시험대에 오른 일이 있었다. 1960년대 중반 어느 스님의 사진 한 장이 신문의 전면을 장식하여 사람들을 경악시켰다. 그 스님은 남베트남의 수도였던 사이공(현 호치민 시) 거리 한복판에서 온몸에 휘발유를 끼얹고 자기 몸을 불살랐다. 정통 불교 사상과는 거리가 멀지만, 베트남 전통에는 순수한 사람의 희생적인 죽음 하나가 다른 수만 명의 목숨을 구한다는 믿음이 있다. 수많은 사람들이 당시 베트남 국민들의 괴로움에 관해 맨 처음 떠올리는 이미지는 지극히 고요한 자세로 자신을 불태우는 그 스님의 사진이다. 그분은 인생에서 도망친 것도, 어떤 영웅적 행위에 도취된 것도 아니었다. 자기 한 몸을 지푸라기 같이 던져 수많은 존재들의 괴로움을 없애려 한 것이었다. 과연 이것이 자살일까?

마하라지는 "예수는 모든 것을 내주었다. 자신의 몸까지도"라고 말했다. 인생을 탈출하는 수단으로 자살을 결행하는 사람들은 우리 모두가 지닌 고통의 대변자다. 자살은 해답이 아니기 때문이다. 하지만 상황이 달라지기를 바라는 헛된 희망을 붙들고 늘어지거나 무슨 수를 쓰든 생존하겠다고 발버둥치는 인생 역시 해답은 아니다. "죽느냐 사느냐"를 묻지 말라. 오직 "삶이란 무엇인가?"라고 물으라. 마음속의 고통을 탐구하여 그 고통을 어루만질, 모든 존재의 울부짖음을 달랠 당찬 결의로 바꾸라.

자살은 육신의 죽음이다. 의식은 정신의 재탄생이다. 사랑은 천지만물을 움직이는 동력이다.

18장

세상에서 가장 아름다운 이별 방식

예로부터 장례 의식은 사랑하는 이와 헤어지는 성숙한 이별 방식이었다. 장례식은 죽음을 맞이하는 수단이었고, 육신이 사라진 뒤에도 남은 어떤 존재가 계속 나아가길 기원하는 자리였다. 평화롭고 고요하게 '완벽한 다음 세계'로 떠나길 비는 소중한 기회였다.

장례식은 고인에게 뒤에 남겨둔 삶에 연연하지 말고 홀가분히 떠나라고 일러주는 기회일 뿐 아니라, 함께 나눈 사랑을 확인하는 기회이기도 하다. 장례식은 망자가 자신의 원래 본성과 융화되어 잡다한 세상일을 털어버리고 우주와 하나가 되도록 기원하는 의식이다. 장례식에서는 소유와 사랑 사이에, 즉 망자를 보내지 않으려는 애달픔과 평안한 여행길을 비는 소망 사이에서 미묘한 균형이 이루어진다. 장례식은 마음이 이승 저편에 있는 근원적 존재를 신뢰하게 하면서, 동시에 슬픔을 향해 열리도록 도와주는 의식이다. 그리고 한때는 우리의 소중한 사람이었지만 이제는 빈 껍질만 남은 헛된 육신을 바라보며 우리의 고통을 표출하는 기회이기도 하다.

장례식은 떠나는 사람과 남는 사람 모두에게 일종의 관문이 된다.

양쪽 모두에게 똑같은 과제가 놓이는 것이다. 자신을 개별적 주체 관념에 얽어매는 족쇄를 풀어버리고 근원적 본질과 하나가 되는 과제인 것이다. 장례식은 내면을 바라보기 위한 이정표, 정신을 마음속으로 가라앉히기 위한 전환점이다.

장례식은 남은 일을 마무리할 또 하나의 기회이고, 단절을 일으키는 장애물을 놓아버리고 모든 존재의 근원적 통일성을 깨닫는 계기이기도 하다. 비록 망자의 의식은 다른 데에 있고, 육신은 당신 앞에 돌처럼 누워있지만, 우리들이 할 일은 언제나 한결같다. 우리의 찬란한 원래 본성으로 녹아드는 것, 두려움 속에 움츠러들지 않고 마음을 사랑으로 활짝 여는 것, 그리고 우리의 덧없음과 삶의 일시성을 깨닫는 것이다.

그런데 나는 병원이나 집에서 누군가가 숨졌을 때, 시신을 곧장 치우지 말기를 당부한다. 장의사가 죽음을 근사하게 꾸며놓기 전에 사랑하는 이들이 망자와 작별인사를 해야 한다고 생각한다. 임종 후 몇 시간이 지나면, 시신은 차갑게 식고 창백해지지만, 얼굴 표정은 한없이 부드러워진다. 평화의 빛이 은은히 감돈다. 그러니 슬픔을 나누고 서로의 사랑을 심화하는 과정이 방금 의식이 빠져나간 육신 옆에서 계속되어야 한다.

흔히 시신과 함께할 시간이 허용된 병원이나 집에서 누군가 사망했을 때, 우리는 방 안을 정돈하고, 어수선하게 놓인 의약품이나 생명 유지 장치들을 말끔히 치운다. 그리고 시신에게 생전에 즐겨 입던 옷을 입히고, 머리를 빗기고, 예전에 좋아했던 음악을 튼다. 꽃도 몇 송이 갖다놓고, 어쩌면 향도 피워 놓는다. 그런 다음 고인과 가장 가까웠던 사람들을 불러 마지막 예를 올리게 하고, 그들이 사랑했던 사람이 더 이상 존재하지 않음을 확인시킨다. 그들은 자기들이 사랑했던 사람이 단순히 그 몸만은 아님을 알게 된다. 가끔 시체 옆에 서있을 때 아주 심오한 체험을 하는 경우가 있다. 그 시신을 지켜보는 사람 중에 방금 그 육신에서 빠져나온 사람이 같이 서있는 상황이다. 의식은 육신을 떠났을 뿐, 여전히 그대로 있는 것이다.

그런데 많은 장례식장에서는 시신에게 근사한 예복을 입혀 단장한다. 마치 거창한 행사에 참여하는 사람처럼 말이다. 그리고 꼭 방금 잠든 것처럼 보이도록 시신의 입술과 얼굴을 예쁘게 화장시킨다. 그로 인해 죽음의 경험은 또 다시 애매해진다. 소중한 이를 직접 어루만지며 작별을 고하기가 어려워지는 것이다. 고인은 바닥에서 1미터가량 위에 놓인 철제 관 속에 누워있기에 사람들은 그냥 옆을 지날 뿐 만지기도, 껴안기도, 키스하기도, 울부짖기도, 그리고 기도하기도 어려워진다. 그 단절감은 엄청난 것이다. 그러나 시신이 자기 침대에 누워있을 때는 다르다. 사랑하는 가족들이 가까이 갈 수 있고, 아이들은 죽은 엄마나 아빠 옆에 앉아 그 소중한 분의 가슴에 머리를 파묻을 수 있다. 그러면 죽음과 사랑은 하나가 된다. 소중한 이와의 이별이 완연한 현실로 느껴지면서, 크나큰 통일감이 일어난다.

현대 사회에는 작별인사를 나누기 위한 의식이 별로 없다. 죽음을 거부하는 우리의 습성이 너무나 많은 집착을 만들기 때문에, 어쩌면 현대 사회의 장례식은 특히 더 중요할지 모른다.

나는 몇 달간 어느 죽어가는 여성을 보살핀 적이 있다. 남편과 함께 우리 워크숍에 참석한 여인이었는데, 가끔 전화도 하고 찾아오기도 한 사람이었다. 그 여인이 증상 확인과 마지막 처치를 위해 병원에 입원했을 무렵, 척추에서 오는 통증이 너무나 심해 두 시간마다 다량의 모르핀을 맞아야 했다. 척추에 심각한 2차 종양이 퍼졌기 때문이다. 입원한 지 1주일이 됐을 때 그 여인은 내게 도움을 청했고, 나는 정기적으로 찾아가 그녀가 평안한 죽음을 맞도록 돕기 시작했다. 어머니날 하루 전, 가족과 함께 집으로 가면서 그녀는 마침내 떠날 준비가 된 것 같다고 말했다. 다음 날 대화를 나누다 내가 그날이 어머니날이라고 하자, 그 여인은 "아, 나의 날이군요. 우리 파티를 엽시다!"라고 했다. 우리는 잔디밭에 돗자리를 펴고 샌드위치와 쿠키 등을 올려놓았다. 그러나 음식 준비가 끝났을 무렵 그녀는 상태가 나빠져 밖으로 나올 수 없었고, 가족들과 친구들이 한 사람씩 들어가 어머니날 축하 인사를 건네야 했다. 그녀의 절친한 친구들, 형제들, 남편과 딸이 하나씩 들어가 마음을 전하고, 먼 여행을 떠나기 전의 마지막 시간을 함께 나눴다.

그 여인이 병원에 있을 때는 두 시간마다 고통 명상을 시도해야 했지만, 퇴원하고 처음 36시간 동안은 명상 시간이 훨씬 줄어들었다. 죽음을 향해 열리면서 그녀의 통증에 대한 저항, 몸에 대한 집착이 약해진 것이다. 내면의 빛을 향해 열리기 시작했기에, 육신을 떠날 차비를 하던 기간에는 고통이나 혼란이 거의 없었다. 집에 돌아온 지 3일째 되던 날 아침 6시, 남편이 조용히 옆자리를 지키는 가운데 그 여인은 세상을 떠났다. 내가 거기 도착했을 무렵, 멀리서 살던 그녀의 아버지와 형제들이 연락을 받고 오고 있었다. 주디 콜린스의 노래가 은은히 감도는 가운데, 절친한 친구들이 그녀가 생전에 좋아하던 긴 자주색 드레스를 입혔다. 모든 이들의 행동에 사랑의 감정이 넘쳐흘렀다. 오가는 말들도 거대한 미지의 세계 앞에서 지극히 경건하였다.

임종 직후 몇 시간은 지극히 중요하다. 그때 시신과 같이 있지 못하는 사람들은 귀중한 기회를 놓치는 것이다. 생명력이 미묘하게 빠져나가는 과정에서는 오묘한 성취감이 일어난다. 사망 직후 몇 시간 동안 시신의 얼굴을 들여다보면 점점 평온해지는 모습을 보게 된다. 뻣뻣한 근육에서는 찾아보기 힘든 은은한 미소. 불과 얼마 전, 특히 고통스런 죽음을 맞을 때는 볼 수 없었던 부드러움. 모든 것이 괜찮다. 온전히 다음 걸음을 떼어놓았다. '온화한 손길 안에' 머물고 있다는 포근한 느낌이 퍼져있다.

　30분쯤 뒤에 이 젊은 여인의 아버지가 도착했다. 그는 소중한 딸의 죽음 앞에 망연자실했다. 아무리 몇 달이나 몇 년간 죽음을 준비했더라도 막상 소중한 사람의 죽음이 닥치면 그 애달픈 심정은 태산처럼 사람을 짓누른다. 육신에서 의식이 빠져나갔다는 돌이킬 수 없는 현실은 깊고 큰 외로움과 상실감을 일으킨다. 그녀의 아버지는 방에 들어오더니, 이것은 현실이 아니라며 도리질쳤다. 거의 쓰러질 듯한 몸을 간신히 가누며 그는 딸에게 돌아오라고 울부짖었다. 하지만 그가 들어온 방은 사랑이 가득한 방이었다. 죽은 지 세 시간째인 딸의 모습은 지극히 아름다웠다. 얼굴에 퍼진 잔잔한 미소, 가슴 위에 포개진 양손. 그 아버지는 결코 죽음에서 떠올릴 수 없었던 포근한 분위기를 느꼈다. 목수인 그녀의 동생은 관을 만들고 있었다. 하지만 모쪼록 쓸 일이 없기를 바라며 완성하지 않고 있었는데, 이제 자기 집에서 마무리 작업을 하고 있었다. 그녀의 다섯 살짜리 딸은 죽은 엄마 옆에 앉아 엄마가 갖고 놀라며 남겨준 보석 상자를 만지작거리며 조용히 엄마에게 소곤거리고 있었다. 여인의 아버지는 시신에 다가오더니, 손가락으로 아주 조심스레 딸의 정수리를 어루만졌다. 왜냐하면, 항상 그런 건 아니지만, 대개 사후 몇 시간 동안은 생명이 육신을 떠나면서 남은 생명 에너지가 거기서 느껴지기 때문이다. 뭔가 느껴보라는 주위의 권유가 있기도 했지만, 그의 이 행동은 어찌할 바를 몰라서, 무엇보다 울고불고 하기가 민망해서 해본 몸짓이었다. 그는 아무것도 기대하지 않았다. 그런데 잠시 동안 가만히 손가락 끝을 딸의 머리에 대고 있던 그는 끄응 소리를 내며 주춤주춤 물러서기 시작했다. 그러다 딱 멈추더니, 자기 손을 바라봤다. 그리고 고개를 들며 말했다. "뭔가 찌릿하던데, 그게 뭐지?" 다시 손을 딸의 머리에 대본 그는 딸이 떠나며 남긴 생명력을 느꼈다. 그는 소스라치게 놀랐다. 거기 서서 딸이 육신을 떠나며 남긴 에너지를 경험하면서 그는 죽음을 새로운 눈으로 보게 되었다. 그 접촉은 그가 상상도 못했던 둘 사이의 본질적 만남이었다. 한 시간 후 형제들이 관을 가지고 도착했다. 시신이 조심스레 관 속에 안치되었고, 관은 거실 한가운데에 놓였다. 그 주위에 가족들과 친구들이 둘러섰다. 하지만 우리는 이 순간을 유별난 것으로 만들려 하지 않았고, 다 함께 차분한 명상을 통하여 그녀에게 편히 떠나라고 말했다. 이곳에서 그녀의 일은 다 끝났다고, 이제는 자신의 순수한 존재와 융화되어 그 빛을 믿고, 그곳을 향해 떠나라고 말이다. 이 얼마나 엄청난 변화인가. 그 가족은 붙들고 늘어지면서 가지 말라고 애원하거나 울고불고 하지 않았다. 비록 남겨진 이들이 고통스럽기는 했어도 그 순간의 완전성을 오롯이 받아들였다. 거기 모인 모든 사람을 치유한 것은 이런 '마음의 의식'이었다.

사후 네댓 시간 혹은 여덟 시간 안에 죽은 사람의 몸 가까이 다가가면 죽음의 과정에 대해 지극히 심오한 느낌을 얻게 된다. 육신을 벗어나 자유로이 떠다니는 오묘한 존재의 평화로움, 애절한 이별의 감정, 우리 옹어리의 고통, 가만히 놓아버리고 빛 속으로 들어가고픈 포근한 기분 등이 주위 모든 사람을 에워싼다.

점점 많은 사람들이 시신의 처리 방법으로 화장을 택하고 있다. 아시아에서는 육신의 껍데기를 불태워 없애는 화장이 가장 일반적인 장례식 방법이다. 어떤 아시아인 스승들도 화장이 가장 좋은 시체처리법이라고 주장한다. 그 이유는 육신이 자신의 참본성과는 상관없으며, 이제는 필요하지도 않음을 망자가 즉시 깨닫게 해주기 때문이라고 한다.

흔히 가장 가까운 사람들만 모여 망자를 편안히 떠나보낸 뒤, 얼마쯤 있다가 따로 추모 의식을 갖기도 한다. 어떤 추도식에서는 아름다운 계곡이나 바닷가에 가서 화장된 시신의 유골을 바람에 날려 보내기도 한다. 이런 의식은 그 죽음에 참여하고자 하는 사람들이 함께 모이는 기회가 된다. 이런 추도식에서는 흔히 칼릴 지브란*의 산문, 고독한 기타리스트의 노래, 경건한 시, 집단 명상, 어떤 때는 만물의 일체성을 확인하는 우아한 춤이 함께하기도 한다.

추도식은 떠난 사람을 추모하는 시간만이 아니라, 우리 공동의 본질을 기억하는 계기가 되기도 한다. 추모 의식은 죽음을 돌아보게 한다. 그 의식은 죽음을 우리 내면으로 맞이하게 한다.

많은 사람들이 애용하는 또 하나의 추모 방식은 고인의 사진을 탁자에 올려놓고 대화하는 것이다. 가끔은 옆에다 촛불이나 향을 피운 채, 고인이 죽은 뒤 1~2주 동안 매일 그 소중한 사람 앞에 앉아, 함께 했던 사랑을 이야기하며 평안한 여행을 기원한다. 10일쯤이 지나면(마음 상태에 따라 다르지만), 이 의식은 일주일에 한 번씩만 실행해도

---

* Kahlil Gibran(1883~1931). 레바논의 작가 겸 철학자다. 미국에서 활동하면서 산문시집 《예언자》를 비롯한 주옥 같은 작품으로 인류의 평화를 노래했다. - 옮긴이

된다. 보통 고인의 기일을 기준으로 총 7주 동안 행하는 것이 좋다. 이 의식은 죽은 자에게도, 슬픔에 빠진 가족에게도 상당히 유용하다. 양쪽 모두 '놓아버리기'와 '보내주기'가 필요하기 때문이다. 이 의식은 죽음과 상실을 충실히 인정하면서 남은 일을 마무리하도록 도와준다.

미국 몬태나 주에 친구가 한 명 있다. 그는 요람과 관을 만드는 목수이면서, 가끔씩 간단한 장례 작업도 대행해주는 사람이다. 그 친구 말에 따르면, 흔히 시골에서는 시신을 단순한 소나무관에 넣거나 가끔은 그냥 홀치기염색천으로 싸서 묻는다고 한다. 그리고 묘비를 둘 자리에 과일 나무를 심는다. 그 나무의 뿌리는 흙으로 돌아가는 시신에서 영양분을 빨아들인다. 그리고 몇 년 후 나무에서 과일이 열리면 그것을 먹게 되는데, 그 과일을 먹는 사람은 소중한 사람과 하나가 되는 셈이다. 이것은 가톨릭의 성체 예식과 유사하다.

장례 의식은 남겨진 자와 죽은 자 모두에게 우리가 그저 이 육신뿐만은 아님을 일깨우는 훌륭한 수단이다. 그리고 이 인생과 삶에는 훨씬 많은 것이 있음을 깨닫는 소중한 기회이기도 하다.

다음 페이지에《반야심경》을 바탕으로 한 추도문을 소개했다. 추모 의식에서 독송하기에 알맞기에 여기 소개한다.

장례 독송문

이제 떠나시오. 우주는 언제나 그대로이고, 끝없이 변하고 있다오.

여기, 명료한 정신에서, 광활하게 열린 무집착의 공간에서, 개별적 실체가 존재하지 않는 광대한 본래의 마음에서 육신에 대한 애착과 모든 감각의 허망함을 보시오. 색色이 공空과 다르지 않고, 공도 색과 다르지 않다오. 색이 곧 공이며(色卽是空), 공이 즉 색(空卽是色)이라오.

감정, 생각, 심지어 우리 스스로의 선택, 의식 그 자체도 그 본질은 모두 한결같으니, 그것은 바로 공이라오. 매 순간이 공하니, 근원적인 광대한 존재가 바로 공이라오.

이 광대무변한 공에서는 태어남도 없고 죽음도 없다오. 더러움도 없고 깨끗함도 없고, 오는 것도 아니고 가는 것도 아니라오. 그저 육신이 일어났다 사라져갈 뿐, 지금의 우리는 그대로라오. 시작도 없고, 끝도 없이.

이 찬란한 공에는 물질(色)도, 감각(受)도, 생각(想)도, 경험(行)도, 인식(識)도 없다오. 그러니 눈도, 귀도, 코도, 혀도, 몸도, 정신도 없으며 색깔도, 소리도, 향기도, 맛도, 촉감도, 그리고 정신의 작용도 없다오. 아무것도 없다오. 이 본질적 공 안에 삼라만상이 떠있지만, 그 광대함에는 경계도 없다오.

이제 떠나시오. 무명無明도 없고, 무명이 다하는 일도 없으며, 늙음도 없고, 죽음도 없고, 고통도 없고, 번뇌도 없고, 심지어 고통에서 벗어난 해탈도 없다오. 그대의 참본성은 해탈마저 초월한다오. 있는 것도 없고, 얻을 것도 없으며, 얻으려 애쓸 것도 없다오. 우리가 '삶'이라 하는 것은 허상일 뿐. 우리가 죽음이라 하는 것은 한낱 꿈일 뿐. 우리는 결코 '하나'에서 분리될 수 없다오. 그 '하나'의 본질은 공이라오. 그리고 공의 본질은 사랑이라오.

모두 놓으시오. 그 무엇도 붙잡지 마시오. 망상과 덮개를 내던지고 광활한 마음속으로 들어가시오. 해묵은 갈망이 키운 두려움을 버리시오. 진실로 따로 떨어진 것은 하나도 없으니, 개별적 주체의 망상을 들어다가 만물을 비추는 그대 참본성의 찬란한 빛 속으로 던져 넣으시오.

이제 떠나시오. 빛과 그림자를 혼동하지 마시오. 일체의 의혹도, '정신'이니 '몸'이니 하는 허상도 다 뛰어넘어, 진실을 있는 그대로 맞이하시오.

가시오, 가시오, 넘어 가시오. 모두 뛰어넘으시오.

멀리멀리 들어가시오. 그 빛 속으로….

19장

묻는다, 너는 정말 태어났느냐?

라마나 마하르시(1879~1950)는 1879년 인도 남부에서 태어났다. 그는 17세 때 완전히 깨인 상태에서 마치 육체가 사멸하는 듯한 신비로운 체험을 하였고, 이를 통해 깨달음을 얻었다. 이 근본 체험 후 라마나 마하르시는 모든 것을 버리고 집을 떠나, 저절로 성산聖山인 아루나찰라*로 이끌려갔다. 그리고 평생 그곳을 떠나지 않았다. 라마나 마하르시는 자신을 중심으로 형성된 아슈람에서 지극히 단순한 자아탐구 수행을 통하여 '아드바이타 베단타'**의 정수를 설파하였다.

아서 오즈번(1906~1970)

라마나 마하르시는 열일곱 살 때 첫 번째 열림을 경험했다. "내가 마두라이***를 영원히 떠나기 한 6주 전, 내 인생에 거대한 변화가 일어났다. 그것은 너무나 갑작스런 일이었다. 나는 삼촌 집의 1층에 있는

---

* Aruna-chala, 시바 신과 '참자아'를 상징하는 힌두교의 성산이다. - 옮긴이
** Advaita Vedanta, 불이일원론(不二一元論)을 주장하는 힌두교 베단타 교파다.
*** Madura, 인도 최남부의 도시다. - 옮긴이

방에 혼자 앉아있었다. 나는 큰 병에 걸린 적도 없고, 그날 몸에 아무런 이상도 없었다. 그런데 별안간 극심한 죽음의 공포가 덮쳐왔다. 내 몸 상태에 그럴 만한 원인은 조금도 없었다. 나는 그 현상을 설명하려 하지 않았고, 그 공포의 원인을 찾아내려 하지도 않았다. 나는 그저 '내가 죽어가고 있구나' 하고 느꼈고, 어떻게 할지 생각하기 시작했다. 의사나 어른들이나 친구들을 부를 생각은 없었다. 나는 거기서 당장 그 문제를 스스로 해결해야 한다고 느꼈다.

죽음의 공포가 일으킨 충격은 내 정신을 내면으로 내몰았고, 나는 겉으로 소리 내지 않은 채 마음속으로 속삭였다. '지금 죽음이 왔다. 그것이 무엇이지? 죽는다는 것은 무엇일까? 이 몸이 죽고 있다.' 그러자 즉시 생생한 죽음의 상황이 벌어졌다. 나는 팔다리를 활짝 벌리고 누워 마치 사후경직에 빠진 시체처럼 뻣뻣이 굳은 채 거대한 본질을 탐구해 들어갔다. 나는 '나'라는 단어를 비롯한 어떤 말도 새나가지 않도록 숨을 참고 입술을 꽉 다물어 아무 소리도 내보내지 않았다. 그러면서 생각을 이어갔다. '그런 다음, 이 몸이 죽는다. 내 시체는 뻣뻣이 굳은 채 화장터로 실려간다. 거기서 불태워지고 재로 변한다. 하지만 이 몸뚱이가 죽는다고, 내가 죽을까? 내가 이 몸일까? 몸은 돌처럼 굳어있지만, 내 인격의 힘은 온전히 느껴지고, 심지어 내 안에서 몸과는 별개인 '나'의 목소리도 들리는데? 그러니 나는 육신을 초월한 '영靈'이다. 몸뚱이는 죽지만 육체를 초월한 '영'은 사라지지 않을 거야. 그러니 나는 불멸의 '영'이다.' 이 모든 것은 막연한 생각이 아니었다. 거의 아무런 사고 과정 없이 곧바로 쏟아진 생생한 진실로서 섬광처럼 나를 꿰뚫고 지나갔다. '나'는 지극히 사실적인 존재였고, 내 현재 상태의 유일한 진실은, 그리고 내 육신과 연관된 일체의 의식적 행위는 이 '나'에 집중되어있었다. 바로 그 순간부터 '나' 또는 '자아'는 강렬한 마법에 홀린 듯이 자신을 향해 빠져들어갔다. 그러자 죽음의 공포가 씻은 듯이 사라졌다. 그때부터 줄곧 자아를 향한 나의 몰입은 굳건히 지속되었다. 다른 상념들도 갖가지 음악 선율처럼 왔다갔다했지만, '나'는 모든 음악들의 바탕에 깔려 뒤섞이는 슈루티*처럼 그대로 남아있었다. 몸이 말하든, 읽든, 어떤 일에 빠져들든, 나는 여전히 '나'에 몰입해있었다. 그 체험 이전의 나는 자아에 대한 명확한 인식도 없었고, 의식적으로 그것에 끌리지도 않았다. 나는 자아에 대한 아무런 인식이나 관심도 느끼지 못했고, 영원히 그것을 탐구하려는 생각은 추호도 없었다."

열여덟 살이 되었을 때 라마나는 성스러운 산 아루나찰라로 들어갔고, 거기서 평생 살며 명상하고 가르침을 펼쳤다.

몇 년 후 어느 점잖은 힌두교도가 라마나에게 죽음의 공포를 어떻게 이겨냈느냐고 물었다.

라마나 죽음을 생각하기 전에 먼저 당신이 태어났는지 알아보시오. 오직 태어난 자만이 죽을 수 있을 테니까요. 잠에 빠져있을 때도 당신은 죽은 거나 마찬가지요. 죽음에 무슨 두려움이 있겠소? 만일 자기가 태어났다고 생각한다면 죽음의 공포는 피할 길이 없소. 사람들에게 자신이 태어났는지 혹은 '자아'가 탄생했는지 알아내게 하시오. 그러면 그는 '자아'가 항상 존재함을 발견하

---

* sruti, 인도의 음악 용어로서, 귀로 식별할 수 있는 최소 음정이다. - 옮긴이

고, 몸은 결국 생각을 일으키고, 그 생각의 출현이 모든 괴로움의 뿌리임을 보게 될 것이오. 어디에서 생각이 나타나는지 알아보시오. 그러면 당신은 항상 존재하는 심오한 '자아'에 도달할 것이고, 탄생의 관념이나 죽음의 공포에서 풀려날 것이요.

사람이 죽으면 화장터에 장작이 쌓이고, 시신은 장작더미 위에 놓이지요. 장작에 불이 붙습니다. 피부가 타고, 살이 타고, 나중에는 뼈까지 탑니다. 결국 온몸이 잿더미로 변하지요. 그 뒤에는 무엇이 남을까요? 정신입니다. 의문이 일어납니다. "이 몸에 정신이 몇 개나 있나—하나, 둘?" 만일 둘이라면, 왜 사람들은 '우리'가 아니라 '나'라고 할까? 따라서 하나뿐입니다. 정신은 어디서 올까? 그 본질은 무엇일까? 이렇게 캐묻다보면 정신도 사라집니다. 그러면 남는 것은 '나'이지요. 다음 질문은 "나는 누구지?"입니다. '자아'만 남습니다. 이것이 명상입니다. 내가 죽음을 이겨낸 방법이 이것이지요. 이 과정을 통하면 육신에 대한 집착이 무너집니다. 이기심이 사라지지요. '자아'만이 광채를 발합니다.

14년간 라마나 현인을 모신 '랑가나타 아야르'라는 제자가 있었다. 그가 사람의 죽음과 환생 사이의 기간이 얼마나 되냐고 라마나 현인에게 물었다.

라마나 길 수도 짧을 수도 있다. 하지만 해탈한 존재는 더 이상 환생하지 않는다. 그는 우주의 본질 속으로 녹아든다. 《브리하다란야카 우파니샤드》*에도 그렇게 나와있다. 어떤 이는 말하길, 죽은 사람이 빛의 길로 들어가면 환생하지 않고, 반대로 암흑의 길을 통과하면 희미한 형체로 카르마의 과보果報를 감당한 뒤 환생한다고 한다.

그러나 사실은 탄생도 죽음도 없다. 사람은 오직 본래의 존재로 남아있을 뿐이다. 이것이 유일한 진실이다.

제　자 죽음 뒤에 사람이 어떻게 되는지 알 수 있습니까?

라마나 알 수 있다. 하지만 어째서 알려고 하느냐? 모든 사실은 진정으로 구하는 사람에게만 드러나느니라.

제　자 한 사람의 탄생, 그 삶과 죽음은 우리에게 생생한 현실입니다.

라마나 너는 너의 '자아'를 몸으로 보는 착각에 빠져있다. 그래서 다른 사람에 대해서도 몸으로 생각하는 것이다. 너도 다른 사람도 그 몸이 아니니라.

제　자 하지만 저 같은 사람이 보기에는 저 자신과 제 아들은 아주 사실적인 존재입니다.

라마나 '나'라는 생각의 탄생이 바로 자신의 탄생이고, 그 생각의 죽음이 그 사람의 죽음이다. '나'라는 생각이 일어나면 몸을 자신으로 믿는 착각도 생겨난다. 너는 자신을 이 몸으로 믿으면서 남들에게 잘못된 가치를 부여하고, 그들을 그 육신으로 보고 있다. 너는 네 몸이 태어나고, 성장하고, 앞으로 늙어갈 것과 똑같이, 남들 역시 태어나고, 커가고, 죽어갈 거라고 생각한다. 너는

---

* *Brihadaranyaka Upanishad*, 《우파니샤드》는 《바가바드기타》, 《베다》와 함께 힌두교 3대 경전이다. 《브리하다란야카 우파니샤드》는 정통으로 인정받는 18개 우파니샤드 중 하나다. - 옮긴이

태어나기 전의 네 아들에 대해 생각해보았느냐? 아들이라는 생각은 출생 이후에 생겨났고, 아들이 죽은 후에도 지속된다. 네가 그 아이를 '아들'이라고 생각하기에 그는 네 아들인 것이다. 그 아이는 어디로 갔지? 그는 자기를 일으킨 근원으로 돌아갔다. 그는 너와 하나다. 네가 존재하는 한, 그 역시 여기 있다. 만일 네가 자신을 이 몸으로 보는 착각을 버리고 진정한 '자아'를 만난다면, 이 혼란은 사라질 것이다. 너는 영원하다. 마찬가지로 남들 역시 영원하다는 것을 알게 될 것이다. 이 진실을 깨달을 때까지는 지금의 슬픔이 가시지 않을 것이다. 잘못된 인식과 헛된 자기 관념으로부터 그릇된 가치가 생겨나기 때문이다.

제 자 지성과 감정도 육체처럼 사람이 출생했을 때부터 성장합니까? 또 죽음 뒤에 그것들은 흩어집니까, 남아있습니까?

라마나 죽음 뒤에 무슨 일이 일어날지 알고 싶으면 네가 잠들었을 때를 생각해보거라. 잠은 오직 깨어있는 두 상태 사이의 간격일 뿐이다. 그 간격에서 사람들은 살아있느냐?

제 자 예, 살아 있습니다.

라마나 죽음 또한 마찬가지다. 사람들은 몸만 생각하고 다른 것은 보지 못한다. 만일 네가 이 몸이면, 사람들은 너를 계속 붙들고 있을 것이다. 만일 네가 이 몸이 아니면, 남들은 너를 어찌하지 못할 것이다. 너는 잠에 빠졌다가 깨어나 지금 그냥 말하고 있을 뿐이다. 너는 잠에 빠진 몸이 아니었느냐? 너는 지금 그 몸이냐? 생각해보거라. 그러면 모든 문제가 풀릴 것이다.

마찬가지로, 태어난 것은 반드시 죽느니라. 태어난 것은 누구냐? 너냐? 만일 네가 태어났다고 말한다면, 무엇의 탄생을 뜻하는 것이냐? 태어난 것은 육신일 뿐이고, 그것은 금방 죽게 될 것이다. 탄생과 죽음이 영원한 '자아'에 영향을 주겠느냐? 물어라. '이 의문들이 누구에게 일어나고 있는지.' 그러면 해답을 얻을 것이다.

라마나 보라. '자아'는 이것도 아니고 저것도 아닌 유일한 '실재實在'다. 그것은 단순히 '있는 것'이다. 그렇게 그냥 있어라. 그러면 무지의 구름이 걷힐 것이다. 그 무지한 자가 누구인지 물어라. 네가 잠에서 깨었을 때 그릇된 자신도 깨어난다. 네가 깊은 잠에 빠졌을 때는 자신이 잠자고 있다거나, 곧 깨어날 거라고, 혹은 너무 오래 자고 있다고 말하지 않는다. 그렇지만 너는 거기에 존재한다. 오직 네가 깨어났을 때에만 자신이 잠을 잤다고 말한다. 너의 깨어남 속에는 잠도 포함되어있다. 너의 순수한 '실재'를 깨달으라. 자신을 절대로 육체와 혼동하지 마라. 몸은 생각의 산물이다. 생각은 항상 이리저리 장난치지만, 너는 그것에 휘둘리지 않도록 하라. 잠들었을 때 너는 몸을 걱정하지 않는다. 너는 항상 그 상태로 머물 수 있다.

제 자 스승님, 사람의 행동이 출생 후의 자신에게 영향을 미치지 않습니까?

라마나 너는 지금 태어났느냐? 왜 다른 탄생들에 대해 고민하느냐? 사실인 즉, 출생도 죽음도 없는데 말이다. 태어난 사람이 있으면, 그 사람한테 죽음과 해답을 고민하라고 해라.

라마나 태어난 것은 반드시 죽느니라. 망상은 오직 거짓 자신에게만 따라붙느니라. 거짓 자신은 떠올랐다 가라앉는다. 그러나 '본성'은 결코 떠오르지도 가라앉지도 않는다. 영원히 남아있을 뿐이다.

라마나 현인이 암으로 죽어갈 때, 제자들이 스승에게 스스로 치유하기를 청했다. "무엇하러 그러느냐? 이 육신은 다 낡아 떨어졌는데, 왜 매달리겠느냐? 어째서 계속 붙들겠느냐?" 스승의 이 말에도 제자들은 계속 애원했다. "오, 스승님. 제발 저희를 떠나지 마십시오!" 그러자 라마나 현인은 마치 어린애를 대하듯 그들을 바라보며 온화하게 말했다. "너희를 떠난다고? 내가 갈 곳이 어디 있단 말이냐?"

4월 13일 목요일, 의사는 라마나 현인에게 폐울혈 증상을 가라앉힐 완화제를 보내왔다. 하지만 라마나 현인은 약을 거부하며 이렇게 말했다. "약은 필요 없다. 이틀 내에 모든 것이 정리될 것이다."

다음 날 해질녘에 라마나 현인은 간호인들에게 자기를 앉혀달라고 했다. 사람들은 이미 그가 움직이거나 건드릴 때마다 고통에 시달리고 있음을 알았지만, 그는 걱정할 것 없다고 말했다. 라마나 현인은 옆 사람에게 머리를 기댄 채 앉아있었다. 의사는 그에게 산소를 공급하려 했지만, 그는 오른손을 저어 물리쳤다.

그때 별안간 제자들 여럿이 현관 바깥 베란다에 앉아 〈아루나찰라-시바Arunachala-Siva〉라는 노래를 부르기 시작했다. 가장 좋아하던 노래가 들려오자, 라마나 현인의 눈이 뜨이고 반짝거렸다. 그는 일순간 형언할 수 없이 부드러운 미소를 띠었다. 현인의 눈가에서 희열의 눈물이 흘러내렸다. 그는 한번 깊숙한 숨을 몰아쉬었다. 그것이 끝이었다. 아무런 안간힘도, 몸부림도 없었다. 별다른 죽음의 신호도 없었다. 그저 다음 호흡이 나타나지 않았을 뿐….

20장
상실의 5단계

1960년대에 미국 시카고 근처의 한 병원에서 불치병 환자들을 보살피던 엘리자베스 퀴블러-로스는 환자들이 나타내는 공통적인 정신 상태를 발견했다. 그래서 그녀는 죽음에 직면한 사람들이 거치는 것으로 보이는 일반적 단계들을 체계화하였는데, 그것이 '죽음의 5단계'이다. 이 죽음의 단계들은 널리 알려져 일종의 모형이 되었고, 흔히 의료진들이 죽어가는 환자들의 심리를 이해하는 도구로 활용되고 있다.

죽음의 단계들에 관한 개념은 임종 과정을 지켜보는 많은 사람들의 시각을 바꾸어놓았다. 아마 대다수 사람들이 이 죽음의 5단계를 들어봤을 것이다. '부정', '분노', '타협', '우울', 그리고 '수용'이라 부르는 단계들이다. 이것은 상실의 시나리오다. 그 상실은 죽음을 통하여 자기 몸이나 아이, 배우자, 부모를 잃는 경우만을 말하는 것이 아니다. 자식이 장성하여 집을 떠나거나 이혼을 경험하는 상황도 해당된다. 또 사회적 위치를 잃거나, 직장에서 쫓겨나거나, 어쩌면 노령으로 인해 한때는 익숙했던 운전이나 걷기나 대화를 계속할 수 없는 무력한 상황도 포함된다. 한쪽 팔을 잃었거나 자신감이 사라진 경우도 마찬가지다.

이 죽음의 5단계는 현실에 대한 '부정'으로 시작된다. 그 다음에는 '분노', '타협'을 거쳐 상황이 자기 뜻대로 되지 않을 때 나타나는 암흑기, 즉 '우울'의 과정을 겪는다. 그리고 대개 현재에 순응하면서 환한 빛이 나타나는데, 이것이 '수용'이다. 우리가 두려워하는 순응은 패배가 아니다. 가장 참담한 상황에서도 활짝 열려있는 마음의 위력과 강인함이다. 이 단계들은 지옥을 벗어나 천국으로 가는 통로, 저항에서 수용으로 가는 계단이다.

그러나 실제로는 특정한 단계들을 거친다기보다는 끝없는 정신의 변덕을 겪을 뿐이다. 환자들은 한순간 부정이나 분노를 느끼다가 수용의 자세를 보이기도 하고, 얼마 뒤 정신이 다시 위축되면서 침울과 두려움, 공포와 혼돈 속으로 빠져들기도 한다. 이것은 참혹한 현실 앞에서 열렸다 닫혔다 하며 끝없이 갈팡질팡하는 정신의 롤러코스터다. 이 단계들은 특별한 사람에게 나타나는 현상이 아니다. 우리의 평범한 일상 속에서 일어나는 흔한 과정이다. 이 죽음의 단계들은 우리가 현실을 인정하고 마음을 열며 참본성의 걸림돌을 놓아버리는 동안 나타나는 자연스런 과정이다.

이 단계들은 우리의 상황을 비극에서 은혜로, 혼돈에서 통찰과 지혜로, 불안에서 평온으로 변화시킨다. 이것은 진실을 향한 우리의 순례길이다. 또 우리가 불안할 때 서둘러 뒤집어쓸 보호막을 잃어버리면서 통과하게 되는 관문이다. 어쩌면 이 단계들은 새로운 것이 오기 전에 낡은 것에 죽도록 매달리는 한심한 자기 이미지의 해체 과정일지도 모른다. 사실 상실의 단계, 죽음의 단계는 영적 성숙의 과정과 상당히 비슷하다. 우리가 통일체 속으로 녹아들 때 '나'라는 개별적 자아의 죽음을 경험하는데, 그 과정 역시 험난하고 혼란스럽기 때문이다. 영적 성숙 과정에도 만물의 실상에 대한 거부, 저항의 순간이 닥쳐오고, 예상과는 다른 광경에 분노가 치솟는다. 그런 뒤 이따금 필사적인 몰입, 만물의 본질을 향한 열림을 경험하다가 다시 옴짝달싹 못한다. 이 과정은 A에서 Z까지, 혹은 하나, 둘, 셋으로 나아가는 직선형이 아니다. 그렇게 쉽거나 단순하지 않다. 그리고 단계라는 개념조차 사실과는 거리가 멀다. 단계라는 말이 한꺼번에 일어나는 확고한 어떤 것을 연상시키기 때문이다. 이 죽음의 단계들은 무턱대고 절대적 사실로 보고 맹신하기보다는 만물의 일시성을 이해하기 위한 수단으로 활용하는 것이 바람직하다. 그래야 우리가 남들을 삐딱한 시선으로 보는 실수를 벗어나 있는 그대로 바라볼 수 있다. 그 존재들의 참된 진실에 다가가고, 죽음을 넘어선 본질을 공유하기 위해서 말이다.

그런데 어떤 이들에게는 이 죽음의 5단계가 죽음의 진실로 안내하는 길잡이가 되기보다는 온갖 관념과 모델로 죽음을 위장하는 수단이 되어왔다. 또 많은 사람들에게는 이 개념이 남들의 체험 속으로 깊숙이 들어갈 통로가 되기는커녕, 임종 과정의 흐름을 방해함으로써 단절감만 키워놨다. 내가 간호대기실에 있으면서 이런 소리를 얼마나 많이 들었는지 아는가? "그 환자는 지금 부정의 단계에 있어." "저 환자는 분노 단계야." "그는 지금 우울 단계에 빠졌어." 사람은 단계가 아니다. 인간은 어떤 모델에도 오래 머물지 않는다. 개개의 인간은 성취를 향해 끊임없이 나아가는 일종의 강물이다. 사람 하나하나는 끝없이 변해가는 연약한 속살과 존재의 고요함으로 가득 찬 보석이다.

'부정'은 누구나 빠져드는 아주 중요한 단계다. 현실 부정은 도피이고, 삶에 대한 저항이며, 과거에 대한 집착이다. 우리가 자신이나 남의 안에 있는 현실 부정을 들여다보면, 한평생 끝내지 못한 '남은 일'을 발견한다. 당신은 흔히 이렇게 말한다. "아, 그 일은 나중에 하겠어." 당신이 사랑하는 그 사람을 다시 만난다는 보장이 조금도 없는데도 말인가? 당신이 살아서 이곳을 떠난다는 보장조차 전혀 없는데?

'나중'이란 없다. 당신은 이미 죽어있다.

부정은 슬픔을 인정하지 않으려는 저항이다. 우리 안에서 날마다 커가는 상실감에 대한 반항이다. 하기야, 자신이 살아있는지조차 거의 모르는 정신으로 다가올 죽음을 부정한다 한들, 그것이 뭐 그리 놀랄 일일까? 정신한테는 당연한 일 아닌가? 지금 이 순간의 진실에도 빗장을 걸고 눈감기를 마다 않는 정신이 과연 실제 상황을 있는 그대로 인정할 수 있을까? 사실 우리의 현실 부정은 우리가 믿는 자기 이미지, 상황이 어떠해야 하고, 어떨 것이고, 어떻다는 환상을 잃지 않으려는 처절한 몸부림이다.

많은 문명사회는 현실 부정을 거대 산업으로 만들었다. 수십억 달러짜리 시장을 이룬 화장품 산업, 머리염색약, 가발, 코르셋, '교정' 성형수술 등은 모두 노화에 대한 부정, 변화와의 타협, 태어난 순간부터 죽음을 향해 달려가는 육체를 붙들려는 안간힘이다.

우리는 노화의 교훈에 왜 이리도 둔감할까? 노화는 우리가 갖고 태어난 이 몸이 쉼 없이 늙어서 조만간 썩어 없어질 것임을 완벽히 가르쳐주건만…. 살점도 인대도 다 뼈에서 떨어져나가고, 그 뼈들도 부서져 먼지로 변할 텐데…. 그 먼지는 미풍에 실려 날아올라 숲속의 나무와 풀잎들 사이를 떠다닐 텐데…. 이 빈 껍데기는 흔적 없이 사라지면서 이것을 키워준 대지로 돌아갈 터인데….

대개 '부정의 단계'에 대해 생각할 때, 우리는 악성종양으로 진단받은 환자가 이렇게 말하는 상황을 떠올린다. "뭔가 착오가 있을 겁니다. 그럴 리가 없어요. 검사 결과가 바뀌었을 겁니다. 그건 다른 환자의 결과일 거예요." 우리는 현실 부정이 덧없는 인생의 진실을 외면하려는 정신의 끝없는 줄행랑임을 좀처럼 깨닫지 못한다. 그 부정이 우리를 해묵은 고통과 두려움, 고난과 상실에 옭아맨다는 사실도 이해하지 못한다. 그것은 마치 고물 열차를 타고 다 닳은 철로 위를 미친 듯이 내달리는 것과 같다. 접시가 달칵거리고 머리 위 선반에서 소지품들이 떨어지는데도 우리는 개의치 않는다. "들판을 달릴 때는 괜찮지 않습니까?"라고, "정거장에 도착하지 않은 적이 없지 않습니까!"라고 막무가내로 우기고 있다. 정신은 "상황이 어떠해야 한다"는 자신의 모델과 어긋나는 현실에는 눈을 감아버린다.

우리가 삶을 향해 활짝 열려면 자기 정신의 현실 부정을 관찰해야 한다. 자신의 부정을 들여다봐야 살아있는 것은 누구이고, 죽는 이는 누구인지, 대체 이 과정이 어떤 것인지 파고들 수 있다.

부정은 현재를 밀쳐내는 행위다. 거대한 폐기물 생산 회사의 사장이나 다름없는 정신은 어쩌면 이런 슬로건을 내걸고 있는지도 모른다. "현실 부정은 최고의 상품이다."

며칠 전에 옛날 친구한테서 전화가 걸려왔다. 그 친구는 사랑하는 아주머니가 방금 돌아가셨다고 하면서, 명상 모임을 열어 그분을 위해 잠시 기도해줄 수 없겠냐고 물었다. 나는 딱 잘라 거절했다. "아니, 어렵겠네. 죽음은 전혀 특별한 일이 아니거든." 당신이 지금 이 페이지를 읽고 있는 순간에도 수백 명이 죽고 있다. 우리는 그 아주머니를 위해 울지 않는다. 우리 아이들을 위해서도 울지 않는다. 우리가 애통해 하는 사람은 우리 자신이다. 우리는 우리의 상실에 통곡한다. 우리가 보살필 사람은 인생이라는 아주 익숙한 게임에서 네트 저쪽 편에 있는 상대선수가 아니다. 당신 자신을 잃어버렸음에 슬퍼하고, 당신이 지닌 사랑의 거울이 박살났을 때의 감정에 충실하라. 울부짖는 사람이 바로 당신임을 깨닫고, 마음속에 자신을 위한 공간을 마련하라. 당신이 느끼는 것은 남의 고통이 아니다. 당신 마음속의 고통이다.

묘하게도 장례 산업의 바탕에는 온통 죽음에 대한 부정이 깔려있다. 장의사는 고인의 홀쭉한 볼에 솜을 넣어 통통하게 만들고, 얼굴을 실로 꿰매 만족스런 미소를 지어낸다. 죽음을 꼭 성대한 파티처럼 보이게 하려고 온갖 노력을 다한다. 심지어 죽음 안에서도 죽음은 부정당하기까지 한다.

'분노'의 단계는 모두에게 익숙한 단계일 것이다. 이 단계는 진실과 대면하고, 참혹한 현실을 맞이하는 시기다. "제기랄, 이게 현실이야. 하지만 왜 이렇게 고통스러워야 하지?" 분노가 일어나면 비판하지 말고 그냥 알아차리며 마음을 열어야 한다. 흔히 세상일은 우리 뜻대로 되지 않는다. 욕망이 차단되면 그 좌절감에서 분노가 일어나고 정신이 돌처럼 굳어진다. "왜 내가 죽어야 하지? 거리에 널린 개자식들은 멀쩡히 잘도 사는데! 그놈들은 잔디도 안 깎고, 애들한테 소리나 지르고, 소득세를 낼 때도 줄여서 신고한다고! 그런데 왜 하필 나야?"

그리고 분노의 폭탄을 신께 날린다. "어떻게 저한테 이러실 수 있습니까? 난 정말 착하게 살았어요. 매주 교회에도 나갔고, 자선단체에 기부도 했잖아요. 나는 착한 사람이라고요. 임종 봉사까지 했다고요. 어떻게 내게 이러실 수 있냐고요? 너무 불공평하잖아요!" 그런데 우리가 이렇게 '불공평'하다며 신에게 악다구니를 퍼붓지만, 허구한 날 내려진 신의 은혜에 감사의 기도를 드린 적은 얼마나 되던가?

분노는 항상 곁에 있다가 바로 그 순간에 밀어닥친 무력감에서 생겨난다. "아, 왜 이렇게 죽도록 힘든 거야? 어째서 인생은 이렇게 엉망이고 실망스럽지?" 분노는 한평생 쌓였던 무력감의 폭발이다. 분노는 엄청나게 고립적이고 고통스런 경험이다. 우리가 '불공평한 세상일'에 분통을 터뜨리는 사람과 함께 있으려면 느긋한 자세로 우리 자신의 좌절감을 껴안아야 한다. 그 폭풍우가 휘몰아칠 열린 공간이 되어야 한다. 이것은 자기 자신과의 씨름이기 때문이다.

정신의 상태는 주위로 전염된다. 분노의 불길에 싸인 사람과 같이 있을 때는 당신이 보기에도 불공평한 상황에 휘말리지 않도록 주의해야 한다. 상대의 불길이 당신까지 집어삼키지 않도록 당신의 괴로움을 놓아버려라. 당신의 연민이 소멸되지 않도록 분노를 부채질하는 정의감을 내려놓으라. 비판하지 않고 자신의 분노, 원망, 의도를 인정하면서 자신에게 하듯이 남들 곁에 있어주라.

"나쁜 일은 꼭 나한테만 일어나!" 당신이 간절히 원했던 직장이 날아갔을 때, 도로를 포장하던 스팀롤러차가 당신의 새 차를 긁고 지나갔을 때, 왼쪽 팔이 마비되어 검사해보니 암이 전이되었을 때, 당신의 정신이 외쳐대는 절규다. "망할 놈의 세상, 모두 다 죽어버려!" 이런 폭풍우 속에서도 당신의 마음을 열어놓을 수 있는가? 아니면 자신의 두려움과 분노에 다른 사람의 혼란이 겹치면서 완전히 폭발해버리는가? 어느 쪽인지는 당신에게 달렸다.

흔히 죽음의 5단계에서 세 번째로 여기는 시기는 '타협'의 단계다. 말기 환자는 이런 생각을 하곤 한다. "내가 살 수만 있다면, 이 병원에 새 병동을 지어주겠어. 내 전 재산을 자선단체에 기부하고, 초콜릿도 그만 먹을 거야. 날마다 두 시간씩 명상도 할 거야. 정말 그럴 거야!"

하지만 실제로 이런 맹세를 지키는 사람은 거의 없다. 그들의 타협은 원하는 것을 얻고자 하는 꼼수이기 때문이다. 그 맹세는 베풀고자 하는 순수한 마음에서 나온 것이 아니다. "내가 그렇게 될 수만 있다면 이렇게 하겠어." 이것은 주지는 않고 받기만 하겠다는 뜻이다. 우리의 수많은 인간관계와 거의 모든 영적 수행의 바탕에 깔린 것이 이런 자세인 것이다. 실제로 "만일 ○○만"의 정신이 명확히 드러나는 때가 이 타협의 단계이고, 이런 정신 때문에 우리는 타협한 대로 상황이 돌아가지 않을 경우 심각한 우울증에 빠진다. "만일 내가 그 석면 공장에서 일하지만 않았다면 지금 암에 걸리지 않았을 텐데."—하지만 이미 거기서 일했다! "만일 그날 밤 그녀가 나가지만 않았어도 사고 당하지 않았을 것을."—하지만 그녀는 그날 나갔다! "만약 내가 그렇게 게으름을 피우지만 않았어도 열심히 운동해서 몸을 튼튼히 했을 텐데."—하지만 당신은 게으름을 피웠다! "만일 옆에 앉은 자식이 귀찮게만 안 했어도 더 깊이 명상했을 텐데."—하지만 그 자식이 귀찮게 했다! "만일 ○○만"의 정신이 소곤대는 음흉한 부추김은 우리를 지옥에 빠뜨린다. 병상에 꼼짝 못하고 누운 전신마비 환자가 속으로 중얼댄다. "만일 내게 건강한 팔다리만 있으면 하느님께 갈 수 있을 텐데." 하지만 어느 순간에도 우리의 진실 탐구를 방해하는 장애물은 없다. 어떤 경우에도 우리의 진로를 가로막는 장벽은 존재하지 않는다. '만일' 우리가 진실을 향해 활짝 열리기만 한다면 말이다.

많은 영적 수행의 바탕에 이런 식의 흥정이 깔려있다. 만일 내가 진리의 빛을 볼 수만 있다면 명상하고, 기도하고, 노래할 텐데…. 우리가 지금 이 순간의 완전성을 얼마나 많이 잊은 채 행동하는지 아는가? 순수한 마음으로 행동하는 것이 아니라, 어떤 보상심리나 자신이 '홀륭한 행위'라 믿는 것의 대가를 바라면서 말이다. 삶에서 드러낸 이런 타협의 자세가 얼마나 많은 '마음의 빚'을 만들고 수많은 인간관계에 '남은 일'을 만드는지 아는가? 우리가 얼마나 자주 넝마주이처럼 쓰레기 더미를 뒤지며 '이득을 챙기고' 다니는지 아는가?

이런 타협의 정신이 녹아 없어질 때, 우리 마음이 열리고 상황이 온화해진다. 이런 흥정이 멈출 때, 우리는 진실 앞에서 깨어난다. 우리의 행동 하나하나는 결과를 놓고 하는 도박이 아니라 자연스러운 느낌에서 우러난다. 우리는 자기 고난의 결과에 연연하지 않고 매 순간에 충실해진다. 우리는 더 이상 지옥의 탈출구를 사들이려 하지 않고, 신을 매수하려고 잔꾀를 부리지 않는다.

이런 타협은 우리가 원하는 결과를 가져다주지 못한다. 죽도록 고생해서 흥정해봐도 결국 다다를 곳은 사방이 막힌 막다른 골목이다. 이것이 '우울'의 단계다. 대다수 사람들은 우울을 무서워하지만, 이 우울 속에는 탁월한 치유의 가능성, 새 출발을 위한 씨앗이 담겨있다. 이 우울 상태는 우리가 돈으로 살 수도, 고함쳐 부를 수도, 피해 도망칠 수도 없는 진실과의 대면이다. '내가 얼마나 무력한지'를 확인하는 깊숙한 자기탐구가 있을 것이다. 비록 많은 사람들이 우울증을 위험신호로 보지만, 그 우울 속에서 창조적 과정이 진행될 것이다. 이제 우리는 돌아갈 곳이 없다. 뜻대로 되는 일도 없다. 우리는 만물의 실상을 마주보는 지점에 이르렀다. 우리가 우주의 섭리를 뼈저리게 느낄때, 우울은 엄청난 힘으로 우리를 새로운 공간으로 떠다민다. 이것은 매 순간 죽어가는 자신의 껍질들을 벗겨내는 고통스런 과정이다. 우리는 변화의 물결 앞에 드러난 자신의 허약함과 무기력 때문에 무너진다. 하지만 우리가 처음으로 변화의 강물을 껴안기 시작하는 시점이 이 우울의 단계일 것이다. 우리가 살면서 쌓아온 온갖 앙금, 두려움, 도피, 분노 등을 파고들기 시작할 때, 우울은 거의 연금술 같은 마력을 발휘한다. 우울은 그 찌꺼기들을 새로운 풍요와 심오한 깨달음으로 바꿔놓을 수 있기 때문이다. 그러면 담대한 용기와 새로운 사랑이 솟아난다. 어떤 이들에게는 우울이 새로운 삶으로 들어가는 관문이 된다. 거기서부터는 더 이상 힘겨운 몸부림이 없다. 견딜 만한 삶에 이어 마침내 평화가 찾아오는 것이다.

이런 단계들이 순서대로 나타나지는 않지만, 우리는 이 각각의 단계들을 충실히 맞이해야 한다. 이것들은 우리가 항상 해야 할 자신과의 씨름이기 때문이다.

그런데 어설픈 말로 남들을 우울에서 건져주려 하지 말라. 그냥 마음을 열어주기만 하면 된다. "모두 다 괜찮아질 겁니다" 같은 그럴 듯한 말로 우울증을 떨쳐내려 하지 말라. 분명 모든 것은 괜찮아질 테지만, 반드시 그것을 환자가 직접 깨달아야 한다. 그렇기에 상대의 손에 닿는 당신의 손길이 그 어떤 말보다도 중요하다. 만일 당신의 말이 당신 내면의 우울함을 건드리고 두려움을 뛰어넘는 깊숙한 마음속에서 솟아난다면, 서로의 장벽은 사라질 것이다. 하지만 우울은 말로 드러낼 상태가 아니다. 감정의 폭풍이 몰아치는 깊숙한 공간이기 때문이다. 우울에 빠진 사람을 돌볼 때는 그냥 공감해줘야 한다. 그러면 아직은 모르겠지만 결국은 만사가 평온해질 거라는 마음이 저절로 전해질 것이다.

지옥을 향한 열림이 우리를 지옥에서 건지듯이, 우울을 향한 열림이 우리를 우울에서 건져준다. 우울에 마음이 열리면 끊임없이 재생되는 '개별적 나'의 외로움을 존재의 광활함으로 녹일 수 있다. 진정한 존재 속에는 밀쳐냄도 끌어당김도 없다. 이중적인 면이 조금도 없다. 우리는 더 이상 삶에서 동떨어졌다는 식의 고립감을 느끼지 않는다. 삶을 향해 열리면서 그 안에 섞여 들어간다. 따로 떨어진 사람은 "아무도 없다." 그 무엇에도 '열릴' 수 있다. 우리는 열린 공간이다. 이것은 비교적 깊은 차원의 수용 상태다. 하지만 내 경험에 비추어보면, 수용이라 부르던 것 중 대부분이 사실은 체념이었다. 인생과 연결된 끈의 절단, 대다수 사람들이 거의 한평생 지니고 살았던 조용한 자포자기였던 것이다. 이것은 "너무 심하게 나쁘지만 않다면, 너무 좋은 것도 기대하지 않겠어"라는 타협과 다름없다. 삶의 막다른 길에 선 침통함이다.

'수용'의 단계에는 분명히 여러 가지 수준이 있다. 하지만 수용의 단계는 다른 단계들에 비해 가장 이해가 부족한 과정인 것 같다. 엘리자베스 퀴블러-로스는 수용을 이렇게 정의한다. "수용은 환자가 더 이상 문병객을 원치 않고, 아무와도 말하려 하지 않으며, 자신의 남은 일을 정리하고, 더 이상 치료도 생명 연장도 원치 않는 상태입니다. 내면과 외면 모두 평온한 감정이지요." 사실상 평정심을 말하는 것인데, 내 눈에는 이 경우가 어쩐지 '준비된 슬픔', 즉 일종의 절망을 뜻하는 자포자기처럼 보인다. 이 사례는 내가 수없이 강조했던 '놓아버리기'와 '순응'을 일부만 이해한 경우다. 대개 진정으로 현실을 '수용'한 사람들은 주위 사람들에게 아주 차분한 태도를 보인다. 그런 사람들은 반드시 말을 하지 않거나 혼자 있기를 원하지 않는다. 이들이 보이는 수용의 표시는 열린 마음과 온화하고 솔직한 말이다. 또 엘리자베스는 이렇게 말한다. "수용의 단계는 사람들이 자신의 유한한 현실을 직시한 상태를 뜻합니다. 그들은 오늘을 즐기면서 내일을 걱정하지 않는 법을 배우고, 아직도 이런 삶을 누리기 위해 아주 긴 시간이 주어지길 희망합니다." 여기서 우리는 이 모순된 설명 때문에 상당히 혼란스럽다. 수용의 자세를 지닌 사람들이 내일을 별로 걱정하지 않으면서 "아직도 이런 삶을 누리기 위해 아주 긴 시간이 주어지길 희망한다"니, 이게 무슨 말일까? 내가 보살핀 환자들 중에 수용의 상태에 있던 사람들은 지극히 평온했다. 그들에게는 애착도, 고립감도, '희망'도 거의 없었다. 두려움이 흩어지면서 임종 과정에 대한 확신으로 바뀌었기 때문이다.

병원에 있던 사람들 중 대다수가 '수용의 단계'에 있다고 믿었던 어느 환자가 있었다. 어느 날 아침 그가 말했다. "나는 침대 속으로 가라앉고 싶어요. 영원히 잠자면 좋겠어요." 그래서 내가 물었다. "당신은 죽을 거라고, 죽어가고 있다고 생각하세요?" 그가 조용히 말했다. "뭐, 죽음이 다가와도 상관없을 거예요. 하지만 오늘은 아니었으면 좋겠어요." 이것은 수용이 아니다. 체념이다. 이것은 절망을 우회적으로 표현한 것이니, 이 말과 다름없다. "내가 할 수 있는 일은 아무것도 없어서, 그저 버티고 있을 뿐이에요." 체념은 두려움의 또 다른 형태로서, 죽음 전의 죽음이다(그리고 진짜 죽음보다도 못한 것이다).

더구나 '체념(resignation)'이라는 단어 속에는 '다시(re-) 서명하다(sign)'는 뜻이 들어있다. 가능하면 인생과 '다시' 약속하거나 새 계약을 맺겠다는 의미다. 우리가 삶뿐 아니라 죽음의 두려움에도 마음을 열어야 할 터인데….

몇 년 전에 불치병의 말기 증상을 보이던 여인을 만난 적이 있다. 그 여인은 자신이 한동안 죽음의 여러 단계들을 오르내렸다고 말했다. 그러다 광활한 상태를 경험했고, 그 속에서 움켜쥐고 있을 것은 하나도 없음을 깨달았다. 마음이 열리면서 해묵은 장애물들이 떨어져나갔다. 타협의 자세는 공허한 두려움의 표시였다. 우울은 더 이상 적이 아니고, 과거에 대한 집착의 당연한 결과였다. 그 여인은 하루하루 변화무상한 만물의 본질을 향해 다가갔다. 그녀는 새로운 자유, 전에는 몰랐던 광대한 공간을 경험했다. 그 열린 상태로 들어간 몇 달 후, 여인은 지극한 평온을 얻었다. 그녀는 그것이 자기 삶에 균형을 되찾아줄 죽음을 향한 열림이라고 생각했다. 자신의 말년이라고 생각했던 지난 몇 년을 돌아보며, 그 여인은 이렇게 말했다. "나는 죽어가던 시기만큼 생기 있던 적이 없었어요." 그녀는 그때처럼 깨어있던 적이 없었다. 타협도 부정도 거의 없었다. 좌절감이 일어나면 적절히 상대했고, 결코 원망의 늪에 빠지지 않았다. 그런데 죽음이 멀리 물러가면서 상황이 바뀌었다. 인생에 관한 자신의 속된 편견, 일상적 타협, 부정과 분노가 슬그머니 고개를 쳐들기 시작했다. 죽음과의 대면은 그녀를 지옥에서 천국으로 건져주었지만, 점차 과거의 조건화된 습성과 생활 방식이 은근슬쩍 인생을 미끄러뜨렸다. 지옥이 다시 떠올랐다. 삶은 죽음을 향하던 때만큼 소중하게 느껴지지 않았다. 다 놓아버리고 미지의 세계로 들어가려 할 때는 평화로웠지만, 그 평화를 상실하면서 그녀는 지금 죽음의 단계들을 다시 통과하고 있다고 했다. 그녀가 느꼈던 수용의 자세는 자욱한 안개 속에 묻혀버렸다. 그 안개는 해묵은 두려움과 체념, 정신의 장난질, '개별적 나'의 헛소리들이었다.

그 무엇도 되려 하지 않을 때, 우리는 참존재 속으로 들어간다.

이 죽음의 5단계는 주로 심리적인 과정이다. 이 단계들은 정신의 내용물, 생각, 정서, 감정을 다루면서 죽음을 우리 바깥의 것으로 여기게 한다. 그런데 심리적 과정과 영적 과정의 차이를 아주 단순화해 말한다면, 심리적 과정은 정신의 내용물을 다루는데 반해, 영적 과정은 그 내용물이 펼쳐지는 공간까지 다룬다는 점이다. 이 죽음의 5단계는 죽음을 마치 우리 바깥에 있는 것처럼 다룬다. 아마도 최초의 진정한 수용은 우리가 죽음을 내면으로 맞이할 때 이루어질 것이다. 그런 수용에서는 죽음이 적이 아니라 위대한 스승이 된다. 그 스승은 우리를 두려움 앞으로 인도하여, 두려움이 '다가오게' 하는 것이 아니라, 우리가 두려움에 '다가가도록' 도와준다. 죽음은 우리에게 일러준다. 우리 인생이 탈출하고 싶은 끔찍한 감옥이 아니라고 말이다. 하나의 통일체라고 말이다.

이 각각의 단계들은 꼬리를 물고 이어지면서 약간씩 더 큰 공간을 남겨둔다. '부정'은 경직되고 밀폐된 상태다. 그것이 열리기 시작할 때 인생의 좌절감은 '분노'로 변한다. 그러나 거기에는 들여다볼 약간의 공간이 생겨난다. 그러면 '타협'을 위한 협상테이블이 놓인다. "어떻게 하면 더 깊은 곳까지 볼 수 있을까?" "고통을 없애려면 어떻게 해야 하나?" 그리고 거기서도 이해해야 할 조금 더 큰 공간이 나타난다. 그 공간이 커지면서 '우울'의 상태가 시작된다. 우울은 우리가 진실에서 얼마나 멀어졌는지 느끼면서 나타나는 암흑기다. 그 암흑을 지속시키는 것이 우리의 두려움임을 깨달을 때 '수용'의 자세가 생기고, 그 수용 속에서 우리의 보호막이 허물어지면서 새로운 광활한 공간이 펼쳐진다. 이제 우리는 특별한 존재가 되려 하지 않는다. 우리는 죽어가는 '누군가'가 되기를 멈추고 만물을 포용하는 광대한 공간 속으로 들어간다. 우리는 죽음을 안으로 받아들인다. 그리고 항상 우리 안에 있던 통일성을 체험한다.

임종 유도 명상

- 친구에게 천천히 읽어주거나 혼자서 나지막이 읊조린다.

편안하게 자리 잡고 눈을 지그시 감으라. 몸의 감각에 주의를 기울여라. 그냥 여기 앉아있는 이 존재를 느껴보라.

이 그릇을 느껴라. 그것의 물질을 음미하라. 목 위에 꼿꼿이 세워진 머리의 무게를 느껴라. 목의 근육, 근육의 두께와 세기, 그 존재감. 기다란 어깨뼈와 팔이 붙어있는 어깨 관절을 느껴보라.

몸의 양쪽으로 늘어진 팔의 무게를, 두 손의 무게를 느껴라.

몸통을 느껴라. 그 통통함을, 그 무게감을. 이 몸의 물질적 성질을.

그리고 좌복*이나 의자를 누르고 있는 자신의 엉덩이를 느껴보라. 그 접촉면이 어떻게 자신의 무게를 지탱하는지 느껴라. 이 몸뚱이를 끌어당기는 중력을 느껴보라.

감각들을 움켜잡지 말라. 자신을 담고 있는 이 몸에서 감각들이 일어날 때 그것들을 그냥 받아들여라.

양 다리의 감각들, 그 두꺼움과 무게를 음미하라. 이 몸의 형체감을 느껴라. 양 발을, 땅을, 그 무게감을.

그리고 여기저기서 일어나는 감각들을 느껴라. 손바닥, 목덜미, 엉덩이, 발바닥의 감각들을. 얼얼함, 흔들림, 열기 등 사방에서 올라오는 감각들을.

그 감각들을 느끼면서, 이 묵직한 형체보다 더 섬세한 무언가가 어떻게 그것들을 받아들이는지 알아보라. 훨씬 더 가벼운 어떤 것. 의식 자체가 몸의 감각들을 경험하고, 이 얼얼함과 흔들림을 받아내는 듯이 느껴진다.

---

* 坐服. 스님들이 참선 때 쓰는 방석이다. - 옮긴이

이 가벼운 몸, 육중한 그릇에 담겨있는 의식체意識體를 느껴라.

무거운 몸 안에서 이 가벼운 몸을 느껴보라. 이것은 오감을 통해 들어오는 모든 경험을 맞이하는 몸이다. 이 가벼운 몸은 소리를 청각으로 감지하고, 빛을 시각으로 체험하고, 맛을 미각으로 받아들여, 경험을 통하여 삶을 이해하는 몸이다.

이 가벼운 의식체 안으로 들어가라.

육중한 몸으로 들어오는 호흡들을 가벼운 몸이 어떻게 맞이하는지 바라보라. 무거운 몸으로 들어오는 각각의 호흡이 의식체를 가볍고 균형 있게 받쳐준다.

호흡 하나하나가 어떻게 이 일체성을 유지하는지 느껴보라.

의식으로 하여금 들어오고 나가는 각각의 호흡을 지극히 예민하고 섬세하게 잡아내게 하라. 육중한 몸과 가벼운 몸 사이의 이 접촉을 느껴라. 내부에서 호흡 하나하나가 어떻게 가벼운 몸을 균형 있게 받쳐주는지 느껴보라.

호흡 하나하나를 체험하라. 이 몸속에서 흘러가는 삶을 느껴보라.

그저 의식과 감각, 들숨과 날숨만이 있다. 순간순간 이 미묘한 균형을 감각으로, 의식 그 자체로 경험하라.

그리고 각 호흡을 마치 마지막 숨결처럼 생각하라.

숨을 들이쉴 때마다 더 이상 다음 들숨은 없는 듯이 맞이하라. 매 호흡이 마지막 숨인 듯이.

매 호흡이 그것으로 끝이다. 마지막 숨이다. 육중한 몸과 가벼운 몸을 연결하던 끈이 끊어진다.

한 생애의 끝, 최후의 호흡이다.

놓아버려라. 움켜잡지 마라. 각 호흡을 놓아주라. 마지막으로 영원히. 다음 호흡에 조금도 집착하지 말라.

놓아버려라. 자신을 죽게 놔두라. 매달리지 말라. 생명을 움켜잡지 말라.

놓아버려라. 살며시, 부드럽게. 모두 다 놓아라. 모든 것이 떠다니게 하라. 자신을 죽게 놔두라.

호흡들이 사라진다. 생각들이 흩어져 공간 속으로 녹아든다. 붙잡지 말라. 사정없이 놓아버려라. 두려움을 놓아라. 갈망을 놓아버려라.

자신을 죽게 놔두라. 죽음을 향해 들어가라. 아무것도 붙잡지 말라. 모두 흘러간다. 가만히 죽어 이 순간 속으로 들어가라.

아무것도 부여잡지 말라. 그냥 자신을 죽게 놔두라.

생각들을 놓아버려라. 삶과 죽음의 관념조차 놓아버려라. 완전히 다 내려놓고, 살며시 죽음 속으로 들어가라.

이제 떠나라. 가만히 죽어 빛 속으로 들어가라. 그 육중한 몸, 하찮은 생각들에서 벗어나 자유로이 떠다녀라. 이 몸은 너무 무겁다. 생각들도 너무 무겁다. 지금 넘어가라. 둥둥 떠다녀라. 홀쩍 뛰어넘어, 바람처럼 날아다녀라.

마음을 활짝 열라. 자신을 짓누르고 끌어당기는 모든 것을 내려놓으라. 이름도 놓아버려라. 몸도 놓아버려라. 정신도 놓아버려라. 집착도, 안간힘도 다 버리고 그냥 자유롭게 떠다녀라. 이제 자신이 떠나게 놔둬라.

두려워 말라. 매달릴 것 없다. 이제 순간순간 가벼운 몸이 둥둥 떠다닌다. 그렇게 떠나라. 살며시 빛 속으로 들어가라. 이 갑갑한 몸통을 벗어나라. 지금 이 껍질을 홀홀 벗으라.

다 놓고 빛 속으로 들어가라. 그 투명하고 찬란한 당신의 원래 본성 속으로. 그저 공간뿐. 공간 속에 뜬 또 다른 공간뿐.

완전히 놓아버려라. 살며시 죽어 빛 속으로 들어가라.

지극히 가볍게, 광대한 공간 속을 떠다녀라. 광대무변한 공간을 자유로이 날아다녀라.

당신이 아는 것을 놓아버려라. 모르는 것도 놓아버려라. 정신에 나타나는 것은 하나같이 낡은 것이다. 어떤 생각도 해묵은 생각이다. 이제 붙잡을 것은 하나도 없다. 그냥 맑은 정신이 열린 마음속으로 녹아든다. 마침내 자유로워진다.

의식이 빛 속으로 녹아든다. 빛이 빛 속에서 빛을 경험한다.

공간 안의 공간. 빛 안의 빛.

모두 사라진다. 아무것도 없다. 안도 없고, 바깥도 없다. 그냥 '있음'이 있을 뿐. 그저 끝없는 공간에 끝없는 본질이 있을 뿐.

그것으로 들어가라. 몸에서 풀려나, 정신에서 벗어나 날아다녀라. 죽음을 껴안고 순수한 공간으로 들어가라.

갑갑한 육신, 정신을 뛰어넘어라. 당신이 지닌 근원적 순수의 찬란한 빛 속으로 녹아 들어가라.

광대한 공간. 무한한 경계. 그저 광막한 공간 속을 떠다니는 존재.

끝없이 열린 공간. 광대무변한 우주.

그 공간을 가로질러 무언가 스르르 다가온다. 아득히 먼 곳에서 오는 듯한 그것을 바라보라. 호흡이다. 호흡이 몸으로 들어오는 모습을 지켜보라.

첫 번째 호흡이 온다. 들숨은 최초의 생명이다. 하나하나가 완전히 새로운 호흡이다.

탄생이다.

또 다시 의식이 몸을 경험한다. 공간 안의 공간.

다시 순수한 형체 속에 깃드는 순수한 의식. 새 생명의 탄생.

의식은 언제나처럼 매 순간 지속된다. 또 다시 의식이 몸속에서 생명의 호흡을 경험한다.

그 가벼움이 또 다시 무거운 형체에 살며시 생기를 불어넣는다. 또 다시 카르마를 감당하기 위해 생명이 탄생한다. 배워야 할 것을 배우고, 나눠야 할 것을 나누기 위해서. 원래대로의 만물과 머무르기 위해서.

죽음은 없다. 탄생도 없다. 삶도 없다. 그저 '있음'이 있을 뿐. 몸 안의 있음. 몸 밖의 있음. 그저 존재할 뿐. 형상 속의 무상함.

삶도 없다. 죽음도 없다. 그저 지금뿐. 그저 이만큼.

순간순간의 경이로움.

지극히 깬 채 맞이하는 매 순간. 너무나 소중한 순간순간. 모두 여기 있다. 모두 다 영원히 여기에.

락슈마나의 죽음

《라마야나*Ramayana*》는 수많은 힌두교도들이 성전으로 여기는 인도의 대서사시다. 근원적 존재인 라마Rama의 일대기를 서술한 이《라마야나》에는 라마의 이복형제인 락슈마나Lakshmana의 죽음 이야기가 나온다. 거기에는 이렇게 쓰여있다. "한순간이라도 라마를 본 사람은 천국에 다다른다. 라마는 만물의 근원과 동일한 나라야나*이다. 라마는 대양大洋이고, 숲이고, 온 누리에 가득한 공기다. 그는 원자보다도 더 미세한 존재다. 라마는 환상을 통해 어디든 날아가고, 시작도 끝도 없으며, 변하지도, 패하지도 않는 불멸의 존재다. (중략) 그러니 그대가 안팎의 괴로움에 시달릴 때는 라마를 떠올려라." 간디가 총에 맞은 순간 중얼댄 "람"도 라마를 부른 말이다. 인도에서는 수많은 사람들이 '람' 혹은 '라마'를 입에 달고 살다가 그 이름을 외치며 죽는다. 인도인의 마음은 항상 신과 하나다.

> 라마가 락슈마나를 보며 말했다. "잘 가라. 내 형제여."
> 락슈마나는 아무 대답이 없었다. 그는 라마의 주위를 세 바퀴 돌고 나서 궁전을 떠났다. 락슈마나는 한참을 걷다가 맹렬히 흘러가는 사라유** 강에 이르렀다. 사라유 강은 사납게 흘러가고 있었다. 락슈마나는 강변에 앉아 물살을 바라보았다. 그는 눈을 크게 뜨고 주위를 둘러보았다. 그러면서 모든 것을 라마처럼 보고 라마처럼 생각했다. 락슈마나는 맑은 물로 입을 헹궜다. 그리고 호흡을 멈추었다. 락슈마나의 가슴 속에 있던 그 찬란한 인격, 고작 엄지손가락만한 영혼은 이 세상을 떠날 준

---

* Narayana, 힌두교의 비슈누 신의 화신이다. - 옮긴이

** Sarayu, 인도 북부의 우타르프라데시 주를 흐르는 '가가라' 강이다. - 옮긴이

비가 되어있었다. 생명의 기운이 활동을 멈추었다. 락슈마나의 원기가 조금씩 등뼈를 타고 올라가, 두개골이 맞물린 정수리를 통해 살며시 빠져나갔다.

락슈마나는 눈을 감고 자기 생명의 불꽃이 서서히 꺼져가는 모습을 지켜보았다. 오래전 전쟁의 불꽃, 첫사랑과 결혼의 불꽃, 어린 시절의 불꽃…. 그러면서 생각했다. '이것은 내가 예전에도 해본 일이구나…. 모두가 해본 일.'

천상에 있던 인드라* 신은 텅 빈 방의 돌문이 덜컹덜컹 닫히는 소리를 들었다. 눈이 닫히고, 귀가 닫히고, 정신이 빠져나오고 있었다. 영靈이 올라가면서 빈 방들이 하나둘 늘어갔다. 마음속 영기의 공간이 텅 비고, 불빛이 하나둘 꺼지고, 자물쇠가 열리고 실밥이 터지면서, 모든 것이 해체되었다.

인드라 신은 보이지 않게 코살라** 왕국을 가로질러 내려왔다. 그리고 락슈마나의 영혼을 가슴에 품고 하늘로 날아올랐다. 인드라 신은 찬란한 빛으로 락슈마나를 감싸 안았다. 천상 최고의 신인 인드라는 락슈마나를 데리고 훨훨 날아갔다. 멀리멀리. 그리고 락슈마나의 몸은 강물 속으로 떨어져 사라져갔다.

---

* Indra, 힌두교 성전《베다》의 신들 중 최고 신이다. - 옮긴이
** Kosala, 사라유 강 연안에 펼쳐져 있던 고대 왕국이다. - 옮긴이

21장

봄이 오면 외투는 더 이상 필요없다

사랑하는 그대여, 죽음의 순간이 다가오면 가볍게, 가볍게 가시오. 심각할 것도, 무서울 것도, 이상할 것도 없다오. 거창한 말도, 장중한 음악도, 예수나 괴테나 '어린 넬'*을 흉내낸 멋들어진 인물도 필요 없다오. 당연히 그럴싸한 신학도, 난해한 형이상학도 없지요. 그저 죽음이라는 단순한 사실과 찬란한 빛이 있을 뿐."

올더스 헉슬리

• • •

'순간순간 의식 있게 죽는 것'은 무엇일까? 마지막 순간을 가볍게 놓아버리고 다음 순간을 충실히 맞이하는 것이다.

우리가 죽음을 내면에 받아들일 때, 삶은 깔끔하고 온화해진다. 죽음을 마주볼 때 생기는 이점 중 하나는 우리의 주의력이 깊어진다는 점이다. 만일 당신이 존재의 한순간이라도 통일성 안에서 충실히 경험할 수 있다면, 그토록 찾아 헤맸던 무언가를 발견할 것이다. 세상에

---

* Little Nell, 찰스 디킨스의 소설 《골동품 가게 *The Old Curiosity Shop*》의 주인공 소녀다. – 옮긴이

서 우리의 주의를 끄는 것은 별로 없지만, 죽음은 우리의 눈길을 사로 잡는다.

어찌 보면 죽음에 관한 이 모든 이야기가 한바탕의 말장난이나 다름없다. 우리가 '죽음'이라 생각하는 것이 오직 몸에만 일어나기 때문이다. 죽음은 우리가 상상하고 믿는 정도까지만 이 거짓 존재를 위협한다. 죽음은 우리의 눈길을 잡아끈다. 죽음에 초점을 맞추는 것은 삶을 충실히 사는 방법 중 하나다. 왜냐하면 주의가 향하는 곳, 의식이 머무는 곳, 바로 그곳이 우리 삶의 경험이 일어나는 장소이기 때문이다. 사실 최근에 인기를 끄는 암벽 등반, 행글라이딩, 스카이다이빙 같은 '공포 스포츠'는 모두 우리가 깨어있기 위한 방법일지 모른다. 많은 이들은 이런 스포츠를 감행할 때 "살아있음을 실감한다"고 말한다. 그 스포츠가 온통 주의를 사로잡기 때문이다. 주의가 집중될수록 더욱 강렬한 생동감이 느껴진다. 아마 그래서 그 많은 임종 환자들이 죽음의 순간만큼 생동감을 느낀 적이 없었다고 말하는 모양이다. 우리가 죽음을 안으로 받아들일 때, 자신의 부정과 분노를 털어버리고, 타협의 자세도 버리게 된다. 자신의 우울을 밀쳐내지도 않는다. 우리는 진실로 자신에게 묻는다. "누가 죽는 거지?" 그러면서 우리의 저항과 헛된 지식을 내려놓는다. 그것들이 우리의 깨달음을 막는 걸림돌임을 알기 때문이다.

우리가 '의식 있는 죽음'이라 부르는 것은 현실 인정, 열림, 놓아버림의 과정이다. 아마도 이 과정에서 첫 번째 깨우침을 얻는 시점은 우리가 이 몸이 아님을 깨닫는 순간일 것이다. 그리고 의식이라는 게 끝없이 변하는 일종의 흐름임을 알아챈 때일 것이다. 우리는 몸을 가졌지만, 그것이 우리 자신은 아님을 깨닫는다. 당신에게 외투가 있지만 그 옷이 당신은 아님과 마찬가지다. 우리는 그 외투를 소중히 여긴다. 그것이 이 순간에 입을 옷이고, 그것을 욕하거나 누더기처럼 던져버리기는 어렵기 때문이다. 지혜와 사랑을 지니고 기나긴 겨울 여행을 계속하려면 아직 두꺼운 외투가 필요할 테니까. 하지만 봄이 오면 외투는 더 이상 필요 없다. 따스한 봄에는 외투를 벗어 세탁소에 보내버린다.

어느 친구가 말했다. 자신은 '끝없이 뭔가가 되려는 발버둥에서 생긴 결과물'이었다고 말이다. 그는 매 순간 펼쳐지는 완벽한 파노라마를 보았고, 그것에 자기가 할 일은 아무것도 없음을 느꼈다. 근사한 인물이나 무언가가 되고자 하는 자신의 모든 몸짓은 그저 '만물의 경이로움을 흐려놓을' 뿐이었다.

뭔가가 되고자 하는, 끝없는 목표지향형 인물의 모든 단계들이 사라지고 아무 단계도 없는 단순한 존재 상태로 변한다. 단계들의 종말인 것이다. 이것은 마치 어느 방에 들어가보니 그 안에 아무런 벽도, 문도, 사람도 없는 경우와 같다. 꿈에서 깨어나보니 아예 잠든 적도 없는 기이한 상황(그 잠 역시 꿈의 일부였을 뿐)이다. 창조도 파괴도 다 넘어선 상태인 것이다. 당신은 무용수도 아니고, 춤도 아니다. 춤이 펼쳐지는 무대도 아니고, 배경음악도 아니며, 그것들 사이를 채운 공간도 공기의 분자도 아니다. 그것들을 받아들이는 지각도 아니고, 자신이 어느 것도 아니라는 의식도 아니며, 이 의식을 맞이하는 느낌도, 심지어 이것들을 명료히 보게 해주는 '모름'의 상태조차 아니다. 우리는 자신이 누구인지 모른다는 사실을 깨닫고 오직 그냥 있을 뿐이다.

우주에 대한 우리의 인식이 변한다. 과거의 자신이 애초 생각처럼 확실한 실체로 여겨지지 않으면서 "죽는 것은 누구지?"라는 물음도 변한다. 각각의 '사물'이 과거 어느 때보다 더 생생히 다가온다. 당신이 만나는 사물들은 밤중에 화장실에 가다가 마주치는 평범한 물건들이 아니다. 사물 하나하나가 자신과 관련된 물건이 아니라 스스로 진동하는 본질로서 다가온다. '이것'이나 '저것' 같은 개별적 물체가 아니라, 만물을 구성하는 통일된 물질로서 말이다.

우리가 예전의 생각, 인식, 모델, 개념을 놓아버릴 때, 온 세상이 흩어지면서 순간순간 새로운 세계가 의식의 스크린 위에 나타나기 시작한다. 그것은 고리타분한 옛날 영화, 진실을 복제한 싸구려 만화영화가 아니다. 처음에 우리는 친근한 것들을 잃은 슬픔에 비통한 눈물을 흘릴 것이다. 하지만 결국은 몸과 정신의 거짓 경계를 설정했던 헛된 보호막을 놓아버리게 된다. 우리가 '모름' 공간 속으로 더욱더 깊이 들어갈수록 새로운 것들이 나타난다. 근사한 무엇이나 누군가가 되려 하지 않고, 그저 만물을 맞이하고, 그냥 그대로 있으면서 말이다.

육신의 죽음은 에고, 즉 '개별적 자아'의 죽음에 비하면 그리 괴로운 것도 아니다. 개별적 자아의 죽음은 우리가 견고하다고 믿었던 모든 것의 종말, 우리가 뒤에 숨으려고 쌓아올린 온갖 담장들의 붕괴다. 끊임없이 정신의 괴로움과 타협하는 자신의 보호막을 걷어내면 어찔어찔한 현기증이 일어나는데, 그것은 마치 구멍만한 동굴에서 기어나와 히말라야 산맥의 장쾌한 파노라마 속으로 들어가는 것과 같다. 이것은 우리에게 익숙한 모든 것, 우리를 과거에 얽어매고 미래의 그럴싸한 누군가를 창조해낸 온갖 모델과 망상의 사망선고다. 모든 것이 소멸하여 삶의 강물 속으로 되돌아간다.

우리가 믿었던 모든 것이 죽어 없어질 때, 만물은 본래의 공허하고 덧없는 본질을 드러낸다. 그러면 우리는 자신이 그토록 애지중지했던 개별적 자아의 허망함을 절감한다. 한낱 꿈 같은 인생의 본질을 보면서, 우리는 사실상 죽는 사람이란 없고, 수없이 반복해서 태어나는 존재는 이 '개별적 인간'의 허상일 뿐임을 깨닫는다. 그러면 외로움이나 두려움이 일어날 때, 그것들이 바로 우리를 한 몸에서 다른 몸으로 밀어붙이는 헛된 갈망임을 깨닫게 된다. 우리는 모든 것이 그냥 왔다가 사지는 것을 본다. 그것은 마치 우리가 처음으로 부처, 예수, 우리의 참본성에서 나오는 자비와 지혜를 만나는 경험과 같다.

이제 육체의 죽음은 새로운 의미로 다가온다. 우리는 몸의 사멸에서 만물의 덧없음을 깨우칠 절호의 기회를 얻는다. 육신에서 떨어져나가면서 우리는 '자신'이라고 믿었던 모든 것, 즉 정신과 몸이 한낱 허상일 뿐임을 본다. 그러면서 정신 너머의 진실로 다가간다.

"어째서 나는 내 생각을 이토록 신뢰하나? 생각들은 한순간도 가만있지 못하고 수시로 충돌하는데." "생각하는 사람은 누구지?"

정신/몸은 더 이상 자신을 보호하려 애쓰지 않는다. 뭔가가 되고자 하는 온갖 단계들은 만족을 얻으려 발버둥치는 과정에서 생겨난다. 어쩌면 일부 사람들이 말하는 '삶에 대한 의지'에 의해 생기는지도 모른다. 하지만 우리가 '되려는 안간힘'을 놓아버려야 우리의 원래 본질, 보호할 사람이 아무도 없는 심오한 만족의 공간이 드러난다. 그것은 거대한 평온과 고요의 삶이다. 우리가 고통을 제거하기 위해 끄집어낸 모든 묘안, 심지어 '이해'라 부르며 정신 속에서 세상을 통제하고 소유하려 한 미묘한 시도조차도 그저 또 다른 괴로움이었을 뿐이다.

"그저 오해하지 않는 것으로 충분하다. 이해는 저절로 이루어질 것이다."

'이해하려' 하면서 생기는 고통, 우리와 우주의 관계를 해석하려는,

"우리가 어디 서있는지" 알아내려는 안간힘의 바탕에는 '우리는 별개의 존재'라는 생각이 깔려있다. 정신의 생각으로는 결코 본질에 도달할 수 없다. 왜냐하면 생각 자체가 본질의 아주 작은 일부일 뿐이기 때문이다. 우리가 애지중지하는 불완전한 '이해'마저도 과감히 내던져야 한다. 그래야만 얄팍한 정신으로 진실의 윤곽만 더듬는 것이 아니라 본래의 진실을 생생히 체험할 수 있기 때문이다.

어느 날 마하라지가 한 제자를 바라보며 말했다. "아무것에도 집착하지 말거라. 심지어 너의 다음 호흡마저도…."

현실을 충실히 받아들이고 자애로운 순응이 이루어진 상태에서 정신과 마음이 충돌하는 시기, 바로 그때가 의식 있는 죽음이 가능해지는 시점이다. 여태껏 '나'로 오해했던 일련의 과정을 지켜보면서, 우리는 일어난 모든 것이 사라지고, 세상 만물은 사멸한 뒤 곧바로 다음 순간으로 교체된다는 사실, 시간 자체가 계속 죽어간다는 사실을 깨닫는다.

죽음은 그릇된 환상이 되기 쉽다. 우리가 죽음이 무엇인지 안다고 생각하는 순간, '의식 있는 죽음'은 더욱 거대한 환상이 되기 쉽다는 사실을 알아야 한다.

우리는 훌륭한 성자들과 스님들의 임종 이야기를 자주 듣는다. 우리가 '거룩한 인물'이라 여기는 그분들은 조금의 저항도 없이 죽음을 맞이한다. 그분들의 그런 모습은 그분들이 우리와는 완전히 다른 세상 사람처럼 보이게 한다. 그러나 나는 죽음 앞에서 극심한 혼란을 겪다가도 지극한 평온 속에서 죽음을 맞은 사람들을 많이 보았다. 그들은 삶의 마지막 몇 달 동안 거의 '성인'에 버금가는 과정을 거치는 듯했다. 그들은 어쩌면 자신이 태어난 목적일지도 모를 무언가에 깊숙이 파고들었다. 그들은 더 이상 개별적 인간, '의식 있게 죽는' 누군가가 아니었다. 그저 공간 안의 공간, 빛 속의 빛이었다.

내가 '로빈'을 만났을 때 그녀는 서른세 살이었다. 삶의 마지막 2년 반 동안 로빈은 자신의 암과 힘겨운 투쟁을 벌였다. 암 진단을 받았을 당시, 로빈은 보험회사에서 손해사정인으로 일하면서 그녀 표현대로 '아주 잘나가고' 있었다. 치료 과정을 이해하려 노력하고, 그 병의 원인일 수 있는 걸림돌을 치워가면서 로빈은 삶 자체를 탐구하기 시작했다. 첫 진단 후 1년 반 동안, 그녀는 명상과 기도를 하고, 이전까지는 아무 관심도 없던 영성 서적들을 읽으면서 충실히 살았다.

"이 암은 제겐 탁월한 스승이었어요." 이렇게 말하며 로빈은 전날 밤에 겪은 경험을 이야기하기 시작했다. 그것은 마치 죽음에 다가가는 느낌이었다고 했다. 기도로 마음을 열면서, 로빈은 기다란 터널을 따라 내려가 거대한 황금 손바닥에 내려앉았다. 그 손바닥 위에 누운 그녀는 몇 달 만에 처음으로 전혀 고통스럽지 않았다. 지극한 평화에 싸여 황홀해하던 로빈은 '이런 멋진 상황에서 누워만 있다니 너무 게으른 것 아닌가' 하는 생각마저 들었다. 그래서 몸을 일으켜 엉금엉금 기면서 황금 손바닥의 가장자리로 다가갔다. 끝에서 바깥을 내다보니 별들이 가득 찬 끝없는 밤하늘이 펼쳐져있었다. 로빈은 그 반짝거리던 수만 개의 별들 하나하나를 웬일인지 훤히 알았다고 말했다. 자신도 그 별들 중의 하나였다는 것이다. 어떻게 그럴 수 있는지는 몰라도, 하여튼 로빈은 그렇게 느꼈다. 별들 중 하나가 다가왔다. 그것은 예수님이었다. 또 다른 별이 가까이 왔고, 이번엔 라마나 마하르시였다. 그런 뒤 그 별들은 원래의 성단星團으로 되돌아갔고, 다른 별들도 모두 차례로 왔다가 돌아갔다. 이 대목에서 로빈은 만물의 본질이 똑같다는 사실을 '지식을 넘어 직관'했다고 말했다. 잠시 후 주위의 모든 것이 흩어져 사라졌고 로빈은 다시 고통스런 몸으로 돌아왔다. 로빈은 그 경험을 통해 죽음이 전혀 특별한 것이 아니라는 사실을 깨달았다고 했다.

1년 후 로빈은 '최종 단계'에 도달했고, 죽음이 급속도로 다가옴을 느꼈다. 아메리카 원주민이나 에스키모 사이에서는 임종에 이른 사람이 가족들을 부르는 전통이 있다. 죽어가는 사람은 그들이 모두 올 때까지 몇 주를 기다렸다가 가족 하나하나에게 작별인사를 건네고 행복을 빈 다음 조용한 방으로 들어가 평화로운 죽음을 맞는 경우도 가끔 있다고 한다. 이 이야기를 들은 로빈은 자신도 그런 식의 이별을 해야겠다고 마음먹었다. 로빈은 지난 몇 년간 엄청난 자기성찰을 해왔으므로 지금이 자신의 온전한 의식을 내보일 완벽한 시기라고 생각했다. 괴롭고 힘겨웠던 지난 몇 달간에도 어렵사리 지켜온 그 의연한 모습을 말이다. 로빈은 3월 10일 밤에 죽음을 맞을 거라며 가족들에게 그날 오라고 했다. 10일이 가까워오자, 로빈은 이따금 '예정된 시간' 전에 죽어서는 안 된다면서, 마지막 순간에 어울리는 깊은 교감을 나눠야 한다고 말했다. 예정된 날 오후, 로빈의 전남편과 여섯 살짜리 아들, 간호사인 로빈의 언니, 남동생, 시댁 식구, 그리고 내가 그 소중한 사람과 마지막 인사를 나누기 위해 그곳에 모여들었다. 저녁이 되자, 근사한 식탁이 차려졌지만 음식을 먹는 사람은 거의 없었다. 그 순간은 마지막 작별의 분위기로 가득했다. 8시경이 되자 로빈은 언니와 동생의 부축을 받아 어렵사리 거실로 나왔다. 감동적인 순간이었다. 로빈은 지극히 맑은 정신으로 담담한 마음을 보여주었고, 그렇게 사랑하는 이들과 함께하면서 불안감이나 아무런 미련 없이 떠날 수 있음에 한없이 감사했다. 한 시간 후 작별 인사를 반쯤 나눴을 때, 로빈은 몸을 가눌 수 없게 되었다. 그녀는 부축을 받으며 천천히 침실로 돌아갔다. 거실에 남은 사람들은 슬픔과 충만함에 휩싸인 채 서로의 눈을 바라보았다. 그들은 저마다 작별인사를 건네며 로빈의 새로운 여행길을 축복했다. 침실의 문이 닫혔다. 그들은 다시는 보지 못할 그 소중한 사람을 위해 애절한 눈물을 흘렸다.

다음 날 새벽 5시경, 로빈이 한쪽 눈을 번쩍 뜨며 외쳤다. "오, 세상에." 그날 하루 종일 로빈과 나는 많은 이야기를 나누었다. 무엇이 그녀를 붙잡았는지, '의식 있게 죽으려는' 그녀의 바람은 어떤 것인지, 그리고 세상일이 얼마나 사람 뜻대로 되지 않는지 등에 대해 얘기했다. 그날 저녁 가족들은 다시 작별인사를 나눴다. 한 명씩 로빈의 침실로 들어가 틀림없이 세상에서 마지막 시간을 보내고 있을 로빈에게 따스한 인사를 건넸다. 밤중에 우리는 로빈에게 《성경》을 읽어주었다. 로빈은 지극히 고요하고 평화로워 보였다. 나는 그녀가 떠나는 마지막 순간에 가장 빨리 적절한 조치를 취하기 위해서 로빈의 침대 옆 바닥에 슬리핑백을 깔고 자기로 했다.

새벽 4시경, 우리 둘 다 눈을 떴다. 우리는 당황스런 눈으로 서로를 바라보며, 나름의 질서를 따르는 자연의 섭리에 웃음을 터뜨렸다. 이런 상황이 여러 날 계속되었다. 처음 며칠 동안 우리는 이른 새벽의 한두 시간을 같이 보내며, 원점으로 돌아가 일체의 선입관을 버리고, 진행되는 과정을 있는 그대로 맞이했다. 4일째 되던 날 우리의 새벽 대화는 겨우 반 시간 동안 지속되었다. 우리는 생각을 나누기보다는 침묵을 공유하기 시작했다. 우리는 밤에도 함께 지내면서, 주로 로빈이 잠들기 전 한 시간 동안 예수의 이미지를 떠올리곤 했다. 예수의 모습은 로빈의 가슴에서 날마다 점점 선명해지고 있었다.

하루하루 지나며 서서히 로빈의 그릇된 자아 관념이 사라져갔다. 심지어 '의식 있는 사람'이라는 관념, 죽음 앞에서 열린다는 생각, 죽음이 어떤 것이라는 개념도 흩어지기 시작했다. 그녀는 이제 의식 있게 죽는 사람이 되려고도 하지 않았다. 로빈은 점점 더 쇠약해져, 이제는 음식도 거부한 채, 죽음 앞에 활짝 열려있었다. 하지만 어쩐 일인지 죽음은 찾아오지 않았다. 가끔씩 로빈은 약간 혼란스러워했지만, 그녀에게서 느껴지는 것은 거의 사랑뿐이었다.

가족 모두 죽어가는 로빈과 함께하고 있었다. 그러다 일주일쯤 되던 어느 날 아침, 로빈이 잠에서 깨어 개미만한 목소리로 이렇게 말했다. "어젯밤에 나는 몸을 벗어나는 것 같았어요. 예수님이 옆에 앉아계시기에 물어봤지요. 나를 데려가실 거냐고요. 아니라고 하셨어요. 다 괜찮다고 하시며, 이 모든 것이 내게 신뢰와 인내를 주려는 가르침이라 하셨어요. 그래서 난 아직 안 갔어요."

하루하루 지나면서 로빈은 자기 상황에 대한 이해마저도 놓아버려야 했다. 그녀는 자기가 아는 것 모두를 내려놓고 그냥 거기 있어야 했다. 며칠 후, 나는 깜짝 놀라 로빈에게 물었다. "무슨 일이에요?" 그녀는 더없이 해맑게 대답했다. "몰라요." 하지만 이 말에는 전에는 듣지 못한 심오한 만족이 담겨있었다. 마침내 로빈은 모름의 상태에 이르렀고, 임종을 미리 짐작하지 않고 단순히 죽음에 순응하는 놀라운 차원에 도달했다. 그러자 로빈은 한결 더 차분해졌다. 하루하루를 있는 그대로 맞이했고, 아무것도 바꾸려 하지 않는 무한한 인내를 가지고서 현재의 순간을 오롯이 신뢰했다. 부드럽게 열린 채, 진실이 무엇이든 그것에 순종하고, 신에게 복종하면서 말이다. 우리가 상상하는 모든 것이 죽음 안에서 소멸된다. 로빈은 거기 누운 채 자신의 인격, 지난 기억, 목표, 개념, 그리고 모델들을 모두 내버리고 있었다. 날마다 로빈은 조금씩 더 투명해져갔다. 신뢰와 인내 속에서 말이다.

처음 며칠간 로빈은 매일 저녁 가족들에게 둘러싸인 채 죽음을 준비했다. 그러나 몇 주가 지나면서 더 이상 억지스러운 죽음 준비는 사라졌고, 그저 자연의 섭리 앞에서 유쾌한 당황스러움이 있을 뿐이었다. 가끔은 그녀가 죽는 것이 아니라 태어나는 듯이 느껴질 정도였다.

여기서 나는 한마디 덧붙이고 싶다. '의식 있는 죽음'에 관한 온갖 이야기들이 아무리 그럴싸하게 들릴지라도 여전히 과거의 정신이 되살아나는 시기가 있다. 아주 명료한 의식을 지닌 환자들이라도 힘겨운 상황을 겪다 보면 여전히 혼란의 순간들을 맞이한다. 정신이 어떤 사소한 두려움이나 욕망 때문에 닫혀버리는 경우가 그것이다. 그러나 세상일은 어쩔 수 없음을 인정하는 가벼운 자세와 자기용서가 있다면 금방 또 다시 광대한 마음을 되찾게 된다.

로빈의 죽음에 참여하러 모였을 때, 우리 중 누구도 로빈과의 이별에 2주 가까운 기간이 걸릴 줄은 몰랐다. 내가 로빈이 예정한 날 하루 전에 그 집에 갔을 때 하루나 이틀 뒤면 돌아가겠거니 생각했다. 그러나 이제 로빈의 임종 과정이 12일째로 접어들면서 내가 참석해야 할 명상수련회의 일정을 훨씬 넘기게 되었다. 로빈과 내가 해야 할 일은 모두 끝난 것이 분명했다. 로빈은 서서히 자신 너머의 세계로 들어가고 있었고, 혹시 미세한 조정이 필요하다면 전화로도 해결할 수 있는 상태였다. 그래서 나는 800킬로미터쯤 떨어진 명상센터로 돌아가기로 했다. 떠나기 전에 나는 매일 전화로 로빈의 상태를 '점검'하고 가능한 일은 무엇이든 돕겠다고 약속했다. 로빈에게 작별인사를 하면서, 나는 우리가 이런 식으로는 또 다시 만날 수 없음을 깨달았다. 로빈은 내게 윙크를 보내며 내 손을 가볍게 놓아주었다. 그 모습에서 나는 그녀의 정신과 마음에 집착이나 걸림돌이 거의 남아있지 않음을 확인할 수 있었다.

명상센터에 도착한 나는 전화를 걸어 상황이 어떤지 알아보았고, 임종 과정이 자연의 순리대로 진행되고 있음을 확인하였다. 나는 날마다 로빈의 집에 전화했고, 그녀에게 필요한 도움은 거의 없다는 사실도 깨달을 수 있었다.

가끔 사소한 혼란이 있었지만, 우리는 마음을 나누면서 해묵은 안전판을 붙들고 늘어지는 정신의 한심한 습성에 웃음을 터뜨리곤 했다. 그러면 항상 신뢰와 인내가 되살아났다. 나는 로빈이 평온하게 균형을 되찾는 모습을 확인했다. 그러다 명상센터에 돌아온 뒤 일주일쯤 되던 어느 날, 전화를 해보니 로빈이 몹시 흔들리며 당황하고 있었다. "제가 균형을 잃은 것 같아요. 어찌 된 건지 모르겠어요. 제 마음이 온통 엉망이에요." 나는 주위 상황에 변한 것이 없냐고 물었고, 로빈은 없다고 했다. 다만 지난 몇 달간 통증을 달래기 위해 사용해온 브롬프톤 혼합제*를 더 이상 삼킬 수 없어서, 의사가 그 대신 모르핀 좌약坐藥을 권했다고 말했다. 나는 잠시 생각한 뒤 웃음을 터뜨렸다. "로빈, 하루 다섯 번씩 코카인이 함유된 약을 먹다가 갑자기 끊었을 때 상당한 금단증상이 나타나는 것은 당연하지 않겠어요?" "아, 그렇군요." 로빈은 안도의 한숨을 쉬었고, 우리는 함께 웃었다. 로빈이 말했다. "그럼, 그 방법도 써봐야겠군요. 다른 것에도 뛰어들어봐야죠."

---

* Brompton's mixture, 암환자용 진통제다. – 옮긴이

며칠 후 새벽 5시, 첫 번째 집단 명상을 진행하던 때였다. 나는 갑자기 가슴에서 심한 통증을 느꼈다. 나는 점점 더 뜨겁고 격해지는 감각들을 지켜보았고, 몇 분 후 어쩌면 그것이 일종의 사망 환각일지도 모른다고 생각했다. 내가 임종을 함께해준 그 많은 사람들을 생각해보면, 그리 놀랄 일도 아니었다. 그 느낌이 어디서 오는지 알 수 없었던 나는, 그저 마음을 연 채 다음 순간에 나타날 현상을 지켜볼 뿐이었다. 그것은 어떤 돌덩이가 내 폐를 짓누르는 느낌이었다. 나는 호흡 하나하나에 집중해야 했다. 마치 기절하지 않기 위해 산소 분자들을 억지로 빨아들이는 상황 같았다. 점점 더 호흡이 가빠지고 가슴 통증이 퍼져가면서 숨 쉴 때마다 몸이 경직되는 것 같았다. 그러나 내가 그 상황에 열려있는 한 그 경험을 받아들일 공간이 있었다. 그래서 나는 일어나는 모든 현상을 그대로 맞이하였다. 골라내지 않고, 이해하려 하지도 않으면서, 그냥 열려있으려고 노력했다. 한 10분 정도 그 상태가 계속됐을 때, 어디선가 로빈의 목소리가 들여왔다. "우리는 너무나 가까웠고, 지극히 많은 것을 나누었어요. 그런데 제가 당신에게 줄 것은 아무것도 없네요. 하지만 난 당신이 죽음이 무엇인지 알고 싶어 하는 걸 알아요. 그래서 나의 죽음을 당신과 함께하려 해요." 나는 생각했다. "아, 흥미로운 생각이군. 사실이든 아니든, 무엇이든 간에, 그냥 생각일 뿐인데. 뭐 혹시 알겠어?" 깊숙한 '모름'의 상태에 빠진 채, 나는 왠지 모르게 내가 죽어가고 있는 것 같았다. 점점 더 호흡이 가빠지면서 응급환자처럼 덜덜 떨리기 시작했다. 빨간불이 켜졌다. 분명히 몸이 위협으로 여기는 어떤 현상이 일어나고 있었다. 버텨내려고 안간힘을 쓰는 몸을 지켜보고 있자니 두려움이 엄습했다. 마치 몸이 안에서 솟구치는 불길을 무의식적으로 짓밟으면서 밖으로 번지지 않게 하려는 것 같았다. 하지만 불길은 더욱 활활 타올랐다. 나는 그냥 숨을 헐떡이면서 아무것도 생각하지 않으려 했다. 혹시라도 주의력이 흔들리면 정신을 잃을 것 같았기 때문이다. 몸에서는 압박감 속에서 느릿하게 드나드는 호흡의 쌕쌕거리는 소리와 심한 통증만이 느껴졌다. 그 상태에 빠진 지 25분쯤 지났을 때, 폐의 압박감이 마치 나를 몸 밖으로 밀어내는 듯한 느낌이 왔다. 몸은 극도로 긴장했고, 정신은 탈출구를 찾아 발버둥쳤지만, 어찌해볼 도리가 없었다. 나는 그냥 여유 공간을 줘야 했다. 조금이라도 힘을 가하면 폭발해버릴 것만 같았다. 나는 마개를 꼭 막은 채 힘껏 짜내는 치약 같았다. 그때 갑자기 정신이 속삭였다. "몸 안에 있으려고? 왜?" 하지만 대답이 떠오르지 않았다. 별안간 거대한 평화가 밀려왔다. 그 순간 생각이 바뀌면서, 몸을 떠나도 아무 문제없고, 저항할 이유도 없을 듯했다. 그것은 꼭 내가 오래전에, 어쩌면 태어난 후 줄곧 잊어왔던 무언가를 기억해낸 것 같았다. 그러자 나를 밀어내려는 가슴의 압박감이 지극히 자연스럽게 여겨졌다. 맞아! 죽음은 결코 위험이 아니야. 이제 죽음은 변화의 강물 위를 떠가는 한낱 거품이 되었고, 다음 순간을 향한 가슴 벅찬 기대감이 차올랐다. 꼭 이렇게 속삭이는 것 같았다. "왜 몸속에 있어야 하냐? 그렇게 붙들고 있다니 너 완전히 바보 아니니? 모든 것은 완벽하다고!" 그러자 만물은 원래대로 있을 뿐이라는 믿음이 퍼져갔고, 그 생각은 나를 몸에서 밀어냈던 고통과 압박감을 적에서 동지로 바꾸어놓았다. 그러자 한없는 만족감이 밀려왔다. 그 통증은 나를 가로막는 장애물이 아니라 협력자였다. 생각이 속삭였다. "그냥 놔둬. 그대로 나가. 나가라고. 다 내보내." 그러자 고통은 그대로였지만, 광활한 공간이 펼쳐졌다. 나는 더 이상 삶에 매달리지 않았다. 나의 삶은 육신을 넘어 퍼져나갔다. "아, 바로 이거야. 모든 것이 완벽하게 일어나고 있어." 그때 마음속에서 다시 로빈의 목소리가 들려왔다. "이제 저는 로빈이기를 멈출 거예요. 죽어가는 예수님이 될 거예요." 그러자 그 경험은 누군가의 죽음, 나 또는 로빈의 죽음이라는 생각을 뛰어넘었다. 완벽하게 펼쳐지는 일련의 과정이 되었다. 나는 나 자신을 카르마의 덩어리라고 느꼈다. 완벽한 다음 단계로 가는 일종의 흐름, 껍데기에서 흘러나오는 의식으로 보았다. 죽음은 그저 삶의 일부일 뿐이었다. 고요함이 밀려왔다….

명상 시간의 종료를 알리는 종이 울리자, 내 정신이 화들짝 놀라 깨어났다. "그게 다 뭐였지? 정말 놀라운 환각이었어. 무엇이었을까?" 그러면서 몸을 일으켜 세웠는데, 그때까지도 가슴 통증이 가시지 않았다. 식당으로 가서 막 식사를 하려 할 때, 전화가 걸려왔다. 로빈의 동생이었다. 로빈이 방금 떠났다는 소식이었다.

이 경험은 내게 우리가 나눈 과정에 대한 확신과 통찰을 심어주었다. 이 경험을 통하여 나는 대개 힘겹게 임종 과정을 거치던 사람들이 왜 마지막 순간에 이르면 엄청난 변화를 겪는지 이해하게 되었다. 그들은 지겹게 달라붙던 두려움과 집착, 온갖 '남은 일'들을 뛰어넘어 마음을 열곤 하였다. 어떤 이들에게는 이런 '깨우침'이 죽음을 앞둔 며칠이나 몇 주 전에 일어나는 것 같다. 또 이런 경험을 육신을 벗어나기 직전에 하는 이들도 있는 듯하다. 나는 아우슈비츠 수용소에서 죽은 희생자들의 사진을 볼 때마다 놀라움을 금치 못한다. 그들의 얼굴이 너무나 평온해 보이기 때문이다. 그런 현상을 전에는 결코 이해하지 못했지만, 이제는 명확히 알 것 같다. 어떤 시점, 아마도 생명이 육신을 막 떠나려는 찰나적 순간에 임종 과정에 대한 완벽한 깨달음이 스쳐가는 것 같다. 사실 이것은 우주적인 경험일 것이다. 삶에 가장 처절하게 매달렸던 사람들까지도 임종 순간에는 지극한 평화를 만나는 것 같다.

로빈은 모든 것을 놓아야 했다. 그녀는 그냥 열린 공간이 되었다. 로빈의 죽음은 더 이상 그녀의 개인적 이야기에 덧붙일 어떤 사건이 아니었다. 그보다 예수의 열린 마음이었던 자신의 일부분 속으로 스며든 융합이었다. 정신의 죽음에 대한 관념이 아무리 '의식 있는' 것이었더라도, 로빈은 모두 놓아버리고 찬란한 진실 속으로 들어갔다.

우리는 산더미 같은 영성 서적, 성인들의 전기, 선禪 전통의 한 축을 이룬 사시,* 그리고 죽음 앞에서 한없는 유머와 경쾌함을 지녔던 고매한 스님들의 마지막 모습을 보면서, 자기 몸을 존중하면서도 아무 미련 없이 훌훌 벗고 떠나는 사람들의 '의식 있는 죽음'을 수없이 만난다. 그분들의 '남은 일'은 매 순간 마무리되었다. 그분들은 스즈키 선사의 이 표현처럼 살다 갔다. "한 점 흔적도 없이."

바로 이런 흔적 없는 떠남과 매 순간의 철저한 마무리를 통하여 우리는 매일 밤 잠에 빠지고 홀연히 육신을 떠난다. 할 일도 없고 남은 일도 없는 지극한 평정과 충만함 속에서 말이다. 이것은 스즈키 선사의 또 다른 말과도 맞닿아 있다. "설사 태양이 서쪽에서 뜨더라도, 보살**은 오로지 한길만을 걷는다."

일본의 위대한 선禪시인 바쇼***는 죽음에 이르러 이런 말을 남겼다. "옛날부터 사시를 남기는 것이 전통이었으니 아마 나도 그렇게 해야

---

* 死詩, 일본에서 임종을 앞둔 스님들과 하이쿠 시인들이 쓴 시다. ─ 옮긴이
** 菩薩, 일체 중생을 고통에서 건지려는 지혜로운 사람이다.
*** 芭蕉(1644~1694), 일본의 전통 시 하이쿠(俳句)의 대가다. ─ 옮긴이

겠지. 하지만 인생의 매 순간이 마지막이고, 모든 시가 사시인걸 어찌 하랴! 왜 내가 이 순간에 사시를 써야 하나? 나의 삶이 끝나는 지금은 아무 시도 쓰지 않으리." 다쿠안 소호 선사*의 죽음도 이와 같았다. 다쿠안 선사는 임종에 이르러 문하생들로부터 사시를 써달라는 청을 받았지만 거절했다. 그래도 제자들이 간곡히 청하자, 딱 한 글자를 써놓고 세상을 떴다. 이 위대하신 스님께서 남긴 글자는 바로 이 한 글자였다.-'꿈(夢)'

이런 이야기를 들으면 우리는 걱정이 앞선다. 과연 이런 정도의 고고한 의식, 죽음에 임하는 대범한 자세를 우리가 따라갈 수 있을까? 하지만 내가 본 바로는 걱정할 필요 없다. 흔히 죽음은 우리 안에 있던 지고한 성품을 끌어내기 때문이다. 많은 이들이 한평생 지녀온 진리를 향한 열망은 죽음의 시점에서 엄청난 위력을 발휘한다.

어느 날 나는 어느 여인에게서 전화 한 통을 받았다. '팜'이라는 이름의 그 여인은 "당신은 사람들을 의식 있게 죽도록 도와주나요?"하고 물었다.

며칠 후 팜이 나를 찾아왔다. 팜은 이제 자신이 내면으로 들어갈 때라고 말했다. 흑색종이 급속히 퍼지고 있었기 때문이다. 그녀는 몇 년간 그 병마와 싸워왔지만, 이제는 더욱 악화돼가는 것 같았다. 팜은 명상을 약간 해봤다고 하면서, 자신이 죽어가고 있으니까 우리와 함께 지내고 싶다고 말했다. 팜은 자신의 죽음을 기회로 삼아 여태껏 얻지 못한 평화를 찾고 싶다고 했다. 그녀가 조금 더 마음의 열림에 집중하면 자신의 길을 찾을 것 같았기에, 우리는 마음속으로 이 기도를 반복

---

* 澤庵宗彭(1573~1645), 일본 임제종의 승려. 검도를 선종의 의식과 결합시켜 예술로 승화시켰다. '다꾸앙'으로 불리는 무짠지를 개발한 이로도 알려져있다. - 옮긴이

하라고 권했다. "예수 그리스도님, 제게 자비를 베푸소서."

그 기도를 계속하자, 팜의 마음이 서서히 부드러워지기 시작했다.

며칠 후 팜이 병원에 갔다. 자꾸 불편을 일으키는 방광의 종양을 제거하는 간단한 수술을 받기 위해서였다. 팜은 전에도 그 수술을 받은 적이 있었는데, 그때는 병원 분위기가 몹시 거북스러웠다. 하지만 이번에는 그녀의 마음이 매우 충만하여 모든 과정이 상당히 편안하게 느껴졌다. 팜은 병원이 꼭 숲속의 절처럼 여겨졌다고 했다. 그녀에게 몸의 통증은 깨어있는 상태를 유지시키는 경보기였다. 그렇지만 두려움에 빠져 갈팡질팡하는 팜의 정신은 자꾸만 명상을 방해했다. "내 정신이 계속 마음을 흔들어요." 팜의 이 말에 내가 이렇게 물었다. "마음과 정신이 다릅니까? 당신 안에서 따로 떨어져있나요?" 그러자 팜은, "정신이 두려움에 사로잡힐 때는 그래요" 하고 답했다. 그래도 그녀는 잘 버텨냈고, 서서히 정신의 평온을 찾기 시작했다. 그리고 마침내 팜의 정신은 마음의 부하가 되었다. "내 정신이 설쳐대지 않는 한 하느님으로부터 멀어진 것은 아무것도 없어요." 팜의 말이었다.

몇 달간 우리는 마음이 열리는 과정을 함께 체험했다. 팜은 이따금 예수의 신성한 심장이 자신의 연약한 가슴 속에서 고동치는 경험을 했다. 팜은 자신의 네 아이들과 함께 매 순간 적절하다고 느끼는 방식으로 자신의 경험을 함께 나누었고, 의사가 바라는 '성공'에 연연하지 않으면서 의사의 권고를 충실히 따랐다. 팜은 자신이 상황 변화에 주의를 기울이면서 정신이 어떻게 몸의 치료에 집착하는지 바라볼 수만 있다면, 그것이 완전한 성공이라고 말했다. 가끔 상태가 호전될 때는 어떻게 정신이 예수의 자비에 대해 이러쿵저러쿵 황당한 헛소리를 지어내는지 볼 수 있다고 했다. 하지만 팜은 자신의 열림, 즉 '모름'의 상태를 유지했고, 그 헛소리들이 온화한 인내의 마음속에서 자유로이 떠다니게 두었다. 팜은 삶과 죽음을 아우르는 통일성을 향해 계속 열려있었다. 때때로 두려움이 일어날 때는 겸손과 순종의 자세로 맞이했고, 그를 통해 크나큰 성장을 경험했다. 그 어디에도 저항은 없었다.

우리가 처음 만난 지 몇 달 후에 팜은 5일간의 명상수련회에 참석했다. 그 수련회는 우리가 그녀의 집에서 120킬로미터쯤 떨어진 캘리포니아 주의 산타크루즈에서 개최한 명상 모임이었다. 수련회가 시작된 뒤 하루 반쯤이 지났을 때였다. 팜이 상당한 두통에 시달리기 시작했다. 게다가 약간의 실어증도 보였다. 그녀 말에 따르면, 며칠 전 아침에 잠에서 깨어 말을 하는데, 자신의 말이 마치 "알파벳 수프를 공중에 쏟아붓는" 것 같았다고 했다. 당시에 팜은 이렇게 말했다. "정말 오묘하지 않아요? 알다시피 내가 막 변호사가 됐잖아요. 흔히들 말하는 '떠버리' 말이에요. 그런데 지금의 나는 제대로 된 말 한마디 못하게 됐어요. 예수님의 자비가 놀랍지 않아요! 딱 맞춰 정리됐잖아요. 다시는 그 일을 할 필요가 없을 테니." 그러면서 팜은 실컷 웃었다.

두통이 더욱 심해지자 팜은 친구들과 함께 방으로 가 자리에 누웠다. 그리고 가벼운 혼수상태에 빠지는 듯했다. 팜은 침대에 누워 몸부림치며 괴로워했지만 아무도 그녀의 통증을 달래줄 수 없었다. 고통 명상을 해봐도 거의 소용없었다. 팜은 극도의 괴로움에 시달렸다. 입술은 바짝 마르고, 이마에는 땀방울이 송골송골 맺히고, 온몸은 극한의 고통에 와들와들 떨렸다.

팜의 머리맡에 앉은 나는 그녀의 온몸을 짓누르는 듯한 이 극심한 고통에서 부디 그녀가 벗어나게 해달라고 기도했다. 그러나 팜의 고통은 계속되었고, 방 안의 모든 사람이 그 강렬한 괴로움에 말려들었다. 오후 수련 시간이 되자 나는 다시 명상 모임을 이끌었다. 하지만 곧바로 와달라는 연락을 받았다. "팜이 엄청나게 괴로워해요. 곧 죽을 것 같네요. 어서 와주세요!"라는 것이었다. 방으로 들어섰을 때, 이전과는 사뭇 다른 긴장감이 느껴졌다. 나는 침대 옆에 무릎을 꿇고 이렇게 소리쳤다. "팜, 예수님이 여기 계세요!" 그런데 갑자기 팜의 표정이 변하더니 어두운 그늘이 싹 걷히는 것이었다. 팜은 지극한 황홀경에 빠진 듯 했다. 그 황홀경이 몇 시간 동안이나 맹렬히 지속되자, 팜의 곁에 다가가는 사람은 누구나 용솟음치는 기쁨에 휩싸였다. 마치 팜의 몸이 자비와 초월적 사랑으로 활활 타오르는 것 같았다. 방 안에 있던 사람들이 밖으로 나오며 고개를 갸웃거렸다. "난 좀 당황스러워. 팜 옆에 있을 때 붕 뜨는 기분이었거든. 나는 팜을 무척 사랑하니까 많이 슬플 줄 알았어. 그런데 어쩐지 기분이 아주 좋더란 말이야."

몇 시간 후 팜은 약간 깊은 혼수상태에 빠졌다. 하지만 그녀를 감싼 커다란 기쁨과 평화의 느낌은 지속되었다. 의사가 진통제를 가지고 들어왔다. 하지만 의사는 팜의 상태가 지극히 평온해 보이니 안정을 방해하지 않는 게 좋겠다고 말했다. 그는 내가 예전에 만난 어느 의사를 생각나게 했다. 1년 전 우리가 엄청난 고통에 시달리던 환자를 돌보고 있을 때 그 의사가 찾아왔다. 그런데 마침 환자가 순응의 자세를 보여 몸이 누그러지고 마음이 저항을 내려놓기 시작했다. 그 모습을 보고 그 의사가 말했다. "저는 환자에게 뭔가 조치를 취하려고 여기 왔지만, 그냥 놔두는 법을 배우게 될 것 같군요."

그 무렵 팜의 친구 중 하나가 그녀가 곧 죽으리라 생각하고, 팜의 가족에게 연락해 팜을 데려가라고 일렀다. 몇 시간 후 팜의 전남편이 근심스런 표정으로 방안에 들어섰다. 그는 이 '죽음의 상황'에서 무슨 일이 벌어질까봐 불안해했다. 그의 전부인을 비롯한 대여섯 명의 사람들은 그가 들어서자마자 그의 얼굴에서 풍기는 심란한 분위기를 생생히 느꼈다. 팜의 전남편은 낯선 사람들에 둘러싸인 채, 거의 아무 말도 없이 침대 옆에 앉아있었다. 아마 자신의 소중한 사람을 이 묘한 상황에서 어떻게 데리고 나갈지 고민하는 눈치였다. 하지만 방안은 아주 평온했다. 고요할 정도였다. 위급 상황은 전혀 없었고, 분명히 아무런 문제도 없었다. 팜은 그냥 죽어가고 있을 뿐이었다. 한 시간쯤 후 팜의 전남편은 나를 밖에서 만나 이렇게 말했다. "저기, 저는 5년 전에 신앙을 버렸습니다. 신을 떠났지요. 하지만 지금 저기 있으면서 믿음이 다시 돌아와 이 모든 상황을 맞이하고 있습니다."

조금 뒤 팜의 아이들이 도착했고, 다른 사람들과 다름없이 침대 머리맡에 앉았다. 모두가 함께 나눠야 할 귀중한 순간이었다. 조금 큰 딸들은 나았지만 열세 살짜리 쌍둥이 아들들은 무척 힘겨워했다. 아이들은 엄마의 병에 관해 거의 몰랐고, 그래서 지금 견디기가 더욱 어려웠다. 하지만 아무도 자신의 괴로움에 빠져들지 않았고, 괴로움을 밀쳐내는 아이도 없었다. 아이들의 슬픔은 괜찮았고, 혼란 역시 그랬다. 아이들은 원하는 일은 뭐든지 했다. 그들은 죽음 앞에서 경건할 필요가 없었다. 어른들과 똑같을 필요도 없었다. 팜이 너무나 평화롭게 누워있었기에 아이들 역시 금방 팜을 둘러싼 그 사랑과 수용의 만다라 속에 빠져들었다.

팜의 가족은 이곳이 팜과 그들에게 최상의 장소라고 판단했다. 그들은 방 하나를 잡아 머물면서 이미 진행 중인 팜의 여행길을 배웅했다.

팜이 반쯤 혼수상태에 빠진 상태로 이틀이 더 지났다. 팜의 병실에는 온화한 기쁨과 지극한 만족감이 가득했다. 그러나 명상수련회는 다음 날 끝나게 되어있었고, 팜이 언제 떠날지도 알 수 없었다. 그래서 수련회 마지막 날 밤, 모두 저녁식사를 하러 간 사이에 나는 팜의 옆에 앉아 가만히 소곤거렸다. "친구, 오늘은 목요일 밤이에요. 수련회는 내일 끝나요. 내 생각에 만일 친구가 떠나려 한다면 오늘이 딱 좋은 때 같아요. 내일은 서커스단이 마을을 떠날 테니까." 그러자 조금 후 팜이 혼수상태에서 깨어나 몇 마디 말을 중얼거렸다. 팜은 기분이 좋다고 말했다. "너무나 가벼워요." 그리고 아무런 통증도 없다고 했다. 나는 혹시 남은 일이 있지 않을까 해서, 팜에게 몸을 기울이고 아주 직업적인 태도로 이렇게 물었다. "죽기 전에 못 다한 일이 있나요?" "있어요." 팜이 웃으며 말했다. "10년만 더 살고 싶어요."

다음 날 팜은 가족과 함께 집으로 돌아갔다.

며칠 후 나는 팜의 집으로 찾아갔다. 방으로 들어섰을 때 팜의 주위에 커다란 공간이 펼쳐진듯한 느낌이 들었다. 내 생각은 꼭 딱딱한 볼링공처럼 그 거대한 적막 속에서 너무나 어색하게 느껴졌다. 팜의 정신은 어디에도 얽매이지 않은 듯이 보였기에 그 포근한 공간에 비해 내 정신은 너무나 묵직했다. 그것은 그냥 널따란 공간이었다. 어느 친구의 이야기가 생각났다. 그 친구는 어떤 스님의 참선 수련회에 참석했는데, 거기서 계속 마음이 어수선했다고 한다. 그러자 대화 시간에 그 친구를 만나본 스님이 친구의 심란한 마음속을 꿰뚫어보았다. 어느 날 친구는 그 스님의 방을 찾아가 이렇게 물었다. "저, 제가 여기로 들어올 때 스님께서 제가 무슨 생각을 하는지 다 아시는 것 같던데요." 스님은 그를 쳐다보고는 빙그레 웃으며 말했다. "글쎄, 난 아무 생각도 안 했지. 생각은 자네가 했겠지." 팜은 그 무엇에도 매달리지 않았다. 그녀는 마치 더 이상 '누구'도 아닌 것 같았다. 그 방에는 통일감이 넘쳐흘렀다. 팜에게는 아무런 경계도 없는 듯했다.

팜은 나를 가만히 쳐다보며 야릇하게 말했다. "저기, 얼마 전 내가 혼수상태에서 깨어났을 때 마하라지를 봤어요. 그가 내 침대 끝에 앉아 그냥 하염없이 웃고 있었어요."

나는 그 뜬금없는 마하라지 이야기에 약간 놀랐다. 지난 몇 달 동안 그녀의 버팀목은 예수인 것 같았기 때문이다. 아무도 팜에게 마하라지 이야기를 해준 적도 없었다. 그 이미지는 저절로 떠오른 것 같았다. 그래서 내가 물었다. "근데 당신의 예수님은 어쩌고요?" 팜이 말했다. "글쎄, 예수님은 괴로움을 없애주시는데, 난 이제 괴롭지 않으니까 마하라지가 그냥 한없는 기쁨이에요."

그 다음 몇 주 동안 두 차례에 걸쳐 팜은 먼젓번과 비슷한 이틀 반 동안의 준혼수상태에 빠졌다. 그것을 팜은 적절한 표현이 생각나지 않는다며 '휴가'라 불렀다. 그 느낌이 꼭 어느 친구가 녹음해서 갖다준 그리스정교회의 성가 같았다고 한다. 팜은 이렇게 말했다. "그 오묘한 공간의 느낌에 가장 가까운 말은 그리스정교회 성가의 충만함이에요." 이런 혼수상태 같은 상태에 빠질 때마다 팜은 상당한 고통에 시달리는 듯했지만, 깨어난 뒤에는 아무 괴로움도 아무 문제도 없다고 말했다. 매번 그녀는 더욱 맑고 가벼워져서 돌아왔다. 그렇다고 힘겨운 순간들이 없었던 것은 아니다. 여기저기서 길을 잃고 헤맨 시기도 많았다. 어머니와 아이들이 둘러선 가운데 죽음의 문턱을 넘나든 적도 있고, 가끔은 애절한 병실 멜로드라마를 연출하기도 했다. 그러나 팜은 점점 더 단순한 공간이 되어갔다. 그녀가 유일하게 읽는 것은 중국 선종 3대조인 승찬 대사의 경문이었다.

예전에 몇 달간 팜과 많은 대화를 나누며 보살펴준 친구인 타라는,

나중에 우리에게 이런 말을 했다. "어느 날 팜이 코마 비슷한 상태에 빠져있을 때였어요. 갑자기 눈을 번쩍 뜨더니 멍하니 바라보는 거예요. 그러면서 나지막이 계속해서 '태양, 태양, 끝났어, 끝났어' 하고 중얼거렸어요. 양손을 가슴에 얹은 채, 눈물을 줄줄 흘리면서…. 정신이 몽롱한 상태에서도 가장 비참해 보이는 행동을 하는 게 즐거운 모양이었어요. 딱히 어떻다는 말은 아니에요. 다만 우리가 자신을 더 정화하여 우리 마음이 팜의 순수를 받아들일 수 있어야겠죠."

크리스마스 날 아침, 팜은 부축을 받으며 아래층으로 내려와 가족과 함께 마지막 식사를 즐겼다. 위층으로 돌아갔을 때, 팜은 육신을 떠나고 있음이 분명해 보였다. 주위 사람들이 뚜렷이 보았던 흥미로운 점은 개별적 인간이 사라졌다는 것이었다. 시간이 지나면서 팜은 더욱더 크게 열렸고, 단순한 공간, 통일된 거대한 의식 속에서 펼쳐지는 일종의 흐름이 되었다. 누군가의 표현처럼, "그녀는 명사(noun)에서 동사(verb)가 되었다."

하루 정도 지났을 때, 침대 양쪽에 앉은 친구들이 지켜보는 가운데 팜은 새로이 태어났다. 그녀는 공간 속으로 녹아드는 공간 같았다. 밀치거나 잡아끄는 느낌은 눈곱만치도 없었다. 마치 그녀 자신도 그 과정을 야릇하게 구경하는 듯했다. 나중에 타라가 이렇게 말했다. "그 방은 온화한 평화와 사랑으로 충만했습니다. 모두가 그 고요함을 실감했어요. 팜은 지극히 차분하게 숨을 멈췄고, 살며시 몸에서 나갔습니다. 눈물 한 방울이 뺨을 굴러 내렸고, 그렇게 팜은 떠났습니다." 그저 일시적 형체의 풀어짐이었다. 연기 같은 떠나감이었다.

로시 다지라는 스님이 있다. 그분이 임종에 이르자 머리맡에 고참 수행자들이 모였다. 그런데 그 제자들 중 하나가 스승이 특정한 케이크를 좋아한다는 사실을 기억해냈다. 그래서 반나절 동안 도쿄의 제과점을 샅샅이 뒤져 그 케이크를 찾아내 스승에게 바쳤다. 죽어가는 스님은 희미한 미소를 지으며 케이크 한 조각을 받아 물었다. 그리고 천천히 씹기 시작했다. 스승이 의식을 잃어가자 제자 한 명이 몸을 숙이고 마지막으로 남길 말씀이 없는지 여쭈었다. "있다." 스님의 그 말에 제자들은 무슨 말씀인지 들으려고 일제히 몸을 수그렸다. "말씀해주세요, 어서." 스님이 말했다. "아, 이거 정말 맛있구나." 그 한마디를 끝으로 스님은 세상을 떴다.

고매한 스승들은 죽음을 맞을 때 자신을 훌쩍 뛰어넘는다. 그들은 그냥 떠나버린다. 나머지는 청소하는 사람들의 몫으로 남기고….

과연 누가 죽는 것일까?

우리는 모두 미쳐 돌아가고 있어-
너무 오래 몸속에 있었으니까.

마하라지가 떠나던 날
이렇게 속삭였지,
　"오늘 나는 비좁은 감옥에서 영원히 벗어난다."

하지만 우리는 이 몸 안에 있지 않아.
몸이 우리 안에 있는 거지.
몸이 우리에 기대서 사는 거지
(우리가 몸에 기댄 것이 아니라).

예수는 말씀했어.
　"내가 빛이다."
우리 모두가 빛이야.
영원히 빛나는 광명.

22장

마지막 순간

임종에 이른 수많은 환자들과 함께 있으면서 알게 된 사실이 있다. 죽음의 순간은 거대한 안식과 평화의 순간이라는 것이다. 불안에 떨며 죽음에 다가간 사람들도 대개 죽음 직전에 이르면 마음을 열곤 한다. 오랫동안 잊고 있던 무언가를 갑자기 떠올린 로빈의 경우처럼 말이다. 죽음과의 관계, 우리와 육체와의 관계는 임종 직전에 크게 변하는 것 같다. 어쩐지 죽음은 괜찮은 것이라는 느낌이 든다. 정신과 마음은 서서히 통일되는 것 같다. 죽었다 다시 살아나 사후 세계를 말해준 어떤 사람의 표현처럼, '죽음은 지극히 안전한 것'인 듯하다.

사람들이 임종 때 드러내는 마지막 평온을 보면서, 나는 상당한 확신을 가지고, 그러나 더욱 크나큰 '모름'의 자세로 죽음의 문제에 다가간다. 마지막 순간에는 많은 사람들의 경험이 지옥에서 천국으로, 편협한 저항에서 널따란 평온, 홀가분한 여행으로 바뀌는 것 같다.

사후 세계에 관해서는 오직 추측만이 가능하다. 그러나 티베트 불교에는 죽음의 경험에 관한 기록들이 상당히 많이 쌓여있다. 거기에는 사람이 그 귀중한 순간과 친숙해지는 여러 명상법들이 있다. 티베트에서는 죽음을 수단으로 삼아 인생의 착각을 일으키는 허상들을 깊숙이 통찰한다. 우리가 본질상 무자비하고 제멋대로인 정신의 장난질을 개별적 주체, 잃어서는 안 될 것, 죽음에서 보호할 것으로 어떻게 오해하는지 꿰뚫어보는 것이다('부록 2' 참조).

그런 명상법들을 통해 확인할 수 있는 것은 해체의 과정이다. 해체는 우리가 죽음이라 부르는 전환기에 적나라한 신체적 체험으로 나타난다. 죽음의 과정은 녹아 없어지는 과정과 비슷한 것 같다. 또 각 단계는 지난 단계를 뛰어넘어 확대되는 듯하다. 각각의 경계들은 거의 구분하기 어렵고, 외부의 것과 내면의 것이 하나로 통합된다. 죽음은 서서히 사그라지는 과정이다. 여러 영적 전통들에서 설명하길, 의식 요소가 육신을 빠져나가는 데는 한 20분에서 몇 시간까지 꽤 긴 시간이 걸린다고 한다. 몸에서 의식이 사라지는 내면적 과정에는 특정한 외부적 현상들이 동반된다. 의사들은 갖가지 생명 기능의 종말을 보면서 그 현상을 확인한다. 신체 기관들을 활동시킨 원기가 빠져나가면서 각 기관의 에너지는 점점 사그라진다. 그 소멸 과정이 진행 중인 동안에도, 어느 때는 에너지가 감지되다가 어느 때는 사라지곤 한다. 이 에너지의 감지 여부로 우리는 흔히 말하는 '죽음의 순간'을 판단한다. 그러나 죽음은 한순간에 완료되지 않는다. 죽음은 의료 장비가 생명 에너지를 측정하지 못하게 된 뒤에도 한참 동안 계속되는 점진적 과정이다. 사실 그 순간에 죽음이 일어나는 것이 아니라, 기계 장비에 더 이상 생명이 감지되지 않을 뿐이다.

죽음의 과정은 우리가 항상 경험해온 물상을 뛰어넘는 무한한 팽창인 것 같다. 아래 내용은 죽음의 신체적 경험에 관한 시나리오다. 이것은 육신이 물질의 4대 원소, 즉 흙(地), 물(水), 불(火), 공기(風)로 구성되었다는 고대의 개념을 바탕으로 한 설명이다.

죽음이 다가오면 흙의 원소, 즉 몸이 견고하고 확실하다는 느낌이 녹아내리기 시작한다. 몸은 아주 무겁게 느껴진다. 몸의 경계, 그 테두리가 흐릿해진다. 몸 '안'에 있다는 느낌조차 없다. 감정이나 감각에 둔감해져간다. 더 이상 의지대로 팔 다리를 움직일 수 없다. 장기의 연동 작용이 느려지고, 이제 내장은 움직이지 않는다. 기관들의 기능이 정지하기 시작한다. 흙의 원소가 계속 해체되어 물의 원소로 변해가면서 흐름, 즉 유동체의 느낌이 생겨난다. 항상 육체를 자신으로 착각하게 만들던 그 견고함이 녹아내린다. 유동체의 느낌이 커져간다.

물의 원소가 해체되기 시작하여 불의 원소로 변해간다. 그러면서 유동체의 느낌은 따스한 안개의 느낌과 닮아간다. 체액이 흐르는 속도가 느려지고, 입과 눈이 건조해지고, 순환이 더뎌지고, 혈압이 떨어진다. 순환은 정체되다가 멈추고, 혈액은 팔다리의 말단에 가서 멎는다. 가벼운 느낌이 일어난다.

불의 원소가 해체되고 공기의 원소로 변해간다. 온기와 냉기의 느낌이 사라지고, 육체의 안락함과 불쾌감이 완전히 무의미해진다. 체온이 점점 떨어져 몸이 차갑고 창백해지는 단계에 다다른다. 소화 기능이 정지한다. 열기가 올라오는 듯한 가벼운 느낌이 뚜렷해진다. 더욱더 미묘한 광대무변한 공간 속으로 흩어져가는 느낌이 든다.

공기의 원소가 해체되고 의식 그 자체로 변해간다. 무한한 공간을 인식하기 시작한다. 날숨이 들숨보다 길어지면서 공간으로 빨려들어간다. 더 이상 몸의 형체도 기능도 느껴지지 않는다. 그저 한없이 팽창하는 경쾌함, 순수한 존재로 변해가는 느낌만이 가득하다.

• • •

각 단계에서마다 견고함이 무너지고, 경계가 흐려지는 것을 보았을 것이다. 점점 외부와의 관계는 줄어들고, 광대무변한 느낌이 커져간다. 죽음 또는 임종 과정에는 자신을 뛰어넘어 팽창하는, 형체가 해체되는, 통일체로 녹아드는 느낌이 동반되는 것 같다.

그런데 이 해체의 과정, 경계가 사라지는 느낌에 저항하려 한다고 상상해보라. 단단한 형체가 녹아 유동체가 되려 할 때 그 단단함을 움켜쥔다고 생각해보라. 아무리 그 유동체를 밀쳐내고 딱딱한 무언가를 붙잡으려 해도 소용없다. 유동체가 불의 원소로 변해감에 따라 더욱더 가볍게 떠다니는 것을 경험하게 될 뿐이다. 그리고 체온이 식어가면서 열기가 흩어지듯 광활한 공간 속으로 녹아들어간다. 공기의 원소와 생명 에너지는 팽창하고 해체되어 의식 자체로 변해간다. 이것을 밀쳐내려 하고, 이 끊임없는 과정을 멈추려 한다고 생각해보라. 만일 당신이 이 과정과 어우러지면서 그것을 충실히 맞이하면, 몸뚱이를 벗어나고, 무한히 팽창하여, 근원적 본성 안으로 스며들게 될 것이다. 녹아 사라지는 것을 죽도록 움켜잡고 있다면 어떻게 되겠는가. 어쩌면 이것이 흔히 말하는 '정화의 과정'일지도 모른다. 다음에 펼쳐질 장관을 한사코 거부하며, 본래의 존재에 저항한다면 어떻게 될까?

분명히 모든 것이 증발해 빠져나가고 몸은 껍질만 남는 시점이 다가온다. 모든 원소들이 본래의 근원적 에너지 속으로 빨려든다. 이제 4대 원소 각각의 속성, 즉 견고함, 유동성, 온도, 흐름은 거의 사라지고 그냥 자유로이 떠다니는 의식만 남는다. 잠시 동안 의식은 수천 개의 태양보다 더 찬란한 빛을 뿜어내며, 만물을 일으키는 유일한 본질을 드러낸다. 이 빛을 얼마나 오래 경험하는지는 사람마다 다르다. 아마 진실을 향해 가려는 열성과 자신의 참본성에 대한 믿음에 따라 좌우되는 듯하다.

이것은 죽음의 순간에 대한 아주 간략한 설명이다. 다양한 신앙과 수행 전통들의 가르침에 따르면, 이 내용은 겨우 죽음의 첫 단계일 뿐이다. 이 단계 후에 무의식적 습성들이 다시 나타나, 과거의 정신이 그랬듯이, 갖가지 사후 영역을 만들어놓는다. 어느 친구가 이 죽음의 과정 이야기를 듣더니 이렇게 물었다. "이런 사후 세계가 진짜 있는 거야?" 이런 물음에는 이렇게 답해야 한다. "그것들은 자네의 존재만큼이나 확실한 거야. 더없이 확실한 것이지! 근데 사실은 오직 자네가 존재한다고 믿는 만큼만 확실하다네."

많은 이들이 죽음 '연습'이 유용하다는 것을 알게 되었다. 나는 여러 환자들과 함께 임종 과정에서 일어날 경험들을 연습해보았다. 그들이 명료하고 자애롭게 그 과정을 맞이하게 하기 위해서였다. 물론 이런 예행연습은 뒤에 일어날 일을 미리 예상하지 않는 가벼운 '모름'의 자세로 행해야 한다. 분명히 현재를 향한 우리의 태도는 삶에서나 죽음에서나 동일하다. 그것은 현실 인정, 마음 열기, 놓아버리기인 것이다. 죽는 법을 배우는 일은 이 순간에 대한 집착들을 뛰어넘어, 어느 것도 움켜잡지 않고 다음 순간에 생생히 열리는 법을 배우는 것이다. 우리는 날마다 매 순간 죽는 법을 배운다. 순수한 존재의 대양大洋 속으로 녹아드는 법을….

23장

지금 찾아야만 그때도 찾아진다네

뉴욕에 살던 한 여성이 브루클린 요양병원에서 죽어가는 어머니께 《티베트 사자死者의 서書》를 읽어드리겠다고 했다. 그날 나는 바로 전화를 걸어 그것이 틀린 생각일 수도 있다고 말해주었다. 엄청난 고통과 두려움에 시달리는 85세의 유대인 할머니가 낯선 환경에서 죽어가고 있다. 그런데 자신이 죽으면 아마 평생 생각지도 못했을 상황에 빠져 귀신들의 우레 같은 고함소리와 소용돌이치는 광채에 휩싸일 거라는 이야기를 들을 때 어떤 기분이 들지 상상해보라. 죽음도 공포스럽기 그지없는데, 처음 듣는 희한한 말로 죽음을 설명하다 보면 불안과 두려움이 한층 더 증폭될 수 있다. 《티베트 사자의 서》는 티베트의 스님들을 위한 책이지, 브루클린에서 죽어가는 유대인 할머니에게 맞는 책이 아니다. 우리와 티베트 스님들이 살아온 삶의 조건이 전혀 다른 상황에서, 왜 정신이 육신을 떠난 후에 그런 기묘한 경험을 하리라고 봐야 할까? 나는 그 할머니에게 이디시어*로 된 옛날 사랑 노래를 불

---

* Yiddish. 히브리어에 독일어 등이 합쳐진 유대인의 언어다. - 옮긴이

러드리라고 했다.

《티베트 사자의 서》는 티베트의 스님들과 경건한 재가수행자들이, 당신들이 한평생 해온 수행을 '죽음'이라는 변환의 순간에까지 확대하기 위해 만든 책이다. 이 책은 생소한 세계를 친숙하게 만들고, 오랜 세월 동안 수행했던 시각화 명상 기법을 더욱 심화하기 위해 집필되었다. 아마 이 책은 거의 모든 문화권을 통틀어 죽음 뒤의 상황과 지혜로운 사후 세계 여행에 대해 설명한 가장 유명한 문헌일 것이다. 또 극도로 어수선하고 당황스런 상황 속에서도 온전한 자세를 유지하려는 오랜 수행의 결과물이기도 하다. 이 책은 관찰 대상이 관찰자 자신임을, 지각을 통해 느끼는 모든 것이 거짓 자아의 허상임을, 보이는 모든 것이 사실은 자기 마음임을 끊임없이 알아보고 확인하게 만든다. 그리고 이를 통하여 수행자가 자기보호와 두려움을 일으키는 단절감과 낡은 욕망의 집착에서 벗어나도록 이끈다. 이 책은 수행자가 자신의 참본성과 조화되도록 인도한다. 그릇된 망상을 내던지고 진정한 본질과 하나 될 수 있도록 말이다('부록 3' 참조).

이를 위하여 정신의 여러 상태들이 천상의 인물들로 의인화된다. 이런 의인화는 정신의 상태들을 갖가지 복장, 색깔, 장식물, 차림새로 꾸며진 성스러운 화신이나 악마 같은 괴물로 형상화함으로써 그것들을 실제보다 과장하는 노련한 수단, 즉 일종의 수행 기법이다. 이 의인화 기법을 이용함으로써, 자비는 찬란한 광채를 내뿜는 대자대비의 관세음보살이 된다. 두려움은 팔이 여섯 개 달리고 피까지 빨아먹는 악귀가 되고, 정신의 집착을 끊어내는 결단력은 근엄한 지혜의 상징인 문수보살이 된다. 이것은 격렬한 감정의 불길을 잠재우는 수단이다. 그러나 현대인들은 그런 거창한 인물이나 형상과는 별로 친숙하지 않다. 그것들은 티베트의 스님들에게는 어떨지 몰라도 우리의 감정을 제대로 표현해주지는 못한다. 어쩌면 현대인에게는 온갖 정신 상태를 사랑, 공포, 질투, 시기 등으로 단순화시키는 것이 더 나을지 모른다. 또 자꾸만 집착과 혼란을 일으키고, 두려움과 자기의혹을 심화하는 무의식적 습성으로 인식하는 것이 더 나을 것이다.

매 순간 정신 상태를 알아차리면서 날마다 감정과 생각을 꼼꼼히 지켜보는 자세도 티베트의 의인화된 인물들과 똑같은 효과를 일으킨다. 어쩌면 현대인의 마음에는 이 방법이 더 적합할 것이다. 이렇게 정신 상태들을 충실히 맞아들이면 그것들을 뛰어넘어, 그 주위로 움츠러들거나 얽매이지 않은 본래의 정신에 도달할 수 있다.

실제로 정신이 육신을 떠난 후에도 계속 자기 나름의 세계를 창조한다면 어떻게 될까? 만일 신체를 통해 들어오던 잡다한 경험들이 사라짐으로써 집중력이 엄청나게 좋아진 정신이 우리가 평생 지녀온 온갖 문제들을 우리 앞에 쏟아낸다면? 그러면 우리는 관세음보살보다는 테레사 수녀나 언젠가 우리를 도와준 어느 친절한 친구를 만나는 게 더 쉬울 것이다. 분노를 상대할 때, 우리의 앞길에 버티고 선 살벌한 천신天神보다는 우리 스스로 만들어낸 적, 과거에 끝내지 못한 미진한 일로 상징화하는 것이 나을 것이다. 지혜는 우리가 알았던 어느 영적 스승으로 표현할 수 있다. 질투나 시샘은 몇 년 전에 차버린 사나운 도끼눈의 애인으로 대신할 수 있다. 두려움은 우리를 삼키려고 달려드는 거대한 뱀으로 바꿀 수 있다. 이런 이미지들이 티베트식 복장을 하고 있든, 깊숙한 상상에서 나온 해묵은 조건화든 간에, 그 효과는 동일할 것이다. 사실 티베트의 스님이나 우리나 할 일은 모두 같다. 우리에게 닥친 일을 인정하고, 아무런 집착도 저항도 없이 마음을 열고,

정신의 허상, 목표, 두려움을 뛰어넘어 모두 놓아버리는 것이다.

지금 이 순간에도, 죽음의 순간에도 할 일은 항상 똑같다. 저 너머 진실을 향해 다가가는 것, 영원한 광명과 하나 되는 것이다.

"죽음 이후에도 당신의 자기 이미지는 지속된다." 우리가 자신을 육체와 동일하게 볼수록, 몸이 해체되는 죽음의 공포에 떨면서, 육신에서 벗어나는 변환의 순간에서 물러서게 된다. 상당히 흥미로운 사실이 있다. 세계 여러 문화의 다양한 문헌들에는 갖가지 사후 세계 여행담이 등장한다. 그 이야기들에는 한결같이 사람이 육신을 벗어난 뒤에도 여전히 죽음의 두려움에 떨고 있다는 점이 묘사되어있다. 마귀나 호랑이가 다가오면 영혼은 마치 지금의 육신을 보호하려는 듯이 필사적으로 도망친다. 그런데 시뻘건 눈의 악귀가 시퍼런 도끼를 들고 덤벼온다 한들 무엇 때문에 달아나겠나? 사후에도 공포를 느끼는 이유는, 우리가 육체에서 벗어난 뒤에도 여전히 몸을 자신으로 보는 습성에 젖어있기 때문이다. 몸이 곧 자신이라고 믿는 사람들에게는 보호할 것들이 수두룩하다. 하지만 자신을 영혼으로 보는 사람들은 호랑이가 덮쳐오든, 시뻘건 눈의 악귀가 달려들든 개의치 않는다. 본래의 존재는 무엇에도 위협받지 않기 때문이다. 오직 헛된 자기 이미지가 온갖 두려움, 지켜야 할 무언가를 만들어낼 뿐이다.

당신이 자기 소유물들을 지키려고 안달하는 정도가 바로 육신의 죽음을 겁내는 공포심의 크기다. 당신이 탐욕 때문에 남들에 대한 자비심을 잃어버리는 정도가 바로 남들이 당신에게 자비롭지 않을까봐 걱정하는 두려움의 크기다. 만일 당신이 끊임없이 보호막만 찾아 헤맨다면, 지극히 생소하고 불확실한 환경에는 어떻게 다가가겠나? 만일 당신의 한평생이 그럴듯한 지위와 명성을 잡으려는 뜀박질이었다면,

어떻게 아무것도 없는 존재인 상태에서 자기 참본성의 근원을 찾아낼 수 있겠나? 당신은 어디로 피신할 것인가?

신비주의 시인 카비르는 이렇게 말했다. "지금 찾아야만 그때도 찾아진다네." 당신이 지금 경험을 맞이하는 태도가 바로 미래에 당신이 그와 똑같은 상황을 맞이할 자세다. 그 미래는 당신이 직장에서 일하다 쓰러지는 내일일 수도 있고, "덜커덩" 하는 금속성 굉음과 브레이크 파열음 직후 영혼이 육신에서 튕겨져나가는 모레일 수도 있다. 당신의 무의식적 습성, 정신의 퇴적물은 순간에서 순간으로 이어진다. 죽음도 그 연속성을 차단하지 못한다. 당신이 정신의 상태들을 현재의 자신과 똑같이 볼수록, 정신이 다음 순간에 쏟아내는 허상들에 더 크게 흔들리거나 현혹되게 된다. 다음 순간이 이승이든 저승이든 상관없이….

종잡을 수 없는 상황에서 당신은 어떻게 맑은 정신을 유지하는가? 당신은 특이하거나 무서워 보이는 대상에 마음을 여는가? 아니면 뒷걸음쳐서 맨 먼저 나타나는 피난처로 도망치는가? 자기보호와 교활한 속임수로 당신을 진실의 철로에서 탈선하게 하는 것은 무엇인가? 지금 위험이 다가올 경우, 당신은 자신을 부드럽게 열어 그 상황을 맞이하는가? 그러면서 자신의 능력을 총동원하여 현재 속으로 깊숙이 파고들어가, 다음의 적절한 자세를 찾아내는가? 아니면 상황이 급박해지고, 몸이 경직되고, 정신이 충동적으로 도망치려 하는가? 혹시 당신은 으르렁대는 도사견을 피해 도망치다 독사들이 우글대는 구덩이로 떨어지는 바보짓을 하지는 않는가? 아니면 자신의 두려움과 의혹을 알아보고, 그것에 여유 공간을 내주어, 그 도사견이 한평생 쌓인 온갖 두려움의 덩어리가 아니라, 그냥 한 마리 개, 만만한 강아지, 고분

고분한 녀석이 되도록 만드는가? 자신이 낯선 상황의 한복판에 떨어졌는데, 진실에 대한 준비가 너무나 부족하다는 사실을 알았을 때 당신은 어떻게 하겠는가? 하지만 우리가 지금 정신을 관찰하고 모든 것을 비추는 의식의 빛을 깨닫기 시작할수록, 무슨 일이 일어나든 온전히 깨어있게 될 것이다. "설혹 해가 서쪽에서 뜨더라도, 현명한 사람은 오직 한길만을 간다." 어느 정도까지 당신은 거짓 자신을 사물의 주인으로 착각하지 않으면서, 닥쳐오는 모든 상황을 초연하게 맞이할 수 있는가? 당신 자신이 지금 만물이 일어나는 공간임을 알아야 한다. 그러면 당신은 미래에 어떤 상황이 닥치더라도 그것을 광활한 공간으로 맞이할 것이다. 정신은 끊임없이 실체도 없는 현실을 그럴싸한 덩어리로 변화시켜 우리가 그 본질을 만질 수도, 냄새 맡을 수도, 맛볼 수도, 느낄 수도 없게 만든다. 우리는 오직 자기 자신만을 만지고, 냄새 맡고, 맛보고 있을 뿐이다. 우리는 계속해서 자신을 먹고, 자신의 냄새를 맡고 있다. 우리는 남들의 눈을 항상 이 순간의 실상을 왜곡하는 정신의 자기보호 필터로 보고 있다.

우리가 '죽음'이라 부르는 시점에 육신을 떠나는 것을 두고 누구는 '영혼'이라 하고, 혹자는 '카르마의 덩어리', 또 어떤 이는 '의식 요소'라 부른다. 어떻게 부르냐는 중요치 않다. 중요한 것은 당신이 그것을 똑바로 보면서 몸에 생명을 불어넣었던 연결 고리가 해체되는 과정에 활짝 열려있는 것이다. 넉넉한 '모름'의 자세로 지속되는 과정을 알아차리는 것이다. 지속되는 것은 '누군가'가 아니다. 그 사람의 정신을 형성했던 에너지다. 형체를 얻고자 하는 사소한 집착이라도 남아있는 한, 그 에너지는 지속될 것이다. 망상을 현실로 여기는 한, 그것은 자신에게 끌어당긴 의식을 놓지 않을 것이다.

당신이 잠들었을 때, 잠 속의 의식은 깨어있던 상태가 가짜이고, 꿈 속만이 진짜라고 속삭인다. 하지만 당신이 깨어나면 꿈을 돌아보며 이렇게 말한다. "이것이 진짜고, 꿈은 말짱 헛것이야." 그러나 우리가 양쪽 모두가 그저 상대적으로만 그럴듯해 보이는 중간적 몽환 상태임을 알아본다면, 두 상태를 하나의 과정으로 맞이하면서 현실을 움켜쥔 '나'를 놓아버릴 수 있다. 경험은 오직 당신이 사실이라고 믿는 만큼만 사실이다. 의식 자체를 관찰하기 시작할 때, 우리는 의식의 근원을 보게 된다. 그러면 우리는 맨 처음 '나'라는 관념, 즉 죽고, 태어나고, 깨달음을 얻을 '사람'이라는 관념을 일으킨 뿌리를 경험한다. 그리고 그 '나'가 점점 흐릿해지면서, 광대한 진실의 공간에 떠있게 된다.

많은 영성 전통들과 '임상적 사망'*에 빠진 뒤에 다시 살아난 사람들에 따르면, 우리가 죽음이라 부르는 과정(세 번째와 네 번째 바르도)은 괴롭지도 무섭지도 않다고 한다(바르도에 대해서는 '부록 3'을 참조하라).

어떤 이는 죽음이 "갑갑한 신발을 벗어놓는 것 같다"고 말했다. 죽음의 순간에는 육신에서 일어나는 대부분의 어떠한 능력과는 다른 잠재력이 나타난다. 왜냐하면 그 변환기에는 육신이 해체되면서 의식이 본래의 찬란한 빛으로 변하므로 "나는 이 몸과 정신이야"라는 망상을 무너뜨리기가 훨씬 쉬워지기 때문이다. 우리가 몸을 털어내는 시점에 정신이 어떻게 세계를 조작하는지 바라볼 능력이 나타난다. 세계 속에서 우리를 보는 것이 아니라, 우리 안에서 세계를 보는 것이다. 정신은 시각, 청각, 후각, 미각, 촉각, 그리고 사고 작용에 철저히 중독되고 길들여져있다. 정신은 자신한테 도취된 채 매 순간 지각 작용을 일으

---

* clinically dead, 호흡과 심장박동이 정지된 상태로 4~6분이 경과하면 대뇌가 손상되는 '생물학적 사망'으로 전환된다. - 옮긴이

켜 '성공의 수레바퀴'를 쉼 없이 돌려댄다. 그러나 몸통, 눈, 귀, 코가 없는 당신에게서도 여전히 오감은 지속된다. 이것은 꿈과 별로 다르지 않다. 꿈속에서 당신은 눈으로 보거나, 귀로 듣거나, 코로 냄새 맡지 않는다. 그럼에도 의식은 그런 감각을 계속 경험한다. 사실 어떤 꿈들은 너무나 생생해서 우리 인생을 송두리째 바꿔놓기도 한다. 죽음은 우리가 몇몇 귀중한 순간들에 드러나는 우리 참본성의 찬란한 광채를 깨달을 기회를 던져준다. 그리고 어떻게 우리가 "나는 저 빛이 아니야" 같은 생각이나, 탐욕이나 의혹의 감정들을 자신으로 착각하면서 단순한 존재의 경험에서 멀어지는지 깨닫게 한다.

"지금 찾아야만 그때도 찾아진다네." 지금 당신이 진실의 빛에 열려 있지 못하면, 혹시 사후에 예수가 양팔을 벌리고 다가오고, 부처가 자비의 손을 내밀더라도 절대로 그 품에 안길 수 없다. 우리를 어둠 속에 묶어두는 것은 자기 장애물을 넘어가서 순응하는 일을 못하는 우리의 뒷걸음질이다. 당신은 화가 나거나 죄책감 또는 두려움에 휩싸일 때, 그것에 마음을 열고 여유 공간을 내주는가? 아니면 움츠러들고, 예전과 똑같은 장벽을 쌓으면서, 미래에 들어올 지각들을 근사하게 색칠할 알록달록한 물감을 개고 있는가? '카르마의 외상 장부'에 또 다시 빚더미가 쌓인다.

임상적 사망 상태에서 찬란한 빛을 경험한 사람들이 있다. 그런데 그런 사람들도 좀처럼 그 빛이 자신의 참본성, 본질적 존재임을 깨닫지 못하는 것 같다. 그들은 그 빛을 무서워하거나 복종하는 태도를 보였다. 나는 그 빛 속으로 스며들려 했다는 사람을 하나도 보지 못했다. 일체의 개별적 허상들을 내던지고, 갑갑한 정신과 육체에서 벗어난 그 자유의 순간을 만끽했다는 사람은 아무도 없었다. 육신처럼 우리가 애지중지해온 온갖 것들이 고스란히 남아있었던 것 같다. 그 '경험자'는 경험 속으로 녹아들지 못했다. 그것은 그릇된 자아가 자신의 장례식에 참석하려 안달하고, 자칭 멋쟁이가 거울 앞에서 희희낙락하는 것과 다르지 않다. 깨달음은 개별적 존재라는 망상을 마지막 한 조각까지 철저히 깨부술 때에 일어난다. 우리는 그냥 항상 있어온 원래의 자신으로 돌아온다. 그러면 과거에 생겨났던 온갖 피상적 현상들이 근원적 본질의 빛 속으로 녹아든다.

질문 저는 레이먼드 무디*와 엘리자베스 퀴블러-로스 등 많은 전문가의 책을 읽었습니다. 거기 보면 육신을 떠나 거대한 빛과 만나는 사후 세계 경험담이 수두룩해요. 누구나 죽으면 부처나 예수, 또는 자신이 '영혼의 화신'이라고 믿는 존재를 만나게 됩니까?

대답 알아야 할 사실이 있습니다. 이른바 임사체험을 한 사람들은 대개 죽음의 초기 단계에 도달했을 뿐이라는 것입니다. 그 단계를 '사망 직후 바르도(the first bardo after death)'라 부릅니다. 죽음의 관문을 지난 뒤 일어나는 지극한 평온함과 찬란한 존재의 빛 속으로 들어가는 경험은 사후 세계에 관한 숱한 저술과 우주론의 바탕이 되었습니다. 《티베트 사자의 서》와 수많은 영성 서적들에 따르면, 그 근원적 빛을 만난 뒤에 만일 우리가 그것에 완전히 순응하여 그 속으로 녹아들지 않으면, 그 빛은 마치 프리즘을 통과한 광선처럼 갈가리 쪼개지고, 양면성을 일으키는 온갖 습성들이 되살아난다고 합니다. 그 찬란한 고요는 해묵은 습성으로 인해

---

* Raymond Moody, 미국의 정신과 의사로, 1970년대에 '사후 생존'에 관한 책인 《다시 산다는 것*Life After Life*》을 발표해 큰 반향을 일으켰다. - 옮긴이

흐트러지면서 정신을 온통 흔들어놓지요. 마치 거울처럼 고요한 연못의 수면에 벌레들이 헤엄쳐 지나가면 일그러진 파문이 생기는 것과 같습니다. 하지만 영혼은 완전히 다른 정화의 과정을 거칠 수도 있습니다. 순응의 자세로 정신의 장애물들을 친구로 변화시키고, 판에 박힌 습성들을 절호의 기회로 삼아 지혜와 사랑으로 맞이하며, 만물이 공유한 본질 속으로 최대한 깊숙이 들어갈 때 말입니다.

몇 년 전 나는 뇌종양으로 죽어가던 어느 10대 소년을 만났다. 처음에는 서먹해하던 그 소년이 이렇게 말문을 열었다. "내가 죽으면 어떻게 될까요? 죽음이 어떤 거라고 생각하세요?" 그래서 나는 소년에게 나도 죽음이 뭔지는 잘 모르지만, 어떤 체험을 하게 될 것이라고 말해주었다. 그 체험은 임상적으로 죽었다가 소생한 사람들에 관한 최근 연구 자료뿐 아니라 수많은 성자들의 저술에도 소개되어있다고 알려주었다. 당시는 레이먼드 무디의 책《다시 산다는 것》이 출간된 때였기에, 나는 '죽었던' 사람들이 죽음의 첫 단계를 거치며 겪은 경험들을 소년에게 들려주었다. 어떻게 그들이 공중에서 자기 몸을 내려다보았는지, 어떻게 자신이 그 몸이 아님을 깨닫게 되었는지 등에 대한 얘기들을 해준 것이다. 임종 과정에서 열려있는 방법에 관해 이야기하면서, 우리는 죽음의 시나리오를 깊숙이 살펴보았다. 이따금씩 소년의 입에서 "아!" 하는 탄성이 터져나왔다. "그들은 자기 몸에서 빠져나와 번개처럼 움직일 수 있었다고 말했지." 나의 이 말에 소년은 얼굴을 찡그리며 물었다. "내가 폭풍우와 번개를 일으킬 수 있나요?" 내가 대답했다. "그럴 수 있을지는 모르겠다. 하지만 일단 네가 이 골칫덩어리

몸뚱이를 벗어난 뒤에는 모든 것을 보는 눈이 달라질 게다. 너를 이토록 괴롭혔던 끔찍한 문제들이 사실은 너에게 자비심과 성숙함을 갖다 주는 보물이었음을 알게 될 게야. 아마 화도 나지 않을걸. 천둥이나 번개를 퍼붓고 싶지도 않을 게야." 소년은 내 말이 미심쩍다는 듯한 표정을 지었다. "있잖아, 네가 죽으면 몇 분도 안 돼서 전문가라고 떠드는 나 같은 사람들보다 훨씬 더 죽음에 도통할 게다. 많은 체험자들이 그러는데, 긴 통로를 지나거나 강물 같은 커다란 장애물을 건너 찬란하고 온화한 빛 속으로 들어갔대. 거기에는 어떤 위대한 지혜의 존재가 있을 거야. 그가 너를 누구는 '예수님'이라 하고 누구는 '부처님'이라 부르는 분한테 이끌고 갈 거야." 그러자 소년이 외쳤다. "와! 꼭 스팍*을 만나는 것 같겠네!"

나는 얼마나 많은 아이들이 육신을 떠나자마자 스팍을 만나는지 궁금하다. 지혜의 화신이 무엇인지도 중요치 않다. 중요한 것은 지혜 그 자체, 환한 빛으로 변한 근원적 존재와 우리와의 관계다.

질문 갑자기 죽는 사람은 어떻습니까? 급사했을 때의 과정은 오랫동안 죽음을 준비한 사람의 경험과 다릅니까?

대답 나는 사람이 잠자다 죽는 것이 가장 좋은 죽음이라고 믿으며 자랐습니다. 여러분이 부모님께 어떻게 떠나고 싶으신지 물어보면, 아마 이렇게 말씀하실 겁니다. "잠자다 그대로." 하지만 지금 나는 갑작스런 죽음이 우리가 생각하는 만큼 행복한 죽음이 아닐지도 모른다고 봅니다. 흔히 나는 오랜 세월 병마에 시달리다 그것

---

* Spock, 미국 SF 드라마 〈스타트렉〉의 주인공인 외계인이다. - 옮긴이

을 통해 정신을 탐구하고 마음을 열기 시작한 사람에게서 크나큰 평화를 봅니다.

아무 준비 없이 별안간 육체에서 튕겨나간 사람을 생각해보세요. 가령, 한창 인생을 즐기다 치명적 사고로 졸지에 횡사한 청소년은 어떨까요? 아마 자욱한 안개가 걷힌 뒤 주위를 둘러보며 황당해할 겁니다. "도대체 이게 다 뭐야? 내 몸은 어디 갔어? 내 정신이 이렇게 멀쩡한데? 아니, 내가 죽은 거야?" 우리가 몸을 자신으로 생각할수록, 그 껍데기에서 쫓겨났을 때의 혼란은 극심할 겁니다. 포르쉐를 몰고 가다 차가 박살난 친구가 있었습니다. 그 친구 말이, 자신이 휴지처럼 구겨진 포르쉐 잔해 위에 떠서 자신의 피투성이 몸뚱이를 지켜봤다고 합니다. 경찰과 구급대원들이 자기 몸을 운전석에서 빼내 앰뷸런스에 싣고 가더랍니다. 당시의 마지막 기억은 자기도 저 앰뷸런스에 탈까말까 망설이던 순간이었다고 합니다. 결국은 타기로 결정한 모양입니다.

급사하는 사람들에게는 자신이 죽었다는 인식도 없는 것 같습니다. 왜냐하면 "내가 죽었다면 이 모든 걸 어떻게 볼 수 있지? 이건 틀림없이 꿈이야"라고 생각하기 때문입니다. 사실 여러분이 공중에 뜬 채 아래에 누워있는 자기 몸을 내려다본다면 약간 어리둥절할 겁니다. 실제로 갑자기 사망한 사람들이 있을 경우, 여러분의 마음속에 그들을 떠올리고 이렇게 말해보십시오. "어이 친구, 자네는 죽었네. 자네 몸은 더 이상 자네의 영혼이나 의식을 담을 알맞은 그릇이 아니야. 그냥 사랑으로 주위를 돌아보게. 겁낼 것 하나도 없네." 그 친구에게 가장 적절한 말을 찾아보십시오. "자, 자네 주위에 찬란한 빛이 있네. 그쪽으로 다가가게. 그 빛은 자네의 순수한 원래 본성이네. 그것을 방해하는 어떠한 생각이나 감정도 놓아버리게." 이것이 바로 우리가 죽음을 앞둔 환자들과 함께하는 준비 과정입니다. 적절한 시기라고 느낄 때는 언제든 여러분의 진실된 마음을 그냥 그들에게 보내십시오. 가능하면 죽기 전에, 필요하면 죽은 후에라도 말이죠. 자신이 그 몸이 아님을 보면서 순수한 존재의 빛과 하나 될 소중한 기회를 고인과 함께 나누십시오. 만일 어떤 사람이 자기 몸에서 쫓겨나 당황해 하고 있다면, 이런 말로 달랠 수 있을 겁니다. "괜찮아요. 내 목소리가 들리는 것, 당신이 자기 몸을 바라보는 것, 이것이 거기가 당신 생각만큼 나쁘진 않다는 증거예요. 당신은 죽었고, 그건 괜찮은 일이에요. 아마 처음 죽는 것도 아닐 거예요."

만일 그 사람이 생전에 해온 명상이 있다면, 그 수행법을 일깨워주십시오. 만일 고인이 존경하며 모셨던 스승이 있다면, 경건한 마음으로 그분과 접촉하도록 깨우쳐주십시오. 하지만 개인적 사랑을 일깨우라는 말은 아닙니다. 나는 "당신의 여자친구를 생각해봐요"라고 하지는 않습니다. 이런 말은 몸으로 돌아가고픈 욕망을 자극할 뿐이지요. 벗어버려야 할 몸인데….

여러분이 고인에게 근원적 존재를 일깨우고, 그 빛 속으로 녹아들게 하고, 다음의 완벽한 순간을 믿고 그리로 들어가도록 이끌어줄수록 그에게 크나큰 도움이 됩니다. 고인의 당혹감이 클수록 들려오는 모든 말에 온 신경을 기울일 겁니다. 고인이 충분한 준비를 할수록 자신의 경험을 기꺼이 맞이하고 가볍게 떠날 것입니다. 어쩌면 여러분이 보낸 말을 상대가 들었다는 사실이 느껴질지도 모릅니다. 그래도 그 현상을 두고 초능력이나 신비주의에 빠져들지 마십시오. 정말로 죽음이란 전혀 특별할 일이 아닙니다. 여러분은 한순간 육체에 머물다가 다음 순간 떠납니다. '뭔가 특별한 말'을 보내지 마십시오. 그냥 '모름'을 신뢰하고, 여러분의 마음이 사랑을 보내게 하십시오. 누가 받든, 누가 보내든 아무 제한 없이 그 사랑을 그냥 보내십시오.

질문 죽음에 관한 그 말씀들은 주로 집에서 임종하는 사람들한테 적합한 것 같습니다. 병원에서 일하는 우리 같은 의료인들은 어떻게 해야 합니까?

대답 어느 의사 친구가 말하길, 자신이 그 달에만 열아홉 명의 죽음을 확인했다고 했습니다. 엄청나게 힘겨운 상황이었을 겁니다. 그는 환자를 보살피는 것, '뭔가 하는 것'이 자기 임무였지만, 그 상황에서는 아무것도 할 수 없었다고 합니다. 그들이 '이미 죽었기' 때문이랍니다. 그래서 내가 말했지요. "그들의 몸만 죽은 거지. 아직도 그들에게 해줄 일이 있다네." 그래서 이제 그 친구는 죽어가는 모든 환자들에게 마음속으로 조용히 말한답니다. "가세요. 떠나세요. 그냥 죽었을 뿐이에요. 당황하지 마세요. 사랑을 따라 가십시오. 그 빛 속으로 들어가요." 그 친구는 그것이 환자들에게 얼마나 도움이 될지는 모르겠지만, 자신에게는 아주 유익하다고 합니다.

텍사스 주의 한 병원에서 일하는 간호조무사가 있었다. 어느 날 그가 응급 병동에서 일하는데 빈민가에 버려진 알코올중독자 하나가 실려 왔다고 한다. 전에도 여러 번 들어온 적이 있는 사람이었다. 그 환자는 심한 상처를 입은데다 격심한 심장발작도 일으켰다. 의료진은 온갖 장비를 동원하여 환자를 소생시키려고 한바탕 난리를 쳤다. 하지만 소용없었다. 의사들이 장비를 밀쳐내며 말했다. "저 사람 운명이야." 그리고 수술실을 나가버렸다. 사방이 온통 피와 구토물 천지였다. 난장판이 따로 없었다. 그 간호조무사가 할 일은 수술실을 청소하고 시신을 시체안치소로 보내는 것이었다. 평소에 그는 성가시고 짜증나서 일을 서둘러 끝내버리곤 했다. "제기랄! 왜 나는 항상 이런 엿 같은 일만 해야 하지?" 구토물을 대걸레로 밀고 수술대의 피를 스펀지로 닦으면서, 그는 최대한 빨리 그 '노숙자'를 냉장고 속에 처넣고만 싶었다. 그런데 일을 시작하자 이런 생각이 들었다. "잠깐. 이 사람은 아주 힘겹게 살다간 인간이야. 얼마나 비참하게 살았겠어. 내가 또 모욕을 주면 되겠어?" 그래서 그는 몇 분 전의 울화통을 잠재우고 잠깐 동안 시체 옆에 조용히 앉아있었다. 그리고 밖에 가서 따뜻한 물 한 대야를 가져와 스펀지로 정성스레 그 가련한 늙은 몸을 닦아주기 시작했다. 그러면서 노인에게 가만히 속삭였다. "영감님에겐 정말로 참혹한 인생이었지요? 끔찍한 삶, 맞죠? 수 년 동안 거리에서 살았을 테니. 하지만 이제는 고생 다 끝났습니다. 마음 편히 가세요. 겁낼 것 하나도 없어요. 다 괜찮을 겁니다." 그러면서 시신의 상처들과 종기들을 바라보았다. 그것들이 꼭 예수의 몸에 난 채찍 자국처럼 보였다. 테레사 수녀의 말처럼, '고난의 얼굴을 한 예수'였다. 그는 시신을 씻기면서 자유에 대해 속삭였다. "얼마나 힘들게 살았습니까? 이제 편히 쉬세요. 다 끝났습니다. 그냥 영감님이 알고 있는 대로 하세요. 무엇이 고통을 일으켰는지 보세요. 그것을 용서하고 자신을 용서하세요. 가볍게 떠나세요. 그 빛에서 멀어지지 말아요. 지금 떠나세요. 이제 자유의 순간이에요." 나중에 그가 말하길, 자기 행동이 그 노인에게 어떤 효과가 있었는지는 모른다고 했다. 하지만 자신에게는 그것이 자기가 참여한 가장 의식 있는 죽음이었다고 한다.

혼히 우리는 "이젠 할 일을 다 했어" 하고 말한다. 하지만 그때도 항상 한 가지 일이 남는다. 사랑을 보내는 일이다. 우리의 참본성에 대한 신뢰를 보내는 일이다.

24장

다 놓아버리고 가벼이 떠나라

다음에 소개하는 내용은 《티베트 사자의 서》와 여러 영성 서적들을 바탕으로 해서 만든 유도 명상이다. 이 명상은 '필수 기법'이라기보다는 단지 '자기탐구의 시나리오'로서 제시되는 것이다.

이 명상은 죽음을 준비하는 사람이나 이미 사망한 사람을 위한 것이다. 하지만 단순히 그들에게 읽어주기보다는 자기 자신을 성찰함으로써 명상문이 내면에 스며들게 하기 바란다. 그래야 이 명상이 지극히 소중하고 예민한 그 순간에 경직된 정신이 아니라 자애로운 마음을 통하여 전달될 수 있다. 만일 당신과 상대의 마음이 이어져있고 충분한 집중도 이루어진다면, 이 명상이 상대가 당황하여 쩔쩔 매는 시기에 진정한 공감을 전해줄 것이다. 이 명상문을 당신의 것으로 만들어 필요한 때에 저절로 나오게 하라. 이 내용이 당신의 마음에서 솟아나게 하라. 당신의 직관과 사랑과 어우러져 저절로 우러나게 하라. 당신의 자애로운 격려를 통하여 그 소중한 사람이 올바른 길을 찾을 거라는 확신을 가져라.

만약 당신이 이 명상을 방금 임종한 사람에게 시도하려 한다면, 가급적 사망 후 빠른 시간 안에 처음 몇 구절이나 몇 쪽을 반복해서 들려주기 바란다. 그리고 다음 며칠 동안 필요하다고 느낄 때마다 계속 읊어주도록 하라. 사실 당신이 만물에 대한 직관을 신뢰한다면, 하루에도 몇 번씩 마음에 드는 구절을 되풀이하고 싶을 것이다. 그저 자애로운 교감을 유지하면서 당신과 그 존재를 이어주는 일체감을 느껴라. 당신이 내보내는 마음이 상대에게 꼭 필요한 도움이 되게 하라.

마음으로부터 주의를 끌어모아, 상대의 자유를 향해 오롯이 집중하라. 이 명상을 통해 상대에게 보내는 것은 마음의 에너지다. 명상문을 낱낱의 구절이나 단어, 혹은 관념으로만 읽어가지 말라. 그 순간에 적합하다고 느끼는 마음을 내용 하나하나에 실어 보내라. 단순히 읽는 것이 아니라 큰 소리로 자신을 일깨우고, 고인이 마음을 열고 가볍게 떠나도록 명상의 참뜻을 공유하라. 읽다가 고인에게 특별히 유용하다 싶은 구절이 있으면 자세한 말을 덧붙여도 된다. 이 일체감을 활용하여 당신 자신의 참본성을 향한 신뢰와 사랑을 더욱 깊게 하라.

죽음 후 유도 명상

- 친구에게 천천히 읽어주거나 혼자서 나지막이 읊조린다.

당신의 몸에 더 이상 생명력을, 내면에 있는 의식체意識體를 지탱해갈 에너지가 없다고 상상하라. 그리고 지금 자신이 몸에서 빠져나오는 과정을 시작했다고 생각하라. 천천히 흙(地)의 원소가 분해되기 시작한다. 단단한 느낌이 스러지고, 물(水)의 원소로 녹아들면서 유동체가 돼간다. 형체들의 경계가 흐릿해진다. 물의 원소 역시 자꾸만 해체되어 불(火)의 원소로 변해간다. 몸에서 일어나는 감각들이 희미해지면서, 그냥 광활한 느낌이 생겨난다. 점점 몸에서 빠져나간다. 그 육중한 껍질을 벗고 떠난다. 의식 자체로 녹아들어간다. 그저 공간 속에 떠있는 공간이 될 뿐이다.

들어라, 나의 친구여. 이제 '죽음'이라는 것이 다가왔다. 그대를 가로막는 모든 것들을 가만히 놓아버려라. 그대를 이 지극히 소중한 순간에서 물러서게 하는 모든 것을 가만히, 가만히 놓아버려라. 지금 그대가 죽음이라는 관문에 도착했음을 알라. 그것을 맞이하라. 다 놓고 그 안으로 들어가라.
정신이 몸에서 분리돼 해체되고 있다. 그 변화의 경험을 알아차려라.
이제 순수한 빛의 영역 속으로 녹아들어가라. 그대의 참본성이 그대 앞에서 찬란히 반짝인다.
친구여, 이제 그대가 이 육중한 형체에서 벗어나면서 그대의 참본성의 투명한 빛이 드러난다. 그 눈부신 광채 속으로 들어가라. 경건하고 자애로운 마음으로 빛에 다가가라. 그 광채를 끌어안아 항상 있었던 원래의 자신과 하나가 되라.
친구여, 아무것도 움켜잡지 않은 활짝 열리고 광활한 마음을 유지하라. 조금도 간섭하려 하지 말고 만물을 있는 그대로 두어라. 아무것도 밀쳐내지 말라. 아무것도 붙잡지 말라.

그대 앞에서 반짝이고 있는 자신의 원래 본성 속으로 들어가라. 그 속에 머물라. 그것을 있는 그대로 느껴라. 그 찬연하게 반짝이는 광채를. 그대의 진정한 자아를.

친구여, 이 순간 그대의 마음은 순수하게 빛나는 허공이다. 그대의 원래 마음, 존재의 본질이 그대 앞에서 빛나고 있다. 마음의 본질인 연민과 사랑이 현란하게 반짝이고 있다.

그것은 예수의 광활한 마음에서 쏟아지는 광채다. 부처가 뿜어내는 순수의 빛이다. 이 근원적 마음은 통일된 광명이고, 거대한 빛의 형태로 나타난 공空이다. 아무것도 붙들지 말라. 다 놓고 그 광활함 속으로 들어가라. 그대 참존재의 광채 속으로 들어가라.

놓아라. 살며시, 가만히. 아무 힘도 가하지 말고. 그대 앞에 그대의 참존재가 반짝이고 있다. 탄생도 없고, 죽음도 없다. 그 빛은 신생아의 눈에서 반짝이는 불멸의 빛이다. 그 빛을 알아보라. 그것은 영원한 광명이다.

정신을 흔들거나 어지럽히는 것, 삶을 갑갑하게 하는 모든 것을 놓아버려라. 다 놓고 그대 앞에서 반짝이는 그대의 통일된 본성 속으로 들어가라. 지금의 이 빛은 항상 그대 자신이었다.

그리로 가만히 들어가라. 무서워하거나 당황하지 말라. 자기 참존재의 거대함에 놀라 물러나지 말라. 지금이 자유를 얻을 순간이다.

나의 친구여, 아주 세심히 들어보라. 그대가 죽음의 관문을 통과하며 듣는 이 말들이 과거에 수많은 고통을 일으켰던 집착을 끊어주리라.

이 말들은 다가올 혼란을 막아주고, 방금 지나온 삶에서 그대가 애지중지했던 일체의 망상을 없애주리라.

집중하여 들으라. '죽음'이라는 것이 도착했다. 이 세상을 떠나는 사람은 당신만이 아니다. 누구나 다 떠난다. 그대가 지금 막 벗어난 육신을 원하지도 탐하지도 말라. 이젠 머물 수 없다. 억지로 이 삶으로 돌아가려 하면 당혹감과 혼란 속에서 방황하거나 정신의 망상에 걸려 쓰러질 뿐이다. 존재하지 않는 기적이나 바라면서. 있지도 않은 공포에 떨면서. 진실에 마음을 열라. 자신의 위대한 본성을 신뢰하라.

나의 친구여, 만일 그 빛이 흐릿하거나 자신이 희미하게 느껴지면 그대를 잡아끄는 갈망이 무엇인지 알아보라. 통일된 마음의 빛이 그대 앞에서 빛나고 있다. 그것은 개인적 편견과 생각의 수만 가지 이미지들로 쪼개지기 이전에 존재하던 통일체의 광휘. 이것은 만물의 근원적 본성, 통일성의 빛이다.

그 빛과 하나 되어, 그대를 갈라놓는 모든 것을 놓아버려라. 그 빛에 반사된 순수한 영상이 바로 진실이다.

해묵은 장애물들이 이 통일체를 부수고 두려움을 일으키지 못하게 하라. 그 빛이 조각나면 겉으로만 그럴듯한 수만 개의 현란한 이미지와 오랜 세월 동안 정신에 담겨있던 오만 가지 끔찍한 이미지가 되살아난다. 혼란과 당혹감에 빠지지 말라.

그 빛과 그대 사이에 끼어드는 것들은 모두 다 정신이 꾸며낸 허상, 해묵은 욕심과 갈망의 찌꺼기일 뿐이다.

이제, 이 지극히 중대한 시점에 이르러, 그대가 과거에 수도 없이 경험했던 잡다한 정신 상태들에 얽매이지 말라. 그대를 잡아끄는 모든 저항을 자애롭게 놓아버려라.

지금은 어디에도 매달리지 않고, 그대 참본성의 찬연한 빛 속으로 녹아들 때다. 녹고, 해체되어 존재의 광휘 속으로 들어가라.

고요한 마음의 한 지점에서 모든 것을 지켜보라. 그대 앞에 삼라만상이 일어났다 사라지는 것을 보면서, 천지만물에 거대한 자유의 기쁨을 기원하라.

앞으로 나아가라. 정신의 어디에도 멈춰 서지 말고, 일어나는 모든 것을 그대로 흘려보내라.

각각의 이미지를 멀찍이 바라보라. 그 하나하나가 단지 낡은 정신의 투영체임을 보라. 겉모습만 견고하고, 겉으로만 그럴듯해 보일 뿐이다. 모두 허망한 그림자일 뿐. 수많은 탄생을 거치며 쌓여온 정신의 백일몽일 뿐.

아무것도 그대를 흔들지 못하게 하라. 그 무엇도 그대를 참본성의 빛에서 멀어지게 하지 말라.

나의 친구여, 정신이 육신에서 벗어날 때, 투명한 광채가 나타나 눈부신 빛을 뿜어낼 것이다. 그 빛이 너무나 휘황찬란해 과거의 두려움들이 그대를 잡아끌며 도망치라고 외칠 것이다.

과거의 두려움과 갈망에 붙잡히지 말라. 이 지극히 소중한 순간에 물러서거나 당황하지 말라. 그대 앞에서 빛나는 것은 참존재의 광휘다. 그것을 알아차려라. 그 안으로 들어가라.

그 빛 속에서 커다란 소리가 들릴 수도 있다. 수천 번의 천둥소리, 수만 마리 사자의 포효. 그것은 그대 본연의 존재가 쏟아내는 위대한 노래다.

그대는 더 이상 육신이 아니다. 그대는 너무나 자주 몸을 자신의 참존재로 착각해왔지만, 이제는 이른바 정신체*가 되었다. 그것은 온갖 생각들을 마치 외부의 대상처럼 담담히 바라보는 찬란한 '의식의 몸'이다. 평생 그대를 좌지우지했던 무의식적 습성들을 조심하라. 그 습성들은 정신이 참본성 안에서 편히 쉬지 않는 한 온갖 쾌락과 두려움의 왕국을 창조한다.

자신이 무한한 존재의 순수한 의식임을 깨달아라. 진실의 진정한 본질임을

---

* 精神體, mental body, 영계(靈界)에 거주하는 정신적 몸으로 '멘탈체' 또는 '유체(幽體)'라고도 한다. - 옮긴이

알라. 이 사실을 확신하고, 어떤 정신 상태도 그것을 흐려놓지 못하게 하라. 그대는 결코 살과 피로 이루어진 육체가 아니다. 소리도, 색깔도, 광선도, 어떤 정신의 창조물도 그대를 해칠 수 없다. 사실 그대는 죽지 않는다. 죽음이라 부르는 것이 이미 몸에 일어났기 때문이다. 지금 그대는 탄생과 탄생 사이의 중간계를 여행하고 있다.

삶과 죽음을 초월한 영역에 있으니 과거에 지녔던 신체 손상의 두려움에 연연하지 말라. 몸이 떨어져나갔는데도, 여전히 정신은 죽음의 공포를 붙들고 있을 것이다. 그런 생각들의 허상을 바로 보라.

해묵은 두려움도, 낡은 올가미도 모두 놓아버려라. 다 놓고 빛 속으로 들어가라. 열린 마음과 사랑으로 다가오는 상황을 오롯이 경험하라. 어느 곳도 붙들지 말라.

거룩한 예수의 마음에서, 광활한 부처의 이마에서 쏟아져 나오는 광채 속으로 들어가라. 다 내려놓고 그 찬란한 진실 속으로 들어가라.

소리도, 빛깔도 정신의 일시적 상태일 뿐이다. 그것들은 그저 나풀거리는 불꽃, 끝없이 변하는 형체, 한순간만 나타났다 사라지는, 견고함도 본질도 없는 허상임을 알라. 겁내지 말라. 마치 불나방처럼, 거기 그대 앞에서 사방천지를 밝히는 존재의 광휘 속으로 빨려들라.

나의 친구여, 만일 그대가 두려워하거나 뒷걸음치면, '하나'가 수만 개로 쪼개져버리고, 그대는 계속 방황할 것이다. 자신의 위대한 본성을 망각한 채.

만일 그대가 얼핏 지나가는 성적 욕망에 홀리거나 과거 공포의 이미지에 흔들린다면, 더 그럴듯하고 멋지게 보이는 또 다른 빛들에 현혹될지도 모른다. 가장 찬란한 빛은 그대의 심오한 본성임을 알라. 그리로 들어가라. 항상 곁에 있던 본래의 자신으로 돌아가라.

친구여, 시간이 지나면서 그대의 정신이 쏟아내는 이미지가 변할 것이다. 그 이미지들은 그대 앞에 펼쳐진 자기 정신의 본모습이다. 그것들은 현란하고 번쩍거리는 모습으로 다가올 것이다. 자신을 보호하려 하고, 고립시키고, 자신을 어떤 형체, 몸, 지켜낼 무엇으로 만드는 일체의 허상을 놓아버려라.

매 순간, 대상 하나하나에 근원적 통일체가 스며있다.

만일 과거처럼 화나 분노의 감정이 일어나면서 자신을 보호하고픈 욕구가 생기면, 그것들이 그대의 본래 자유를 가로막는 장애물임을 알라. 원망도 노여움도 모두 놓아버려라. 그것들은 광대한 의식의 창공을 흘러가는 한낱 뜬 구름일 뿐이다.

어떤 경우에든 만족을 얻고자 과거의 습관으로 돌아가지 말라. 정신을 진실의 빛에서 멀어지게 하는 낡은 감정들과 욕망들의 발버둥을 크나큰 연민으로 가만히 다독거려라. 존재의 광대함을 흐려놓는 모든 방해물을 살며시 놓아버려라.

일체의 상념, 광경, 감정이 그저 정신의 그림자임을 알라.

그릇된 지식을 놓아버려라. 과거의 모델들과 미신들을 떨쳐버려라. 본래의 자신과 하나 되라. 존재 전체를 맞이하라. 보이는 모든 것이 원래의 마음이다. 그 통일체 속으로 녹아들라. 모든 존재의 본질이 되라. 정신의 형상들 너머에 있는 자신을 느끼고, 그 자체를 뛰어넘으라. 더 이상 과거의 쾌락과 고통에서 허우적대지 말고, 정신을 내려놓은 채 순수한 빛에 머물라. 편안히 아무것에도 저항하지 말라.

알려는 사람과 알아지는 대상이 하나로 합쳐지면 남는 것은 오직 '앎'뿐, 본연의 존재뿐이다. 분리의 칸막이가 무너질 때, 남는 것은 존재의 광명뿐이다. 해묵은 욕망들이 또 다시 그대를 끌어당겨 끝없는 무지와 욕심의 진흙탕 속에 빠뜨리지 못하게 하라. 정신을 편안히 열고, 진실을 향한 마음의 열정을 신뢰하라.

아마도 그 찬란한 영역은 그대의 상상과는 많이 다르겠지만, 그래도 여행을 포기하지 말라. 그대는 의식 자체의 본질이다.

자신이 각 경험의 순간에 참여하는 그 의식임을 알고, 일어나는 모든 것을 오롯이 체험하라.

만일 그대가 낡은 상념, 옛 친구들의 모습, 과거의 늪으로 잡아끄는 온갖 감정들에 현혹되기 시작한다면, 그 장면 하나하나가 그저 본래 정신의 그림자 놀이임을 알라. 정신이 그대에게 던져놓은 그림자일 뿐이다. 만물을 담은 채 찬란히 빛나는 공간 속으로 스며들라. 무한한 공간 속으로.

혹시 그대가 존재의 빛 속으로 완전히 녹아들지 못하고, 많은 시간이 지난 후에도 다시 육신을 갖고픈 생각이 든다면, 적절해 보이는 탄생을 세심히 선택하라. 그대가 지금 느끼는 그 소중한 열림의 상태를 유지할 수 있도록 주의 깊게 고르라. 존재의 본질을 기억해야 한다. 무턱대고 새로운 탄생으로 곤두박질치는 실수를 범하지 말라. 바짝 깨어있으라. 그대 마음이 위대한 자비를 경험하게 하라. 충분히 기다려라. 그대의 행동을 꼬드기는 자석 같은 과거의 습성들을 지켜보라. 그것들을 본모습으로, 광활한 본래 마음 안을 흘러가는 덧없는 거품인 양 바라보라.

나의 친구여, 이제 그대는 죽음조차도 없음을 본다. 그대가 의식 자체임을, 그대는 육신에 의지해 사는 존재가 아님을 본다.

나의 친구여, 그대가 보는 것은 정신의 자동적인 장난질이다. 그러니 행동할 것도 근심할 것도 없는, 단절감도 두려움도 없는 지고의 상태에 머무르라. 존재를 망각하게 하는 이중적 자세도 비판의 태도도 내버린 채, 위대한 본성의 불멸성 안에 내려앉으라. 가깝거나 먼, 안쪽의 것이든 바깥쪽의 것이든 온갖 상념들에 휘둘리지 않는 본질적 존재의 광대한 공간으로 들어가라. 더 이상 잡념에 현혹되지도 저항에 떠밀리지도 말라. 자신의 참본성, 그 광활하고 찬연한 공간 속으로 스며들라.

나의 친구여, 주위에 널린 모든 현상들은 바로 그대의 쾌락과 고통, 기억과 욕망이고, 동시에 그 각각이 위대한 깨달음의 씨앗이다. 자신의 헛된 지배욕과 그것이 일으키는 고통스런 몸부림을 바라보라. 허접한 것들은 다 놓아버리고, 이 지극히 경이로운 기회를 활용하라.

광대한 공간 속에서 자유로이 떠다녀라. 진실을 향한 열정이 그대를 인도할 것이다.

크건 작건, 근사하건 흉측하건 간에 떠오르는 모든 이미지가 그저 정신의 장난질임을 알아차려라. 예쁜 몸매, 고운 목소리, 잘 빠진 몸매, 기막힌 집, 이처럼 욕망이 그대에게 던져놓는 어떤 미끼에도 넘어가지 말라. 그대 앞에 펼쳐진 휘황찬란한 빛의 대로를 벗어나지 말라.

열정과 열린 마음으로 그 빛을 향해 들어가라. 끝없는 강물이 흐르는 그 순수하고 무한한 공간이 되라.

나의 친구여, 그대가 육신을 떠난 후 벌써 많은 시간이 지났다. 이제 진실을 있는 그대로 보고 가벼이 떠나라. 그대의 광대한 참본성 속에 자리 잡으라. 그대의 사랑과 연민이 훌륭한 인도자임을 알라. 그대가 만물의 본질이다. 그대가 바로 그 빛이다.

25장

그저 라이프스타일의 변화일 뿐

누군가 말했듯이 "죽음은 그저 라이프스타일의 변화일 뿐이다." 죽음은 괴로움의 원인인 우리의 집착을 마주보고, 근원적 통일성의 길을 열어줄 순응의 마음을 발견할 기회다. 죽음은 인생을 조망하게 한다. 사랑과 지혜로 맞이한다면 죽음은 집착의 정신을 녹여 아무것도 남지 않게 하는 크나큰 선물이 된다. 남는 것은 오직 진실뿐…. 그러면 우리는 진실의 빛으로 들어가는 또 하나의 빛이 된다.

시인 월트 휘트먼의 이 말처럼….

모두 앞으로, 바깥으로 나아간다.
아무것도 무너지지 않는다.
죽음은 예상과는 아주 다른 것.
훨씬 더 감미로운 것.

부처가 열반에 드실 때 제자들이 부처께 여쭈었다. 스승님이 떠나신 뒤 어떻게 수행해야 하냐고…. 부처는 이렇게 답했다. "너 자신을 비추는 등불이 되어라."

《법화경》*은 부처의 이런 말씀을 들려준다. "그러니 너희는 이 덧없는 세상을 바로 보거라. 이 세상은 새벽에 뜬 별, 강물 위의 거품, 한여름 먹구름 속에서 번쩍이는 번개, 깜빡이는 등불, 일시적 환각, 그리고 한바탕의 꿈이니라."

---

* 法華經, 큰 수레로 모든 중생을 구제하려는 뜻이 담긴 대표적인 대승경전이다. - 옮긴이

집에서 맞이하는 마지막 순간

몇 년 전 어느 친구가 병원에서 내게 전화를 걸었다. 그는 자기 어머니의 병세가 악화돼 의사가 마지막 준비를 하라고 한다며 이렇게 물었다. "어머니를 집으로 모셔가야 할까? 그러면 남은 가족에게 더 큰 괴로움만 주지 않을까?" 나와 대화하는 과정에서, 그는 어머니에게 가장 편하고 행복한 장소는 사랑스런 얼굴과 친근한 물건들로 가득한 당신 침실이라는 결론을 내렸다.

다음 날 그 친구는 어머니를 집으로 모셔갔다. 그의 가족은 오랫동안 상류 중산층 동네에서 살았기에, 이웃 주민 모두가 '실반 부인이 위층에서 죽어가고' 있음을 알았다. 이웃들에게는 설사 그 집이 빨강과 녹색으로 알록달록하게 칠해졌더라도 실반 부인의 죽음보다 더 깊은 인상을 주지는 못했을 것이다. 죽음은 주민들이 지극히 가까워지게 했다.

집에 온 지 며칠이 지나자 이웃 하나가 가끔씩 냄비요리나 구운 과자 등을 들고 찾아와 '행운'을 기원하곤 했다. 그 이웃은 흔히 그런 상황에 나타나는 암울한 분위기를 상상하며 집안을 기웃거렸다. 그러나 그 아줌마는 매번 음식이나 친절한 말로 위로를 전하러 올 때마다 적잖이 놀라곤 했다. 침울하고 무거운 분위기와는 딴판으로 남편, 아들, 간호사 모두 온화한 사랑으로 맞아주었기 때문이다. 그들은 약간 지쳐 보이기는 했어도 그 상황 앞에 지극히 평화로웠다. 그렇게 몇 주가 지나자 동네 주민들이 그 집에 대해 궁금해하기 시작했다.

이웃들은 살며시 그 집의 문지방을 넘어와 부엌과 거실을 두리번거렸다. 그러면서 뭔가 색다른 점을 느꼈다. 그들은 전에는 이 가정에서 느껴보지 못한 온정과 인내, 연민과 평화를 경험했다. 서서히 그 집은 이웃 간에 죽음이 아니라 사랑과 온정의 상징이 되었다. 사람들이 수시로 찾아와 자기 인생을 되돌아보았고, 자기 안에서 전에는 상상도 못한 죽음 앞의 신선한 평온을 체험하였다.

실반 부인은 온화한 가족들의 사랑 속에서 평온하게 떠났다. 부인이 살며시 마지막 숨을 내쉬기 전 6주 동안 가족 모두 크나큰 성숙을 경험하였다. 각자가 봉사와 사랑으로 '남은 일'을 마무리하였고, 모두가 아주 열심히 실반 부인을 보살폈다. 분명히 모두들 그 자유로운 이별에 충실히 참여했다. 부인을 극진히 보살피느라 몸은 상당히 피곤했다. 하지만 그 열린 마음은 자신들의 그 소중한 친구, 엄마, 아내, 그리고 동료 인간의 죽음에 크나큰 성취감과 충만함을 불러왔다.

최근 조사에 따르면, 다섯 사람 중 네 사람꼴로 집에서 임종하기를 원하지만, 실제로는 다섯 사람 중 네 사람이 의료기관에서 죽는다고 한다. 집에서 맞는 임종은 삶의 한가운데에서 죽는 것이다. 사랑의 한복판에서 말이다. 실제로 임종 전에 집으로 간 사람들은 진통제 사용량이 훨씬 줄어든다는 사실이 밝혀졌다. 자기 집의 아늑한 환경에서 우러나는 도움과 편안함 때문이었다. 흔히 사람이 친숙한 환경에 놓이면 미지의 세계에 대한 저항도 줄어든다. 그럴 경우 날마다 자신의 상황에 마음을 열어가며, 내면의 강인함과 광대함을 발견하고, 이를 통해 다음의 세계를 충실히 맞이하게 된다. 흔히 소중한 사람의 임종을 집에서 맞는 가족은 과거 어느 때보다도 화합하게 된다. 사소한 다툼, 시샘, 원망 등 온갖 앙금들이 상실과 미지의 세계 앞에서 일어난 강렬한 정화의 불길 속에서 녹아 사라진다.

처음에는 소중한 사람이 괴로움에 빠져 헐떡이는 모습이 견디기 힘든 고통을 준다. 하지만 실제로는 그것이 우리 본래의 무력함, 저항할 수 없는 자연의 섭리를 맞이하는 열림의 기회다. 이를 통해 가족들 모두가 자신을 뛰어넘어 공유한 본질에 다가간다. 그들은 소중한 이의 두려움과 자신의 공포를 알아내고 자애롭게 앉아 상대를 살며시 어루만진다. 그런 사랑과 열림 덕분에 그들은 어떠한 난관도 뚫고 나간다.

병원에서 소중한 가족의 임종을 지키는 사람들은 흔히 이렇게 말한다. "내가 뭔가 더 할 일이 있을 텐데?" 그러면 나는 혼자 중얼거린다. "그럼, 집에 모시고 가서 마지막 순간을 돌봐드리세요. 걱정 말고 그렇게 하라고요!" 소중한 사람을 24시간 보살피다보면 육체적 피곤함을 넘어 깊숙한 내면을 만남으로써 미처 몰랐던 에너지의 샘물이 솟아나곤 한다. 환자를 집에서 죽게 하는 것은 그의 마지막 순례길에 동행하는 것이다. 누군가의 임종 과정을 함께하는 것보다 더 친밀한 경험은 없다. 우리가 떠들어대던 이야기를 스스로 실천하면서, 그 소중한 사람의 마지막 순간을 함께 하고, 가볍게 떠나도록 돕는 일은 다른 상황에서는 도저히 불가능한 일체감을 선사한다.

사실 죽음의 과정을 깊숙이 체험하는 노련한 기법과 가정에서의 임종에 관한 기술에 대해 말하려다보면 책 한 권으로도 모자랄 것이다.

그래서 여기서는 집에서 임종을 경험하는 모든 사람들이 그 상황을 더 편안히 경험하기 위해 필요한 몇 가지 사실만 말하고자 한다.

불치병 환자의 침대 근처에 둘 가장 유용한 물건 중 하나는 갖가지 음악을 들려줄 오디오 기기와, 자아탐구와 가볍게 떠나기를 도와줄 유도 명상 CD다. 오후 2시쯤이 되면 환자는 비교적 몸 상태가 좋아지면서 죽음을 별로 생각하지 않으려 한다. 이런 때에 다 놓고 떠나라는 이야기 따위는 적절하지 않거나 아무 효과도 없는 것처럼 보일지 모른다. 그러나 고통 상대하기나 죽음 준비하기를 알려주는 녹음 CD를 침대 곁에 두면, 환자가 아무 때나 원하는 순간에 그 CD에 빠져들 것이다. 아마 새벽 4시에 잠에서 깨어 극심한 통증에 뒤척이고 있다면 전날 쓸데없거나 무섭게만 느껴졌던 이야기도 귀에 쏙쏙 들어올 것이다. 그런데 상대방이 "충분히 깨어있지 못하다"고 생각하는 사람들의 경우, 자신의 어떤 생각도 상대에게 주입하려 해선 안 된다. 그냥 열린 마음으로 도와주기만 해야 한다. 그저 상대가 스스로 깨우침에 도달하도록 그들 안의 사랑을 받쳐주고, 그들이 지닌 장점을 일깨워주도록 하라.

줄에 매단 비상종을 침대 머리맡에 두는 것도 필요하다. 그러면 환자는 언제든 도움을 요청할 수 있다는 안도감을 갖게 된다.

'달걀 판' 매트리스와 여러 개의 베개도 환자의 안도감을 키워줄 수 있다.

흔히 여성 환자들에게는 여성용 소변기도 큰 도움이 된다. 특히 금속 재질의 변기는 몸에 닿는 촉감이 차갑기 때문에 플라스틱 이동변기가 더 낫다. 변기를 따뜻하게 관리하는 것도 사랑의 표현이다.

환자가 너무 귀찮아 하지만 않는다면 환자의 몸을 자주 뒤집어주

라. 환자가 한 자세로 오래 누워있으면 욕창 같은 종기가 생길 수 있다. 또 흔히 근위축증도 나타난다. 이런 증상들은 2차적 괴로움과 더욱 심한 불편을 일으킨다. 욕창은 뒤꿈치, 등허리, 엉덩이, 팔꿈치 등 몸이 침대와 오래 접촉하는 부위라면 어디든 생길 수 있다. 욕창을 예방하기 위한 슬로건은 '청결과 건조'이다. 침대와 접촉하는 부위를 가급적 자주 오일로 마사지해주라. 주의 깊게 관리하기만 하면 욕창은 충분히 막을 수 있다. 날마다 하는 목욕도 욕창 예방에 효과적이다. 목욕은 몸을 씻기는 과정에서 인간적 접촉과 자애로운 사랑까지 전달되는 좋은 방법이다. 마사지 역시 사람 간의 접촉을 심화하면서 긴장과 불안을 줄여주는 아주 효과적인 수단이다.

어떤 이는 구갈증口渴症, 혀 갈라짐, 잇몸 출혈 같은 또 다른 문제를 갖기도 한다. 그래서 입안도 신경 써야 한다.

환자에게 음식을 억지로 먹이지 말라. '꼭' 먹어야 한다는 강요는 계속 살아있어야 한다는 압력으로 비쳐질 수 있다. 그런 태도는 우리의 자세가 아니다. 우리는 열리고 편안한 마음으로 현실을 맞이하고자 한다. 환자가 먹지 않겠다고 하면, 그러라고 놔두라.

음식물을 섭취하려 하지만 한번에 많이 먹지 못하는 대다수 환자에게는 믹서로 간 음식이 아주 좋다. 생크림, 아이스크림, 우유 같은 고칼로리 음식을 비롯해 환자가 원하는 음식은 무엇이든 갖다주라. 고단백질 분말, 맥주효모, 과일 등으로 만든 '유동식'도 영양이 풍부하고 맛도 좋아 환자들이 술술 마시기에 알맞다. 환자가 원하는 음식을 갖다주라.

환자의 방에 취사도구를 갖다두는 것도 좋다. 간병인이 방을 떠나지 않고도 환자 옆에서 커피나 간편한 음식을 준비할 수 있으니까.

물과 주스는 항상 옆에 두어야 한다. 대개 임종 무렵에는 이것들을 정맥주사로 공급하지 않는다. 임종 시기는 무너져가는 몸을 포근히 돌보면서 마음을 어루만지고 정신을 맑게 하는 기간이기 때문이다.

소중한 가족의 임종을 집에서 맞으려는 사람들은 자기 동네의 방문 간호사 협회에 전화해서 추가 지원과 정보를 얻는 것이 좋다. 목욕시키기, 시트 갈기, 욕창 예방하기 등에 관한 많은 도움을 받을 수 있다. 병상 시트* 사용법도 매우 요긴한 정보가 될 것이다.

몸이 죽어가는 해체의 과정에서는 흔히 내장 운동이 느려지고 불규칙해진다. 환자가 2~3일 이상 배변하지 못하여 배설물이 몸에 쌓이는 경우도 흔하다. 너무 강하지 않은 변비약을 쓰거나, 환자가 괜찮다고 한다면 정기적으로 관장을 실시하는 것도 좋을 것이다. 흔히 변비에 좋은 약초탕도 큰 도움이 된다.

메스꺼움도 문제가 될 수 있다. 메스꺼움은 환자의 상태나 사용하는 약물 때문에 발생한다. 이때에는 주치의와 의논해서 의식을 몽롱하게 하지 않으면서도 메스꺼움을 가라앉히는 데 어떤 약물이나 자연 요법이 유용할지 알아두는 것도 필요하다. 마리화나가 많은 환자들에게 구토억제제로서 효과적인 듯하다. 마리화나는 메스꺼움을 탁월하게 완화시킬 뿐 아니라 식욕도 증진시키는 것 같다. 또 마리화나는 특정 약물의 부작용을 해소하는 데 사용되기도 한다. 다시 한 번 말하거니와, 불편한 증상을 완화시키려다 환자의 의식을 차단하여 몽롱하게 하지 않도록 주의해야 한다. 하지만 이 둘 간의 균형은 결국 환자에게 달려있다. 적절하게 사용된다면 마리화나는 환자의 신체 증상을 완화

---

* 환자의 둔부에 까는 작은 시트다. ─옮긴이

하고, 환자의 임종 과정을 편하게 해주는 유용한 도구가 될 수 있다.

환자가 불안해한다면 이마에 물수건을 올려놓고 한동안 손을 잡아주는 것으로도 충분할 것이다. 하지만 만일 환자의 불안이 가벼운 접촉, 감미로운 음악, 자애로운 보살핌으로도 가라앉지 않는다면 항상 다른 방법도 고려해야 한다. 안정제를 얼마나 복용할지는 환자 스스로 결정하게 하라. 비록 당신이 적절치 않다고 판단하더라도 환자의 생각을 따라주라. 반대로 혹시 당신이 보기에 환자를 안정시킬 '필요'가 있더라도, 환자의 불안을 멈추게 하고픈 당신의 두려움에 떠밀려 쉽사리 행동해서는 안 된다.

환자가 음식을 잘 삼키지 못하면, 액체 음식을 주사기에 담아 천천히 먹여주거나, 꽁꽁 언 아이스바를 물려줄 수 있다. 물을 줄 때는 얼음 조각을 입에 넣거나 축축한 스펀지로 입술을 적셔주기도 한다.

혹시 환자가 호흡 곤란 같은 어려움을 겪는다면, 소형 산소통을 비치할 필요가 있다. 그런데 손으로 가슴을 문지르거나 이마를 가볍게 어루만지는 것도 호흡 곤란을 달래는 데 효과적일 것이다.

흔히 가로대가 달린 병원 침대도 환자에게 상당한 안도감을 준다. 갖가지 방식으로 조정해 사용할 수 있기 때문이다. 게다가 침대의 가로대는 밤중에 환자가 뒤척이다가 자기도 모르게 아래로 떨어지는 불상사를 막아주기도 한다. 그런데 병원 침대가 굉장히 편리하기는 해도 많은 사람들은 자기 침대에서 죽기를 원한다. 환자들은 자동으로 오르내리는 낯선 병상보다는 엉성한 가로막을 대고 여러 개의 베개를 포개놓은 자기 침대를 더 좋아한다.

흔히 일회용 기저귀도 생리대만큼이나 침대를 청결하게 하는 데 요긴하게 쓰인다.

신체적 보살핌의 주된 목표는 위안을 주는 것이다. 당신 자신의 바람대로 하지 말고, 환자가 원하는 것은 무엇이든 바로바로 내주라. 유연한 자세를 취하라. 아무런 고정관념도 갖지 말고, 그냥 그 순간을 맞이하여 자기 감각을 믿고 적절히 행동하라. 환자가 묻지 않는 한, 가급적 아무 의견도 말하지 않는 것이 좋다. 그저 환자가 자기 나름의 과정을 따라가게 하라. 끊임없이 변하는 환자의 상태를 세심히 관찰하라. 가끔 어떤 환자는 포옹이나 마사지를 원하기도 한다. 또 어떤 경우에는 약물을 주는 것으로 충분할 수도 있다. 가족들은 자신의 두려움이 환자를 위축시키지 않도록 섬세하게 행동해야 한다.

진통제는 규칙적으로, 그리고 환자가 원할 경우에 사용해야 한다. 절대로 환자의 상태를 지레짐작하고 사용해서는 안 된다.

유도 명상은 응어리진 마음을 열어주고, 깊숙한 존재의 영역을 체험하는 데 매우 유용하다. 그런 명상과 마음나눔이 언제 필요할지 관찰하라.

억지로 팔아먹을 상품도, 가르쳐줄 인생관도, 해야 할 일도 도무지 없다. 그저 사랑으로 함께하면서 환자와 같이 죽음의 관문에 다가가, 그 문을 혼자 통과해야 함을 일깨워주면 된다.

실제로 누군가가 뇌사 상태에 빠지면 그 사람 옆에 앉아 말을 건네라. 그는 계속 거기 있다. 사실 뇌사 상태는 중이층*에 있는 것과 같다. 중이층에 있으면 아직 2층에 있지 않지만, 다른 각도에서 1층을 훤히 볼 수 있다. 뇌사 상태에 빠진 사람과 큰 소리로 또는 마음으로 대화를 나누면 그에게 일종의 기준점을 주게 되는 것 같다. 그것을 통하여

---

* 中二層, 건물에서 2층과 1층의 중간에 있는 층이다. - 옮긴이

환자는 자신이 과거에 믿던 존재가 아님을, 의식은 육체에만 한정되지 않음을 보게 된다. 뇌사 상태의 사람에게 말을 건네고 성스런 책들을 읽어주면 크나큰 도움을 줄 수 있을 것이다. 음악 역시 도움이 될 수 있다.

그냥 옆에 있어주라.

그런데 집에서 병원 침상과 각종 의료장비를 설치해 환자를 돌보려고 한다면, 최상의 장소는 침실보다는 거실일 것이다. 환자의 희망을 고려하면서 그를 삶의 한가운데에 있도록 배려하라. 항상 침대는 커다란 창문 가까이에 두는 것이 좋다. 그러면 환자가 생소한 미지의 세계를 맞이하는 과정에서 친숙한 광경과 계속 접할 수 있으니까. 병상을 거실에 두는 것은 특히 아동 환자의 경우에 더 효과적이다. 거실이라는 공간은 단절감이 조금도 없는데다, 흔히 아이들이 잘못을 저질러 벌을 받을 때는 자기 방에 갇히는 경우가 많기 때문이다.

죽어가는 사람들이 자신의 병을 과거에 지은 죄에 따른 벌로 생각하는 경우가 드물지 않다. 그런 죄의식과 의구심을 떨치는 일이라면 어떠한 조치도 권할 만하다.

일본 불교인 정토종*의 전통에서는, 흔히 사람이 죽어갈 때 침대 발치에 칠기漆器로 된 그림을 갖다 놓는다. 환자가 곧 가게 될 지극히 행복한 극락 세계를 표현한 그림이다. 이 방법이 우리에게도 아주 효과적임을 알게 되었다. 병원이나 집의 병실에서 환자의 눈길이 가장 쉽게 머무는 벽면에 그의 참본성을 묘사한 오묘한 그림을 걸어놓는 것이다. 그림의 내용은 환자에 따라서 예수가 될 수 있고, 부처가 될 수

---

* 淨土宗, 아미타불과 정토의 존재를 믿고, 죽은 후 정토에서 태어나기를 바라는 대승불교의 일파다. - 옮긴이

도 있다. 어떤 이들에게는 아름다운 석양이나 바다 위로 떠오르는 달의 사진일 수도 있다. 적절하게 배치된 사진이나 그림은 환자에게 집중할 대상이 되어 불안을 누그러뜨리고 심오한 존재의 일체감을 일으킨다. 흔히 환자들은 침대 머리맡에 자기 가족의 사진을 두고 싶어 하는데, 그런 사진들은 명상이나 기도의 대상으로 그리 바람직하지 않다. 개인적 애착과 육신으로 남고 싶은 갈망을 심화시킬 수 있기 때문이다.

환자가 자신의 정신 상태에 따라 분위기를 조절할 수 있도록 창문에 어두운 빛깔의 커튼도 설치해야 한다.

가끔 환자가 원한다면 거울도 필요하다. 어떤 사람들은 신체 변화의 과정을 지켜보면서 자기 영혼의 성장을 확인하고 싶어 한다. 그 과정에서 많은 이가 자신의 성숙을 확신하는 것 같다. 물론 거울보기를 끔찍이 무서워하는 환자도 많다. 다시 말하건대, 환자의 요구를 세심히 관찰해야 하고, 요구 사항이 수시로 바뀔 수 있음도 기억하라.

만일 환자가 지내는 공간이 화장실과 붙어있다면 최상이다.

병실의 온도는 비교적 일정하고 외풍이 곧장 들어오지 않아야 한다. 아직 걸어다닐 수 있는 환자를 위해서는 바닥이 따뜻해야 하고, 미끄럼 방지 깔개도 깔려있어야 한다. 그래야 보행기에 의지하거나 가까스로 움직여 화장실을 오갈 때 덜 고생할 수 있다.

보온병이나 전기담요 같은 옛날 간호용품도 잊지 말기 바란다.

병실에 전화도 갖다 놓아 환자가 원할 때 세상과 연락할 수 있게 하라. 전화를 치우는 일도 그때그때 환자의 요청이나 바람에 따라 처리하라.

많은 환자들이 자신의 경험을 일기로 남기고 싶어 한다. 펜과 종이를 항상 옆에 두어 환자가 자아탐구의 과정과 남은 가족들과의 교감에서 느낀 내용을 기록할 수 있게 해주라.

식물은 아주 좋은 친구다. 공간이 충분할 경우 대여섯 개의 화분을 갖다놓으면 병실이 한결 아늑해질 것이다. 식물은 조용히 그리고 끊임없이 자신의 사랑을 뿜어낸다.

세심히 관찰하라.

창의력을 발휘하라.

부록 2

스칸다 명상

티베트 불교의 가르침에서 핵심적 내용 중 하나는 '무더기 해체' 명상이라는 임종 과정의 묘사다. '스칸다* 해체'라고도 알려진 이 명상은, 우리가 '나'라고 착각하는 복합적 정신 작용이 흩어질 때의 과정을 관찰하는 것이다. 이 명상을 통하여 관찰자는 과거에 알았던 '나'가 어떠한 개별적 실체도 아님을 보게 된다. 이 명상에서는 '실제' 죽음을 "우리가 자신이라고 믿었던 경험의 집합체들이 해체되는 과정"이라고 설명한다. 이 과정은 신체 감각의 해체, 감정이나 느낌의 해체, 지각과 심상의 해체, 의지 작용의 해체, 그리고 의식 자체의 해체로 이루어진다. 이 다섯 가지 집합체가 우리 경험의 본바탕, 즉 '나'라는 관념을 형성시키는 온갖 현상들의 토대가 된다. 이 해체의 과정들은 우리의 '근사한 인물'이 겪는 경험이다. '나'는 이 해체 과정을 통하여 만물의 통일체 속으로 녹아들고, '개별적 실체'의 긴장이 풀어지고, 본질적 존재의 광대한 공간 속으로 들어간다.

---

* Skandha, 산스크리트어로 '무더기'라는 뜻으로, 인간을 구성하는 5가지 요소다. - 옮긴이

스칸다 명상

정통 티베트 명상 가운데 하나인 이 스칸다 명상은 사실 부처가 말씀한 죽음의 과정에 대한 설명이다. 여기에는 성자가 아닌 보통 사람이 평범한 죽음을 맞는 과정이 묘사되어있다.

스칸다 명상에서는 죽음을 "우리의 '현실' 경험을 형성하는 무더기들의 해체"라고 설명하는데, 그 무더기란 우리가 '개인'이라 부르는 것을 구성하는 여러 과정들의 집합체다.

그런 무더기에는 오온五蘊이 있다. 오온은 신체의 다섯 가지 감각과 그 감각 대상들을 뜻하는 '색色', 쾌락과 불쾌감 등 온갖 감정이나 느낌을 뜻하는 '수受', 감각 대상의 지각과 그에 의한 심상을 뜻하는 '상想', 과거의 욕망이나 감정이나 생각을 통하여 현재의 정신 상태를 만드는 무의식적 습성이나 누적된 흔적을 의미하는 '행行', 끝으로 의식 그 자체인 '식識'을 말한다.

이런 오온의 작용이 '나'라는 관념을 생성하는데도, 우리는 오히려 그 작용을 일으키는 주인이 '나'라고 착각한다. 오온이 서로 뒤섞여 번갈아 뚜렷해질 때 우리는 그것들의 경험을 어떤 개인적 실체로 받아들인다. 끝없이 생멸하는 덧없는 꿈, 이것을 우리는 '나'라고 부른다. 오온이 어떻게 우리 경험을 형성하는지 지켜보면서, 우리는 견고한 '개별적 자아'라는 망상을 꿰뚫어보고, 이 '나'조차도 단지 모든 과정들을 바라보는 의식의 그림자일 뿐임을 깨닫는다.

• • •

편안한 자세로 앉아 주의를 호흡에 겨냥하라.

정신과 몸을 차분히 가라앉혀라.

이것이 당신의 죽음이라고 상상하라. 가만히 지켜보면서, 당신 안에서 진행되는 과정을 생생히 떠올려라.

죽음으로 다가가고 있다고 상상하라. 의식이 경험의 무더기들에서 하나씩 빠져나가기 시작한다.

맨 처음 물질의 무더기(色)가 쪼그라들기 시작한다. 육신이 약해지고 여위어간다. 육신이 쇠퇴하는 모습이 확연하게 보인다.

흙(地)의 원소가 해체되면서 당신의 팔과 다리가 축 늘어진다. 더 이상 팔다리가 당신의 말을 듣지 않는다. 육중한 느낌이 그것들을 내리누르고, 꼭 침대 속으로 가라앉는 것 같다.

당신은 움직일 수도, 눈동자를 굴릴 수도 없다. 눈 깜박임도 정지한다.

몸뚱이 전체가 쪼그라들고, 육신은 그 빛깔을 잃는다. 한때 그토록 튼실한 몸으로 보였던 형체에 이제 아무 힘도 남아있지 않다.

시각이 사라진다.

내면의 시야가 열리면서 사막의 오아시스처럼 푸른 신기루가 은빛으로 반짝거린다.

두 번째로 감정의 무더기(受)가 쪼그라든다. 육신은 고통이나 쾌락, 심지어 냉담까지도 경험하지 못하게 된다. 행복, 괴로움, 무관심 같은 감정들이 다 똑같이 느껴진다. 더 이상 육체적 느낌과 정신적 인상을 구별하지도 기억하지도 못한다.

물(水)의 원소가 해체된다. 신체에 있던 액체-피, 소변, 침, 정액, 땀 등이 모두 말라 없어지기 시작한다.

청각이 소멸된다. 이제 바깥의 소리가 귀로 들어오지 못한다. 귀 속의 윙윙

거림도 더 이상 느껴지지 않는다.*

내면의 시야에서 자욱한 안개가 보인다.

세 번째로 지각의 무더기(想)가 쪼그라든다. 당신은 더 이상 가족도 친구도 알아보지 못한다.

불(火)의 원소가 해체된다. 육신의 온기가 사라진다. 음식을 소화하는 신체 기능이 정지한다.

들숨이 점점 약해지고, 날숨은 차츰 강해지면서 길어진다.

후각이 사라진다.

멀리서 맹렬한 불꽃이 나타나 아득히 먼 별들처럼 가물거린다.

네 번째로 무의식적 습성, 조건화된 정신의 반응, 의지 작용으로 이루어진 무더기(行)가 쪼그라든다. 이제 몸은 조금도 움직일 수 없다.

지난날의 세상일, 성공, 세속적 '중요성'을 떠올리는 모든 것들이 흩어진다. 당신은 세상일에 관한 일체의 의미나 목적의식을 상실한다. 모두가 한없이 허망해 보인다.

공기(風)의 원소가 해체된다. 호흡이 멎는다.

미각이 소멸된다. 촉각도 사라진다. 당신은 이제 아무런 감각도 느끼지 못한다.

컴컴한 방 안에서 팔락거리는 마지막 촛불처럼 푸르스름한 붉은 빛이 희미하게 나타난다.

끝으로, 의식의 무더기(識)가 쪼그라든다. 우리가 '내 정신', '나의 의식'이라 부르며 개별적 실체로 여기던 망상들이 해체된다. 그릇된 상념, 이중적 생

---

* 이 정통 티베트 명상에는 흥미로운 점이 있다. 청각 상실이 임종 과정 초반에 나오고 있다는 점이다. 그런데《티베트 사자의 서》에서는 망자의 청각 능력이 죽음 뒤에도 오랫동안 계속된다고 했다. 일반적으로 청각은 마지막까지 지속되는 감각 능력으로 여겨진다.

각, 헛된 관념 등 일체의 미망迷妄이 소멸한다.

이 시점에서 무수한 내면 영상이 나타나면서 갖가지 깊이의 의식체가 떠오른다. 먼저 당신은 보름달이 휘영청 밝은 광활한 가을 밤하늘처럼 거대하고 새하얀 시야를 경험한다.

그 뒤 환한 빛깔이 옅어지면서 당신 앞에 붉은 시야가 펼쳐진다. 온 하늘을 물들이는 장쾌한 석양처럼 불그레한 장관이다.

그 붉은 시야는 마치 컴컴한 밤하늘 같은 암흑의 시야로 변한다.

그러다가 당신의 시야는 서서히 밝아오는 광명으로 가득 찬다. 끝없이 쏟아지던 폭우가 그친 뒤의 청명한 하늘처럼 투명하고 휘황찬란한 빈 공간. 이것이 순수한 죽음의 빛이다. 이로써 이른바 '죽음 여행'이 완료되었다.

아무 생각도 붙잡지 말고, 밀쳐내지도 말라. 그 순수의 빛으로 스며들어 그 빛이 되라. 이제 명료하고 휘황한 의식과 무한한 공간만이 펼쳐진다.

최대한 오래 이 시야—마지막 죽음의 광경을 유지하라.

그 순수한 빛의 시야가 사라지고 지각知覺이 나타날 때, '개인', 즉 오온의 무더기에 들러붙어 조건화된 '개별적 자아'가 다시 형성되기 시작한다. 그러면서 죽음 여행이 진행되던 과정과 반대 순서로 재탄생을 향해 움직여간다. 암흑의 시야에서 출발해, 붉은 시야, 백색 시야, 의지 작용, 지각 기능, 감정 반응, 자궁 속에 수태, 감각 기관들의 작동, 그리고 외부 대상과의 접촉으로…. 탄생. 또 하나의 일생. 그리고 다시금 반복되는 죽음….

티베트의 정신 세계, 바르도

티베트어인 '바르도bardo'는 여러 뜻으로 번역되지만, 기본적 의미는 '통로'나 '과도기'이다. 어떤 이들은 바르도를 '틈새'나 '공간'이라 하고, 또 어떤 이들은 '관문'이라 부르기도 한다. 일반적으로 바르도는 새로운 형태로 변모하는 진화의 단계, 어떤 순간에서 다음 순간으로 이어진 '중간 영역'을 뜻하는 것 같다. 대개 사람들은 바르도를 죽음 이후의 세계로 여기지만, 사실은 지금 이 순간도 일종의 바르도다. 우리는 그런 관문들이 육신의 사멸 뒤에만 나타난다고 생각하지만, 그것은 전체 바르도의 일부일 뿐이다. 당신은 바로 이 순간에도 바르도에 머물고 있다. 의식과 생각은 한데 모여 사람이 몸속에 있건 없건 지각을 생성한다. 잠들어있을 때, 몸은 비교적 가만히 있지만 의식은 자동적인 정신 에너지가 쏟아내는 생각과 감정을 끊임없이 만나고 다닌다. 확실히 신체 활동이 없어도 지각의 경험은 일어날 수 있다. 지각이 육체 속에 머물면서 생성하는 생명 전류가 빠져나가면서 몸은 순식간에 허물어진다. 육체는 반드시 지각/의식이 있어야만 생존할 수 있다. 하지만 우리는 그 정반대로 믿으면서 살아가고 있다.

바르도는 여섯 가지다. 첫째 바르도는 '탄생 바르도'이다. 이것은 출생의 순간이고, 출현出現의 바르도다. 말하자면 이 시기는, 몸이 독립적 개체로서 이 세상에 들어올 때 의식이 몸 안에 자리 잡는 변환기다. 두 번째 바르도는 '일생 바르도'이다. 이 시기는 현재의 바르도로서, 어린아이가 어른으로 커가면서, 배우고 나이 먹고 끝없이 변해가는 인생의 바르도다. 이 기간은 첫째 바르도보다 훨씬 짧을 수도 있고, 100년을 넘을 수도 있다. 일생 바르도는 산더미 같은 욕망과 목표들을 쫓아가며, 원하는 것을 얻으려 안달하는 시기이기 때문에 '빈손 바르도'라고도 한다. 세 번째 바르도는 '사망 직전 바르도'이다. 이것은 해체의 바르도로서, '겉으로만 견고한 형체'를 벗어나, 거대하게 소멸하여, 육체를 벗고 미묘한 본질 속으로 녹아드는 시기다.

네 번째 바르도는 '사망 직후 바르도'로서, 이것은 또 다른 '출현의 바르도'이다. 이쯤에서 당신은 '죽음'이라는 것이 존재하지 않으며, 그 이전과 이후의 순간들만 있음을 알아챘을 것이다. '죽음'이라는 개념은 아무 실체도 없는 것이다. 몸이 활성화된 순간과 잠시 후 빈껍데기로 변하는 다음 순간이 있을 뿐이다.

이 경우 그릇은 되찾을 수 없고, 그 안의 내용물만 건질 수 있다. 이것은 마치 한순간 환히 밝혀졌다 다음 순간 꺼져버리는 전구와 같다. 흐르던 전류가 끊기면 전구에는 컴컴한 적막만이 감돈다. 전구는 그대로 있어도, 그것을 작동시켰던 전류는 떠나버렸다. 두 상태 사이에는 아무 순간도 존재하지 않는다. 죽는 것은 몸뿐이다. 몸의 관점에서 본다면, 죽음을 인식한 순간 이 바르도가 나타난다. 몸은 결코 스스로 생존할 수 없고, 생명력(그것이 무엇이든 간에)이 빠져나가면 그것으로 끝이다. 누군가의 말처럼, 사실 몸은 죽음 이후에 가장 활발히 활동한다. 몸이 썩으면서 생기는 물질이 수십억 마리의 미생물들과 무수한 생명체들을 먹여 살리기 때문이다.

《티베트 사자의 서》에는 다르마타Dharmata라는 위대한 빛이 나온다. 그 다르마타가 자주 등장하는 단계가 이 네 번째 바르도인 '사망 직후 바르도'─출현 바르도─이다. 여기서는 존재의 본질이 유한한 육신의 한계를 벗어나 찬란한 빛이 되어 나타난다. 많은 사람들이 이 시기를 일생의 가장 중요하고 결정적인 순간으로 여긴다.

다섯 번째 바르도는 '사후 바르도'로서, 중간계에 상주하며 떠도는 바르도다. 이 바르도는 중간계에서 학습, 발달, 성숙의 과정을 거치는 변환기로서, 정신이 한평생 안전과 보호막을 움켜쥐려 하면서 쏟아낸 온갖 조건화된 내용물을 씻어내는 시기다. 이 바르도는 과거 청산의 시기이고, 정신이 꾸며낸 온갖 허상들을 똑바로 보면서 새로운 시각을 형성할 또 하나의 기회다. 자비로운 보살이나 무시무시한 천왕들을 만나는 단계가 이 바르도다. 사람이 자기 안의 수만 가지 자애심과 오만 가지 포악성을 경험하는 시기도 이때라고 한다. 물론 그런 속성들은 현실의 바르도에서도 얼마든지 마주칠 수 있다.

두 번째 바르도인 '일생 바르도'처럼, 이 다섯 번째 바르도도 시간에 익숙한 정신의 시각으로 보면 상당히 긴 기간으로 보일 수 있다.

여섯 번째 바르도는 '탄생 직전 바르도'로서, 또 다시 해체가 이뤄지는 바르도다. 이때는 새로운 탄생, 즉 태어날 몸을 고르는 순간이다. 이 바르도는 우리가 다음의 생성 단계로 이끌리고, 욕망들이 우리를 새로운 자궁으로 유도하는 시기다. 우리는 그 자궁으로부터 흔히 너무 거대하거나 너무 비좁게 느껴지는 세상으로 던져진다.

바르도라는 개념은 우리가 무엇을 움켜잡든 바로 지금 망상에 빠져

있음을 지적할 때 사용되는 노련한 수단이다. 이런 바르도들이 출현 (일어남), 상주(떠돎) 그리고 해체의 과정을 겪는 것도 흥미롭다. 이것은 우리 정신의 움직임과 똑같다. 정신의 상태들도 일어나서 한순간 머물렀다 사라지고, 그 다음의 출현, 상주, 해체를 반복하기 때문이다. 정신의 탄생과 죽음을 순간순간 지켜보면, 우리가 다음에 어떤 형체로 태어나든 미리 준비할 수 있다. 이 창조와 해체의 과정을 바라보면서 우리는 견고한 형체, 보호할 '사람'이라는 미몽에서 깨어난다. 분명히 출현의 바르도들은 거의 서로 동일하다. 탄생과 죽음 직후의 순간이 똑같기 때문이다. 상주하며 떠도는 바르도들, 즉 '삶'과 '죽음'의 바르도들도 유사하다. 둘 다 의식과 해묵은 습성이라는 똑같은 요소로 이루어졌기 때문이다. 확실히 해체의 바르도들, 곧 사망 직전과 탄생 직전의 바르도들 역시 거의 비슷하다. 각각의 변환기가 나타날 때 그것을 충실히 맞이할 경우, 우리는 순간순간 사라져 불멸의 세계로 들어간다.

부록 4
명상음악

음악은 의식을 집중시키는 데 굉장히 효과적인 도구다. 고통, 불안, 근심 등이 일어날 때 음악을 들으면 정신이 차분히 가라앉는다. 실제로 평온한 음악을 집중해서 한 곡 한 곡 듣다보면 마음이 심오한 고요 속으로 잠겨든다.

론 텍스터Ron Dexter 작곡, 〈Golden Voyages, Vol I-III〉, Awakening
   Productions 사社
스티븐 할펀Steven Halpern 작곡, 〈Ancient Echoes〉, 〈The Rain Machine〉,
   〈Spectrum Suite〉, 〈Starborn Suite〉, 〈Eastern Peace〉, Halpern
   Sounds 사
폴 혼Paul Horn 작곡, 〈Inside, Epic BXN 26466〉, 〈Inside II, Epic KE
   31600〉, Heru Records 사
조지아 켈리Georgia Kelly 작곡, 〈Rainbow Butterfly (with Emmett Miller)〉, 〈Sea
   Peace〉, 〈Tarashanti〉, Heru Records 사
이아소스Iasos 작곡, 〈Interdimensional Music〉, Unity Records 사

사체데브Sachdev 작곡, 〈Raga Bhupali〉, Unity Records 사

토니 스콧Tony Scott 작곡, 〈Music for Zen Meditation〉

조엘 애드루스Joel Andrews 작곡, 〈The Violet Flame〉

조엘 애드루스 작곡, 〈Kuthumi〉, Group Incorporated 사

요르단 드 라 시에라Jordan de La Sierra 작곡, 〈Gymnosphere Song of the
　　　Rose〉, Unity Records 사

게리 버튼Gary Burton & 칙 코레아Chick Corea 작곡, 〈Crystal Silence〉, ECM 사

헨리 올Henry Wol & 낸시 헨닝스Nancy Hennings 작곡, 〈Tibetan Bells I & II〉,
　　　Islands Records 사

장 미셸 자르Jean Michel Jarre 작곡, 〈Oxygene〉, Polydor Records 사

토미타Tomita 작곡, 〈Snowflakes Are Dancing〉, 〈Cosmos〉, RCA Records 사

파헬벨Pachelbel 작곡, 〈Canon in D〉 Monks of the Abbey of St. Thomas 노래,
　　　〈A Treasury of Grego-rian Chants, Vol II〉, VOX Records 사

칼 오르프Carl Orff 작곡, 〈Carmina Burana〉

파블로 카살스Pablo Casals 연주, 〈Bach〉, Columbia Records 사

라비 샹카 패밀리Ravi Shankar Family 작곡, 조지 해리슨George Harrison 제작,
　　　〈Vols I & II〉, Dark Horse Records 사

고로 야무치Goro Yamouchi 연주, 〈A Bell Ringing in the Empty Sky〉,
　　　Nonesuch Records 사

쇼팽Chopin 작곡, 〈Waltzes and E'tudes〉

요제프 하이든Joseph Haydn 작곡, 〈Symphony No. 67 in F major and
　　　Symphony No. 69 in B major〉

요제프 하이든 작곡, 〈Concerto for Violin and String Orchestra No. 1 in C
　　　major and No. 2 in G major〉

모차르트Mozart 작곡, 〈Haffner Symphony〉, 〈Concerto for Violin and Orchestra No. 7 in D major〉, 〈Concerto for Piano and Orchestra No. 18 in B flat major〉

자이 고빨Jai Gopal 작곡, 〈Crystal Tears〉, Hanuman Tape Library 〈Songs of Humpback Whale〉, CRM Records 사

〈The Environmental Series〉, 〈The Environmental Sounds〉, 〈Countryside〉, 〈Birds〉, 〈SeaShore〉, 〈Nature〉, 〈The Atlantic Label〉, 〈Syntonic Research Series〉

이 밖에 비틀즈Beatles, 존 덴버John Denver, 쥬디 콜린스Judy Collins의 명상 음악들도 기억하기 바란다.

내 마음의 명상서

죽음과 임종에 관한 서적이나 자료는 무수히 많다. 죽음을 다룬 책들을 소개한 120쪽짜리 도서목록이 나와 있을 정도다. 엘리자베스 퀴블러 로스, 필립 아리에스, 카를 오시스, 피터 쾨스텐바움, 에드거 잭슨, 에드윈 슈나이드먼, 그리고 레이먼드 무디 같은 저명한 전문가들의 훌륭한 책들이 수두룩하다. 하지만 여기서는 내가 살아오면서 감명 깊게 읽은 책들만 간단히 소개하고자 한다.

또 《성경》, 《법구경》, 《도덕경》, 힌두교의 대서사시 《라마야나》와 《바가바드기타》 같은 책들도 권하고 싶다. 이런 책들을 다음 세계를 준비하는 환자에게 큰 소리로 읽어주면 그 환자의 정신이 모아지고 마음이 열리는 등 큰 도움이 된다(그런데 항상 어떤 책이든 적당한 때에 적절한 사람에게 읽어주어야 효과를 얻을 수 있다). 그리고 자기 내면을 더 깊이 탐험하려는 사람은 나의 다른 책 《점진적 각성A Gradual Awakening》을 권하고 싶다. 그 책에는 여기서 다룬 내면 탐구의 토대가 되는 마음챙김 명상이 상세히 소개되어있다.

죽음의 등대

《죽음의 수레바퀴*The Wheel of Death*》, 로시 필립 카플래우Roshi Philip Kapleau 지음

《티베트 사자死者의 서書*The Tibetan Book of the Dead*》, 파드마삼바바 지음

《죽음과의 만남*The Human Encounter with Death*》, 그로프Grof & 핼리팩스Halifax 공저

《죽음을 넘어서*Beyond Death*》, 그로프 지음

《죽음과 나눈 대화*The Dialogue with Death*》, 에크낫 이스워런Eknath Easwaran 지음

《명상과 죽음의 기술*Meditation and the Art of Dying*》, 팬디드 우샤르부드 아라Pandit
    Usharbudh Arya 지음

《죽음의 실상*The Facts of Death*》, 심슨Simpson 지음

존재 탐구의 길잡이

《내가 바로 그것이다*I Am That*》, 스리 니사르가다타Sri Nisargadatta 지음

《선심초심禪心初心》, 스즈키 순류 지음

《아는 것으로부터의 자유*Freedom from the Known*》, 지두 크리슈나무르티 지음

《깨달음의 여정*The Journey of Awakening*》, 람다스Ram Dass 지음

《방앗간을 위한 곡식*Grist for the Mill*》, 람다스 & 스티븐 레빈Stephen Levine 공저

《점진적 각성*A Gradual Awakening*》, 스티븐 레빈 지음

《순례자의 길*The Way of Pilgrim*》, 작가 미상

《마지막 장벽*The Last Barrier*》, 리세드 필드Reshad Feild 지음

《보이지 않는 길*The Invisible Way*》, 리세드 필드 지음

《기도의 기술*The Art of Player*》, 웨어Ware 지음

《사랑의 기적*Miracle of Love*》 (람 다스가 엮은 마하라지 이야기)

《라마나 마하르시와의 대담*Talks with Ramana Maharshi*》, 라마나 마하르시Ramana
    Maharshi 지음

《익스틀란으로의 여행*Journey to Ixtlan*》, 카를로스 카스타네다*Carlos Castaneda* 지음

《자유의 신화*The Myth of Freedom*》, 초감 트룽파*Chögyam Trungpa* 지음

《게으름뱅이의 깨달음*The Lazy Man's Guide to Enlightenment*》, 타데우스 골라스*Thaddeus Golas* 지음

《장자의 도*The Way of Chuang Tzu*》, 토머스 머튼*Thomas Merton* 지음

《선禪의 세 기둥*The Three Pillars of Zen*》, 필립 카플로 스님*Roshi Philip Kapleau* 지음

《통찰 경험*The Experience of Insight*》, 조지프 골드스타인*Joseph Goldstein* 지음

《위빠사나 열두 선사*Living Buddhist Master*》, 잭 콘필드*Jack Kornfield* 지음

《황벽선사의 가르침*The Zen Teachings of Huang Po*》존 블로펠드*John Blofeld* 지음

《라마나 마하르시의 가르침*The Teachings of Ramana Maharshi*》, 아서 오스본*Arthur Osborne* 엮음

《선禪의 살, 선의 뼈*Zen Flesh, Zen Bones*》, 폴 렙스*Paul Reps* 지음

《부처님께 재를 털면》, 숭산崇山 스님 지음. 스티븐 미첼*Stephen Mitchell* 엮음

《신심명信心銘》중국 선종禪宗 3대조인 승찬僧璨 대사의 가르침

마음의 여정을 위한 시집

《몸의 경계에서*At the Edge of the Body*》, 에리카 종*Erica Jong* 지음

《카비르 시선詩選 *The Kabir Book*》, 로버트 블라이*Robert Bly* 옮김

《4개의 4중주*Four Quartets*》, T. S. 엘리엇*Eliot* 지음

《하느님을 위한 선물, 기도와 묵상*A Gift for God, Player and Medita-tions*》, 테레사 수녀 (Mother Teresa) 지음

《예언자*The Prophet*》, 칼릴 지브란*Kahlil Gibran* 지음

집에서 맞이하는 임종 안내서

《임종 지키기Care of the Dying》, 라메튼Lamerton 지음

《조약돌에게 보내는 마지막 편지Last Letter to the Pebble People》, 버지니아 하인Virginia
   Hine 지음

《죽음 상담Counseling the Dying》, 바우어스Bowers, 잭슨Jackson, 나이트Knight, 러산
   LeShan 공저

《우리 작별할 때까지To Live Until We Say Good-bye》, 엘리자베스 퀴블러 로스Elisabeth
   Kübler-Ross 지음

《홈 케어Home Care》, 에블린 벌크Evelyn Baulch 지음

나는 거의 1년 전에 한언 출판사의 《마음의 숲을 거닐다》를 번역한 바 있다. 통찰 명상이라고도 하는 위빠사나 수행을 깊이 있게 소개한 명상서였는데, 그를 인연으로 해서 이 책의 번역을 맡게 되었다.

사실 처음에는 이 책을 번역하고픈 마음이 별로 없었다. 이 책은 《마음의 숲을 거닐다》와 거의 비슷한 성격의 원고였고, 그 책을 번역할 때 고생이 막심했기 때문이다. 그 당시 꼬박 100일 동안 매달려 겨우 끝마쳤기에, 나는 그 작업을 일컬어 '백일기도'라 부르곤 했다. 심오한 불교적 지혜를 담은 명상서들은 용어 하나하나에 주의하고 세심한 확인 작업을 거쳐야 하므로 일반 실용서적보다 훨씬 많은 노력이 필요하다. 그래서 처음에는 내키지 않는 마음으로 작업에 들어갔는데, 한 장 두 장 읽어가다 보니 생각이 달라지기 시작했다. 감동의 화살들이 빗발처럼 쏟아져 가슴에 꽂혔기 때문이다.

이 책의 제1장 첫머리는 이렇게 시작한다. "오늘 하루, 거의 20만 명이 죽었다." 뭐? 하루에 20만 명이 죽는다고? 세상에! 유대인 대학살도 아니고 그럴 리가 있나. 하지만 사실이다. 2007년 통계로는 하루 30만 명 가까이 죽어간다. 한 해 사망자 수가 얼마인지 아는가? 자그 마치 1억 명에 달한다! 이것이 현실이고, 우리 삶의 실상이다. 죽음은 유별날 것도, 특별할 것도 없는 지극히 자연스런 현상이다. 그러나 우리는 죽음을 남의 일로 여긴다. '다들 죽어도 나는 아니야. 적어도 지금은.' 이것이 우리의 속마음이다. 하지만 과연 그럴까? 저승사자는 바로 오늘밤에라도 당신의 창문을 두드릴지 모른다. 바로 몇 발짝 앞에서 당신의 목덜미를 잡아챌지도 모르고….

나에게는 죽음에 관한 독특한 경험이 있다. 한창 나이인 20대 시절, 이름 모를 통증에 시달렸다. 과도한 운동으로 인해 생긴 증상이었는데, 묘하게도 국내 최고의 대학병원들을 두루 돌아다니며 원인을 찾았지만 헛일이었다. 의학적 소견으로는 100퍼센트 건강하다는 것이었다. 문제는 당시가 군 입대를 앞둔 시기였다는 것이다. 몸은 아프고, 진단 결과는 '지극히 건강'이고, 입대 영장은 나와있었다. 어찌해야 할지 막막했다. 어떻게 하든 몸에서 질병을 찾아내야 했다. 흔히 사람들은 심각한 질병으로 진단 받으면 하늘이 무너지는 절망을 느끼지만, 나는 완벽히 건강하다는 의사의 말에 하늘이 노래졌다. 마지막 희망을 걸었던 검사마저 허망한(?) 결과로 끝난 날, 나는 병원 문을 나서며 밖을 둘러보았다. 한여름의 햇빛이 눈부시게 작열하고 있었지만, 내게는 컴컴한 암흑일 뿐이었다. 하늘을 올려다보니 새 한 마리가 푸드덕 날아올랐다. 땅을 보니 벌레들이 꼬물거렸다. 땡볕 아래 선 나무들은 산들바람에 떠밀려 너울거렸다. 그 순간의 나는 죽음의 문턱에 있었고, 눈에 보이는 모든 대상이 신기하고 놀라웠다. 어느 중국 시인은, "떨어지는 낙엽 하나, 천하의 가을을 알린다"고 했다지만, 내게는 팔랑이는 나뭇잎 하나가 삶의 본질, 우주의 신비 그 자체였다. 나는 그때 '직관'이라는 것을 체험했다. 순간순간 나타나는 모든 사물에 대한 놀라움, 지극한 경이로움, 억만 겁의 세월을 관통하는 시간의 강물 속에 한순간 홀로 서있는 고독함….

오랜 세월이 흘러 건강을 회복한 지금, 그 시절이 다시 얻기 어려운 소중한 성찰의 기회였음을 깨닫는다. 세월이 지나 그때의 직관과 통찰(?)은 빛바랜 일기장에만 남아있지만, 죽음의 얼굴을 정면으로 마주보았던 그 경험은 내 인생길을 바꿔놓았다.

이처럼 죽음은 위대한 스승이다. 사람이 죽음을 대면하면서 그것을 머리가 아닌 가슴으로 절감할 때, 세상만물이 완전히 새로운 의미로 다가온다. 죽음은 우리 존재의 근원이고, 우리가 돌아갈 고향이다. 삶과 죽음은 동전의 앞뒷면이고, 그 동전은 수시로 팔락거린다. 우리는 이곳에 잠시 여행 왔을 뿐이다. 여행이 끝나고, 만찬 자리가 파하고, 불꽃놀이가 다하면, 우리는 귀향선에 올라타야 한다. 영원한 여행은 없으니까.

우리의 천사 같은 아이들이 불치병으로 죽어간다면 어떻게 해야 할까? 부모님이 임종에 이르렀을 때, 병원에 두는 것이 나을까, 집으로 모셔가는 것이 나을까? 환자가 고통에 몸부림칠 때, 진통제를 써야 할까, 말아야 할까? 환자가 식물인간이 된 뒤에도 6개월 동안 생명을 붙들고 있다면 어떻게 해야 할까? 뇌사 상태에 빠진 환자에게 우리가 해줄 일은 아무것도 없을까? 죽은 이들과 해결하지 못한 앙금이 남았을 때 그 응어리를 풀려면 어찌 해야 할까?

이 책은 이같이 너무나 리얼한 죽음의 상황들을 다루고 있다. 이 책에는 막연히만 알았던 임종 상황이 더없이 생생히 펼쳐져있다. 작가는 죽음을 마주보라고 말한다. 삶의 진실인 죽음을 맞이하여 매 순간을 보석처럼 살라고, 활활 타오르는 불길처럼 살라고 한다. 우리가 지금 이 순간 속으로 뛰어들 때 온 세상은 환희의 신비로 반짝인다.

부처는 말씀하셨다. "인생의 운은 찰싹대는 말꼬리처럼 변한다." 바로 내일이 30년 동안 전신마비로 살아갈 첫째 날이 될지도 모른다. 우리는 준비돼있어야 한다. 옮긴이 역시 삶의 진실 앞에 거의 무방비 상태였다. 하지만 이 책을 만나면서 마음의 지팡이 하나는 얻은 것 같다.

본문 속에 '산야신'이라는 말이 나온다. 산야신은 인도어로 진리를 찾아 유랑하는 구도자를 말한다. 바람 같은 자유, 어디에도 얽매이지 않은 해방과 평화, 거기에 이르는 길은 내 안에 있다. 나 자신이 바로 그 길이다.

이 책이 진정한 평화를 구하는 당신의 고단한 여정에 작은 등불이 되길 바란다. 진실의 언덕을 오르는 여러분의 험난한 산행에 귀중한 지팡이가 되기를 소망한다. 결국은 우리 모두가 산야신이다. 대 자유를 찾아 바람처럼 흘러 다니는 산야신….

삼각산 기슭 범골에서

이현철

이 책을 읽고 나서

이 책을 읽으면서 참 경이로운 마음이 들었다.

21세기를 맞이하면서 산업사회가 안겨준 대가라면 '대형병원'과 '이름조차 알 수 없는 질병'이다. 그러한 질병의 홍수에 휘말려 고통받는 사람들의 숫자가 눈덩이처럼 불어나면서 웰빙well-being에서 웰다잉well-dying에 대한 관심의 고조로 이어졌다. 그러나 유행병 치료제처럼 죽음에 대한 책들이 쏟아져 나오고, 죽음을 초월한 듯한 사람들의 이야기가 죽음을 애절한 멜로드라마로 만들어버리기도 했다.

이런 상황에서 이 책의 저자인 스티븐 레빈은 자신의 삶 안에서 타인의 죽음을 바라보면서 인생 여정을 아주 깊은 성찰로 엮어냈다. 기존에 보아온 삶과 죽음에 관한 책들은 대체적으로 경험이 배제되고 이론에 근거한 지식, 수많은 사람들이 만들어낸 신념들을 나열했다면, 이 책은 경험을 토대로 죽음을 가까이에 두고 걸어온 인생 여정이 저자의 순수한 영성을 통하여 빛을 발하고 있다.

많은 독자들이 이 책을 읽게 된다면 적어도 자신의 삶과 죽음에 대하여 진지하게 생각하고 준비하는 삶을 살게 될 것이다. 그리하여 육체적인 삶과 죽음의 차원을 넘어 근원적인 본성에서 영원의 자유를 얻는 법을 배울 수 있을 것이다. 이 책은 죽음을 향해 가면서도 자신의 죽음에 대하여 관심을 갖지 않는 사람들에게 후회하지 않을 인생을 안겨주는 안내서가 되리라 믿는다.

죽음을 거부하도록 길들여진 사회에서 죽음을 어떤 혐오스러운 사건으로 받아들이는 사람들에게 저자는 묻는다. 죽어가고 있는 사람은 바로 누구인가!!! 삶과 죽음의 경계에서 일어나는 실상의 그림자들을 있는 그대로 보아 지금 바로 여기에서 깨어있기를….

이 책과 함께 하는 모든 이들에게 사랑을 담아서….

능행 합장(정토마을 호스피스 원장)

WHO DIES?

누가 죽는가?

2007년 11월 10일 1판 1쇄 박음
2016년 8월 1일 2판 1쇄 펴냄

지은이 스티븐 레빈, 온드리아 레빈
옮긴이 이현철
펴낸이 김철종
책임편집 장웅진
디자인 이찬미, 정진희, 김정호
마케팅 오영일
인쇄제작 정민문화사

펴낸곳 (주)한언
출판등록 1983년 9월 30일 제1-128호
주소 110-310 서울시 종로구 삼일대로 453(경운동) KAFFE빌딩 2층
전화번호 02)701-6911 **팩스번호** 02)701-4449
전자우편 haneon@haneon.com **홈페이지** www.haneon.com

ISBN 978-89-5596-766-1 03220

이 도서의 국립중앙도서관 출판예정도서목록(CIP)은 서지정보유통지원시스템 홈페이지(http://seoji.nl.go.kr)와 국가자료공동목록시스템(http://www.nl.go.kr/kolisnet)에서 이용하실 수 있습니다.(CIP제어번호: CIP2016017016)

한언의 사명선언문

Since 3rd day of January, 1998

Our Mission — 우리는 새로운 지식을 창출, 전파하여 전 인류가 이를 공유케 함으로써 인류 문화의 발전과 행복에 이바지한다.

— 우리는 끊임없이 학습하는 조직으로서 자신과 조직의 발전을 위해 쉼 없이 노력하며, 궁극적으로는 세계적 콘텐츠 그룹을 지향한다.

— 우리는 정신적·물질적으로 최고 수준의 복지를 실현하기 위해 노력 하며, 명실공히 초일류 사원들의 집합체로서 부끄럼 없이 행동한다.

Our Vision   한언은 콘텐츠 기업의 선도적 성공 모델이 된다.

저희 한언인들은 위와 같은 사명을 항상 가슴속에 간직하고
좋은 책을 만들기 위해 최선을 다하고 있습니다.
독자 여러분의 아낌없는 충고와 격려를 부탁 드립니다.

• 한언 가족 •

HanEon's Mission statement

Our Mission — We create and broadcast new knowledge for the advancement and happiness of the whole human race.

— We do our best to improve ourselves and the organization, with the ultimate goal of striving to be the best content group in the world.

— We try to realize the highest quality of welfare system in both mental and physical ways and we behave in a manner that reflects our mission as proud members of HanEon Community.

Our Vision   HanEon will be the leading Success Model of the content group.